edition Sächsische Zeitung

Karl August Lingner

Walter A. Büchi

Karl August Lingner

Das grosse Leben des Odolkönigs (1861-1916)

Eine Rekonstruktion

Impressum

© edition Sächsische Zeitung
SAXO'Phon GmbH, Ostra-Allee 20
01067 Dresden
www.editionsz.de

1. Auflage Juni 2006

Satz und Layout: Anja Hauswald, product:ink
www.productink.de
Druck: Druckhaus Dresden GmbH

ISBN (10) 3-938325-24-0
ISBN (13) 978-3-938325-24-7

Ach, gäbe es nur ein Dutzend Weise mit sehr viel Geld ...
(Erich Kästner)

Die Biographen aber sollen sich plagen,
wir wollen's ihnen nicht zu leicht machen.
(Sigmund Freud)

Inhalt

Hinweis

Im Lauf der wechselvollen Geschichte seit 1893 wurde das Odol-Mundwasser jeweils neuen Entwicklungen angepasst. Der Markenbegriff Odol wird in diesem Buch stets historisch verwendet, meint also für die Jahre bis 1916 das damalige Erzeugnis und nicht die heutigen markenrechtlich geschützten Produkte dieses Namens. Auch bezeichnet Odol zu Zeiten des Firmengründers Karl August Lingner ausschließlich das Mundwasser und keine Zahnpasta oder ein anderes Produkt.

Geleitwort

Odolfabrikant, Werbegenie, Multimillionär. Volksaufklärer, Kunstliebhaber, Museumsgründer. Und überzeugter Dresdner. Die Erfolgsgeschichte von Karl August Lingner ist ein Dresdner Mythos, sein Lebenslauf ist eng mit dieser Stadt verwoben. Ihre pulsierende Geschäftigkeit und ihre Liebe zur Kunst boten dem erfindungsreichen Unternehmer eine ideale Bühne für seinen Aufstieg. Die Folgen seines Engagements haben sich in Dresdens Topographie eingeschrieben: mit der Kinderklinik in der Johannstadt, dem Sächsischen Serumwerk und dem Deutschen Hygiene-Museum.
Jenseits seiner schillernden öffentlichen Auftritte aber sind nur Bruchstücke von Lingners Biografie bekannt. Wer war dieser Mann, der sich aus dem Nichts zu einem der reichsten Bürger des Deutschen Reichs emporarbeitete? Was war sein Antrieb, was seine Motivation? Schon zum einhundertsten Jubiläum des Mundwassers Odol, das das Deutsche Hygiene-Museum 1993 mit der Ausstellung „In aller Munde" beging, stellten wir uns diese Fragen. Die beredte und von Sach- und Zeitkenntnis geprägte Antwort, die Walter A. Büchi in seinem Beitrag für den Ausstellungskatalog fand, weckte den Wunsch nach einer tiefergehenden Beschäftigung mit der Materie. Das nun vorliegende Buch ist das beeindruckende Ergebnis seiner langjährigen beharrlichen Recherche und seiner außergewöhnlich intensiven Annäherung an den „Odolkönig".
Wie ein empfindsamer Kriminalist hat Walter A. Büchi nach den Geschichten hinter den alten Fotos gesucht, ist er eingetaucht in die Atmosphäre vergangener Schauplätze. Er hat mit Nachkommen der Protagonisten von damals gesprochen und in Archiven nach Lingners Spuren geforscht – immer mit dem Ziel, seine Funde in den Dienst einer spannenden Erzählung zu stellen anstelle eines nüchternen chronologischen Abrisses. Vielleicht sogar ohne Absicht erfüllt der Autor damit Lingners wichtigsten Anspruch: den der Anschaulichkeit und Verständlichkeit.
Das Buch zeichnet das Bild eines Mannes, der in alten gesellschaftlichen Konventionen verhaftet ist und doch fortschrittlich in die Zukunft schaut. Der sich modernste Technik und Wissenschaft zu Nutze macht und sich doch nichts so sehr wünscht wie einen Adelstitel. In dieser Ambivalenz zwischen Tradition und Moderne liegt die Faszination, aber auch das Geheimnis von Karl August Lingner, dessen außerordentliche Persönlichkeit Walter A. Büchi zu neuem Leben erweckt.

Klaus Vogel

Vorsitzender des Vorstands der Stiftung Deutsches Hygiene-Museum

Biografische Notiz

Zu Lebzeiten ist Karl August Lingner (1861-1916) in Dresden, Sachsen und im Kaiserreich eine ebenso bekannte wie umstrittene Figur. Man nennt ihn den Odolkönig. In der öffentlichen Wahrnehmung dieses Menschen lassen sich drei Positionen ausmachen. Eine Hauptlinie von Zustimmung und Bewunderung, die bis zum Denkmalgehabe reichen kann, sieht Lingner als genialen Unternehmer, klugen Mäzen und wirkmächtigen Volksaufklärer in Sachen Gesundheit. Eine gegenläufige Haltung stößt sich an seinem Geschäftsgebaren, vor allem der groß angelegten Reklame, an gewissen Charakterzügen oder am Grenzen sprengenden gesellschaftlichen Aufstieg vom Magdeburger Pottlappenviertel zur Exzellenz.

Schließlich trifft man bis heute auf eine Haltung der Herablassung gegenüber einem Mann, der (bloß) Mundwasser herstellt und sich damit eine Bedeutung verschafft. Ihr prominentester Vertreter war Kaiser Wilhelm II.

Lingners Wesen hat in der Tat etwas Irritierendes. Neben hervorragendem Können, einem fortschrittlichen Profil als Unternehmer und großzügiger Menschenfreundlichkeit gibt es Rücksichtslosigkeit, Misstrauen und Abwehr und eine höchst ehrgeizige Selbststilisierung. Viele sahen in ihm einen Glücksritter, den Erfinder des Goldesels, und wunderten sich, dass auch bei einem solchen „die Resignationen, der arme Trost, der ganze Jammer der lächerlichen Kleinheit des kläglichen Geschöpfes im ewigen Kampfe zwischen Wollen und Können“ wohnen, wie Max Klinger (1857-1920) einmal die menschliche Existenz charakterisierte.

Die historische Quellenlage ist nicht so, dass man derartige Diskrepanzen leicht auflösen könnte. Sie lässt sogar sehr zu wünschen übrig. Nur wenige persönliche Briefe liegen vor, kaum private Notizen, wenig „Originalton Lingner“ also. Zwischen damals und heute erstreckt sich ein schwieriges Jahrhundert mit vielen Brüchen. Bei der Zerstörung Dresdens 1945 dürften die Geschäftsakten weitgehend verloren gegangen sein. Besonders schwer wiegt, dass Lingner 1916 seine privaten Dokumente testamentarisch vernichten ließ, was für den Biografen eine äußerst ernüchternde Entdeckung bedeutete. Andererseits verstärkt solche Abschirmung den Eindruck, es habe einer etwas zu verbergen. Wodurch zwar im Historiker eine detektivische Ader geweckt, aber die Sammelphase für die vorliegende Arbeit stark in die Länge gezogen wurde. Manche Frage kann der Autor auch jetzt nicht beantworten. Der Begriff der Rekonstruktion mag in die richtige Richtung weisen. Die Darstellung wird sich da und dort auch in den heiklen Bereich des nur Wahrscheinlichen wagen, doch ohne den Wahn, alle Lücken füllen zu müssen.

Das Bemühen geht nun dahin, dem „merkwürdigen Menschen Lingner", welchen man zu den tatkräftigsten, originellsten und wirtschaftlich erfolgreichsten Persönlichkeiten des Kaiserreichs zählen kann, einigermaßen gerecht zu werden und ihn in seine geschichtliche Gegenwart kritisch einzuordnen.

Ruhe

Am Freitag, 9. Juni 1916, 12 Uhr mittags wird auf dem Johannisfriedhof zu Dresden Seine Exzellenz der Wirkliche Geheime Rat Karl August Ferdinand Lingner, Ehrendoktor der Medizin und Ehrenbürger der Stadt, zu Grabe getragen.
In der Kirche herrscht, wie die Presse schreibt, das „Gepräge der Großartigkeit". Im palmengesäumten Blumenmeer und zwischen brennenden Kandelaberreihen ruht der Kupfersarg. Zu Häupten ist ein Veilchenstrauß hingelegt worden, zu Füßen prangen auf Samtkissen die hohen Orden, welche der Verewigte zu Lebzeiten eingesammelt hat.
Tausende finden sich ein, der Friedhof muss geschlossen werden. Die Menge der Neugierigen wogt bis an die Pforten der Kapelle, findet aber keinen Einlass, indes die Erwählten drinnen sich durch die ständige Türklopferei gestört fühlen. Unter denen draußen geht halblaut von Mund zu Mund, was sie von Lingner kennen: den sagenhaften Aufstieg vom mittellosen jungen Mann zum Multimillionär und Mäzen, allerhand Legenden von Großzügigkeit und Knauserei, die Krankheit zum Tode mit nicht einmal fünfundfünfzig Jahren. Die Odolfabrik, die Weltreklame, die Hygieneausstellung, die Schlösser und Autos, die Prozesse, die Frauen. Dass Geld allein nicht glücklich macht. Dass man Gesundheit nicht kaufen kann. Manche schweigen, verdrücken eine Träne, Mitarbeiter, die von Anfang an dabei waren, Musikschüler, die er förderte, kleine Näherinnen, die er besuchte.
Die drinnen, Verwandte, Freunde, die Vertreter des Reiches, von Sachsens König, Hof und Regierung, der Stadt Dresden, der Wirtschaft und Wissenschaft und aller Werke, die der Entschlafene je gründete, förderte oder leitete, schauen zu dem Sarkophag, darin ein Mann liegt, der aus dem Nichts kam und binnen nicht einmal drei Jahrzehnten (fast) alles erreichte. Einer, der jetzt unermessliche Schätze hinterlässt – ohne offensichtlichen Erben.
Pfarrer Warmuth spricht mit einem Vers aus dem 1. Buch Mose vom Segen, den der Verblichene seiner Familie, seiner Belegschaft und der Öffentlichkeit gebracht habe. „Ich will dich segnen, und du sollst ein Segen sein." Er erinnert an Lingners schlechte Erfahrungen und Vorsicht im Umgang mit Menschen und seine „rührende Liebe zu den Tieren", besonders aber an das viele Geld, das er im Stillen gab. „Gott segnet nur den, der ihm dient. Auch unser Entschlafener hat in seiner Weise Gott gedient durch ein Leben voll Taten warmherziger Menschenliebe."
Dass der Geistliche etwas geschwollen redet, stört hier niemanden, seit einigen Jahren ist dies die Art und Weise, wie von Lingner gesprochen wird.

„Der Grundzug seines Wesens war Streben nach Größe. Er liebte das Große, wo er es fand: in der Natur und in der Menschenwelt, in der Kunst und in der Wissenschaft. Alles Kleinliche und Engherzige war ihm in der Seele zuwider."
Es singt dann der Hofopernchor, und nicht weniger als sieben Redner wenden sich an die Trauergemeinde.

Einer der schwarzen Männer in den vorderen Bankreihen hat eine Morddrohung erhalten. Er gehört zu den mutmaßlichen Vollstreckern von Lingners umfangreichem Testament. Wenn X., eine Dame, zwar mit einem namhaften Künstler liiert, doch auch dem Odolkönig ein wenig zugetan wie manch andere hingebungsvolle Frau, wenn X. also nichts von dem nunmehr verwaisten Schatz bekomme, werde sie den betreffenden Treuhänder kurzerhand niederstechen. Aus diesem gewiss nicht unerheblichen Grund trägt der Bedrohte einen geladenen Revolver bei sich. Gut möglich, dass Lingners Privatdetektive heute ihren letzten unsichtbaren Auftritt haben.
So löst selbst der Tod die Magie des Geldes nicht. In dessen Bann gerieten seit jeher die meisten, die mit diesem Manne zu tun hatten. Kriminelles ist dann nicht geschehen. Die zahlreichen Ohnmachtsanfälle führt die Presse anderntags auf das schwüle Sommerwetter zurück.

Glocken, Fahnen, Rosenregen. Nur wenige wissen um die Farce, als die leibliche Hülle Karl August Lingners ins Familiengrab sinkt. Denn der Verstorbene denkt nicht daran, an diesem gewöhnlichen Ort bis zum Jüngsten Tag auszuharren, hat vielmehr Order erteilt für ein Mausoleum bei seinem Schloss am Elbfluss und will nach dessen Errichtung dorthin übersiedeln. So waltet der Befehlsgewohnte mit Hilfe des Testamentes über seinen Tod hinaus.
Es ist die Zeit mitten im Weltkrieg. Deutschland hungert. Millionen Männer gehen im Feld würdelos unter, auffallend viele bis zur Unkenntlichkeit zerfetzt. Ihre Bestattungsliturgie ist ohne Musik, Gebete und Blumen, kennt nur Kanonendonner, Flüche und Dreck. Erich Maria Remarque wird später in seinem Roman „Im Westen nichts Neues" die ungeheure Menschenopferung hart auf den Punkt bringen:

> „Granaten, Gasschwaden und Tankflottillen – Zerstampfen, Zerfressen, Tod.
> Ruhr, Grippe, Typhus – Würgen, Verbrennen, Tod.
> Graben, Lazarett, Massengrab – mehr Möglichkeiten gibt es nicht."

Lingners Totenhaus darf einhundertfünfzigtausend Reichsmark kosten. Schloss und Park schenkt er der Öffentlichkeit.

1. Wenn dir kein Platz bereitet ist

Magdeburg

Am 21. Dezember 1861 wird der Familie Lingner in Magdeburg ein Junge geboren, Karl August Ferdinand. Das Kind empfängt im folgenden Januar in der evangelischen Gemeinde zu St. Jacobi die Taufe. Zwei Brüder sind vor ihm da, Oscar und Emil, jetzt sechs- und vierjährig. Die Lücke in der Abfolge der Geburten erklärt sich dadurch, dass in der Zwischenzeit ein Mädchen, Johanna, geboren wurde, welches aber als Säugling starb, sechsundfünfzig Tage alt, damals ein häufiges Leid in den Familien. Nach August folgt als viertes Kind Anna.

Man muss sich einfache Verhältnisse vorstellen. Der Vater, August Bernhard Lingner, nennt sich Handelsagent oder Kommissionär, Zwischenhändler also für dieses und jenes. Über seine Geschäfte, seine kommerzielle Begabung und seinen Charakter wissen wir nichts. Die Mutter Karoline Auguste, geborene Herzog, stammt aus Leipzig. Beide Eltern sind 1828 geboren; da lebte Goethe noch. Der Großvater der Kinder väterlicherseits war Lehrer und Kantor in der Nähe von Magdeburg, derjenige mütterlicherseits „Bürger zu Leipzig, Schneider und Braugenosse".

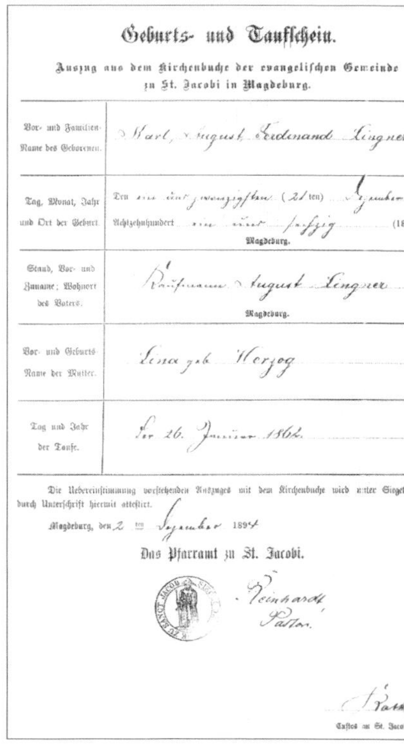

Geburts- und Taufschein.

Auszug aus dem Kirchenbuche der evangelischen Gemeinde zu St. Jacobi in Magdeburg.

Vor- und Familien-Name des Geborenen.	Karl, August Ferdinand Lingner
Tag, Monat, Jahr und Ort der Geburt.	Den ein und zwanzigsten (21ten) Dezember Achtzehnhundert ein und sechzig (18..) Magdeburg.
Stand, Vor- und Zuname; Wohnort des Vaters.	Kaufmann August Lingner Magdeburg.
Vor- und Geburts-Name der Mutter.	Lina geb. Herzog
Tag und Jahr der Taufe.	den 26. Januar 1862.

Die Uebereinstimmung vorstehenden Auszuges mit dem Kirchenbuche wird unter Siegel durch Unterschrift hiermit attestirt.

Magdeburg, den 2 ten Dezember 1894

Das Pfarramt zu St. Jacobi.

Reinhardt Pastor.

Custos an St. Jaco[bi]

Taufschein von Karl August Ferdinand Lingner

Der Mann, welcher später „Odolkönig" geheißen wird, hat kaum je von seiner Kindheit erzählt, und als er zur Exzellenz geworden war und sein traumhafter Aufstieg vielfach beschrieben wurde, traute sich keiner mehr, ihn danach zu fragen. So liegen die Kinder- und Jugendjahre weitgehend im Dunkeln.

Die Familie ist offenbar um 1860 nach Magdeburg gezogen. Als Augusts Geburtshaus kann man das Alte Fischerufer Nummer 42 annehmen. Kenner der Verhältnisse schlagen da die Hände über dem Kopf zusammen. Altes Fischerufer? Pottlappenviertel. Knattergebirge. Klein London! Lingner, der Junge aus dem Armenviertel? Die

Familie wohnt, mit August als Kleinkind, tatsächlich wenige Jahre in diesem Haus, zwischen Fasslochsberg und Kamelstraße, bei Witwe Möckel, unten am Fluss, einer Welt zwischen kleinbürgerlich-ordentlich und arm, dort wo die Kähne anlegen, die Lagerhäuser sich breit machen, die Schiffsmühlen sich drehen. Von der oberen Stadt führen Gässchen und Treppen hinab zu den Kneipen und Destillen, kleinen Läden und Handwerkern und auch zu weniger angesehenem Gewerbe.

Die Wohnungen sind karg. Flur, Küche, Stube, ein bis zwei Kammern, Petroleumlampen, Abort auf halber Treppe oder das gemeinsame Häuschen im Hof. Strebsame wechseln für einen kleinen Vorteil rasch einmal die Adresse, Minderbemittelte sparen Miete, indem sie Wohnungen „trocken wohnen", und überhaupt zieht man häufig um. In der Wohnungsfrage drückt sich auch ein soziales Ringen aus.

Die Mutter Karoline Auguste Lingner mit ihren drei Söhnen etwa 1862

Noch ist Magdeburg, wie seit zweihundert Jahren, preußische Garnison, aber drauf und dran, zur führenden Industriestadt zu werden. Maschinen-, Apparate- und Schiffsbau blühen, längst fährt die Eisenbahn. Die Einwohnerzahl wächst rasant, mehr und mehr engt der alte Festungsgürtel die Entwicklung ein, und wie vielerorts steht die große Stadterweiterung bevor.

Der Schüler August Lingner bekommt Eindrücke mit, die dann bald Geschichte sind, sieht noch das alte Stadtbild ohne Elektrizität und Autos. Bestimmt wird ihn das bunte Treiben auf der Elbe angezogen haben. Er kennt ein paar Leute am Schulweg und hat sie zu grüßen, und wahrscheinlich kann er auch berühmte Magdeburger Namen nennen, Kaiser Otto, Doktor Eisenbart, Otto von Guericke. Er schaut den Hufschmieden und Metzgern, den Sattlern und Schneidern über die Schulter, denn die arbeiten noch vielfach unter den Augen der Öffentlichkeit. Die typischen Geräusche in den Gassen und die Gerüche von Kohle, Seife, Leim und Pferdemist sind ihm

vertraut. Im Jugendalter erlebt er den Bau des Zentralbahnhofs und des Stadttheaters, Verkehr und Kunst ziehen in erhabene Räume um.
Petersstraße, Altes Fischerufer, Heilig Geiststraße, Knochenhauerufer, Prälatenstraße, Neuer Weg... Stationen kleiner Leute. 1868/69 scheint Vater Lingners Gewerbe aufzublühen, jedenfalls könnte man die Tatsache, dass er Wohnen und Arbeiten eines Tages trennen kann, so deuten. Sein „Agentur- und Commissions-Geschäft" befindet sich jetzt in guter Lage, am Breiten Weg, der prächtigen städtischen Hauptstraße (die mit den Barockhäusern). Doch schon übers Jahr ist es damit wieder vorbei.1871 zieht man auf die Stephansbrücke 38, dabei bleibt es für eine Weile. Auffällig höchstens noch, dass August Bernhard Lingner seine Geschäftszeiten verlängern kann (oder muss): Statt „7-9. 1-3" gilt neu „7-11. 1-4" (Uhr).

Ob die Kinder platzsparend im selben Bett schlafen? Ob sie mal mit der neuen Pferdebahn fahren dürfen? Ob man zur Kirche geht? Am Sonntagnachmittag zu einem „Vergnügungsort" pilgert? Ob die Kinder bei der aufwendigen Hausarbeit helfen müssen? Was tut man bei Fieber oder Zahnschmerzen? Was hat es auf sich mit den feinen hohen Lederstiefeln, die August als einziger auf dem Klassenfoto trägt? Und ob die Pockenepidemie von 1871 die Familie ängstigt? In Preußen erkranken 400.000 Menschen, 60.000 sterben. Kleinstlebewesen, die solche Krankheiten auslösen können, später Bakterien genannt, sind just in Augusts Geburtsjahr vom französischen Chemiker Louis Pasteur entdeckt worden.

Magdeburg, im Januar 2004. Rundgang auf den kaum noch sichtbaren Spuren der Familie Lingner. Eine kundige Stadtführerin versteht lebhaft zu schildern, wie es hier aussah, als die Altstadt noch unversehrt war. Die geschichtlichen Informationen und die eigene Vorstellungskraft lassen die Welt von damals vor den Augen erstehen und beleben sich mit Menschen, Tätigkeiten, Stimmungen, doch immer wieder reißt der Film, immer wieder fährt die Erinnerung an das Drama vom Januar 1945 dazwischen, als die Flieger über der Stadt wüteten. Hier stand, hier war, dort läge. Backsteingebäude an der Ravensberger Straße erinnern noch an Augusts letzte Schuljahre.
So sind Fotos das einzige Guckloch in sein Kinderleben. Wobei Vorsicht am Platze ist, was ihre Aussagekraft angeht: Die fotografischen Aufnahmen auch der einfachen Leute werden damals in der Regel nach „oben" gepusht. Jedenfalls leistet sich die Mutter immer mal wieder einen Fototermin. Auf den frühesten Porträts, als Zwei- und als Fünfjähriger, trägt August ein Röckchen. Ein versonnenes Kind.
In der Lingner-Familie fällt auf, dass unter den ohnehin spärlichen biografischen Anhaltspunkten der Vater kaum vorkommt und dann ganz entschwindet. Entgegen dem gängigen Bild dürfte die Mutter in dieser Familie eine starke Stellung eingenommen haben. Wie sie erzogen hat, wissen wir allerdings nicht. In jener Zeit bestimmen die

Eltern über fast alles, Unterordnung wird groß geschrieben, und Körperstrafen gehören zu ihrem Repertoire. Andererseits geben sie den Kindern ein Zuhause, oftmals unter schwierigen Verhältnissen, und fördern sie, soweit es ihnen möglich ist.

Klassenfoto 1873 (Lingner in vorderster Reihe mit Stiefeln)

August wächst in einem Klima gesteigerter Vaterlandsliebe auf. Nach Bismarcks Kalkül soll die bunte deutsche Staatenwelt durch Blut und Eisen zu einem Reich zusammengeschweißt werden. Krieg gegen Frankreich liegt schon länger in der Luft und wird von Bismarck bewusst provoziert, in beiden Ländern geht die vaterländische Begeisterung hoch.
Der Neunjährige erlebt von ferne den Feldzug gegen den „alten Erbfeind" mit. In den Zeitungen wird berichtet, dass nach jeder Siegesnachricht „freudig erregte Mengen bis in die späten Abendstunden jubelnd durch die erleuchteten Straßen" zogen. Dann wird er vom Sieg der deutschen Truppen gehört haben und dass das Deutsche Reich ausgerufen wurde, an einem Ort namens Versailles, gar in einem Spiegelsaal. Den backenbärtigen König, als dessen Untertan August aufwächst, nennt man nun Kaiser, Kaiser Wilhelm I. Und vielleicht schwärmen Männer, die in Frankreich waren, Kriegsheimkehrer, den Kindern von der Stadt der Städte?
Eines schönen Tages liegt erstmals die neue Münze in Mutters Hand: die Mark. Der Taler tritt ab, die einheitliche Reichswährung ist da.
Die Epoche hat ihre Stich- und Schlagworte: Einheit, Autorität, Heroismus, und fast schon heilige Begriffe sind Monarchie und Militär. Kinder bekommen dies mit, denn das Vaterland nähert sich ihnen bereits auf der Straße durch Beflaggung, Denkmäler, Kaiserhoch und Militärkapellen, besonders aber in der Schule, wo patriotische Aufsätze und Feiern sich häufen und „Die Wacht am Rhein" laut bewegt gesungen wird.

Die Schulzeit beginnt 1866. Von den fünf Jahren in der Städtischen Vorbereitungsschule ist weiter nichts bekannt. Man denkt unweigerlich an kleine Kinder, die morgens auf Kommando und nach Geschlechtern getrennt in große graue Schulhäuser einrücken, wo Kaiserbild und Rohrstock und dröhnende Zuchtmeister auf sie warten. Zucht, Gehorsam, Ordnung. Ein Lehrerhandbuch empfiehlt, dass die Utensilien auf Kommando unter dem Tisch hervorgeholt und „die etwa gebrauchten Bücher auf Kommando

weggelegt“ werden sollen. Selbst am Schluss der Religionsstunde. Es ist die „Schule der Untertanen“, welcher die Disziplinierung der Kinder hochwichtig ist, ebenso, ihnen die monarchisch-konservative Gesinnung beizubringen.
Die Fotos zeigen einen ernsten, etwas bleichen Jungen.
1871 der Übertritt in die Städtische Höhere Gewerbeschule, die als eine Realschule II. Ordnung gilt, aber Wert darauf legt, dass ihre Lernziele mit einer Realschule I. Ordnung übereinstimmen. Sie ist ohne Latein, damals noch der Schlüssel zu höheren Bildungsweihen, und deshalb von neun auf sieben Jahre verkürzt.
In jener Zeit wird an den Schulen viel verändert und umbenannt. Jedenfalls ist bei diesem Schultypus die ursprüngliche Tendenz zur Berufsschule aufgegeben und Allgemeinbildung ins Zentrum gerückt. Die Wirtschaft fordert eine „mittlere Ausbildung“, um den wachsenden Bedarf an unteren und mittleren Kadern zu decken. Mehr Naturwissenschaft und mehr Praxisorientierung – bei der Städtischen Höheren Gewerbeschule zu Magdeburg handelt es sich in diesem Sinn um eine zeitgemäße Anstalt. Neben den unantastbaren Drei: Deutsch, Religion und Geschichte bekommt der Junge eine ganze Reihe mathematisch-naturwissenschaftlicher Fächer, dazu Englisch und Französisch vermittelt. Solche Realschulen fördern durchaus Kinder aus den unteren Schichten. Die breite Fächerpalette, die Reformen, auch Lingners spätere erstaunliche Befähigung zu raschem und fortdauerndem Lernen lassen den Schluss zu, dass die Magdeburger Schulzeit dem Jungen ein paar wichtige Dinge mitgegeben hat. Und trotz gegenläufigen Klischees: Nicht jeder damalige Lehrer ist ein Ausbund an Bosheit. Doch wird der doktrinäre Stil, der alles von oben herab einschärft und keinen Widerspruch duldet, seine Spuren in Lingners Charakter hinterlassen.

Insgesamt gesehen entzückt die Schule August Lingner nicht. Das Zeugnis vom Sommersemester 1876, durch weiß was für Umstände in die Gegenwart gerettet, gibt keinen Anlass zu übertriebener Hoffnung, nur wenige Noten sind genügend. Es wird eine Klassenrangliste erstellt, August ist unter 24 Schülern der 22.; sein Betragen sei gut, doch seien auch „Anwandlungen von Leichtsinn“ zu verzeichnen. Und der Auszug aus dem Klassenbuch hält fest: „L. hat 9 Stunden versäumt, sich 1 mal verspätet; er ist 0 mal gelobt, 3 mal getadelt, mit einer Stunde Arrest wegen Nachlässigkeit bestraft worden. Von seinen schriftlichen Arbeiten gehörten 0 zu den besten, 1 zu den schlechtesten.“ Bis zum Abgangszeugnis legt August etwas zu. Er trägt in zwölf Fächern das Prädikat *genügend* nach Hause.
Ein Foto zeigt den Sechzehnjährigen mit Fliege, adrett gekämmtem Haar, fülligen Lippen, Schatten unter den Augen und einem etwas unsicheren, doch offenen Blick. Von der inneren Entwicklung des Jungen, seinem Wesen, seinen Freuden und Leiden wissen wir nichts.

Lingner als Jugendlicher 1877

Was die Begabungen anbetrifft, so wird Lingner im Rückblick mancherlei nachgesagt, besondere mathematische Fähigkeiten etwa oder ein Talent zur Malerei oder zur Musik. Und dann geistert auch noch die „zweihundert Jahre alte Lehrer- und Pfarrerfamilie", aus der er väterlicherseits stammen soll, durch die Lebensbeschreibungen. In den erbgutfanatischen Dreißigerjahren machte man sie kurzerhand für seine spätere volkspädagogische Begabung verantwortlich. Nur hat es eine Familienvergangenheit in dieser Form nicht gegeben.

Da das Abgangszeugnis keine bestimmte Berufsausbildung nahe legt, sind es offenbar die Eltern, die August zum Kaufmännischen drängen. Jedenfalls wird dieser zeitlebens behaupten, dorthin habe er gar nie gewollt. „Da sie sich entschlossen hatten, ihn Kaufmann werden zu lassen, suchten sie ihm eine Lehrstelle aus in einem Geschäft, dessen Geruch und Farbe immerhin etwas Besonderes bot", schreibt Julius Ferdinand Wollf, Lingners späterer Freund und erster Biograf. In Gardelegen, in einem Warenladen, bringt August mit wenig Begeisterung seine dreijährige Lehre hinter sich; er habe die Tage gezählt wie ein Gefangener.

In dieser Zeit, am 12. November 1878, stirbt Augusts Vater in der Landes-Heil- und Pflegeanstalt Nietleben/Halle „an seiner fortschreitenden Gehirnkrankheit", wie das dortige Begräbnisregister verzeichnet. Von ihm wird man nie mehr hören.

Auf die – nicht dokumentierte – Lehrzeit folgt, ebenfalls im altmärkischen Gardelegen, die erste Arbeitsstelle. Auch dies sind öde und entsagungsvolle Jahre. Der junge Mann kann sich für Kernseife und Haferflocken einfach nicht begeistern, in Gedanken lebt er ganz anders. Vielleicht sagt die Fotografie, welche ihn mit Zigarre und feinen Lederhandschuhen zeigt, etwas darüber aus? Vor allem einer seiner Träume soll ihn mehr und mehr beherrscht haben: der Traum, Musiker zu werden. So habe er sich in den Kopf gesetzt, nach Paris zu fahren und sich am berühmten Konservatorium einzuschreiben. Dafür habe er sich einem harten Sparziel unterworfen.

Aber vielleicht glauben wir zunächst den späteren Erzählungen nicht ohne weiteres und stellen uns alles nüchterner vor: Ein junger Mann, immerhin schon über zwanzig, dessen Horizont bis dahin in Gardelegen endet, unzufrieden mit dem bisher Erreichten und darauf bedacht, dem voraussehbaren Schicksal im ungeliebten Beruf zu entfliehen, neugierig auf das wahre Leben und aufgewühlt von allerlei Zukunftsträumen, sucht

in der sagenhaften Weltstadt den Kick, die Herausforderung, die Freiheit. Als ernsten Zweck des Vorhabens gibt er an, er werde dort Musik studieren.
Was er irgendwie ja auch beabsichtigt. Dass er passendes Rüstzeug mitbrächte, etwa einen gebührenden Musikunterricht genossen hätte, ist allerdings nicht überliefert. Irgendwo, irgendwann hat er das Klavierspiel erlernt, wahrscheinlich mit einem gewissen Erfolg, sodass einem Ehrgeiz in dieser Richtung die Bahn bereitet wurde.
1883 ist die Sparbüchse voll.

Paris

Mit seinen paar Habseligkeiten sei Lingner am Bahnhof Saint-Lazare angekommen und habe erst einmal staunend „am Uferrand des Weltstromes" gestanden. „Keines seiner kühnsten Traumgesichte schien der stärkeren Wirklichkeit standzuhalten", weiß Wollf. Zunächst habe er sich an der Flut der Menschen und Wagen nicht satt sehen können (der Pariser Verkehr mit seinem Gewühl von Menschen, Wagen und Pferden, den Staus und Unfällen fehlt damals in keiner Reisebeschreibung).
Das Heer der Fahrzeuge bildet bei allem Durcheinander eine Hierarchie ab, welche man an den Wagen und ihren Insassen ebenso leicht erkennen kann wie am Auftreten der Kutscher und an der Güteklasse der Pferde. Ab und zu rollt ein Gefährt mit dem Krönlein am Schlag vorbei.
Schwindelgefühle. Paris - wie lange hat August dieses bezirzende Wort in sich gehegt und gehätschelt? Zu Hause bekreuzigen sich manche, wenn sie es nur hören. Was für Sehnsüchte, Erwartungen und Fantasien verbinden sich für ihn mit dieser Stadt, welche man damals „Zentrum der Kultur" oder „Stadt der Liebe" nennt oder „die Uhr, nach der Europa sich richtet"? Und jetzt bist du da, und der erste Eindruck ist übermächtig. Weltstrom, nichts weniger. Und endlich ein Ort, wo du tun kannst, was dir gefällt! Die Enge hinter sich lassen!
„Man verschwindet in diesem Paradies, und das ist bequem, weil sich niemand für das Leben interessiert, das man führt" (Frédéric Chopin). Pariser Luft macht frei. So erlebte es auch Stefan Zweig: „Es gab keinen Zwang, man konnte sprechen, denken, lachen, schimpfen, wie man wollte" (Die Welt von gestern).
Und das Musikstudium? Da sind Fragen offen.
Der Einwanderer findet sich in einer Mansarde wieder, einem jener zugigen und staubigen Dachnester, wo man Dienstboten und Studenten und die Anflutenden aus ganz Europa unterbringt. Die Gegend ist eher bürgerlich: Rue de la Tour d'Auvergne, am Abhang des Montmartre, im Quartier Rochechouart, zwei leicht ansteigende Häuserzeilen mit Warenläden und kleinen Hotels, eine kurze Straße.
C.A. Lingner. Das klingt gut.

Rue de la Tour d'Auvergne (Lingners Straße)

„Fünfzigtausend junge Leute, eine Armee, strömt heran, unversuchte, keusche Kraft, entladungssüchtige, unklare Energie", sagt Stefan Zweig über das alte Paris und dessen Faszination auf die Jugend Europas. Aber: „Keinem ist ein Platz bereitet." Auch Lingner nicht. Er sucht als *agent de commerce*, Vertreter kleiner deutscher Firmen, die in Paris etwas verkaufen möchten, Geld zu verdienen. Ein unstetes Geschäft, er kennt es von seinem Vater. Klinken putzen, abhängig sein, täglich Niederlagen einstecken. Auf einen Handelsreisenden aus Magdeburg wartet hier niemand. Mühsam muss er den ungeliebten Job mit Musikinteresse und Mansardendasein in Einklang bringen, während ihm diese dreiste Stadt auf Schritt und Tritt die farbigsten Bilder von Geld und Genuss vor Augen führt.

Die Bilder sind nicht zu unterschätzen. Sie sinken in die Menschen ein, haben prägende Kraft, wenn sie etwas ansprechen, das angesprochen zu werden bereit ist. Zweig beschreibt eines, das junge Männer damals behext: „Sie alle haben das gleiche Abenteuer. Ein Tilbury saust an ihnen vorbei, die Räder sprühen sie an mit Kot, der Kutscher schwingt die Peitsche, aber darin sitzt eine junge Frau, in ihrem Haar blinkt der Schmuck. Ein Blick weht rasch vorüber. Sie ist verführerisch und schön, ein Symbol des Genusses. Und alle dächten das Gleiche: Mir diese Frau, der Wagen, die Diener, der Reichtum, Paris, die Welt!"

Sind so die Bilder beschaffen, die einen jungen Mann prägen können? Blitzlichtszenen, Herzstillstandmomente. Bilder, denen er vielleicht lebenslang nachjagen wird? Und der

Zeitgeist verspricht: Du kannst es erreichen. Seit der kleine Korporal aus Korsika es zum Kaiser gebracht hat, halten das alle für möglich. Irgendeinen Marschallstab hat doch jeder im Tornister?
Die Zweimillionenstadt gilt damals als riesiger Schmelztiegel. Zweig meint, die Zuwanderer hätten ihre Jugend umschmelzen müssen in Zähigkeit. Irgendwann wird sich August in diese Richtung eingefädelt haben, irgendwann mausert sich der Träumer zum Tatmenschen. Jahre später sieht man den Jungmillionär in seinem Büro sitzen, und vom Gemälde an der Wand schaut ihm der große Napoleon über die Schulter.

Louis Pasteur (1822-1895)

Paris in der *Belle Époque*. Eine Zeit der Extreme: zur Schau getragener Luxus und verdrängtes Elend, wissenschaftliche Glanzleistungen und schäbige Affären, kulturelle Blüte und aufkeimender Nationalismus. Es ist die Zeit des Impressionismus in der Malerei und ihrer berühmten Namen, die Welt des Victor Hugo, des Jules Verne, des Auguste Rodin, des Fotografen Nadar und des Operettenmagiers Jacques Offenbach. Dass 1861 ein Chemiker, Louis Pasteur, auf die „Spaltpilze", später Bakterien genannt, stößt, wird eine Revolution der Medizin bewirken.
Unter Napoleon III., zwischen 1853 und 1870, hat man das alte Paris umgebaut zum modernen Stadtbild, wie es dann Lingner in den Achtzigerjahren sah, mit den breiten Boulevards und sternförmigen Plätzen, den Brücken und Parks – ein ungeheurer Eingriff, 20.000 Häuser sollen abgerissen, 40.000 neu gebaut worden sein, zugleich ein Taumel der Bodenspekulation. *La transformation de Paris.*
Jetzt schickt sich die Dritte Republik an, die Weltausstellung von 1889 auszurichten und den Fortschritt und das technisch Machbare mittels eines dreihundert Meter hohen Turmes zu feiern.
In den Straßen brennen nachts Tausende Gasflammen; die Elektrizität lässt nicht mehr lange auf sich warten. Noch fährt die Metro nicht. Weltbekannt sind die Kaufhauspaläste. Der Pionier, Au Bon Marché, ist schon über dreißig Jahre im Geschäft; nach und nach dehnt sich das Prinzip Warenhaus in weitere Länder aus.

Jules Verne (1828-1905)

Diese Konsumtempel mit ihrer Warenfülle, der steten Reklame und den Einheitspreisen sind die Vorboten einer neuen Zeit, welche vom Massenkonsum geprägt sein wird. Viele Güter verwandeln sich infolge industrieller Fertigung und neuer Verkaufspraktiken in Massenware, weniger solide, aber für viele erschwinglich. Die Masse macht's – ein Blick in die Zukunft. Weltruf hat auch die Unbekümmertheit der Nächte. Die *Folies Bergères* locken. Lokale mit wild tanzenden *Frauenzimmern* sind kein verruchter Geheimtipp mehr, der zuckend-ekstatische Cancan rüttelt am Gatter der Moral. Zehntausend Bordelle soll es geben, und in dunklen Ecken bieten zweifelhafte Händler zweifelhafte Bildchen an.

C. A. Lingner, Musikstudent? Niemand weiß Näheres. Was Wolff beschreibt, ist eher ein allgemeines Interesse an Musik: „Die Pariser Sinfonie erfüllte sein Herz mit tausend Hoffnungen. Wenn er nachts aus einem populären Konzert nach Hause kam, oder wenn er es sich hatte leisten können, auf den höchsten Höhen der Großen oder der Komischen Oper einen Abend zu verleben, saß er halbe Nächte hindurch über Musiker-Biografien. Inmitten der musikalischen *Bohème* auf dem andern Ufer fand er neue Weggenossen seiner stürmischen Träume." Er leistet sich ein Mietklavier, ist darob so gerührt, dass ihm die Hände versagen, als er sich erstmals hinsetzt. Doch dies alles macht Lingner noch lange nicht zum Konservatoristen. Das staatliche Institut, welches der berühmte Komponist Ambroise Thomas (Oper „Mignon") leitet – kennt es einen Studenten namens Lingner?

Beim *Conservatoire de Paris* ist man hilfsbereit. Die Akten liegen in der ehemaligen *Bibliothèque Nationale de France*. Bevor man in dem imposanten Kuppelsaal Platz nehmen und in die Papiere schauen darf, muss man einen Postenlauf mit diversen Kontrollen und siebzehn Seiten Benutzungsreglement hinter sich bringen. Doch Entdeckerfreude und Spannung übersteigen die Unlust an solchem Prozedere, und alsbald wird Archivschachtel um Archivschachtel durchgeackert.
Ein Lingner aus Deutschland? Fehlanzeige.
Aufbewahrt sind Einschreibelisten, Schülerregister, Verzeichnisse ausländischer Bewerber, Anfragen, auch Empfehlungsschreiben von Musiklehrern für ihre Schützlinge, auffällig, wie jung diese teilweise sind. Schließlich die Listen der *auditeurs* („Hörer"), Studenten einer zweiten Kategorie, die nicht zum eigentlichen Studiengang zugelassen sind, aber in dieser Position abwarten, bis ein Studienplatz frei wird. Selbst diese Akten sind ordentlich gesammelt, aber ein Lingner ist nicht dabei, wie denn überhaupt nur sehr wenige deutsche Namen zu finden sind. Zum selben Resultat kam schon früher eine Recherche des Deutschen Hygiene-Museums.
Möglicherweise lüftet der nüchterne Georg Seiring, viel später Lingners rechte Hand, ganz beiläufig das Geheimnis: Lingner, schreibt er in seinen privaten Memoiren, habe nebenher Geld verdienen müssen, „damit er am frühen Abend am Konservatorium Musik studieren konnte". Darauf könnte man sich einigen: Lingner probiert seinen Musikertraum zu leben, indem er abends bei einem Konservatoriumslehrer Privat-

stunden nimmt. Ein ordentliches Musikstudium, wie es immer wieder behauptet wird, ist nicht zu belegen. Lingner hat es offenbar später mit den Fakten nicht allzu genau genommen oder es bei Andeutungen belassen. Die Wahrheit wird im Übrigen nach und nach zweitrangig, sitzt doch der Betreffende am Ende an eigens für ihn gefertigten wunderbaren Orgeln und spielt darauf im Urteil seiner Gäste nicht nur schön, sondern schlichtweg brillant.

Dass Lingner ein Kulturblättchen verfasst, drei Nummern insgesamt, handgeschrieben, für seine Freunde und Bekannten, müsste die Nachwelt nicht unbedingt interessieren. Wenn da nicht die Hoffnung wäre, bei der Gelegenheit etwas über diesen jungen Mann zu erfahren, der bisher noch kein einziges eigenes Wort zu uns gesprochen hat. *L' Ami* stellt nicht ohne Ironie Carl August Lingner als Gründer, Chefredakteur und Sekretär vor, während die übrigen Jobs (Illustrator, Schatzmeister usf.) als vakant angegeben werden. Was wohl bedeutet, dass der Gründer, Chefredakteur und Sekretär sie ebenfalls in seiner Person vereinigt. Das einzig erhaltene Blatt trägt die Nummer 3 und das Datum vom Januar 1885.

Lingner (rechts) und sein Freund Willem Rikkers; 1885

Im Leitartikel setzt sich ein Horaz Herzog mit der französischen Musikwelt auseinander oder eher: Er verreißt sie. Einem Massenet, Saint-Saëns oder Delibes spricht er den Komponistenrang glatt ab. Es gebe keine Helden und Giganten der Kultur mehr. „Ein Musiker, ein Dichter, ein Romancier, schließlich alle Künstler – wovon träumen sie vor allem? Vom Gold und wieder vom Gold und nochmals vom Gold." Dieses unglückselige Metall verderbe alles. Besonders Jules Massenet hat es dem Schreiberling angetan: Er misshandle die Kunst, sei ein Scharlatan und verdanke seine Karriere der permanenten Reklame, welche für ihn betrieben werde. Eine angesehene Zeitung wie *Le Figaro* zeiht er der Bestechlichkeit.

Eindrücke des späten und ungebetenen Lesers: Der Verfasser erscheint einerseits kenntnisreich und geht mit dem herrschenden Kulturbetrieb kritisch um, anderseits wirkt er ziemlich naseweis. Locker zwischen Deutsch und Französisch wechselnd, bedient er offenbar einen kleinen Kreis, der solches liest und diskutiert, sogar Musikstücke zur Beurteilung einsendet. Er selbst sitzt da wie die Spinne im Netz und will für seinen Journalismus in Naturalien entschädigt werden – am liebsten mit Tabak, den man ihm zusenden soll ...

Der angebliche Mitarbeiter Horaz Herzog veröffentlicht in derselben Ausgabe eine eigene Komposition, den „Hortensen-Walzer". Unterzieht man sich der mühseligen Aufgabe, das ganze Blatt durchzulesen, so wird man den Verdacht nicht los, alles, selbst der Walzer, könnte von ein und derselben Person verfasst sein: Lingner. Für die nächste Nummer wird gar ein Ballettstück aus seiner Feder verheißen. Woher er solche Fähigkeiten hat, bleibt dunkel. Der Walzer, nur teilweise erhalten, ist gängige Salonmusik, eine dilettantische und etwas zu ambitiöse Schülerarbeit.

Ein Freundeskreis trifft sich im Café Scossa, beim Bahnhof Saint-Lazare, man trinkt Bock, genehmigt sich Zigarren, spielt „66", verabredet Ausflüge ins Seinetal. Die paar Deutschen und Holländer, teils Söhne wohlhabender Familien, lieben die Musik und die *Bohème*. Lingner versucht mitzuhalten. Die Ausflüge wertet er musikalisch aus, spielt den Freunden nachher stundenlang vor.
Einen Willem Rikkers, Bankierssohn aus Groningen, stellt Lingner in seiner Zeitschrift als Herzensbruder vor. Eine hübsche Handzeichnung verewigt die beiden. Willem sei ein Schalk und Spötter, doch ein grundguter Typ und außerdem für die Kunst wie geschaffen. Leider hätten ihn seine Eltern ebenfalls ins Geschäftsleben gesteckt – die beiden pfeifen auf alles Kaufmännische, was mindestens im Fall Lingners und seiner schmalen Existenzbasis reichlich frivol erscheint. Obwohl Lingner in dem Aufsatz auch von sich zu erzählen verspricht, lässt er es bleiben. Er habe eben nicht die lächerliche Gewohnheit, von sich zu reden, und er hätte ohnehin nicht allzu viel zu berichten, sagt er über sich, lässt dann immerhin ein wenig in seine Seele blicken: Er habe jede Menge Hoffnung, viele Ideen, guten Willen und noch manches andere mehr, heute sei er noch nichts, aber das werde sich ändern, wörtlich: *„Carl August Lingner – rien à présent, beaucoup en spe."*

Paris von unten. Der junge Sigmund Freud soll in Paris gehungert haben, um seinen Studienaufenthalt verlängern zu können. Maria Sklodowska, die spätere Marie Curie, vernachlässigte als Studentin an der Sorbonne ihre Ernährung und war so überarbeitet, dass sie zu Schwindel- und Ohnmachtsanfällen neigte. Und Lingner? Jede kleinste Ausgabe habe er zehnmal überlegen müssen. Mansarde, Klavier und Unterricht wollen bezahlt sein, Woche für Woche, doch wo führt das alles hin?
Wie tausend andere macht Lingner die Erfahrung, dass Paris ohne Geld ziemlich klein ist. Auf Dauer gibst du dich nicht mit dem unverbindlichen Flanieren auf den Boulevards zufrieden, nicht mit den Opernbesuchen auf den billigsten Plätzen, nicht mit dem Streifen durch die Warenwelten. Dies alles regt bloß den Appetit an, zum Essen kommst du nie. Bleiben darf, wer zahlen kann. Ohne Geld und Beziehungen hast du hier keine guten Karten. Kommt eine böse Krankheit hinzu, kann die Dachbude zum Grab werden. „Man verschwindet in diesem Paradies ..."

„Im dritten Jahre der Sturm- und Drangperiode rührte das Schicksal den jungen Musiker an. Es schien, als sollte allen seinen Träumen ein gewaltsames Ende beschieden sein. Deutsche Freunde fanden ihn, als er schon Tage mutterseelenallein in seiner armseligen Mansardenstube daniederlag, so krank, dass die Ärzte an seinem Aufkommen zweifelten" (Wollf).

Überarbeitung, Erschöpfung, Zusammenbruch, so hat man Lingners Pariser Erkrankung öfter umschrieben. Die Odolwerbung verklärt die Krise Jahrzehnte später zum „selbstverleugnenden, aller physischen Vernunft spottenden Dienst (an) der Musik". Tagsüber der Versuch, Geld zu verdienen, abends die Klavierstunden, nachts die *Bohème*, Lingner schlaflos im schlaflosen Paris. Die Nacht zum Tage zu machen, wofür er dereinst berüchtigt sein wird, lernt er womöglich hier.
Niemand weiß, was der junge Mann in seiner Mansarde durchlebte. Denn der behält alles eisern für sich und erzählt es später nur wohl dosiert einzelnen Freunden. Fasst man das Wenige zusammen, was Lingners Vertraute äußern, so ist eine gravierende Infektion wahrscheinlich: eine schwere Erkrankung, die fast zum Tod geführt hätte, deren Heilung Monate dauerte, die allerdings mit „systematischen Maßnahmen" der Vorbeugung hätte vermieden werden können und nach deren Überwindung der Patient lange schwach und elend blieb. Weiter sagt Wollf, Lingners Interesse habe sich nie mehr aus dem Fachgebiet dieser Krankheit entfernt, womit man unschwer zum selben Schluss kommt: Es dürfte sich um eine Infektionskrankheit gehandelt haben. Auch dass sich Lingner später fanatisch auf dieses Thema stürzt, könnte einen bedrohlichen persönlichen Hintergrund verraten. Sonst ist mit den spärlichen Informationen nicht viel anzufangen.

Husten, Nachtschweiß, Gewichtsverlust? Begann es so? Geißel Nummer eins jener Zeit ist die Tuberkulose. Man schätzt damals die jährliche Zahl der Todesopfer in Europa auf eine Million Menschen, bei den Todesfällen der 15- bis 40-Jährigen im Deutschen Reich geht rund die Hälfte auf das Konto der „Lungenschwindsucht", im 36. Quartier von Paris, Lingners Viertel, sterben damals jährlich zwei- bis dreihundert Menschen daran. Erschöpfung, Mangelernährung und schlechte hygienische Verhältnisse verschaffen dem Erreger ein leichtes Spiel.
Auch Lungenentzündung kommt in Frage. Schüttelfrost, hohes Fieber, Husten mit blutigem Auswurf, Seitenstechen? Immerhin ist Lungenentzündung in jener Wohngegend die zweithäufigste Todesursache.
Allein also mitten in der Millionenstadt. Mehrere Tage schaut niemand vorbei, keine Nachbarn, keine Hauswirtin. Als endlich Freunde kommen, finden sie Carl August schwer krank, rufen einen Arzt, jemand wird ihn bezahlt haben. Der Mediziner gibt dem Patienten wenig Chancen, zu oft hat er dieses Bild schon gesehen, aber er gibt ihn nicht auf. Viel

Robert Koch (1843-1910)

hat der Helfer nicht in der Hand, immerhin sollen „Naturheilungen" häufig vorkommen.
Just in jenen Jahren ist es so, dass man für immer mehr Infektionskrankheiten die Erreger kennt und Diagnose stellen kann, es aber an der Therapie noch mangelt. Der deutsche Bakteriologe Robert Koch etwa gibt 1882 die Entdeckung des Tuberkelbazillus bekannt, was ihn auf einen Schlag und zu Recht weltberühmt macht. Bis er dann ein erstes Heilmittel vorstellt, dauert es weitere acht Jahre. Doch das „Tuberkulin" erweist sich als untauglich. So bleiben vorderhand die Infektionskrankheiten weitaus gefährlicher, als wir es uns heute vorstellen können.

„Meine Herren", ruft Doktor Sarrasin in den Saal, „als Spezialisten wissen wir alle, wo wir die Hauptursachen für Frühsterblichkeit und Frühinvalidität zu suchen haben: Es sind die erschreckenden hygienischen Bedingungen, unter denen der größte Teil der Menschheit qualvoll dahinvegetiert. Immer mehr Menschen leben dicht gedrängt in Großstädten und nehmen sich in ihren Wohnungen gegenseitig Licht und Luft – die beiden wichtigsten Voraussetzungen der Volksgesundheit. Diese Menschenansammlungen bilden außerdem den geradezu erschreckend günstigen Nährboden für Infektionen und Krankheiten. Wer hier noch widerstandsfähig genug ist, dass er überlebt, trägt immer noch zeitlebens Gesundheitsschäden davon." Sarrasin will den Plan einer idealen Stadt ausarbeiten, die dank umfassender baulicher und erzieherischer Maßnahmen keim- und krankheitsfrei sein soll. Mit dem Satz: „Die sowohl individuelle als auch kollektive Reinlichkeit ist das Lebensprinzip der Stadt", spricht er gesellschaftliche und städtebauliche Aufgaben und Prozesse an, welche Europa jahrzehntelang in Atem halten werden.
Der Arzt redet auf einem Kongress für Hygiene, 1871 in Brighton, und er wird am Ende im Triumphzug durch den Saal getragen. Denn er hat die Versammlung soeben wissen lassen, er habe mehrere hundert Millionen Francs geerbt und werde sein Geld für das hygienische Projekt einsetzen ... Sarrasin wird zum Wohltäter an der Gesundheit der Menschen.

Es bedeutet keine Abwertung, dass diese Szene einem Roman von Jules Verne entsprungen ist, im Gegenteil. Verne wollte auf wissenschaftlicher Grundlage unterhalten und belehren. Das Thema ist keineswegs aus der Luft gegriffen, sondern hochaktuell: Noch sind die Zustände, die schon Honoré de Balzac (1799-1850) anprangerte („Die Hälfte von Paris schläft in den fauligen Ausdünstungen der Höfe, der Gassen und der Senkgruben"), nicht allseits überwunden. An den Rändern der Millionenstadt, die

ihre Einwohnerzahl in wenigen Jahrzehnten verdoppelt hat, herrschen katastrophale Zustände, wüten Krankheiten und ist die Kindersterblichkeit hoch. In dem wenig bekannten Roman „Die 500 Millionen der Begum" zeichnet Verne mit seiner hygienisch perfekten Stadt ein radikales Gegenbild.
Seit den Entdeckungen Louis Pasteurs erscheinen in Frankreich zahllose Schriften zu medizinischen Fragen und geht die Jagd auf die Bakterien los, die an allem schuld sein sollen: *La guerre aux microbes*. Zweifelsohne ist damals die Debatte darüber in Paris angesichts des weltstädtischen Ausmaßes der Probleme weiter fortgeschritten als anderswo. Lingner soll während der langen Genesungszeit einschlägige Literatur gelesen haben – warum nicht auch Jules Vernes Geschichte vom großen Mäzen der Volksgesundheit? Es gibt einen kleinen und nicht eindeutigen Hinweis in seiner Zeitschrift, der sich darauf beziehen könnte. Sollte er den kurzen, 1879 erschienenen Roman tatsächlich zur Kenntnis genommen haben, er hätte in der Person Sarrasins gewissermaßen einen Blick in seine eigene Zukunft getan.

Die Frage nach der ominösen Erkrankung spukt seit jeher durch die Lingner-Literatur. Enge Vertraute führen sie oft an – und nennen sie nie beim Namen. In diesem geheimnistuerischen Umfeld tippte manch ein Beobachter auf eine unaussprechliche, lies: Geschlechtskrankheit, gar Syphilis. Eine nie belegte Vermutung, welche später auch polemisch gegen Lingner verwendet wird, eignet sich doch diese Krankheit dazu – selbst wenn sie geheilt ist –, Menschen moralisch zu verurteilen oder ihr rätselhaftes Verhalten zu deuten. Geschlechtskrankheiten sind damals allerdings häufig, Tendenz steigend. Man muss dabei nicht gleich ans Schlimmste denken, auch die Erfahrung einer harmloseren oder in einem frühen Stadium geheilten Infektion kann bei einem sonst schon angeschlagenen jungen Mann zu seelischem Schock und nachhaltiger Belastung führen. Und sicher wären dem späteren *Hygienepapst* auch andere Krankheiten peinlich und unaussprechlich gewesen, hätte man sie auf Armut, Unwissenheit oder Schmutz zurückführen können.
Stefan Zweig nennt die Prostitution das Kellergewölbe, „über dem sich mit makellos blendender Fassade der Prunkbau der bürgerlichen Gesellschaft erhob", und schildert eindringlich die Lage der jungen Leute und ihr immer hastig und heimlich geübtes Geschlechtsleben, welches von der Angst vor Infektion beherrscht war. Paris, „die Stadt der Liebe", wird damals leicht zur Projektionsfläche für einschlägige Vorstellungen. Dass dort ohnehin nur etwas Venerisches in Frage kommt, Lingner sich also eine „solche" Krankheit „geholt" haben müsse, ist indessen keineswegs zwingend: Im Paris jener Tage erkrankt man wie überall aus den verschiedensten Ursachen.

Die Sache mit der Krankheit ist ihm später dienlich. Zum einen begründet sie unanfechtbar den Abbruch des angeblichen Musikstudiums und verschleiert so eine persönliche Niederlage. Zum andern bekommt Lingners spätere Karriere als Hygieniker einen berührenden Anfangsmythos: Laut Wolff hat Lingner während der Monate der Genesung „mit den Mitteln seiner bescheidenen empirischen Philosophie“ viel über Gesundheit, Krankheit und Tod nachgedacht und die Ärzte um ihre Kunst beneidet. So habe ihn die Idee einer „systematischen Entwicklung von Vorbeugungsmitteln gegen das Entstehen von Krankheiten“ erfasst.

Ob der medizinische Laie tatsächlich so weit gekommen ist, bleibt offen. Immerhin darf man nicht ausschließen, dass Paris für Lingner „die quasi hygienische Erschütterung“ (Wollf) bedeutet hat – jene Betroffenheit in puncto Gesundheit und Krankheit, die er später in den Menschen durch seine Hygienekampagnen auslösen will.

Jedenfalls: Wer sich dem Dschungel der Großstadt aussetzt, lernt Dinge, die nicht in den Schulbüchern stehen, wird auch allerlei Verletzungen davontragen, ähnlich einem Schamanen, der sich auf Visionssuche in den Busch und die Welt der Dämonen begeben muss, um deren Schadenzauber kennen zu lernen. Den Dämonen der Armut – dem „Entsetzen, arm zu sein“ (Bertholt Brecht) – , der Krankheit und der Erfolglosigkeit hat Lingner jedenfalls gegenübergestanden.

Was bleibt ihm als Essenz solcher Erfahrungen? Vielleicht die: Nie mehr arm, nie mehr krank, nie mehr Klinken putzen?

Lingner soll die Künstlerfantasien allmählich hinter sich gelassen, neue Fähigkeiten an sich entdeckt und sich unter der Krankheit zum Realisten gewandelt haben. Seinem Freund Wolff vertraut er viel später an, er sei in jenen Tagen von einem neuen Zukunftstraum ergriffen worden und habe sich nun als „den königlichen Kaufmann, der es versteht, Mäzen zu sein“, gesehen.

Der neue Traum gleicht dem alten. Wieder sieht sich der junge Mann im Zentrum von Aufmerksamkeit und Beifall, diesmal nicht als Künstler, sondern als strahlender Mäzen der Kunst. Wenn man allerdings davon ausgeht, dass Lingner dieses Ziel nur mit viel Geld erreichen kann und jetzt praktisch ohne solches dasteht, wirkt so etwas vermessen. Eine Vision, verwurzelt in der Tiefe seines Wesens, wie Wolff meint? Oder ein fantastischer Traum, dessen er jetzt bedürftig ist, um sein beschädigtes Selbstwertgefühl zu stützen? Was ein „königlicher Kaufmann“ ist, sagt er nicht. Man stellt sich vornehme Kaufleute der Renaissance vor, dank ihres Geldes auf Augenhöhe mit Königen und Kaisern, reich gewordene Bürger, welche die feudale Herrschaft mit Krediten stützen und dafür happige Zinsen einstreichen und sich im Gegenzug Ehren, Prestige und Sicherheit erkaufen.

Wie auch immer, der gescheiterte Musikstudent ist durchaus zu einer vernünftigen Analyse seiner Lebenssituation fähig und gliedert sich wie selbstverständlich wieder in die bürgerliche Arbeitswelt ein. Er kehrt, vielleicht auf Willem Rikkers Kosten, nach Deutschland zurück und bewirbt sich bei einer Dresdner Nähmaschinenfabrik um eine Stelle als Korrespondent.

Dresden

Bruno Naumann hat klein angefangen, mit einer Lehre als Feinmechaniker. Jetzt, 1885, gehört der 41-jährige Selfmademan zu den bekanntesten Unternehmern Sachsens und baut seine Nähmaschinen in der neuen, großzügigen Fabrikanlage auf der Hamburger Straße. Bald kommen Fahrräder hinzu, später die Schreibmaschinen. Wie manch ein Wirtschaftsbürger eifert Naumann dem Adel nach. Er kauft das Palais Stockhausen bei Schloss Albrechtsberg, erwirbt die Standesherrschaft Königsbrück, wird mit Titeln geschmückt.

Dresden ist die deutsche Nähmaschinen-Hochburg. Die Geschäfte der Hersteller laufen gut, denn die Kundschaft der nähenden Hausfrauen zählt nach Hunderttausenden. Nähmaschinen sind damals Schrittmacher für die Modernisierung der Haushalte, besonders gefragt sind sie indessen als Gerät für Heimarbeiterinnen. In industrieller Dimension führen sie eine Umwälzung herbei: Bekleidung für die Massen kann jetzt fabrikmäßig hergestellt werden.

Historisches Dresden: Terrassenufer 1900

Das Warenzeichen Seidel & Naumann ist bereits ein Begriff, als die Firma den jungen Mann Lingner als Korrespondenten einstellt. Dass dieser französisch und englisch spricht (ein Englandaufenthalt ist zwar nicht belegt) und fremdsprachige Briefe zu schreiben im Stande ist, mag ihm den Zuschlag gesichert haben. Ab jetzt hat der Betreffende sechs Tage in der Woche pünktlich und korrekt gekleidet im Büro zu erscheinen, einer mehr im rasch wachsenden Heer der so genannten Angestellten.

Lingner schreibt Geschäfts- und Werbebriefe. Dabei ärgert er sich über den altbackenen Stil, der hier noch üblich ist, jene betulich-verschnörkelte Kanzleisprache der Vätergeneration. Sie schafft Distanz statt Nähe! Wer etwas verkaufen will, kann im Zeitalter der industriellen Massenproduktion nicht darauf warten, dass jemand zufällig nach seiner Ware fragt, und dann ein paar technische Informationen absondern. Lingner ist überzeugt, dass man die Sache umdrehen muss – dafür hat er in den Pariser Konsumtempeln wahrlich genug Anschauungsunterricht bekommen: Der Anbieter muss von sich aus und unermüdlich die Kunden von Sinn und Nutzen seines Produkts überzeugen und sich in deren Bedürfnisse und Wünsche versetzen. Weshalb ausgerechnet eine Nähmaschine von S&N? Darum: erstens ..., zweitens ...
Die Folge ist ein dialogischer Brief- und Werbestil in einfacher Sprache, der auf die Fragen des Nutzers antwortet und von Abbildungen gestützt wird. In einer Zeit, da Reklame noch fast als sittenwidrig gilt, ist dies ziemlich neu, Lingner nun gleich zum Werbegenie zu küren aber nicht angebracht. Viele junge Kaufleute werden ähnlich empfunden und wie er vom Chef gehört haben, sie sollten sich doch bitte einer seriöseren Geschäftssprache befleißigen.

Ein möblierter Herr wie viele andere, zugezogen, zunächst fremd in Dresden, ohne Verbindungen, ohne Familie im Rücken. Doch Neuankömmlinge haben dies als Chance zu sehen. Wer nach oben strebt oder zumindest nicht untergehen will, muss sich eben die Kontakte schaffen und sich selber um Genossen und Jagdgefährten bemühen, da sind viele in gleicher Lage. Man ist einander nützlich für dieses und jenes, lernt unterscheiden, mit wem man kann und mit wem nicht, und vielleicht ist einmal einer dabei, mit dem man sich zusammentun mag, um ernsthaft ins Geschäftsleben einzusteigen. Nach drei Jahren bei Seidel & Naumann lernt Lingner einen Techniker kennen, der ihm Eindruck macht, einen Schaffer und Tüftler: Georg Wilhelm Kraft.

Einhundert Jahre später. Dresden stundenlang zu Fuß erkunden, mit dem alten Stadtplan in der Hand nach dem Grundriss von einst suchen, erschrecken darüber, was alles fehlt seit jenem Februar 1945. Der Fremde ist überrascht von der Vielgestaltigkeit und Ausdehnung Dresdens, das er sich als betulich-barocke Residenz- und Museumsstadt vorgestellt hat, und er staunt, dass die Menschen es an der Wende zum 20. Jahrhundert trotz der zahlreichen Industrie geschafft hatten, den historischen Kern wie auch das reizvolle Umland zu einem guten Teil zu bewahren und selbst die Elbufer freizuhalten, was die „große feierliche Lage“ (Kleist) noch unterstreicht. Überhaupt lässt sich viel Gestaltungswillen erkennen und weniger atemlose Bauerei wie etwa im damaligen Berlin. Mietskasernen gibt es freilich auch. Denn Dresden wächst wie verrückt, durch Zuzug, Geburtenüberschuss, Eingemeindung, von 246.000 Einwohnern im Jahr 1885 auf 548.000 um 1910.

Die Industrialisierung des 19. Jahrhunderts näherte sich der Stadt in mehreren Wellen, die Infrastruktur zog mit: Straßen und Brücken, Bahnhöfe, Energieversorgung, Kommunikation, Verwaltungsgebäude, öffentliche Hygiene, alles boomt, besonders stark im letzten Jahrzehnt des alten und im ersten des 20. Jahrhunderts.

Dresden zählt nach und nach zu den bedeutendsten Wirtschaftszentren des Deutschen Reiches. Lingner zieht in eine Stadt, deren Industrie schon weitgehend und in großer Vielfalt aufgebaut ist – aus Dresden kommen Steingut, Glas und Küchen, Schokolade, Rauchwaren und Heilmittel, Motoren, Nähmaschinen, fotografische Geräte und vieles andere. Die Ausrichtung auf den Massenmarkt ist hier längst geschehen; wer früh begonnen hat, expandiert jetzt, baut sich in den achtziger oder neunziger Jahren eine große Fabrik, nebst Naumann zum Beispiel Eschebach (Küchen), Reiche (Blechwaren) oder Jasmatzi (Zigaretten), und oft sind damit Tellerwäscherkarrieren der Inhaber verbunden.

Dass einer, der *königlicher Kaufmann und Mäzen* werden will, sich anstecken lässt von diesem Wirtschaftsklima aus Gewerbefleiß, Innovation und günstigen Rahmenbedingungen, wundert weiter nicht. Mit Geld und Ideen scheint hier vieles möglich. *„Carl August Lingner – rien à présent, beaucoup en spe“?*

Auch sonst ist dieses Dresden verlockend, denn der junge Mann ist an Musik, Theater, Malerei und Architektur interessiert, und solche Leute zieht die Kunsthauptstadt an der Elbe magisch an. Überdies – wer königlicher Kaufmann werden will, braucht einen König, und auch der ist da.

Eine Statistik aus den 1890er Jahren weist für Dresden gegen tausend kleine und kleinste Industriebetriebe (mit 11 bis 50 Mitarbeitern) aus.

Kaiser Wilhelm II. etwa 1888

Gerade in „technischen Geschäften" versuchen sich jetzt viele – es ist die Richtung, welche auch Karl August Lingner und Georg Wilhelm Kraft einschlagen. Denn es ist eine Zeit, da die herkömmlichen Lebens- und Arbeitswelten mechanisiert, elektrifiziert, rationalisiert, modernisiert oder einfach bequemer gemacht werden. Da gibt es viel zu tun.
Am 13. Juli 1888 wird auf dem Gewerbeamt A zu Dresden die Firma Lingner & Kraft ins Handelsregister eingetragen.

Vier Wochen zuvor: ein neuer Kaiser. Die Fotografie zeigt einen gut aussehenden schneidigen jungen Mann mit mächtigem Schnauzbart, einer Barttracht, die bald sein Markenzeichen sein wird. Die Marke „Wilhelm II." ist höchst ehrgeizig, soll für Tatkraft, Dynamik, Erfolg stehen – für die goldene Zukunft des Deutschen Reiches im Innern und unter den europäischen Mächten.

Karl August Lingner als Korrespondent 1885

Das Jahr 1888 geht als Dreikaiserjahr in die deutsche Geschichte ein. Wilhelm I., eben jener Preußenkönig und erste Kaiser, den der Schüler August noch kannte, stirbt im Frühjahr hochbetagt, kurz darauf auch sein Sohn Friedrich III., sodass der Weg für den Kronprinzen Wilhelm frei wird. Gleich von Anfang an erweist sich dieser weniger als begabter Staatsmann denn als begnadeter Selbstdarsteller. Mit Reisen und Kreuzfahrten, Paraden und Manövern, Uniformen- und Denkmalzauber zieht er alle Blicke auf sich, ein wahrer Reklame-König. All das wird fortan zu diesem Herrscher gehören, ebenso die oft unbedachten Reden: Beseelt von Gottesgnadentum, redet er viel, „kritisch, laut und maßgeblich" (Walther Rathenau), was einiges zum ungünstigen Bild Deutschlands in der Welt beiträgt.
Der Monarch ist jung, wie Lingner keine dreißig und verkörpert eine fortschrittsgläubige und technikbegeisterte Generation, die „nun mit Volldampf voraus" will. Er fühlt sich auch zum Beschützer der kleinen Leute berufen und packt auf seine Art die Arbeiterfrage an, während er in der wachsenden Sozialdemokratie „Reichs- und Vaterlandsfeinde" am Werk sieht. Rekruten droht er, sie hätten, wenn er es befehle, „ohne Murren" ihre eigenen Eltern

und Brüder niederzuschießen. Oppositionelle Kräfte passen nicht in die autokratische Reichsverfassung. Hingegen wird die im Absterben begriffene Aristokratenwelt nochmals hektisch zum Leben erweckt – bei gleichzeitiger und äußerst wirksamer Förderung von Forschung und Technik.

Fanfaren und Fakultäten, Fabriken und Fantasieuniformen bilden eine seltsame Mixtur. Das Deutsche Reich ist Vorwärts- und Rückwärtsgesellschaft in einem. Dahinter verbergen sich zwei Phänomene: dass dieser Staat politisch unmodern, ständisch und autoritär verfasst ist und dass er sich andererseits – sehr modern – in wissenschaftlicher und wirtschaftlicher Hinsicht gewaltig anstrengt, um im Konzert der Mächte mithalten zu können. Unternehmer wie Karl August Lingner spiegeln diese Situation auf ihre Art, indem sie ihre Betriebe autokratisch regieren und gegen außen innovativ und risikofreudig sind.
Was die Gesellschaft angeht, hat im Übrigen das Militär immer Vorfahrt. Und bald steht der Kaiser vor allem für eines: das offensive deutsche Streben nach „Weltgeltung". Mit dem Satz „Unsere Zukunft liegt auf dem Wasser" gibt er die Devise dafür aus. Die bewährte Bismarcksche Bündnispolitik zerbröselt.
Er spricht auch Kluges: „Im Frieden nur kann Welthandel sich entwickeln, im Frieden nur kann er gedeihen (...)" – und in der Tat steht jetzt ein volles Vierteljahrhundert des relativen Friedens mit überwiegend guter Wirtschaftskonjunktur bevor, ideale Voraussetzung für einen vorwärts strebenden Jungunternehmer. Eine Idylle wird es dann nicht. Das System, das Theodor Fontane einmal böse als Mischung aus „Absolutismus, Militarismus und Spießbürgertum" charakterisierte, birgt gewaltige Risiken.

Die Wölfnitzer Straße liegt in Dresden-Friedrichstadt. Industrie und Eisenbahn sind nahe. Vorstadtatmosphäre, kleine Mehrfamilienhäuser. Hier findet man als Einsteiger leicht ein paar Räumlichkeiten für ein Gewerbe. Die Inhaber, Georg Wilhelm Kraft und Karl August Ferdinand Lingner, mieten sich in der Wölfnitzer Straße 16 ein (später umnummeriert in 11). Die ersten Geschäftsräume setzen sich vermutlich aus einem ehemaligen Bäckerladen im Erdgeschoss rechts, einem Keller (die ehemalige Backstube) und einem Garten- oder Waschhaus zusammen, dies nach Auskunft der Fami-

Gartenlaube Wölfnitzer Straße

lie Boden, in deren Besitz das Haus bis zum heutigen Tag geblieben ist. Bald schlägt Lingner auch seinen Wohnsitz in der Gegend auf. Was bringt er in die Firma ein, was Kraft? Über die Finanzierung ist nichts bekannt; je nachdem, was man glauben will, spricht man der späteren Legende Lingner anfängliche Armut, einen guten Stern oder einen reichen Onkel zu. Dass er ganz normal zur Bank spaziert sein könnte, wird nicht erwogen. Die *Berliner Börsenzeitung* will (viel später) wissen, es sei Kraft gewesen, der „etliche zehntausend Mark" in das Geschäft gesteckt habe, laut einem anderen Blatt soll ein Verwandter Lingners mit 40.000 Mark ausgeholfen haben, dann ist wieder von bloß 300 Mark die Rede, die Lingner besessen habe, und einmal werden, gar amtlich, „persönliche Glücksumstände der Geschäftsinhaber" festgestellt. Sicher ist, dass Kraft über das Fertigungswissen und die ersten Patente verfügt und Lingner zwei andere Trümpfe ins Feld führen kann: Er weiß, wie man wirbt, und er traut sich zu, den Vertrieb, selbst im Ausland, wirksam zu organisieren.

Ein geschickter Macher und ein gewandter Verkäufer gehen eine Symbiose ein, Herstellung und Verkauf gelten ihnen offenbar als gleichwertig. Eine moderne Auffassung, welche lange nicht alle Unternehmer teilen. Die beiden arbeiten hart und sind erfolgreich. Nebenbei entdeckt Lingner sein eigenes Talent zum Tüfteln.

Start-Artikel ist der „Rückenkratzer", den Kraft bereits seit längerem herstellt. Dieser „Frottier-Apparat" für 1 Mark fünfzig besteht aus einem Luffa-Schwamm, der auswechselbar an einem gebogenen Holzstiel befestigt ist. Damit kann man leicht den ganzen Körper samt Rücken bearbeiten.

Lingners Werbung greift. Eine Anzeige, offenbar im Sommer erschienen, macht gleich klar, dass jetzt die beste Zeit ist, „sich an tägliche Abwaschungen und Abreibungen des ganzen Körpers zu gewöhnen" (also jetzt oder nie). Mit dem „Lingner & Kraftschen Wasch-Frottier-Apparat" gehe dies bequem und schnell (Nützlichkeit). „Das Wohlbehagen, das diesen Abwaschungen folgt, ist unbeschreiblich" (die Freude), bei täglicher Anwendung bleibe man „frisch, froh und gesund" (die Wirkungen). Und zum Schluss ein Kompliment wie vom Billigen Jakob: Dieses Gerät gehöre wie Zahnbürste und Seife „auf den Waschtisch jedes Gebildeten". Der Luffa-Stück vornedran verwandelt sich in Lingners Werbe-Poesie flugs in einen „Schönheitsschwamm", welchen eine ziemlich nackte junge Dame auch gleich vorführt. Lingner weiß offensichtlich bereits, was ein Werbehandbuch den Lesern noch Jahrzehnte später einbläuen muss: „Niemand kauft Gegenstände um ihrer selbst willen, sondern man kauft den Nutzen, die Freude, die Annehmlichkeit, die sie vermitteln! Deshalb, Kaufmann, stelle den Nutzen, die Freude, die Annehmlichkeit heraus, die deine Ware bringt! Verkauf' die Wirkung statt der Ware!" Der Verfasser, Hermann Ullstein, spart nicht mit Beispielen: Verkaufe Gesundheit statt Pillen, Schlankheit statt Miedern, Sicherheit statt Türschlössern, gute Ehe statt Kochkursen ... (Wirb und werde, erschienen 1935).

Bald wird der Frottierapparat exportiert, nach Österreich, nach Holland – wo prompt die Firma des Pariser Freundes Willem Rikkers den Vertrieb übernimmt. Die beiden jungen Männer, die vor wenigen Jahren für das Kaufmännische nur Spott übrig hatten, sind jetzt Geschäftspartner.

Luffa, was ist Luffa? Die Luffa-Gurke, zur Kürbisfamilie Cucurbicateen gehörig, kam im 16. Jahrhundert nach Europa, nachdem sie den alten Ägyptern schon lange als Reinigungsinstrument gedient hatte. Die bis zu vierzig Zentimeter lange Frucht wird zunächst getrocknet; aus dem verbleibenden kompakten Faserbündel kann man Stücke schneiden, die schwammähnliche Qualitäten aufweisen. In trockenem Zustand dienen sie als Massagebürste.
Für die junge Firma entpuppt sich die Luffa als Glücksfall: L&K beginnt nebenher mit Roh-Luffa zu handeln und ist darin bald führend. Die Faserbündel werden im eigenen Betrieb chemisch gebleicht, und dies ziemlich heftig. Heutige Alternativläden und Fairtrade-Organisationen haben den Luffaschwamm (ungebleicht) als rein pflanzliches Hilfsmittel für den Haushalt neu entdeckt. Übrigens soll die Luffa auch als Einlage in Tropenhelmen verwendet worden sein, Bedarf in imperialistischen Zeiten steigend.

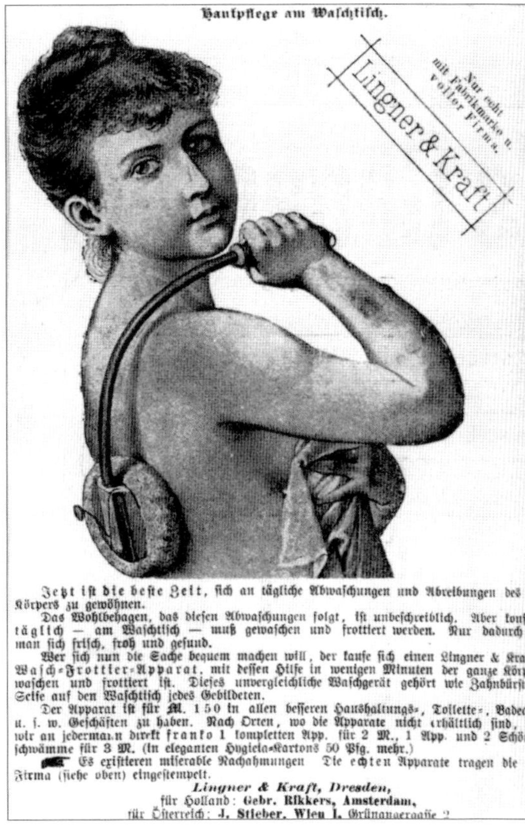

Annonce für einen Linger & Kraftschen „Wasch-Frottier-Apparat“

Die Produkte folgen im Jahrestakt. 1889 erblickt ein Stiefelzieher das Licht der Welt, der die üblichen Nachteile dieses Artikels wie falsche Passform, Beschädigen der Schuhe, Umkippen des Menschen etc. vermeidet. Sein Name „Famos“ ist dem typischen Vokabular der Zeit entlehnt, welches mit solchen und ähnlichen Eigenschaftswörtern um sich wirft (kolossal, prächtig etc.). Vollmundig wird behauptet, das nützliche Ding sei „in allen besseren Haushaltungs-, Toilette-, Badeartikel- u.s.w. Geschäften zu haben“. Ansonsten wird es im Direktversand angeboten. In diesem Jahr mietet man Räume in der Bauhofstraße hinzu, im nächsten zieht man auf den Freiberger Platz Nr. 8.

1890: der Dochtputzer. Wie reinige ich den Rundbrenner meiner Petroleumlampe respektive den kreisförmig angeordneten Docht? Kein Problem? Ein Problem! Im vorelektrischen Zeitalter hat jeder Haushalt mehrere dieser Lampen zu pflegen (in besseren Wohnungen gibt es den Lampentisch auf dem Korridor, wo das Stubenmädchen abends die Lampen anzündet, um sie auf die Räume zu verteilen, und sie morgens zur Pflege wieder dort versammelt).
L & K preist seinen Dochtputzer, pardon: „Lingner & Kraft's Pracht-Dochtputzer“, wie folgt an:

> „Rasiert jeden Docht in wenigen Sekunden glatt;
> passt für alle Lampen;
> verschafft herrlich weißes Lampenlicht;
> keine Explosionen mehr;
> verursacht auch etwas Petroleum-Ersparnis.“

Das Kleinstgerät zu 80 Pfennig, das den Docht vom verkohlten Rand befreit und wieder glättet, macht Furore in Deutschland und, Rikkers sei Dank, in Holland.
Zu jener Zeit wird tausendfach solch nützlicher Kleinkram erfunden. Vieles macht im damals karg ausgestatteten Alltagsleben durchaus Sinn, und wer dem kleinen Mann und der einfachen Hausfrau das Leben erleichtert oder eine Einsparung bringt, gar „herrlich weißes Lampenlicht“, hat auf dem Markt eine Chance. Lingner wird sich dies merken. Die nächste Kreation ist für die Welt der Kontore und Kanzleien gedacht: das biegsame Stahl-Lineal. Heutige Menschen können sich die viele Schreib-Handarbeit und Abschreiberei, welche damals im Geschäftsleben nötig war, kaum mehr vorstellen. Es geht um ein Lineal aus vernickeltem Uhrfederstahl, das sich unebenen dicken Geschäftsbüchern angleicht und Kleckse verhindert. „We KARL AUGUST LINGNER and GEORG WILHELM KRAFT trading as Lingner and Kraft of Dresden, Kingdom of Saxony, German Empire, Manufacturers, do hereby declare the nature of this invention” usf., so beginnt die Patent-Eingabe für England, die im Juni 1891 erfolgt. Die Internationalität der kleinen Firma erstaunt.

Lingner ist jetzt dreißig, Mitinhaber eines gut gehenden technischen Geschäfts und von Patenten und offensichtlich ein erfolgreicher Werber – es scheint, dass er die Wirkung seiner Reklame ziemlich direkt am Kassenstand ablesen kann, gewiss ein faszinierender Mechanismus. Der Jungunternehmer scheint nach Erfolgsrezepten zu forschen: Laut Wollf vertieft er sich in die Erfahrungsliteratur von Industrie- und Finanzgrößen, um sich auf dem Gebiet von Marketing und Werbung kundig zu machen: „Lingner studierte frühzeitig Systeme und zu einer Zeit, als es immerhin noch keine sicheren Methoden der Reklame gab, alles auf diesem Gebiet Erreichbare.“

Adressänderungen spiegeln den Erfolg. Auf einmal wohnt Lingner in der gediegenen Südvorstadt zur Miete. Man sieht ihn mit unternehmerischen Handwerksmeistern Billard spielen, es wird Treffpunkte geben haben, wo Leute seines Schlages ihr Bier trinken, man redet über Konjunktur und Kredit, Erfolge und Pleiten und den großen Wurf, und Dresden ist der spannende Schauplatz von allem: Wachstum und Umbau der Stadt und die sozialen Umschichtungen bringen technisch, wissenschaftlich, künstlerisch begabte Menschen hierher und in allerlei – oft zufällige – Verbindung; auch treiben wissenschaftliche Institute manches voran, was einen jungen Unternehmer interessieren könnte.

Der Senfbrunnen ist ein Ärgernis. Gedacht ist das Gerät als Zierde für den bürgerlichen Speisetisch: ein herziger Pumpbrunnen aus weißem Porzellan mit blauem Zwiebelmuster, ein Schwengelchen, dessen Betätigung Senf fördert, zwei Eimerchen, ihn aufzufangen, alles zusammen für 4 Mark. Der Senf soll „stets frisch, scharf und aromatisch" herausfließen. Tut er aber nicht. „Leider stellten sich bei der Benutzung des Senfborns verschiedene Unannehmlichkeiten heraus, weil die Innenwände des Zylinders nicht so beschaffen waren, dass der Pumpenkolben sich überall dicht anpassen konnte. Die Folge war, dass der Senf zum Teil nicht beim vorgesehenen Auslauf herauskam, sondern über den Kolben stieg, dort eintrocknete und die weitere Benutzung des Brunnens unmöglich machte" etc. – so genau kann Lingners späterer wissenschaftlicher Direktor und Chronist, Karl Greimer, die leidige Geschichte noch dreiundvierzig Jahre danach wiedergeben. Der Artikel wird liquidiert.
Die Senf-Affäre ist sicher nicht nach Lingners Geschmack. Es droht das Schlimmste: Lächerlichkeit. Ob und wie sich der vermutlich einzige Flop der Firma auf die Zusammenarbeit der beiden Kompagnons ausgewirkt hat, wissen wir nicht.
Nach den gut drei Jahren zusammen mit Kraft wird sich Lingner ohnehin Fragen gestellt haben: Was ist auf dem eingeschlagenen Weg zu erreichen? Ist die jährliche Neuheit für den Haushalt die Erfüllung der Aufstiegsträume? Und sind Wohlstand und Familie, eines Tages der Titel eines Kommerzienrats (falls man den mit Rückenkratzern überhaupt erlangen kann) erstrebenswerte Ziele?

Lingners Antennen sind ausgefahren. Medizinisches interessiert ihn spätestens seit seinen Pariser Erfahrungen. Man redet viel von Bakterien, fürchtet Infektionen und Epidemien, das Gedenken an die zahllosen Cholera- und Influenza-Toten früherer Zeiten bleibt wach. Jetzt, gegen Ende des Jahrhunderts, erfährt die Nation noch einmal mit voller Wucht, dass solche Seuchenzüge nicht nur geschichtliche Erinnerung sind: In Hamburg bricht im August 1892 eine Cholera-Epidemie aus und fordert über 8.500 Todesopfer. Man setzt auf Vorbeugen und Desinfektion, hofft auf Impfen und neue Medikamente, um sich der dämonischen Kleinstlebewesen zu erwehren, die von heute auf

morgen eine bösartige Krankheit lostreten und einen fällen können. Robert Koch und andere Forscher werden zu nationalen Heroen, die Bakteriologie zur führenden Fachrichtung der Medizin. Vieles wird die Wissenschaft noch klären, aber die Menschen wollen rasche Antworten, es geht um ihr Leben.
Lingner beschafft sich Literatur, sucht das Gespräch mit Fachleuten, und sein ökonomischer Spürsinn sagt ihm: Das ganze Gebiet ist zukunftsträchtig wie kein zweites. Wo liegen seine Chancen? Er hat eines mit Sicherheit gelernt: dass in den ganz praktischen Problemen der Menschen ein Schatz zu finden ist. In Petroleumlampen, die nicht recht Licht geben, Linealen, die das Geschriebene tückisch verpfuschen, Rücken, die jucken. Aber Bazillen?

Lingner trennt sich von Kraft. Kühl habe er sich neuen Erfolgsaussichten zugewandt, schreibt später die Presse. „Da war es sein Erstes, den Sozius, der ihm erst das Fundament des Aufstiegs geliefert hatte, zur Seite zu schieben. Er kaufte ihn unter einem nichtigen Vorwand aus. Er sicherte sich den alleinigen Genuss seiner Zukunft"... Unkorrekt sei dies nicht gewesen, aber „ein Mangel an Herz und Ethos" (*Berliner Börsenzeitung*). Wahrscheinlich gibt es Diskussionen über die Ausrichtung der Produktion. Kraft scheidet Ende März 1892 mit einer Abstandssumme aus der gemeinsamen Firma aus. Es kommt dann so, dass „Lingner & Kraft" weiter existiert und Lingner daneben ein zweites Unternehmen gründet. Die Mitarbeiter sollen vorübergehend in beiden Betrieben beschäftigt werden. Kraft wendet sich seinem Spezialgebiet zu und eröffnet eine Fabrikation für rationelle Feuerungsanlagen, wofür er Patente besitzt.
Ohne Frust wird die Trennung nicht abgegangen sein, und Kraft dürfte sich später angesichts der unwahrscheinlichen Karriere seines Ex-Partners ab und zu gefragt haben, was geworden wäre, hätte man gemeinsam weitergemacht. Doch der Teilhaber scheint von Energien getrieben, die er im herkömmlichen technischen Geschäft nicht ausleben kann. *„Carl August Lingner – rien à présent, beaucoup en spe"*...
„Infektion und Desinfektion, das waren die Probleme, die damals die Welt bewegten und natürlich auch bei Lingner starkes Interesse fanden", schreibt die Firmenchronik. Früchte zeitigt vor allem der Umgang mit dem Chemiker Richard Seifert (1861-1919). Der Nicht-Fachmann gewinnt faszinierende Einblicke ins große Thema. Seifert arbeitet in der Chemischen Fabrik von Heyden in Radebeul, einer Firma, deren Aufstieg vom kleinen Unternehmen zum Weltgeschäft sich gerade vor aller Augen abspielt.
Alsbald plant Lingner, in die Herstellung chemischer, pharmazeutischer und kosmetischer Produkte einzusteigen. Die Vorbereitungen dauern bis zum Herbst. Die neue Firma soll „Dresdner Chemisches Laboratorium Lingner" heißen, ein leicht ambitiöser Firmenname, der an Wissenschaftlichkeit und Forschung appelliert, obwohl so etwas im Augenblick nicht in Reichweite liegt, jedenfalls nicht ohne Seiferts Fachberatung.

2. Das hellblaue Wunder

Die Erfindung des Odol

Der Medicus mit der gefürchteten Zange praktizierte noch lange auf den Jahrmärkten. Im 18. Jahrhundert suchte man die Legende von den „Zahnwürmern“ als die Ursache aller Zahnprobleme zu widerlegen und nahm eine „Säftestörung“ im Mund als die wahrscheinliche Ursache des Übels an. Im 19. Jahrhundert gibt es durchaus geübte und teils geschulte Zahnkünstler. Die akademisch ausgebildeten Zahnärzte bleiben lange rar gegenüber einer Mehrheit von handwerklich-technisch geprägten Dentisten.
Zu den ersten Aufgaben, welche die wissenschaftliche Zahnmedizin sich stellt, gehört die Erforschung der Karies. Die konservierende Zahnheilkunde findet in dem in Berlin wirkenden Amerikaner W. D. Miller ihren führenden Kopf. 1883 veröffentlicht er das epochale Werk über „Die Mikroorganismen der Mundhöhle“. Seine Theorie, dass Zahnkaries Ergebnis eines „chemisch-parasitären Prozesses“ sei, hat bis heute Gültigkeit. Das Wissen um die Vergärung der Kohlehydrate, die Säurebildung im Mund und die daraus folgenden Gefahren für die Hartsubstanz der Zähne ist Allgemeingut geworden.
Die Mund- und Zahnpflege hat ihre eigene lange Geschichte. Die Apotheke der Natur liefert dem Menschen seit jeher die Hilfsmittel: Pflanzenauszüge aller Art (Minze, Zimt, Salbei etc.) so gut wie gewöhnliches Wasser, reinigende Blätter oder Schlämmkreide, selbst Kaumasse, Mastix. In der zweiten Hälfte des 19. Jahrhunderts steht denen, die darum wissen und es bezahlen können, ein großes Angebot an Pulvern, Kügelchen und Tinkturen zu Diensten, vom klassisch-französischen „Eau de Botot“ über „Apotheker Drechsel’s aromatisches Salol-Mundwasser“ bis zu „Dr. Hamiltons Zahnpulver“ („Man bewundert mit Recht die elfenbeinartigen Zähne der Amerikanerinnen. Ausschließlich fast verdanken sie dieselben dem Hamilton’schen Zahnpulver“).
Millers Kariestheorie bewirkt, dass die chemisch-desinfizierenden Beimengungen zunehmen, von denen man sich die Abtötung der gärungserregenden Spaltpilze und damit gesunde Zähne und angenehmen Atem erwartet. Es beginnt die Zeit der antiseptischen Mundwässer. An ihrer Notwendigkeit und Wirkung allerdings scheiden sich die Geister.

Die Angst vor den Infektionskrankheiten hält das Interesse an der Bazillenfrage wach. Man kann jetzt die Bedrohung benennen, man will etwas tun. Ein Sauberkeitsfeldzug

Frühe Reklame

überzieht das Land, wie ihn die Welt noch nicht gesehen hat. Er reicht von einfachen Verhaltensregeln („Nachher immer die Hände waschen!") bis hin zu einem gewaltigen Wissensschub. Wer den bürgerlichen Sauberkeitsansprüchen nicht genügt, gerät in Verdacht, Krankheiten einzuschleppen und Seuchen zu verbreiten. Oder einfach unsauber zu sein, ein Wort, das auch moralisch besetzt wird.

„Unaufhörlich sauber machen" lautet das Motto der utopischen Stadt Franceville, welche Jules Verne im Roman „Die 500 Millionen der Begum" beschreibt. Sauberkeit wird zur Keimfreiheit gesteigert. Die Bürger müssen ihre Wohnungen „wie kleine Quarantänestationen organisieren" und einen großen Teil ihrer Freizeit mit Putzen und Waschen verbringen. Die Kinder sollen sich über einen winzigen Fleck auf ihrem Kleidchen „zu Tode schämen". Ein Heer von Krankenschwestern und Gesundheitspolizisten hilft mit, die Krankheiten praktisch auszurotten. Jeder Einwohner bekommt eine nützliche Broschüre ausgehändigt. „Er erfährt darin in einer verständlichen und dennoch wissenschaftlich exakten Sprache, wie er seine Gesundheit im täglichen Leben erhalten kann." Doch damit ist der utopische Roman der Gegenwart schon nicht mehr voraus, denn die Mikroben lösen ganz real eine Flut aufklärerischer Schriften aus, worin gewisse Körperzonen wie Hände, Gesicht, Zähne und Mund der besonderen Aufmerksamkeit empfohlen werden. Letzterer gilt als heikle Öffnung ins Innere des Körpers: defekte Zähne und entzündetes Zahnfleisch als Tummelplatz von Bakterien, die Mundhöhle als Eingangspforte für Krankheiten! Da fast alle die Erfahrung der unperfekten Mundhöhle kennen, ist das Interesse an diesem Thema von vornherein gegeben – und damit ein riesiger Markt für einen, der Abhilfe anbieten kann. Für einen, der behauptet: Du kannst etwas tun!

Die Ratschläge der Fachwelt gipfeln in Sauberkeit und nochmals Sauberkeit. Zähne putzen, Wunden im Mund nicht berühren, sich antiseptische Lösungen besorgen. Doch derlei Rezepte sind damals den meisten fremd oder zu kostspielig. Lingner wird mit einem Präparat, dessentwegen der kleine Mann nicht beim Arzt oder Apotheker vorsprechen muss, den Alltag erobern.

Unter dramatischem Gewölk kämpft ein junger Mann mit Denkerstirn gegen den Wind an: Karl August Lingner, im Begriffe, das Odol zu erfinden. Von „Kampf den Bazillen!" ist die Rede und von der gequälten Menschheit. „Er sucht Erleuchtung in der Einsamkeit, zermartert sein Gehirn, getrieben von der großen weltumfassenden Liebe zu den Menschen und von dem Wunsche, ihnen zu helfen. Nach Jahren mühevollen Experimentierens erfand er dann Odol." Die Anzeige in der *Berliner Illustrierten Zeitung*, Werbung von 1932, stoppelt eine Firmenlegende zusammen, die mit der Wirklichkeit nicht viel gemein hat.

Lingner hat das Odol nicht erfunden.

Die höchst bedeutsame Vorgeschichte mindestens verläuft ganz ohne ihn: Seit 1874 hatte sich die Dresdner Chemiefirma von Heyden mit der industriellen Herstellung von Salicylsäure profiliert. Was heute nach einem ziemlich nüchternen Sachverhalt aussieht, ist damals nicht weniger als eine Premiere geschichtlichen Ausmaßes. Denn zuvor wurde kein anderes organisch-chemisches Heilmittel in technischem Maßstab künstlich hergestellt und in den Handel gebracht: Die erste in industriellem Umfang betriebene Arzneimittelsynthese der Welt geschah in Dresden respektive Radebeul, wo die Firma dann infolge ungestümen Wachstums hinzog.

Odolchronist Karl Greimer hält klipp und klar fest, es sei ein leitender Mitarbeiter dieser Firma, der Chemiker Richard Seifert, „mit positiven Vorschlägen für die Lancierung einschlägiger Präparate" zu Lingner gekommen. Es ist von einer neuartigen antiseptischen Substanz, Salicylogen genannt, die Rede, welche im Werk anfalle und sich für verschiedene hygienische Zwecke eigne. Lingner muss dann Feuer gefangen, die Dochtputzer und Senfbrunnen verabschiedet und sich mit dem Chemiker auf ein Mundwasser geeinigt haben.

Für die große Heyden-Firma wird es ein geringes Geschäft gewesen sein, die sinnvolle Verwertung eines Nebenprodukts. Lingner seinerseits dürfte die Erfahrung geleitet haben, dass jedwedes Erzeugnis, um in die Breite erfolgreich zu sein, die Antwort auf ein einfaches menschliches Problem sein muss. Da gibt es beim damaligen Stand der zahnärztlichen Versorgung und der weit verbreiteten Karies keinen Zweifel: Millionen Münder lechzen nach Mundwasser. Und in die Breite erfolgreich sein, das will er. Der Rest wird Marketing sein und Reklame, so wie er es im technischen Geschäft eingeübt hat. In diesem Sinn hat Lingner das Odol doch erfunden – die Flüssigkeit ist eben nicht das Ganze.

Richard Seifert (1861-1919)

Richard Seifert studierte am Dresdner Polytechnikum, war Assistent von Professor Rudolf Schmitt in der dortigen chemischen Abteilung. Schmitt beteiligte ihn an der Verbesserung der Kolbeschen Salicylsäuresynthese. Der Jungakademiker erweist sich als hoch begabt und findet 1885 bei der Heydenschen Chemiefabrik eine Stellung, betreibt mit der Zeit eine bedeutende pharmakologische Forschung, erfindet Präparate gleich reihenweise, bringt Verfahren voran, kämpft sich durch Patent-Prozesse, wird technischer Direktor des Werkes. Ein ideenreicher Denker, fachlich überragend, nur seine „Herrennatur" macht manchen Mühe. Die Odol-Chronik redet freimütig von „eminenten Verdiensten" Seiferts und der Fabrik von Heyden beim Aufbau des Lingnerschen Unternehmens – ohne die Salicylsäurefabrik kein Odol.

Seifert sei mit Lingner durch dick und dünn gegangen, die Gleichaltrigen seien Freunde gewesen. Der Chemiker bestätigt dies noch ein Vierteljahrhundert später, indem er von Lingner als seinem Jugendfreund spricht, „dessen Freundschaft über das ganze Leben gedauert hat; dem einzigen, mit dem ich im Denken vollständig harmonierte". Falls sich die beiden nicht anderswoher kannten, können sich der Chemiker und der aus Paris zugezogene Nähmaschinen-Korrespondent frühestens 1885 über den Weg gelaufen sein. Zwei einsame Strebsame sind sich sympathisch. Es soll einen umfangreichen Briefwechsel der beiden gegeben haben; er ist verschollen, sodass der Charakter dieser Freundschaft nicht zu erhellen ist.

Die Rolle des Chemikers ist oft unterschätzt oder zu Gunsten von Lingners Nimbus verschwiegen worden. Man wird den Eindruck nicht los, dass Lingner ihn freundlich auf Distanz gehalten hat, auch wenn dieser als Berater unverzichtbar war und am Ende in Lingners Testament reich bedacht wird. Aber den Odolruhm will Lingner für sich. Zeigt sich hier bereits der Charakterzug, dass Lingner es mit Bekanntschaften opportunistisch hält?

Heydensche Chemiefabrik in Radebeul

Odol sei ein Sonntagskind, sagt die Firmenlegende: An einem Sonntag im Winter 1892/93 schreibt Seifert seinem Freund einen Brief, welcher das Rezept des Ur-Odol enthält. Odol ist demnach eine alkoholische Lösung des *neuen Antisepticums* Salicylogen, parfümiert mit Pfefferminzöl, beide Zutaten in der Größenordnung von wenigen Gramm auf 100 cm^3 Spiritus.
Es liegt ein Gutachten Seiferts folgenden Inhalts bei: „Salicylogen ist ein Stoff von neutraler Reaktion, welcher durch die Schleimhäute und durch Gärungs- und Fäulniserreger Salicylsäure bildet. Diese wirkt bekanntlich antiseptisch und hemmt Gärungs- und Fäulnisvorgänge. Tröpfelt man Odol in Wasser, so entsteht eine feine Salicylogen-Emulsion, welche wegen ihrer neutralen Reaktion für Mund und Zähne absolut unschädlich ist. Diese Emulsion wirkt trotz ihrer Milde sicher antiseptisch, da die darin schwimmenden Tröpfchen von Salicylogen in allen Vertiefungen der Schleimhäute und an den Zähnen hängen bleiben und somit noch mehrere Stunden nach Gebrauch nachwirken."
Kosmetische Mundwässer, die unschädlich, aber in einem medizinischen Sinn unwirksam seien, gebe es bereits, ebenso andere, medizinische, die zwar antiseptisch wirkten, aber Mund und Zähne schädigten – „durch einen glücklichen Gedanken scheint diese Schwierigkeit überwunden zu sein", schreibt ein Fachblatt. Odol also das Ei des Kolumbus, antiseptisch und zugleich alltäglich-kosmetisch? Wirksam, aber unschädlich?
Noch ahnt keiner, dass diese Formel zwei phänomenale Folgen zeitigen wird: einerseits die überwältigende Zustimmung der Konsumenten, was dem Fabrikanten bald Millionen in die Kasse spült, andererseits den heftigen Widerspruch von Konkurrenten, Behörden und Fachkreisen, welche zu beweisen suchen, dass das eine oder das andere oder beides zusammen unwahr ist.
Bereits im Juni 1892 hatte Lingner mit der Chemischen Fabrik von Heyden einen Vertrag geschlossen, dessen Einzelheiten man geheim hält. Danach wird Lingner zur Herstellung hygienischer und kosmetischer Präparate der flüssige Körper Salicylogen exklusiv auf fünf Jahre geliefert. Im Herbst besorgte er sich schon mal den Spiritus.

Die Flasche hat von Beginn an das Zeug zur Primadonna. Aus heutiger Sicht wissen wir, dass sie es jahrzehntelang bleiben wird und die gesamte Konkurrenz auf Distanz hält. Ihre Bühne ist die Warenwelt des 19. Jahrhunderts, wo sie ziemlich aus dem Rahmen fällt. Wie eine Primadonna tritt sie auf: schneeweiß mit hellblauem Trikot, eine Schönheit. Wie schaltet des Konsumenten Hirn sofort? Rein, gesund und schön ... Doch der Blick fällt fast gleichzeitig auf etwas anderes: den merkwürdig gebogenen Hals. Den Seitenhals. Wer diese Flasche einmal gesehen hat, wird sie schon daran immer wieder erkennen. In den „Deutschen Standards" figuriert sie als „eine der bedeutendsten Designschöpfungen der Markenartikelindustrie". Seit jeher wird sie von der Fachwelt bewundert. In der verblüffenden Verbindung von Ästhetik und Funktion ist sie der Zeit voraus.

So steht sie denn bald im Blickfeld der alltäglichen Verrichtungen: in Abertausenden von Badezimmern und Boudoirs, auf Waschtischen und Toilettenborden, zwischen allerlei aristokratischen Schnörkelflaschen und billigen Seifenschalen, Botin von etwas, was viele wohl einfach als „modern" empfinden.
Bisweilen nahm man an, Lingner habe Künstlern den Auftrag gegeben, eine möglichst verrückte, auffällige Flasche zu zeichnen, selbst eine absurde, wenn sie nur einprägsam sei. Doch rechnet diese Vorstellung nicht mit Lingners praktischer Ader. Denn der Tüftler will nichts Sinnloses, im Gegenteil: Die charakteristische Biegung des Seitenhalses sorgt dafür, dass man die Flasche bequemerweise nur wenig neigen muss, um von ihrem Inhalt zu bekommen, und dass jeweils nur eine begrenzte Menge Mundwasser abgesondert wird. Glaswaren mit ähnlichen Funktionen fanden sich vielleicht im Laboratorium des Dr. Seifert; sie könnten in technischer Hinsicht Vorbild gewesen sein. Nicht auszuschließen ist sogar, dass ursprünglich ein gewisser „Laboratoriums-Touch" beabsichtigt war. Die Reklame nennt das Ganze dann „Original-Spritzflacon". Wir wissen aber über diese Vorgänge nur wenig. Der Arzt Arthur Schlossmann (1867-1932), der den Jungunternehmer Lingner gut kannte, bescheinigt später, Flasche wie Reklame seien „geboren aus intensivster Arbeit und sorgfältigster Erwägung und Überlegung".

Karl August Lingner 1893

Die Flasche muss vor Zerbrechen geschützt werden, wird in Seidenpapier und in Wellpappe eingewickelt und mit rotem Bindfaden verschnürt, während eine Metallplombe ihre Echtheit garantiert.

Das Kunstwort Odol ist wahrscheinlich aus der griechischen Bezeichnung für Zähne (odous) und der lateinischen für Öl (oleum) gebildet: Zahnöl. Das Wort ist eingängig, kurz, vokalreich, durchaus etwas fremd, in allen Sprachen leicht auszusprechen, grafisch gefällig und appelliert ans zeitgemäß Wissenschaftliche und Medizinische. Ob Lingner und Seifert dies alles systematisch

bedacht haben und wer den entscheidenden Einfall hatte, wissen wir nicht. Die Marke Odol wird am 5. März 1895 beim Reichspatentamt hinterlegt, der Namenszug mit den schräg über die Flasche gestellten und schattierten Buchstaben am 6. Mai 1897, die Flasche in ihrer ausgereiften Form am 3. Juli 1906.
Das Wort Odol passt exakt auf die Primadonnenflasche, Karriere machen sie gemeinsam, bald sind sie unzertrennlich. Odol wird zum Inbegriff für Mundwasser. Was Wunder, dass Konkurrenten auch etwas davon haben wollen und ihr Produkt ebenfalls so nennen oder wenigstens Opol, Zahnol oder Odaline.

„Nachbarin! Euer (Odol-)Fläschchen!“ Der Odol-Duft! Es soll vorgekommen sein, dass Menschen, denen auf Reisen übel wurde, ihr Odol aus dem Kulturbeutel klaubten und den Duft tief einsogen. Mit einigem Recht, soll doch die Minze leicht betäubend auf die Magenschleimhaut wirken. In der ganzen Odol-Literatur hat freilich die Pfefferminze nie sonderlich interessiert. Dabei kommt dieser Heilpflanze durch alle Zeiten große Bedeutung zu. Man verwendete sie bei Kopfschmerzen, Anspannung und Schwindel ebenso wie bei Erkältung und Verdauungsstörungen. Heute, da Minzen-Wirkstoffe in vielen Arzneimitteln vorkommen und wissenschaftlich erforscht sind, weiß man: Bei vernünftigem Gebrauch stimuliert dieses Kraut das Nervensystem, fördert die Gehirntätigkeit, regt die Thymusdrüse an und tut damit dem Immunsystem Gutes. Es hat entzündungshemmende, krampflösende und antiseptische Wirkung. Letztere ist Seifert und Lingner zwar bekannt, doch verblasst sie neben dem künstlichen *neuen Antisepticum.*

Ins Odol-Mundwasser kam das Minzenöl, um jenes wohlriechend zu machen und ihm den „Frische-Kick“, das „Wie-neu-geboren-Gefühl“ zu verleihen. Frisch, gesund, dynamisch – das Lebensgefühl, wie es damals aufstrebende Menschen mögen?
Dass ein alltagstaugliches Mundwasser frei sein muss „von eklem, widerlichem Geschmack“, ist von Anfang an die Sorge der Erfinder. Mit den Feinheiten des Parfüms wird experimentiert, vermutlich kommen bald Anis und Nelke hinzu, jedoch will man den Pfefferminzcharakter beibehalten.

Uralte Vorstellungen, etwa, dass die Minze etwas gegen Cholera ausrichten könne, bleiben in der Volksmedizin lange haften und mehren das Ansehen dieses Heilkrautes. Über Jahrhunderte klammerten sich Kranke an solche Möglichkeiten. Im 19. Jahrhundert sind sie noch nicht vergessen und ist Minze auch noch nicht das Allerweltsaroma für Kaugummi etc., sondern ein allgemein beliebtes „Erste Hilfe-Kraut“, dem man einiges zutraut. Ob von den Herstellern gewollt oder Zufall: Mit dem Minzenduft haben sie sich mehr geholt als nur ein Parfüm.

Fabrikbesichtigung

Die frühen Jahre sind schweißtreibend. Die Produktion erscheint zunächst improvisiert und hektisch, man weiß nicht viel. Ort des Geschehens ist das Haus Freiberger Platz Nummer 8, wo sich inzwischen die alte Firma Lingner & Kraft niedergelassen hat. Dort lagert Lingner die ersten 200 Liter Spiritus ein. Zunächst sollen etwa zwanzig Personen das Mundwasser hergestellt und verpackt haben. Als Berater amtiert neben Seifert der Dresdner Nahrungsmittelchemiker Dr. R. Hefelmann; nur diesen beiden vertraut Lingner das Mischen der Odol-Essenz an, wenn er dies nicht selbst besorgen kann – ein ritueller Akt hinter verschlossenen Türen.

Die Bestellungen werden rasch zahlreicher, die Mitarbeiter ebenfalls und die Verhältnisse immer enger. Bereits 1894 zieht man auf den Freiberger Platz 17 um.

Das Ur-Odol wird sozusagen handwerklich hergestellt. Die Beschaffung der Flaschen und der Verschluss sind anfänglich nicht befriedigend gelöst, und das aufgeklebte Etikett wird noch mehrfach geändert werden.

Der Fabrikant dürfte überrascht gewesen sein, welch eine Lawine er losgetreten hatte, und eines schönen Tages muss ihm klar geworden sein: Er hat eine Goldader aufgetan. Leidenschaftlich legt er sich ins Zeug, kniet sich mit Tüftlergeist in sämtliche Probleme, jagt Lösungen nach, ist Tag und Nacht im Einsatz, wohnt auch gleich im selben Haus, bangt um das Fabrikationsgeheimnis, pariert mit Seiferts Hilfe die ersten Angriffe. Es ist die Zeit der angespannten Nerven, der Selbstausbeutung und der Konkurrenzangst, Fakten, welche meist in der fabelhaften Erfolgsgeschichte verschwinden.

Da und dort kann man wie durch einen Türspalt einen Blick tun in die kleine Firma, wo sich zwischen Kontor, Kesseln und Kisten ein Drama um den Mitarbeiter Paul Neubert abspielt, der im Herbst 1895 plötzlich entlassen wird. Ein anderer, Buchhalter und Reisender in einem, ist vorher von sich aus gegangen, dann noch einer. Neubert soll mit diesen „unfassbaren Elementen" (Zitat Lingner) in Verbindung geblieben sein, habe ihnen Einblick in den „inneren Geschäftsbetrieb" verschafft – für Lingner eine Todsünde. Dabei war Neubert „sofortige Entlassung bei dem geringsten Vertrauensmissbrauche" angedroht. Es geht um Adressen, die verraten werden, verdächtige Briefe, die der Chef entdeckt.

Der Entlassene wird arbeitslos, will Lohnfortzahlung, wozu Lingner vom Gericht gezwungen wird, worauf er in Berufung geht etc. Zwei Dinge sind bemerkenswert: Von einem der Beteiligten weiß Lingner, dass der sich „kein Gewissen daraus macht, trotzdem er verlobt ist, Nächte hindurch mit Weibern zu verbringen" – ein erster Hinweis auf seine Neigung zu Detektivberichten. Ein zweites Thema, welches hier aktenkundig wird, ist Lingners extreme Empfindlichkeit gegenüber allem, was er als Vertrauensmissbrauch ansieht.

Odolflaschen, mundgeblasen. Eine Glashütte zu finden, welche die seltsame Flasche herstellen kann und will, erweist sich als schwierig. Zwei Anläufe scheitern, erst eine Suchanzeige im Fachorgan der Glasindustrie führt zum Ziel.
Michael Trassl, eine der traditionellen Hütten im Fichtelgebirge, hat bis dahin wie die anderen in der Gegend ansässigen Betriebe vor allem *Patterles* erzeugt, Glasperlen, schöne, bunte, kleine feine und große Glasperlen, die vorwiegend in die katholischen Länder dieser Erde, nach Spanien, Frankreich, Italien, Österreich, Mexiko, Brasilien exportiert werden, denn dort ist der „Bedarf an Rosenkranzmaterial" (so ein Beobachter) am größten. *Patterles* hat der Volksmund vom *Pater noster*, dem Vaterunsergebet, abgeleitet. Doch auch als Schmuck, für Arm- und Halsbänder sind die Perlen begehrt, Königinnen und Afrikanerinnen behängen sich damit: Bis zum heutigen Tag sollen die Massai noch welche besitzen. Trassl ist führend, beliefert die halbe Welt, und die größten seiner Perlen werden in Sansibar und Bombay getragen.
Die *Patterleshütten* sind damals in der anmutigen Waldhügellandschaft des Fichtelgebirges leicht auszumachen, weil haushohe Holzbeigen als Energievorrat stets dazugehören. Doch die schönen Stapel kann man auch als Mahnung an einen lange währenden Raubbau am Wald verstehen. Der Niedergang der *Patterlesindustrie* hat dann vor allem mit Überproduktion und Krieg und der Konkurrenz von Maschinenperlen zu tun und damit, dass die Kolonialvölker sich emanzipieren.
Trassl als initiativreicher Unternehmer lässt sich nicht entmutigen. Viele schließen, er nicht, im Gegenteil. Er zieht den Odol-Auftrag an Land. Dass er auch mit Milchglas umzugehen weiß, hat ihm mit dazu verholfen. Die Leute sind ihm dankbar.
Ab 1895 arbeiten seine Glaskünstler zwar wie eh und je mit der ihnen eigenen Konzentration am Schmelzofen, doch sie stellen keine Perlen her, sondern blasen die glühende Masse in ein seltsames Gebilde: die Eisenform einer Odolflasche.
Ein uraltes, legendäres Gewerbe muss sich neuen Gegebenheiten anpassen. Und so kommen die Odolflaschen bald zuhauf aus Ober-Warmensteinach. Anfänglich werden sie mit Pferdefuhrwerken nach Bayreuth gebracht, um dort auf die Züge Richtung Hof und weiter verladen zu werden, bald ist das Tal per Eisenbahn mit der Welt verbunden.

Odolduft statt Klaviere. Im Herbst 1897 zieht Lingners Betrieb hinüber in die Nossener Straße 2-4, eine ehemalige Klavierfabrik. Von etwa sechzig Beschäftigten ist damals die Rede, bis zum Krieg werden es über 400 sein. 1901 stellt man sich in einer Bildreportage der *Illustrierten Zeitung* als „das größte Etablissement der Erde für Herstellung von Mundwasser" vor. Zahlen untermauern den Superlativ: 6.500 Quadratmeter betrage die Grundfläche der Fabrik, und sie sei der Welt größter Abnehmer von Pfefferminzöl. Man kann sehen, wie die Odolflasche geprüft, gespült, gefüllt, verschlossen, etikettiert und verschickt wird. Auffällig ist die große Zahl der Werktätigen, Fließband und Automatisierung sind noch weit. Wer dem Mundwasser nahe kommt, ist in eine einheitliche

Die „Klavierfabrik", Hauptgebäude 1901

Berufsschürze gehüllt, so das ganze Heer der „Mädchen" im Etikettiersaal. Ab 1915 wird es Etikettiermaschinen geben.
Neben einer Außenansicht, dem imposanten Hauptkontor und dem riesigen Drucksachenlager erhascht man einen Eindruck von der Reklameabteilung.
Die Firmenchronik erwähnt ferner zwei Dampfkessel und die 100-PS-Dampfmaschine, die große Konstruktionswerkstätte, die Mischkessel für das Odol, das Laboratorium, die eigene Verschlussfabrikation, die ausgedehnten Lagerräume und das „schöne Atelier für Zeichner und Maler". Insgesamt steht jetzt überreichlich Platz zur Verfügung, und im Hinterkopf des Aktivisten an der Spitze liegen wohl schon die Pläne parat, den Leerraum zu füllen.
Interessantes kennen wir durch Zufall respektive das Schnüffeln der „Auskunftei W. Schimmelpfeng Dresden", welche für einen bestimmten Auftraggeber das wirtschaftliche Gebaren Lingners recherchiert und deren geheimer Bericht die Zeiten überdauert hat. Der Detektiv ermittelt, dass Lingner im Jahr 1896 das leer stehende Gebäude der früheren Pianofortefabrik Apollo von der Dresdner Bank kaufte, und zwar für 353.000 Mark. „Belastet ist dasselbe mit 250.000 M. an erster Stelle für die Dresdner Bank", den Rest von 103.000 M. habe der Käufer bar bezahlt. Nochmals 140.000 Mark wendet Lingner für den Umbau auf, alles in allem, im vierten Odoljahr und in damaliger Währung, sehr stattliche Summen.

Der Fabrikant dürfte Umbau und Betriebsgefüge wesentlich selber bestimmt haben. Er interessiert sich für Arbeitsteilung, Zeitorganisation und Arbeitsplatzgestaltung, später nennt er sich gern „Organiker". Nach und nach bildet er eine Kadermannschaft, welche der Firma dann jahrzehntelang vorstehen wird. 1894 ist Paul Walther eingetreten (kaufmännischer Leiter), 1896 Richard Zörner (Propaganda), 1901 kommt Karl Greimer als wissenschaftlich-technischer Leiter hinzu und wenige Jahre später Karl Thies für Verwaltung und Personal sowie der junge Georg Seiring, dem bald die heikle „Privatverwaltung" anvertraut wird.

Odol-Flaschen-Former in der Glashütte

Mit Hut, Schlips und Kragen sieht man sie auf alten Werkfotos inmitten der Fabrikation stehen: Werkmeister sind wer! Autorität, technisches Können und Erfindergeist verschaffen ihnen einen eigenen, gehobenen Status. Erst nach und nach gewinnen die akademisch gebildeten Ingenieure die Oberhand. Werkmeister Kirschen gilt als besonders geschickt, rationalisiert zum Beispiel den Betrieb der Glashütte und konstruiert später einen Füllapparat. Vor allem aber löst er für die Firma ein Riesenproblem: Er erfindet einen brauchbaren Verschluss für die Odolflaschen. Anfänglich werden diese mit einer Zinnkapsel verschlossen, das heißt, man kittet die Kapsel mit erwärmtem Guttapercha auf. Der Benutzer muss die Kapsel mit einer starken Nadel durchstechen, wodurch die Flasche offen ist, aber auch offen bleibt. Ein enormer Nachteil: Sie ist nicht reisefähig. Einen anderen Verschluss zu konstruieren, erweist sich als äußerst schwierig, weil sich das Mundwasser mit den verschiedensten Materialien schlecht verträgt.

Sortieren und Vorspülen der Flaschen

Werkmeister Kirschens Lösung ist ein Verschluss ganz aus Metall, der den Inhalt dicht verschließt und auch einen Überdruck aushält (die Flüssigkeit könnte sich im Schaufenster des Drogisten erwärmen), bestehend aus Nickelblech- und Aluminiumteilen, die durch ein Pergamentblättchen voneinander getrennt werden, da sie, wenn sie sich berühren, sich mit dem Odol auch wieder nicht vertragen.

Verschließen der Flaschen mit Metallkappen

Dieser Verschluss ist nun aber anspruchsvoll, schon in der Herstellung, welche nicht weniger als siebenundzwanzig

Das Heer der „Mädchen" im „Etiquettir-Saal" 1901

Arbeitsgänge erfordert, ebenso für den Konsumenten. Dermassen, dass sich die Firma genötigt sieht, Anzeigen zu schalten, welche das Prozedere des Öffnens erläutern. Ziemlich herablassend übrigens, mit Seitenhieben wie: „Es gibt praktische und unpraktische Leute" oder „Fachleute halten den Odol-Verschluss überhaupt für den vollkommensten Flaschen-Verschluss, aber das Malheur ist: Kein Mensch liest heutzutage eine Gebrauchsanweisung". Odol-Käufer, alle mal herhören! Man dreht den äußeren Deckel mit der kleinen runden Öffnung so weit, bis die Öffnung auf das am zweiten, inneren Verschluss angebrachte Löchlein zu liegen kommt, und durchstoße dann mit dem beigelegten Stift das schützende Pergamenthäutchen. Durch Zurückdrehen des Deckels verschliesst sich der Inhalt wieder etc.

Die Verschlussherstellung im eigenen Haus mit dem Verschlussfabrikationsvorstand an der Spitze wie überhaupt mechanische Werkstätte und Apparatebau sind in der Lingnerschen Fabrik enorm wichtige Abteilungen, nicht zuletzt, weil fortwährende Verbesserungen das Steckenpferd des Fabrikanten sind und sein perfektionistischer Verstand nie Pause macht. Lingners Gegner höhnten zuweilen, der Fabrikant stehle seinen Mitarbeitern deren Erfindungen. Was Kirschen zu Lebzeiten von seinen Talenten hatte, wissen wir nicht. Wolff schätzt immerhin, die Sache mit dem Verschluss sei für den Odolerfolg von „unberechenbarem Wert" gewesen!

Der Getreue stirbt 1905. „Mein aufrichtiger Dank gilt insbesondere dem Kgl. Sächs. Geheimen Kommerzienrat C. A. Lingner, dessen liebevolle Fürsorge die lange Leidenszeit des Heimgegangenen erträglicher und dessen persönliche Teilnahme die Beerdigung besonders ehrenvoll gestaltete", schreibt Marie Kirschen in die Danksagung.

Zahnpasta gibt es von Odol noch lange nicht. Lingner beharrt auf dem Standpunkt, dass Odol-Mundwasser, warmes Wasser und Bürste genügten. „Jeder Versuch, ihn zur Aufnahme einer Zahnpasta zu bewegen, wurde strikt abgelehnt und direkt als Verstoss gegen die Traditionen der Firma betrachtet" (Zitat Greimer). Das Freisein von Fäulnis und Gärung sei nur durch eine Flüssigkeit wie das Odol zu erreichen, welche sich förmlich in die Schleimhaut einsauge und sie – eine gewagte Behauptung – für eine gewisse Dauer „imprägniert". Für das Prozedere aus Bürsten, Gurgeln und Spülen setzt Lingner ein eigens geschaffenes Tätigkeitswort in Umlauf: „odolisieren".

Die weiße Flasche macht Sorgen. Schon ihre Herstellung ist Schwerarbeit für die Glasbläser: die langen Tage am heißen Ofen, die harten Anforderungen des Auftraggebers, das anstrengende Hineinblasen in die Form, was zu „dünnen Backen" führt. Nur woher soll im Tal der Warmensteinach sonst Verdienst kommen, wenn es zu Ende geht mit dem alten Glasperlengeschäft?
Zulieferer Trassl handelt sich zwei arge Probleme ein. Das eine sind haufenweise missratene Flaschen. Missraten in den Augen der Dresdner Odolfabrik, wo man mit dem Problem kämpft, dass mundgeblasene Flaschen, selbst wenn sie äußerlich schön anzusehen sind, natürlich ungleichen Inhalt haben. Damit ist es unmöglich, sie gleichmäßig zu füllen. Dickere und dünnere Flaschenwände, -böden und -hälse, schwerere und leichtere Stücke und allerlei Unpassendes wie krummer Hals, schiefer Boden, Schlieren oder Risse machen allen Beteiligten das Leben schwer. An einer einzigen Flasche soll es nicht weniger als 74 Fehlermöglichkeiten gegeben haben. Die an den Patterles lange geübte Geschicklichkeit der Glasbläser ist aufs Äußerste gefordert.
Die Mundwasserflasche erweist sich auch hier als Primadonna. Ihre Allüren rufen nach scharfer Aufsicht. Zunächst erfolgt diese intern, ab 1903 durch einen Kontrolleur aus Dresden, der die Flaschen gleich in der Hütte prüft und übernimmt. Oder eben nicht übernimmt. Ein Job zwischen Hammer und Amboss und Anlass zu häufigen Diskussionen, da es bei zu viel Ausfall für die Arbeiter weniger Prämie gibt.
Die Sache ist derzeit nicht zu ändern und wird größtenteils auf den Zulieferer und die Arbeiter abgeschoben. Versuche mit Glasblasmaschinen und Pressluft bringen noch jahrelang kein brauchbares Ergebnis. Womöglich geschieht es aufgrund von Engpässen, dass man eine Zeit lang gar die Rücknahme leerer Flaschen betreibt: „Die entleerte Odolflasche wird, wenn unversehrt, in jeder Odolverkaufsstelle bei Entnahme einer neuen Flasche mit 5 Pf. vergütet."

Das zweite Problem sind die Waldschäden. Bei der Milchglastrübung entweichen Schadstoffe. Der schon alten Marterung des Waldes durch Bergbau, Hochöfen und Hammerwerke wird damit eine weitere Dimension hinzugefügt. Dieses traurige Kapitel ist unmittelbar an den Odol-Boom gebunden, denn der Ausstoß wird dauernd hochgefahren, von anfänglich wenigen hundert auf etwa 7.000 Flaschen täglich im Jahr 1903, und der Höhepunkt ist noch lange nicht erreicht.
Damals holt das Dresdner Chemische Laboratorium Lingner bei einem Holzbetrieb in Fichtelberg eine Offerte ein für nicht weniger als „stets 10.000 Kilo Kisten", 107 x 60 x 48 cm groß, zum Abtransport der Odolflaschen. Wenn der Preis vorteilhaft sei, „so können wir Ihnen große laufende Aufträge erteilen. Es hätte also nur eine wirklich vorteilhafte Offerte Zweck. Hochachtungsvoll ..." Das Mundwasser fließt in Strömen.

Schlüsselwort Desinfektion

Desinfizieren, entkeimen, entseuchen bilden die Antwort auf Infektion und sind die frühe Wunderwaffe im Kampf gegen die Mikroben. Als Lingner 1898 den Hygieniker Ferdinand Hueppe (1852-1938) besucht, hat dieser den Eindruck, sein Gast sei „ein wahrer Kriegsfanatiker gegen Bazillen". Nach Robert Kochs Entdeckungen habe man weit herum angenommen, dass Mikroben die alleinigen Verursacher von Infektionskrankheiten seien. „Diese früher unsichtbaren Teufel, die in den Menschen fahren, konnte man nun sehen, auf einer Leimrute einfangen und mit den schärfsten Beschwörungsmitteln des wissenschaftlichen Exorzismus bekämpfen und austreiben. Daran knüpfte auch Lingner praktisch an, indem er sich mit der Desinfektion beschäftigte (...)." Letztlich entspringt ja dessen Odol-Mundwasser dieser mikrobiellen Auffassung von Krankheit. Wie heißt es doch in der Odolreklame: „Blitzsauber halte Deinen Schnabel / Sonst wird er zum Bazillen-Babel" ...
Später wird Hueppe, seines Zeichens Direktor des Hygienischen Instituts der Prager Karls-Universität und nach eigener Einschätzung ein Mitbegründer der modernen Bakteriologie, behaupten, er habe Lingner von der einseitigen Sicht auf die Bakterien weggelotst, indem er ihn auf andere Krankheitsfaktoren wie individuelle Anlagen und Umweltbedingungen aufmerksam machte.
Immerhin führt er dem Besucher seine schönen Bakterienkulturen vor, wobei er die Mikroben mit einem Furcht erregenden deutschen Wort bezeichnet: „Kleinböslinge" ... Vielleicht müsse man diese den breiten Bevölkerungsschichten plastisch vor Augen führen – Hygiene- und Gesundheitserziehung täte Not (seinen eigenen Beitrag dazu sah Hueppe, bekannt als Germanenfreund und Antisemit, vorab in der Sportförderung; er wurde Gründungspräsident des Deutschen Fussball-Bundes DFB).

Lingners Sinnen und Trachten geht zunächst weiter in herkömmlicher Richtung. Das Thema lässt ihn nicht los, nach eigener Aussage beschäftigt er sich eingehend „mit dem in voller Entwicklung befindlichen Desinfektionswesen". Das Gebiet ist damals ja auch neu und aufregend. Es ist beispielsweise noch nicht allzu lange her, dass die Chirurgen gelernt haben, ihre Instrumente keimfrei zu machen und beim Operieren Gummihandschuhe zu tragen – in Berlin um 1890. Niemand weiß, wie viele Menschen dadurch vor „Wundfieber" und „Blutvergiftung" bewahrt wurden; noch vor wenigen Jahrzehnten starb daran etwa jeder dritte Patient mit offenen Frakturen.

Lingner ist jedenfalls über diese Dinge auf dem Laufenden und auch geschäftlich fündig geworden: Er stellt in der hauseigenen mechanischen Werkstätte einen Desinfektionsapparat her. Das dreibeinige Spray-Gerät ist geeignet, ganze Räume wie Wohnungen, Lagerräume oder Ställe zu vernebeln, indem es „die Desinfektionsflüssigkeit durch 4 nach verschiedenen Richtungen zeigende Düsen mit Hilfe von Wasserdampf" ins Gefecht schleudert. Als einziges der Konkurrenz-Geräte kann das Lingnersche einen Raum sogar von außen entseuchen: mit einer Schlauchdüse durchs Schlüsselloch. Freunde von der Universität liefern die passenden Chemikalien, anfänglich eine Formaldehyd-Lösung, später das eigens entwickelte Glykoformal.

Der Mikrobenkiller wird zum unentbehrlichen Gehilfen des modernen Exorzisten. Die günstige Beurteilung der Fachwelt führt dazu, dass das Gerät sich schnell verbreitet. Greimer spricht von einer „gewaltigen Ausdehnung", bis nach Übersee, und wie beim Mundwasser setzt Lingner auf Masse und einheitlichen Preis. Der Apparat kostet komplett 50 Mark, der Betrieb ist billig. Es ist auf lange Sicht ein Riesengeschäft. Außerdem durchbricht der Fabrikant damit erstmals die einseitige Abhängigkeit der jungen Firma vom Mundwasser.

3. Mundwasser vor Gericht

Was drin sein darf

Das Hochgefühl währt nicht lange. Schon am Ende des ersten Odol-Jahres 1893 greift eine Fachpublikation, die *Pharmazeutische Centralhalle*, das Mundwasser massiv an: Es sei nicht im versprochenen Sinn desinfizierend und enthalte außerdem das apothekenpflichtige Salol. Das zu Grunde liegende bakteriologische Gutachten, wissenschaftlich nicht über jeden Zweifel erhaben, findet fast ebenso große Aufmerksamkeit wie vorher die Reklame, denn das Publikum ist gespannt, ob das „Odol-Rätsel" damit gelöst wird. Dies ist zwar nicht der Fall, doch die junge Firma lernt, dass es sehr schwierig ist, einen beschädigten Ruf wiederherzustellen.
Es ist nur der Auftakt: Die Firmengeschichte verzeichnet Dutzende Auseinandersetzungen, meist von Konkurrenten oder Wissenschaftlern in Gang gesetzt, von Pressefehden bis hin zu aufwendigen Gerichtsverfahren. Nicht selten befindet sich Lingner von vornherein im Nachteil, weil er sein Produkt „reklamehaft" anpreise: Odol gilt damals bei vielen Kritikern als „Reklame-Artikel", was so viel bedeutet wie: wertlos, nur durch übertriebene Reklame überhaupt zu halten.

Die sächsischen Gesundheitsbehörden greifen ebenfalls ein, 1896. Lingner sieht sich zu einer umfassenden Stellungnahme genötigt, welche er unter dem Titel „Widerlegung der von der Königlich sächsischen Centralstelle für öffentliche Gesundheitspflege veröffentlichten Behauptungen" einreicht. Ein Spagat, denn der Fabrikant will aus kommerziellen Gründen die genaue Zusammensetzung seines Produktes nicht bekannt geben und gleichzeitig verhindern, dass es als Arznei- oder gar als Geheimmittel eingestuft wird. Würde Odol als Heilmittel angesehen oder würde es Salol enthalten, dürfte es nur in Apotheken verkauft werden – was Lingner natürlich ablehnt, baut er doch auf Massenproduktion und ein breites Netz an Verkaufsstellen, wozu unverzichtbar die Drogerien gehören. Verschiedene Gerichtsentscheide stützen die Gegenmeinung, es handle sich hier lediglich um „ein prophylaktisches Mittel wesentlich kosmetischer Natur, welches die Konservierung des menschlichen Gebisses zum Ziel hat, nicht aber die Verhütung oder Heilung einer Krankheit im eigentlichen Sinne" (Königliches Schöffengericht zu Wesel).
Die Abwehrstrategie Lingners, seiner Juristen und der ihm günstig gesinnt Wissenschaftler stützt sich dann jahrelang auf das doppelte Argument, weder sei Odol ein

Heilmittel noch enthalte es Salol als Bakterienhemmer. Es sei daher frei verkäuflich, und die Inhaltsstoffe müssten nicht deklariert werden. Ein weiterer Streitpunkt taucht in der Folge immer und immer wieder auf. Leistet das Odol überhaupt, was in der Reklame versprochen wird? Damit verbindet sich die Frage, was genau ein solches Mittel bewirken soll. Lingner betont, wohl ein guter Rat Seiferts, dass „nicht die Abtötung der Bakterien, sondern nur die Verhinderung der Entwicklung und des Wachstums derselben, vor allem aber die Hemmung der Fäulnis- und Gärungsprozesse" als die Hauptursachen schlechter Zähne und üblen Mundgeruchs das Ziel seien. Einer Sterilisation der Mundhöhle sei weder möglich noch nötig. „Wir wollen weiter nichts als eine mehrmals am Tage wiederholte Behandlung der Mundhöhle, bei der die im Munde vorhandenen Bakterien in ihrer Entwicklung gehemmt werden, sodass also einer übermäßigen Überschwemmung der Mundhöhle mit Bakterien, die zum Teil gesundheitlich schädlich sind, Einhalt geboten wird."

Seifert legt Wert auf seinen obersten Grundsatz des *nihil nocere*: Das Mundwasser dürfe nicht schaden, nicht den Zähnen, nicht der Mundschleimhaut, nicht der Verdauung. Dies zu beweisen wurde verdünntes Antiseptikum auf alle möglichen Substanzen gepinselt, Kaninchen eingeflößt und menschlichen Schleimhäuten eingespritzt. Andere Versuche sollten die fäulnishemmende Wirkung bestätigen: „Fleischbouillon, mit 1 Procent des Odol-Antisepticums versetzt und mit einem Tropfen in intensiver Fäulnis begriffenen Fleisch-Infuses geimpft, hielt sich viermal länger als eine Controllprobe ohne Antisepticum."

Odol-Flasche von 1896 mit der provokativen Aufschrift: „nachweislich das beste Mittel ..."

Das Für und Wider erhitzt die Gemüter. „Unsere Gegenerklärungen wurden meist nur ungern und ganz kurz, oft mit hämischen Bemerkungen wie: ‚Was das Mundwasser Odol wert ist', ‚Mit allen Mitteln der Reklame', ‚Odol, ein Geheimmittel', ‚Geheimnis einer kolossalen Reklame', ‚Was ist Odol?', ‚Zur Rettung des Odols' versehen, in vielen Fällen aber überhaupt nicht gebracht", klagt Greimer über das Verhalten der Presse. Auch Lingners „Widerlegung" bringt wenig, denn die Zentralstelle macht nur unbedeutende Rückzieher. Die Autoren der „Widerlegung" halten unbeirrt daran fest, „dass Odol in hervorragendem Maße die Entwicklung und das Wachstum der Bakterien hemmt, die Fäulnis und Milchsäuregärung verhütet und somit die Hauptursache des Zahnzerfalls, des Hohlwerdens der Zähne aufhebt." Es besitze also „die ihm in den Anpreisungen zugeschriebene antiseptische Eigenschaft". Ein für allemal: „Das Odol ist weder eine Zufalls- oder Geschmackskomposition eines Parfumeurs, noch ein Produkt, das seine Entstehung bakteriologischem Übereifer verdankt." Sondern, will er sagen: wissenschaftlicher Vernunft.

Zeitweise droht die Flut der Gutachten und Gegengutachten die Odolflasche fortzuspülen. Wie weit diese Forschungen hüben und drüben kompetent durchgeführt werden oder bloß jemandem gefällig sind, ist im Einzelfall nicht mehr zu ermessen, oft steht Behauptung gegen Behauptung. Etliche Kapazitäten bescheinigen dem Mundwasser eine günstige Wirkung und neutrale Reaktion als „ein sehr wirksames, aber unschädliches Zahnreinigungsmittel" (so Ferdinand Hueppe), und die *Allgemeine medizinische Zentral-Zeitung* lobt Odol als „das empfehlenswerteste der bisherigen prophylaktischen Mittel" – solches bereichert zwar Lingners Sammlung an Pro-Odol-Zitaten, aber der nächstbeste Fachmann wird gleich wieder das Gegenteil behaupten. Die Analyseverfahren erscheinen ziemlich beliebig, und nicht alle Forscher kommen mit dem komplexen System der Mundhöhle zu Rande. Seifert entwickelt eigens eine Mundwasser-Prüfmethode, verbindlich erklären kann er sie natürlich nicht.

Die Odolkriminalität nimmt zu. Im April 1897 stehen in Frankfurt am Main dreißig Drogisten vor Gericht. Ihr Vergehen: Sie haben Odol feilgeboten. Auslöser ist eine Verfügung des Regierungspräsidiums Wiesbaden an die Polizeibehörden, die Verkäufer „des bekannten Mittels Odol", das als verbotenes Geheimmittel gelte, „behufs gerichtlicher Bestrafung zur Anzeige zu bringen". Und wieder ist da der Salol-Verdacht. Die Verteidigung bringt die bekannten Argumente vor und erreicht einen Freispruch. Es sind im Übrigen nicht die ersten und einzigen Prozesse dieser Art, auch andere Firmen beschäftigen die Gerichte mit ähnlichen Fragestellungen. Die Behörden sind stark gefordert, denn immer mehr Chemikalien drängen damals auf den Markt.

Für Lingner und Seifert ist es ein Spagat. Zum einen müssen sie die Wirksamkeit des Produktes überzeugend herausstellen, müssen aber jedwedes Argumentieren in Richtung Heilmittel meiden wie der Teufel das Weihwasser, sonst drohen Klagen, Strafen und Verbote. Wenn sie zu sehr nachgeben und ihr Produkt unter die simplen Schönheitsmittel einreihen, fällt es leicht der Harmlosigkeit anheim und setzt seinen Erfolg aufs Spiel.

Das Jahr 1901 gilt dann als „besonders schlimm". Greimer zählt gleich reihenweise Angriffe auf: der Naturärzte, welche Mundwässer überflüssig und schädlich finden, zweier Warschauer Zahnärzte, die Odol als nutzlos bezeichnen, aber eventuell eine Fälschung analysiert haben, einer holländischen Zeitschrift, welche Odol für Ekzeme verantwortlich macht, eines Berliner Zahnarztes, welcher Odol nur als zweitbestes Mundwasser gelten lässt, des Medizinalrates von St. Petersburg, der die Odol-Reklame verbieten will, usw. Zu viel Energie fließt in solche Kämpfe. Ab etwa 1898 überlegt sich Lingner, ein eigenes wissenschaftliches Institut zu gründen, das die „Zahnverderbnis" und die Verhütungsmöglichkeiten erforschen soll.

Einsfünfzig

Ist das Odol (zu) teuer? Während Jahren kostet Lingners Mundwasser stetig eine Mark fünfzig. Lingners offensichtlicher Erfolg heizt die Fantasie und den Neid der Zeitgenossen mächtig an. So bleibt es nicht aus, dass auch der Odol-Preis zum Gegenstand öffentlicher Auseinandersetzung wird. Etwa bemängelt die *Deutsche Medizinische Wochenschrift*, dass der Preis der meisten Mundwässer in „schreiendem Missverhältnis zu ihrem wahren Werte" stehe. Der Käufer bezahle sogar die seltsamen Verpackungen und die Reklame, und der Inhalt werde oft mit ebenso viel Mark bezahlt, als er Pfennige wert sei.

Das *Berliner Tageblatt* behauptet einmal, Lingners Gewinn betrage „viele hundert Prozent", und die sächsische Gesundheitsbehörde nennt den Preis schon 1896 „sicher zu hoch normiert" und kommt mittels eigener Berechnungen auf weniger als eine Mark. Sie macht es Lingner allerdings leicht: „Ich weiß nicht, wie sich die Kgl. Centralstelle den Handelsverkehr vorstellt", erwidert er und erteilt den Kritikern gleich eine kaufmännische Lektion. Interessant dabei ist, dass Lingner die Handelsmargen bekannt gibt: Die Einzelhändler bekommen 25 bis 33 1/3 Prozent, weniger als sonst üblich, ebenso drückt er den Gewinn der Grossisten (8 bis 10 Prozent). „Wir erhalten durchschnittlich 92 Pfennig. Den Wert des Inhaltes zu 66 Pfennig angenommen, dazu die Flasche mit 10 Pfennig ergibt ohne Tropfkork, ohne Verpackung und ohne Transportkosten 76 Pfennige, verbliebe Gewinn 16 Pfennige."

Die 16 Pfennige, von Lingner schlau nur in der Möglichkeitsform vorgetragen, erscheinen genauso unglaubhaft wie die Zahlen der Gegner. Immerhin erwähnt Lingner noch 7 Pfennig Spiritussteuer pro Flasche und das Mitcham-Pfefferminzöl, welches mehr als doppelt so teuer sei wie das ordinäre. Auffällig ist im Übrigen die Feststellung, dass sich der Preis „außerdem noch und besonders nach den Preisen der Konkurrenz" richte: Der Fabrikant deutet damit an, dass der Preis nicht allein betriebswirtschaftlichen Überlegungen entspringt und dass Preis und Warenwert eines solchen Artikels wenig miteinander zu tun haben. Bleibt noch die Frage, wie teuer Odol eigentlich für die damaligen Konsumenten ist.

Die breite Masse denkt in Pfennigen. Ein Arbeiter verdient um die Jahrhundertwende selten mehr als 100 Mark im Monat, und nicht alle können mit fünfzig Wochenlöhnen rechnen. Oft verdient die Ehefrau hinzu. 1895 streiken die Maurer in Dresden für einen Stundenlohn von mindestens 45 Pfennig. Der durchschnittliche nominale Jahreslohn eines Chemiearbeiters beläuft sich 1890 auf 911, 1913 auf 1 324 Mark. Lange bilden neunzig und mehr Prozent der Bevölkerung die unteren Einkommensklassen. Die Unterschiede zur hauchdünnen Kaste der Reichen sind krass. Dazwischen liegen die bürgerlichen Schichten, wo der Ladenbesitzer vielleicht 2.000, der Staatsbeamte oder ein rühriger Handwerksmeister 5.000 Mark im Jahr verdienen. In Sachsen erhalten um die Jahrhundertwende zwei Drittel der Ärzte weniger als 7.800 Mark jährlich.
Wer mit 100 Mark in Monat auskommen muss, gibt damals einen Gutteil davon für Wohnung und Nahrung aus. Ein Fläschchen Odol kostet immerhin fast so viel wie ein Kilo gutes Fleisch oder 1 1/2 Pfund Butter (auf beides müssen viele gänzlich oder zeitweise verzichten) oder eine ordentliche Flasche französischen Weines. Kleine Leute bekommen den Teller Erbsensuppe mit Speck im einfachen Lokal für 30 Pfennig, ein Bier für zwanzig, ein belegtes Brötchen für deren zehn. Eine Zeitung kostet ein paar Pfennige. Im Bereich der Körperpflege bekommt man die *Kaiser Binde*, mit deren Hilfe man die deutsche Barttracht „*Es ist erreicht*" exakt hinbiegen kann, zum selben Preis wie das Mundwasser; wer sich hingegen ein Mittel gegen Nasenröte oder Sommersprossen leistet, zahlt leicht das Doppelte. Für die Mehrheit der Menschen beginnt hier bereits das, was man Luxus nennt. Demgegenüber legt ein reicher Mann im vornehmen Lokal durchaus zehn Mark für eine erlesene Zigarre hin.
Einsfünfzig. Für die meisten viel Geld. Das städtische Proletariat und die einfachen Landleute müssen wohl ohne Odol auskommen. Bleibt die bürgerliche und kleinbürgerliche Welt, die zusammen höchstens ein Viertel der Werktätigen ausmachen. Immerhin zeigt sich in der Einkommensstatistik der Kaiserzeit ein Sog nach oben, sodass man annehmen kann, der Kauf des Odol habe manch kleinen Aufstieg in eher mittlere Schichten begleitet und ausgedrückt. Odol wäre somit Gehilfe des statusbemühten Menschen und ein Faktor sozialer Abstufung, dafür zuständig, dass kleine, aber feine olfaktorische Unterschiede geschaffen werden. Gesundheitsbewusstsein, wofür die breite Bevölkerung mehr und mehr sensibilisiert ist, und Gepflegtheit, die in mehr und mehr neuen Berufen erwartet wird, sind wirksame Kaufmotive.
Wie auch immer man die Preis-Frage beantwortet, für den Fabrikanten beinhalten die Einsfünfzig jedenfalls einen Gewinn, der ihn rasch reich macht.

Arthur Schlossmann (1867-1932) und Eugen Galewsky (1864-1935)

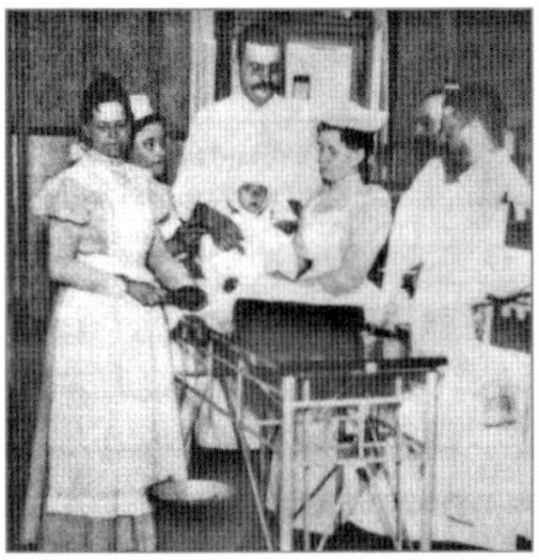

A. Schlossmann (M.), E. Galewsky (r.)

Der spätere Geheime Medizinalrat Professor Dr. med. Arthur Schlossmann entsinnt sich Karl August Lingners: „Schon als er sein Geschäft noch in den engen Räumen auf dem Freiberger Platz betrieb und ich in einer ebenso unzulänglichen Dreizimmerwohnung auf der Pfotenhauerstraße eine neue Art der Betreuung kranker Kinder in Dresden entwickelte (...), traten wir in enge Beziehungen (...). Ich erinnere mich eines Abends, an dem wir spät im Café König zusammensaßen – unser gemeinsamer Freund Galewsky hatte sich uns zugesellt – und uns über die Pflichten unterhielten, die großer Besitz demjenigen auferlegt, der in der heutigen Zeit durch Tüchtigkeit und Glück in die Höhe kommt. Für manches, was Lingner später geschaffen hat, ist in dieser Nacht der Samen gelegt worden." Dies mag um 1895 gewesen sein.

Schlossmann und Galewsky sind weit blickende und humanistisch denkende jüdische Ärzte mit sozialem Gewissen. Schlossmann, aus wohlhabender Familie, wird von Wolff als „außerordentlich lebendiger, auch künstlerisch und politisch interessierter Wissenschaftler und zugleich ein Mann von unermüdlicher Arbeitskraft" geschildert, organisatorisch begabt, beredt und originell. Als Kinderarzt behandelt er aus eigenen Mitteln und kostenfrei Säuglinge und Kinder; in Sachsen liegt die Säuglingssterblichkeit bei unglaublichen 28 Prozent. Ein Förderverein soll ihm helfen, eine spezialisierte Klinik für kranke Säuglinge zu schaffen, was dank gut situierter Gönner gelingt: 1898 eröffnet der „Verein Kinderpoliklinik mit Säuglingsheim in der Johannstadt" eine der ersten derartigen Einrichtungen überhaupt. Unter den Spendern ist Karl August Lingner, der sich auch in den Vorstand wählen lässt.

Schlossmann scheint ein Mann ganz nach Lingners Geschmack zu sein, der diesem durch Rat und Vorbild einiges zu geben hat. Auch Lingners späteres Interesse an der Säuglingsfrage dürfte auf Schlossmanns Wirken zurückzuführen sein. Der Kinderarzt gilt als einer der Väter der modernen Sozialhygiene.

Eugen Galewsky, wie Schlossmann aus Breslau stammend, ist ein führender Hautarzt, Schüler des berühmten Albert Neisser und Kämpfer gegen Geschlechtskrankheiten. Neben der Arbeit in seiner dermatologischen Klinik ist er wissenschaftlich tätig und besitzt eine umfangreiche Moulagensammlung, das sind Wachsmodelle von Krankheitsbildern. Er wird Lingners Ausstellungen von 1903 und 1911 entscheidend mitprägen. Wolff sieht in ihm einen selbstlosen Arzt, didaktischen Könner und unermüdlichen Zuträger zu Lingners volkshygienischen Interessen. Lingner habe Galewsky auch die Bekanntschaft mit Neisser zu verdanken.

Das Ur-Odol

Und was war nun im Ur-Odol drin? Dass Seiferts *neues Antisepticum* mit Salol in Verbindung gebracht wird, verwundert nicht, ist Salol doch des Star-Chemikers eigene Schöpfung, patentiert 1886. Dass er und Lingner in Konfliktsituationen immer wieder behaupten, im Odol sei kein Salol enthalten, sondern etwas Neues, welches indessen die gleichen Spaltprodukte ergebe wie das Salol, diesem also zum Verwechseln ähnlich sei, erscheint den Kritikern schlichtweg als Schwindel.

Dazu Dr. Andreas Schuhmann, lange Jahre Chemiker im Arzneimittelwerk Dresden, der späteren Nachfolgefirma der Heydenschen Chemiefabrik, und Verfasser von deren Firmengeschichte: „Salol ist ein Handelsname, die dafür gebräuchlichen chemischen Bezeichnungen Salicylsäure-Phenylester und Phenylsalicylat sind absolut gleichwertig und beide richtig. Salicylogen war ein von Seifert gewählter künstlicher Name, den man mit ‚Salicylsäurebildner' übersetzen könnte, der aber gegenüber der Konkurrenz die chemische Struktur nicht offenbarte. Im Patent wurde dafür die Bezeichnung Disalol gewählt, aus der sich immer noch nicht viel entnehmen ließ."

Schuhmann weiter: „Die korrekte chemische Bezeichnung, die ich auch in der Literatur (Beilsteins Handbuch der organischen Chemie) gefunden habe, lautet Salicyloylsalicylsäurephenylester. Die Strukturformel lässt die Ähnlichkeit zu Salol erkennen: Es sind im Disalol zwei Salicylsäuremoleküle mit einem Molekül Phenol verknüpft, während im Salol nur ein Molekül Salicylsäure mit einem Molekül Phenol verbunden ist. Bei der Spaltung im Organismus entstehen in der Tat beide Male die gleichen Produkte."

Ein spaltbares Antiseptikum – die Lösung? Ein wirksames, aber unschädliches Antiseptikum anzubieten, ist man aufgebrochen. Nur: Körper, die Bakterien hemmen oder töten, schädigen zumeist die Organe, mit denen sie in Kontakt kommen, in diesem Fall beispielsweise die empfindliche Mundschleimhaut. Die spaltbaren Antiseptika scheinen einen Ausweg zu bieten.

Seifert ist ein Pionier dieses Verfahrens: Ihm ist es gelungen, bei der Arzneimittelsynthese wirksame, aber an sich schädliche Stoffe zu entgiften, beispielsweise als solche nicht einsatzfähige Phenole in günstig wirkende Arzneimittel zu verwandeln. Indem man geeignete chemische Gruppen ins Molekül einführt, welche bei dessen Spaltung freigesetzt werden, wird die Behandlung innerer Organe möglich – das so genannte Salol-*Prinzip* und, wie Schuhmann erläutert, eine „Leitlinie der Arzneimittelforschung mit auch heute unverminderter Gültigkeit". Das Odol-Antiseptikum wäre demnach die Anwendung des Salol-*Prinzip*s auf die Mundpflege.

Seifert schuf also durch die chemische Vereinigung von Salicylsäure und Phenol einen Stoff, der etwaige schädliche Wirkungen der Einzelsubstanzen aufhebt: Phenol und Säure zeigen infolge ihrer gegenseitigen Bindung ihre sauren Eigenschaften nicht.

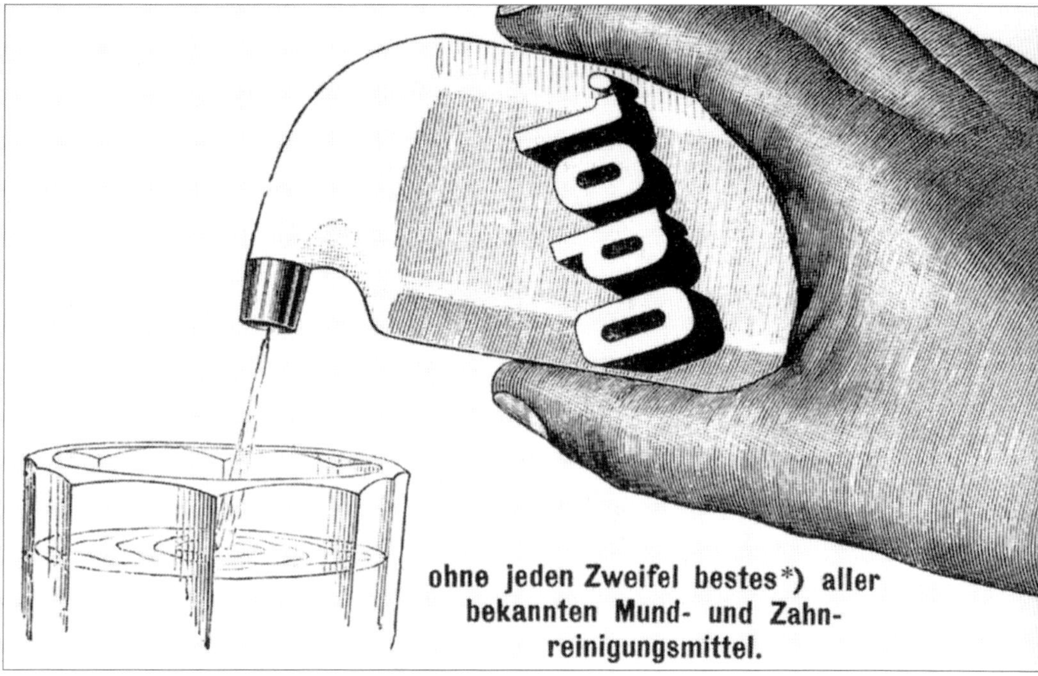

Die erste nachgewiesene Odol-Annonce in der Illustrierten Zeitung; erschienen am 15.12.1894

Die Odol-Chronik erläutert: „In dem Salicylogen sind nämlich, ähnlich wie im Salol, Phenol und Salicylsäure chemisch miteinander verbunden zu einem Körper, der an sich vollkommen indifferent ist und erst in Berührung mit geeigneten Substanzen, wie Alkalien, Enzymen, Gärungs- und Fäulniserregern oder mit der lebenden Zelle der Mundschleimhaut sich in seine Bestandteile aufspaltet, die dann im Augenblicke des Entstehens ihre antiseptischen Eigenschaften äußern, indem sie die vorhandenen Bakterien in ihrer Entwicklung hemmen, zum Teil wohl auch abtöten, dann aber sofort wieder in unschädliche Verbindungen übergeführt werden, indem sie sich mit denselben Agentien, die die Spaltung herbeigeführt haben, verbinden" – die Grundlage für die „Wirksam, aber unschädlich"-Strategie der Odol-Verteidigung.

Um den Brei herum reden wird zur zweiten Natur Lingners und seiner Fachleute, wenn es um das Salicylogen geht. Wenn dieses als ein Nebenprodukt der Salol-Erzeugung tatsächlich mit innovativen wissenschaftlichen Überlegungen zu tun hat, dann erscheint es verständlich, dass Erfinder und Fabrikant aus kommerziellen Gründen nähere Auskunft verweigern, wenn man sie nach der genauen Zusammensetzung oder Herstellung ihres mittlerweile berühmten Antiseptikums fragt. In den späteren

Reklame der frühen Jahre: Dame mit Odolflasche 1902

Gerichtsprozessen geschieht es bisweilen, dass jemand dem Geheimnis ziemlich nahe kommt, doch offenbar verstehen es Lingner und seine Anwälte immer wieder, davon abzulenken. Und „Gehes Codex“, der „Bibel“ der Arzneimittel und kosmetischen Präparate, bleibt nichts anderes übrig, als die auseinander driftenden Odol-Analysen gleichzeitig aufzuführen.

Über Jahre werden Odol-Gegner behaupten, das Mundwasser enthalte Salol. Im Lauf der Zeit wird diesesr Begriff zum Reizwort und zur Allzweckwaffe. Derweil sind durchaus salolhaltige Mundwässer auf dem Markt. Lingner sagt, er finde das Salol ungeeignet. Im Odol kann es keiner nachweisen. Dahinter wittern Prozessgegner allerdings einen üblen Chemikertrick: Sollte es dem cleveren Seifert gelungen sein, den Salol-Nachweis derart zu verschleiern, dass die vielen Anläufe scheitern mussten? Lingners Geheimnistuerei, vermutete Rezeptänderungen, Schweigegebote für Mitarbeiter, vor allem aber eine allgegenwärtige Reklame, welche die Gegner als anstößig und unlauter empfinden, fördern das Vertrauen der anderen Seite nicht gerade.

Ob man das Salicylogen als „Nebenprodukt der Salolforschung“ oder als „Abfallprodukt der Salolherstellung“ bezeichnet, schließt bereits eine gewisse Wertung ein. Gegen Letzteres würde sich Seifert übrigens verwahren. Es ist eine Zeit, da die Chemie große Sprünge macht, insbesondere auch auf der Suche nach besserer Ausnutzung und Verwertung und der Vervollkommnung von Verfahren (zum Beispiel gelingt es, die Ausbeute bei der Salicylsäuresynthese zu verdoppeln).

Ein Teil der Fachwelt betont durchaus das Neuartige am Odol-Mundwasser. „Es ist erstaunlich, wie sehr das für die Hygiene doch zweifellos wichtige Gebiet der Mundwässer von der Fachwissenschaft bisher vernachlässigt worden ist. Die Herstellung von Mundwässern lag bisher fast ausschließlich in den Händen von Parfumeuren. Kein Wunder, dass ein wirklich brauchbares antiseptisches Mundwasser bisher nicht existierte“, schreibt die *Zahntechnische Reform* 1894, und ein anderes Blatt unterstreicht, Odol verkörpere einen „ganz neuen Gesichtspunkt“. Also doch: „Mit *neuem Antisepticum*“?

Wer denkt noch an den guten alten Weidenbaum, *salix*, dessen Rinde unseren Vorfahren als desinfizierend, schmerzlindernd und fiebersenkend bekannt war? Er ist der Urahne hinter all den chemischen Bemühungen. Die künstlich hergestellte Salicylsäure und ihre Abkömmlinge haben Medizingeschichte geschrieben.

4. „Wirb und werde groß " (Hermann Ullstein)

Magisches Fluidum

Die Werbung ist anfänglich sachbezogen-einfach. Sie zeigt die Flasche und die gut sichtbare Aufschrift: „Mit *neuem Antisepticum*." Schon dies allein muss das Interesse und die Neugier der Menschen geweckt haben. Tausende probieren Odol aus und lassen sich davon überzeugen; nach Maßgabe der weiteren Ereignisse bleibt kein anderer Schluss, und dass Odol bereits 1896 in Meyers Konversationslexikon verzeichnet ist, lässt ebenso staunen.
Die neue „Zahn- & Mundwasser-Essenz" sei „in allen besseren Parfümerie- u. Drogen-Geschäften" erhältlich, ansonsten liefere das „unterzeichnete Laboratorium" auch direkt frei Haus. Den Preis ergänzt der beschwichtigende Hinweis, der Inhalt reiche für mehrere Monate.
Die Zeitungsanzeigen heben sich durch Art und Größe und das auffällige „Neu!" vom Umfeld ab. Die meisten Kaufleute werben ja noch mit den herkömmlichen typisierten Kleinannoncen, die plantagenhaft die Zeitungsseiten bedecken und wo ein winziges Bildchen oder eine Fettzeile schon hervorstechen. Doch neben den größeren und bildhaften Odol-Anzeigen sehen sie altbacken aus, und wenn der Bartwuchsförderer „Manneswürde" und die „Pilules Orientales" für die Festigkeit der Büste im Geschäft bleiben wollen, müssen sie sich wohl etwas einfallen lassen.
Die Aufmerksamkeit des Publikums ist fürs Erste geweckt. Auch wer noch über dem *Odol-Rätsel* brütet, ist schon halb unterwegs zum Kauf ... Die chemische Zusammensetzung bleibt mysteriös, was offensichtlich nicht hindert, dass das Vertrauen ins Produkt wächst. Weil es hält, was sich die Leute davon versprechen? Das *neue Antisepticum* verkörpert trotz aller Kritik den einzigartigen Verkaufsvorteil (Unique Selling Proposition), über welchen das Mundwasser neben dem ohnehin einleuchtenden Grundnutzen verfügt – eine nahezu unschlagbare Kombination.

Indem Lingner das Produkt – um sich vor Nachahmungen zu schützen – nicht restlos erklärt, entstehen zwar erhebliche Angriffsflächen, aber er erzeugt zugleich ein leicht magisches Fluidum, das verkaufsfördernd wirkt. Was Lingner gut brauchen kann: Er gesteht später, dass er in den ersten Jahren in der Werbung keine großen Sprünge machen konnte: „Die Menschen würden staunen, wenn sie wüssten, mit wie wenig Mitteln ich die ersten größeren Erfolge erzielt habe." Umso mehr ist er zu kluger Anzeigenplanung gezwungen, später eine der großen Stärken der Firma. Vorläufig macht er Schritt um Schritt, und was er beobachtend, lernend und risikobehaftet erprobt, werden später unzählige Werbehandbücher in griffige Rezepte fassen. „Sei rührig, Kaufmann, raste nie! Werbung ist die große Leiter zum Erfolg, zu Ansehen und Wohlstand. Werbung weitet dein Unternehmen und hebt seinen Umsatz. Wirb und werde groß! (...) Nur der, der wirbt, gewinnt! Wirb also, Kaufmann! Wirb um Kundschaft unablässig, denn nur, wer ohne Pause wirbt, hält seine Unternehmung auf der Höhe. (...) Wirb also für das Gute, aber wirb!" (Hermann Ullstein, Wirb und werde. Ein Lehrbuch der Reklame, 1935).

Ein Markenartikel-Pionier

„Die Beweisaufnahme hat nur ergeben, dass Angeklagter das neuerdings vielfach in den Handel gebrachte Zahnwasser ‚Odol' in seinem Geschäftslokal feilgeboten hat. Dasselbe wird flaschenweise verkauft und ruht die Flasche in einem Papierumschlag, auf welchem in reklamemäßiger Art der Gebrauch des ‚Odols' empfohlen und eine Anweisung zum Gebrauche desselben gegeben wird. Flasche nebst Umhüllung erhält Beschuldigter vom Hersteller des Zahnwassers" (aus einem Gerichtsprotokoll).
Während uns heutzutage schon gar nicht mehr verständlich ist, weshalb man um einem Artikel des täglichen Bedarfs so viel Aufhebens machen kann, bemüht sich 1896 das Schöffengericht zu Wesel, eine neuartige Praxis des Verkaufens zu verstehen – der Handel steht eben noch im Übergang zum industriell hergestellten Markenartikel, Konsumgesellschaft ante portas. Was bisher Seife hieß oder Nudeln, was bisher anonym in Schubladen und Töpfen auf Käufer wartete, verwandelt sich unter den Augen der Konsumenten in einen so genannten Markenartikel, ein Geschehen, das am Beispiel des Odol mit Händen zu greifen ist.
Da ist also ein Produkt, welches der Drogist vom Hersteller bereits in Flaschen abgefüllt bezieht; er mischt es nicht selbst, wie seit jeher üblich. Das Produkt hat seinen eigenen festen Namen, der Drogist kann es nicht nach seinem Ermessen oder einfach mit „Mundwasser" benennen. Auch füllt es der Verkäufer nicht in ein eigenes oder vom Kunden mitgebrachtes Gefäß ab, sondern es ist nur in der vorgegebenen und charakteristischen Flasche überhaupt erhältlich. Damit sind auch die Menge und deren Preis festgelegt, zu besprechen oder zu markten gibt es nichts. Der Hersteller liefert ferner die Gebrauchsanweisung mit, sodass ein Verkaufsgespräch nicht mehr vorrangig ist. Dass dann der Fabrikant außerdem von sich aus in aller Welt für das Produkt Reklame macht, setzt der Sache die Krone auf (und unwillige Händler unter Druck).

Die Erfindung des Markenartikels kann man, je nach Definition, früher oder später in der Wirtschaftsgeschichte festmachen. Man hat schon die Meisterzeichen des Mittelalters herangezogen oder die amtlich eingetragenen Warenzeichen späterer Zeit. Unmittelbarere Vorläufer lassen sich im 19. Jahrhundert feststellen: Hätte einer 1838 Honoré de Balzacs Roman „Größe und Niedergang des César Birotteau" nicht einfach verschlungen, sondern mit kaufmännisch erregten Augen gelesen, hätte er diesem Werk eine taugliche Anweisung entnehmen können, wie man einen Markenartikel Erfolg versprechend lanciert. Denn Balzac, der scharfe, ironische, minutiöse Beobachter seiner Zeit, kennt verblüffenderweise die Mechanismen des Markenartikelwesens bis in alle Einzelheiten.
César Birotteau, ein fleißiger und ehrgeiziger Geschäftsmann, betrieb in Paris einen Parfümladen. Doch der Erfolg stellte sich nach seiner Auffassung zu langsam ein. „Also beschloss er, schneller zu Vermögen zu gelangen ..." – mit Hilfe einer Paste, die neuartige Eigenschaften aufweisen sollte. Wie dieser Laie sich nun informiert, die Hilfe eines uneigennützigen Chemikers findet (welcher Birotteau gar erlaubt, sich selbst als Erfinder der Paste auszugeben), wie er die geschickte Reklame eines Modegeschäfts nachahmt, wie er Wissenschaftlichkeit ins Spiel bringt, eine Erfinderlegende hinzufügt, eine spezielle Verpackung schafft, um sich vor Nachahmung zu schützen, ein Händlernetz aufbaut, weitläufige Fabrikationsräume einrichtet und erkennt, dass der Absatz erst „durch den Massenbetrieb ins Riesige" wachsen wird, dies alles nimmt das Zeitalter der großen Markenartikelerfolge literarisch vorweg, und an einem zweiten Produkt wird das Thema bis in jede Einzelheit durchexerziert: Flaschenform, Name, Gestaltung des Verschlusses und der Etiketten, Preis und Gewinnspanne, Reisende, Prospekte, Patente, „die Wirkung der Reklametrompete" und dazwischen immer wieder die Besuche im „Sanktuarium der Wissenschaft". Ein fiebriger Zustand!
Verblüffende Parallelen zu Lingner. Die Handlung liest sich streckenweise wie das Drehbuch zur Odol-Story. Man soll dies nicht mystifizieren, erstaunlich ist es schon.

Lingner, der Pionier? Auch in Deutschland sind Marken schon zu Balzacs Zeiten im Geschäft, die viel ältere „4711" etwa oder der Melissengeist der Klosterfrau. Sie werden bis zum Ende des 19. Jahrhundert zu Markenartikeln im modernen Sinn. Der Pelikan für Tinte und Tusche trägt sich 1878 ein. Auch Maggi (in der Schweiz mit eigenem Werbebüro schon in den 1880er Jahren), Dr. Oetker, der Anker-Baukasten und die Bahlsen-Kekse sind früh unterwegs und viele andere, oft lokale und kleine Marken. Hubert Underberg (1817-1881) führt seine Marke bereits auf der Londoner Weltausstellung von 1862 vor, gleich bleibende Qualität und markenmäßige Ausstattung sind ihm selbstverständlich. In den Jahrzehnten vor dem Ersten Weltkrieg werden im Deutschen Reich viele Zehntausende Warenzeichen eingetragen, ganz nach oben schaffen es verhältnismässig wenige, oft jene, die Reklame nicht scheuen und den Weltmarkt ins Auge fassen.

In den Vereinigten Staaten steigt ab 1883 die Coca-Cola-Flut, doch Odol ist früher und rascher eine „global brand“. Ansonsten gibt es Ähnlichkeiten: die hemdsärmligen Anfänge, der medizinische Touch, die geheime Formel, die extravagante Flasche, das ursprünglich etwas Elitäre, die Prozesse mit Konkurrenten, die Reklame.
Oft ist Lingner zum Erfinder des Markenartikels ausgerufen worden. Da ist Vorsicht geboten. Ihn oder überhaupt einen Einzelnen dazu zu küren, geht nicht an. Aber Lingner hat gegenüber den vielen, die auf ihrem Gebiet Ähnliches versuchen, einen großen Vorsprung an Erfahrung und Know-how, und kaum einer dürfte damals in Deutschland und darüber hinaus das Prinzip Markenartikel so gekonnt, einfallsreich und konsequent umgesetzt haben wie er. Was einen Markenartikel ausmacht, ist bei Odol früh perfekt beisammen, um zu einer Einheit zu verschmelzen: die Qualität des Inhalts als Leistungsversprechen und Garantie, der ausgeklügelte Name, die charakteristische Form, der einheitliche Preis, die „Ubiquität“ (das Produkt ist überall erhältlich), dazu das effizient gesteuerte Marketing und die systematische und kontrollierte Werbung.
Man hat die Marken schon mit allem Möglichen verglichen, Wegweisern, Leuchttürmen – und mit Stammeszeichen. Odol als das Stammeszeichen all jener, die um Gesundheit, Schönheit und Sauberkeit bemüht sind? So hätte es der Dresdner Unternehmer gern, und in der Tat gelingt es ihm, Odol zum Stammeszeichen und „Original“ unter den Mundwässern zu machen.

Reklame wie nie zuvor

Dass die Odolreklame die Größte ist, wusste in Deutschland während Jahrzehnten jedes Kind. Und jeder Werber: Viele von ihnen sollen *Lingner-Akten* angelegt haben, um einen Ideenschatz für Motive und Methoden zu bilden, und noch lange nach Lingners Tod soll man in der Werbebranche gehofft haben, es würden dessen Tagebücher zum Vorschein kommen und die Geheimnisse seiner erfolgreichen Reklame enthüllen.
Nun, es gibt mehrere Geheimnisse, die aber so geheim gar nicht sind, als dass nicht ein jeder dahinterkommen könnte. Dass Lingner ein *Reklamekönig* ist, wird ihm niemand streitig machen, doch andere tragen den Titel gleichfalls zu Recht, so jener clevere Berliner Allround-Unternehmer Ernst Litfaß (1816-1874), der sich notabene in Paris inspirieren ließ und dessen Plakatsäulen schon um die Jahrhundertmitte Reklame und Stadtbild revolutionierten.
Rundgang durch die Lingnersche Reklamewelt. Noch nicht „Werbung“, sondern eben „Reklame“: Ein Fremdwort des 19. Jahrhunderts, sagt die Etymologie der deutschen Sprache, anfänglich in der Bedeutung „bezahlte Buchbesprechung“ gebraucht, dann ins allgemeine kaufmännische Treiben übergegangen. Das französische re-clamer,

zurückrufen, ins Gedächtnis rufen, steht dahinter. Bläst man bei Balzac noch die *Reklametrompete*, gedeihen Sache und Metier nicht zuletzt dank Odol allmählich zur schmeichelhafteren *Reklamekunst*. Zu Lingners Zeit ist auch der Begriff *geschäftliche Propaganda* noch im Umlauf.

Es muss Tausende von Odolanzeigen in Zeitschriften und Zeitungen gegeben haben, einmal abgesehen von allen anderen Werbemitteln, die Lingner einsetzte. Die enorme Vielfalt der Motive und Stile und der differenzierte Umgang mit den verschiedenen Zielgruppen, die Art, wie mit Anzeigenserien Neugierde geweckt wird, suchen ihresgleichen. Die Qualität schwankt, aber die Botschaft ist bis zum Gehtnichtmehr dieselbe: Kauf Odol, das beste Mundwasser der Welt, du tust dir damit etwas Gutes.

Belehrendes Reklamebild

Gern begänne man den Spaziergang im lichten Birkenwäldchen der Anzeige in der *Jugend* von 1906 oder am Meeresstrand, wo soeben die Sonne über dem Odolschriftzug aufgeht. Doch solche Motive sind vorerst nicht gefragt. Die Anzeigen müssen ja erst einmal sagen, was Odol ist, wozu man es kauft und wo man es bekommt. Und bevor das Bedürfnis nach einem Produkt der Mund- und Zahnpflege überhaupt geweckt werden kann, braucht es Aufklärung über elementare Fragen: Was ist Mundhygiene, wieso ist sie nötig? usf., denn die Einsicht in die mangelhafte Sauberkeit der Mundhöhle ist noch lange nicht allgemein. Die Odolreklame leistet vorerst beinharte Erziehungsarbeit und bietet allerlei Respektspersonen wie Wissenschaftler, Lehrer und Mütter oder auch nur deren Zeigefinger auf: „Bedenke, dass Gesundheit regelmäßige Zahnpflege bedingt!", „Höre die ernste Mahnung, o Mensch, in jeglicher Stunde. Denk Deines Mundes zur Zeit – geh – und brauche Odol!" oder: „Der Schönheit Gipfel? – Tadellose Zähne! – Der sichere Weg dahin? – Odol-Hygiene!"

„Das Sanktuarium der Wissenschaft" hat schon jener Pariser Parfümhändler Birotteau immer wieder aufgesucht, um seine Erzeugnisse in dessen Glanz erstrahlen zu lassen. Eine wissenschaftsgläubige Öffentlichkeit will es so, Balzac nimmt es auf seine zeitkritische Schippe: „Wir treten in das Zeitalter der Wissenschaft ein, es bedarf eines gelehrten Stils, eines gewichtigen Tons, um dem Publikum zu imponieren."

Textbeiträge fragen: „Was sind Bakterien?“ und „Was ist antiseptisch?“, leiten zum Odol-Gebrauch minutiös an und geben fachmännischen Rat: „Wer konsequent morgens, mittags und abends den Mund odolisiert, versichert seine Zähne gegen Hohlwerden absolut und ein für allemal ist der Mund gegen faule Gerüche gefeit. Wir raten deshalb eindringlichst und mit gutem Gewissen allen, die ihre Zähne gesund und ihren Mund geruchfrei erhalten wollen, sich an eine fleißige Mundpflege mittelst Odol zu gewöhnen.“ Der Text läuft unter dem Titel „Strafpredigt“, weil es noch so viele Menschen gebe, die von Körperpflege nichts halten (*Gartenlaube*, 1899)! Eine andere Anzeige verkündet gar, wer die Zähne dahinmodern lasse, sei ein Verbrecher an sich selbst. „Diese Bequemlichkeit ist umso unverzeihlicher, als uns die moderne Wissenschaft chemische Mittel zeigt, mit deren Hilfe jeder sein Gebiss in gutem, mindestens in leidlich gutem Zustande erhalten kann.“ Es sind Texte, die sich oft in einer Grauzone zwischen Inserate- und redaktionellem Teil bewegen.

Anzeige 1901

Neuer Trend: Suggestion

Um die Jahrhundertwende kennt jeder Odol, jeder weiß, wofür es gut ist, wie man die Flasche öffnet etc. Ein neuer Stil zeichnet sich ab: Reklame ohne oder mit einem Minimum an sachlichem Informationsgehalt. Die Werbung verlegt sich auf Bilder, Symbole, Unterhaltung, emotionale Ansprache. Die bis heute viel diskutierte Frage von Suggestion und suggestiver Wirkung von Reklame hat frühe Wurzeln.

Auf der Ebene der Unterhaltung folgen beispielsweise Parodien auf bekannte Gedichte, meist holprige, ähnlich der Art, wie der Volksmund es mit klassischer Lyrik gerne treibt, und lustige Zeichnungen und Verse sollen die Leserinnen und Leser bei Laune halten. Wobei es nicht immer leicht ist, sich in das einzufühlen, worüber frühere Generationen gelacht haben ... Vielleicht war die Odol-Reklame insgesamt humorvoller oder augenzwinkernder, als wir sie heute verstehen. So spricht die Nixe zu Neptun:

„Ei, Du dicker Wassergott,
Deine Zähne sind ein Spott!"
Ruft vom Fels die fixe,
Junge, feuchte Nixe.
„Komm, Du süßer Elefant,
Nimm ‚ODOL' aus meiner Hand,
Denn Dir fehlt nur noch allein
Ein Gebiss von Elfenbein!"

Oder, frei nach Lessing:

„Ein Kuss, den mir mein Schätzchen reichet,
Das Mündchen durch Odol-Genuss
Der duftig-frischen Rose gleichet, –
Ja, so ein Kuss, das ist ein Kuss!"

Bedeutsamer ist die Entfesselung der Bilder, da ist kein Halten mehr. Man spaziert durch Traumwelten im Mondlicht, schwebt in geheimnisvollen Stimmungen über den Wassern oder steigt auf Berge hoch und steil, mit und ohne Schnee, und auch dorthin kommt das rettende Odol, und dass aus dem morgendlichen Nachthimmel eine Hand gigantisch sich ins Bild reckt mit der Odolflasche, wundert einen schon nicht mehr. Wieso der stille See darunter *odolisiert* werden muss, leuchtet weniger ein – das Bild will mir wahrscheinlich nur sagen: Beginn den Tag mit Odol! Das Nachtmotiv

Anzeige 1907

Anzeige 1911

ist überhaupt wichtig. Drastisch werden in der *Gartenlaube* die „nächtlichen Feinde" beschrieben: Kaum hätten wir nämlich die Augen zum Schlummer geschlossen, fänden im feuchten und geschlossenen Mund böse Bazillen „die günstigsten Bedingungen für ihr Fortkommen" – eine Existenzfrage für die Zähne. Neu ist, dass solche Auskünfte nun nicht mehr mit Worten erteilt, sondern bildhaft ausgedrückt werden. Darum häufen sich die Nacht-, Mond-, Sonnenauf- und Sonnenuntergangsbilder derart auffällig. Umso praktischer für die Werbestrategen, dass dunkler Tann und Mondenschein zu den beliebtesten Versatzstücken der Trivialromantik gehören.

Die Menge der Bilder explodiert. Mehrere hundert Unikat-Anzeigen, einmalig erscheinende Inserate, soll es gegeben haben. Glücklicherweise hat jemand Ordnung in die riesige Motivsammlung gebracht und damit ein kulturgeschichtlich interessantes Material der Vergessenheit entrissen (Henriette Väth-Hinz, Odol. Reklame-Kunst um 1900). Die Autorin schlüsselt die Bildfülle in die Motive Natur, Architektur und Weiblichkeit auf. Die Odolflasche in die Natur versetzt, manchmal als Zeichen von Zivilisation inmitten des Wilden, Archaischen, manchmal verblüffend harmonisch eingebettet, als wär's ein Stück von ihr, manchmal grenzenlos sich anbiedernd: Was will diese künstlich und industriell hergestellte Ware inmitten der Ansichten von Schöpfung und Ursprünglichkeit? Auf die Spitze treibt es jenes Bild, da die Seitenhalsflasche im Meeresgewitter, unter Blitz und Donner, den sturmgepeitschten Wellen entschlüpft, sozusagen aus den ewigen Kreisläufen der Natur gezeugt wird.

Anzeige 1905

An kolossalen Steinquadern spaziert man vorbei, die sich zum Odol-Schriftzug formen – auch die Architektur-Bilder ergehen sich in Traumwelten. Hier heißt der Appell nicht Natur, sondern Antike. Odol will sich nicht nur im Hier und Jetzt der Natur verankern, sondern auch in der Geschichte, und da liebt der Bildungsbürger die Antike am meisten. So besichtigt man andächtig Überreste einer fiktiven Vergangenheit, wo Odol in Arenen steht, auf Denkmälern und in Ägyptens Wüstensand. Oder dann wird die Flasche selbst zum archäologischen Fundgut. Flaschen aus Stein gehauen tun so, als ob sie seit Jahrtausenden da lägen. Kultisches, ja Sakrales schwingt mit.

Gleichzeitig nimmt man so den zeitgenössischen Denkmalfimmel auf, einmal sogar ironisch: Wilhelm II. weiht 1901 im Berliner Tiergarten die Siegesallee ein, einen 500 Meter langen Monumentalweg, beidseitig flankiert von überlebensgroßen Standbildern der brandenburgischen und preußischen Herrscher in Marmor, zweiunddreißig insgesamt. Der Kaiser persönlich hat darüber gewacht, dass „das Gesetz der Schönheit und Harmonie“ eingehalten wird. Für ihn und sein stockkonservatives Kunstverständnis ist das Resultat das Größte, während die Berliner über die „Puppenallee“ witzeln und selbst gemäßigte Kritiker die Inszenierung daneben finden: „Dekoration und Scheinkunst zu einem politischen Zweck, zur Verherrlichung der Dynastie“ (*Der Kunstwart*). Dass Lingner ausgerechnet dieses Kaiser-Heiligtum ironisiert – mit Odolflaschen auf den Sockeln anstelle der Fürsten! Sollte dem Kaiser der Name Lingner und die Marke Odol bis dahin schon aufgefallen sein (was dank der Reklame und des Monarchen ausgezeichneten Gedächtnisses gut möglich ist), so könnte hier sein späterer Widerwillen diesem Manne gegenüber herrühren. Bei der Einweihung stellt er im Übrigen die Siegesallee ausdrücklich als positives Gegenbeispiel zu jener Kunst hin, „die zur Reklame heruntersteigt“; die sei „keine Kunst mehr, mag sie hundert- und tausendmal gepriesen werden“.

Zahllose lächelnde Münder und weiße Zähne, die dritte Spielart, das Weibliche. Damit hat Lingners Reklame noch nie gezögert, schon den Rückenkratzer anno dazumal musste ein *Frauenzimmer* verkaufen helfen. Die Odol-Münder sind weit überwiegend weiblich und sagen stets dasselbe: So schön, so gesund, so rein, so glücklich dank Odol! Lächelnd, lockend, freundlich, positiv, erotisch, sinnlich, verführerisch – eben „weiblich“, so wie manche Reklamemacher die Frau bis zum heutigen Tag darstellen. Aus werbetechnischer Sicht gibt es darunter neben viel Schablonenhaftem auch Beispiele von geradezu berückender Originalität oder welche mit so perfekter Blickführung („Blickverlaufskurve“), dass sie womöglich Generationen von Werbern als Vorbild dienten. Eine der Damen wird als Verkörperung des Odol vorgeführt, doch „Odolia“, obzwar „jugendschön und rein und mild“, setzt sich allem Anschein nach als Identifikationsfigur auf dem Mundwassermarkt nicht durch. Auch die Dame an der Harfe bleibt ein Einzelfall; sie singt die „Odol-Ode“, welche der italienische Komponist Giacomo Puccini wohl für seinen Dresdner Gastgeber gedichtet hat („O mögst du jedem Menschenmund auf Erden / Ein Quell der Frische und Gesundheit werden, / Odol!“).

Der Kunst im Dienst der Reklame gilt die besondere Aufmerksamkeit der Autorin Väth-Hinz. Sie weist etliche interessante Querverbindungen nach, zu Caspar David Friedrich, Emil Nolde, Arnold Böcklin, vor allem aber zu Franz (von) Stuck. Stuck, 1905 geadelt, hat in Karl August Lingner einen finanzkräftigen Verehrer, der etliche seiner Werke erwirbt. Die Faune, Nixen und Medusen des berühmten, skandalumwitterten Stuck fallen eine Zeit lang in die Odolreklame ein, und gewiss profitiert diese bei einem Teil des Publikums davon. „Die Instrumentalisierung Stuck'scher Bildfindung konnte reibungslos funktionieren, da Stucks Desinteresse an einer künstlerischen Auseinandersetzung mit den Gegebenheiten der modernen Industriegesellschaft, seine Ausflucht in die Bildwelt mythologischer Gestalten, die in einem vermeintlich paradiesischen Naturzustand leben, den Reklameabsichten entgegenkam."

Andererseits entsteht ein durchaus fruchtbar-kritisches Hin und Her von Kunst und Reklame, welches denn auch eine Zukunft hat, Kaiser Wilhelm hin oder her. „Da kein anderer Berufszweig so geschickt wie die Maler mit Pinsel und Farbe umgehen konnte, war es nahe liegend, Künstler mit dem Entwurf von Plakaten, Flugblättern, Inseraten und Broschüren zu beauftragen. Darüber hinaus wurde seit dem Jugendstil das Interesse vieler Künstler an der Alltagskultur verstärkt geweckt, der Traum vom Leben als Gesamtkunstwerk, die Umwandlung der Welt in eine ästhetische Totalität wurden zum Programm" (Väth-Hinz). Manche wollen nun ihre ästhetischen Vorstellungen auch auf die industrielle Welt übertragen.

Kontor für Anzeigen

Lingners persönlicher Einfluss auf die Werbeabteilung dürfte beträchtlich gewesen sein. Anfänglich verkörpert er sie wahrscheinlich gleich selbst. Sein technisches Interesse erkennt früh das Revolutionäre an den neuen Arbeitsmitteln Fotografie und Fotomontage. Nicht von ungefähr liegt das Privatbüro des kreativen Autodidakten unmittelbar neben der Verkaufs- und Propagandaabteilung. Zahlreiche Künstler und Grafiker arbeiten bei Lingner, ohne dass von ihnen namentlich die Rede wäre. Einschlägige Berufsausbildungen gibt es anfänglich nicht, sodass Wolff überzeugt ist, sie hätten eben von Lingner gelernt. „Das Schöpferische seiner Art wirkte erzieherisch. Alle, die es anging, lernten täglich von ihm (...) Viele Arten der Reklame, an die man heute überall gewöhnt ist, entstammen seiner Erfindung." Auch seine persönliche Werbepsychologie stoppelt er sich wohl in Versuch und Irrtum zusammen.

Kontor für Anzeigen 1901

Dass bereits 1896 ein Leiter der Propaganda-Abteilung eingestellt wird, belegt den frühen Willen zur Professionalisierung. Die ist auch nötig, denn die Werbekampagnen werden nach und nach zu organisatorischen Kunststücken. Die Firma dürfte laut einem späteren Werbeleiter zwischen 10 und 14 Prozent des Umsatzes für Reklame aufgewendet haben, was für deutsche Verhältnisse sehr viel ist. Coca Cola in den USA soll demgegenüber ein Viertel des Umsatzes in Werbung gesteckt haben (1892). Einmal soll Lingner eine Million Mark oder mehr dafür ausgegeben haben, damit am selben Tag in allen wichtigen Zeitungen der Welt das Zauberwort Odol erschien.

Das „Kontor für Anzeigen, in welchem ca. zehn Beamte jahraus, jahrein damit beschäftigt sind, die Propaganda für alle Länder der Welt zu bearbeiten", ist das Nervenzentrum Lingnerscher Reklame. Äußerst Modernes geschieht hier, indem der Insertionswert untersucht wird, die Eignung eines Presseorgans als Träger von Odol-Reklame und die Wechselwirkung zwischen dem Anzeigen- und dem redaktionellen Teil.

Die „Zeitungs-Revision" besorgt dann am anderen Ende der Reklamebemühungen die Erfolgskontrolle. Daneben gibt es die „Zeitungs-Inspektion": „Alle hauptsächlichsten Zeitungen und Zeitschriften der Welt werden Tag für Tag durchgearbeitet, hygienische und andere Notizen ausgeschnitten und in Archiven gesammelt" – die umfassende Dokumentation zu Lingners Herzensanliegen: Infektionskrankheiten, Desinfektion, Hygiene.

Die Werbeabteilung hat jedenfalls einen klaren Auftrag, und jede Idee, die ihm diente, wird willkommen gewesen sein: den Blick des geschätzten Publikums immerfort auf das eine zu lenken, die Primadonnenflasche. Und die wird tausendfach inszeniert, stehend, liegend, schwebend, gehalten oder getragen, als Seeflasche, Gebirgsflasche, Meerflasche, Nachtflasche, gesellige Flasche, Denkmalflasche, Morgenrotflasche, Himmelsflasche, Höhlenflasche, Eisenbahnflasche, Maskenballflasche, Schlittenflasche, Kinderflasche, Theaterflasche, Kentaurenflasche, Toilettenflasche, Afrikaflasche ...

Zeitungs-Revision 1901

Geschmack, Kritik und Widerstand

„Karl August Lingner ist es gewesen, der in Deutschland der geschäftlichen Werbung ihren legitimen Charakter gab. Er war es, der Vorurteile zerstörte, indem er Unkraut aus dem Wege räumte. Als er sich ihr zuwandte, stand sie arg in Verruf (...) Er war es, der sie

Reklame mit „Toteninsel"-Motiv nach Böcklin 1904

mit neuem Inhalt füllte, der mit veralteten Formen brach und an die Stelle des lauten Geschreis den Willen zur sachlichen Überzeugung setzte“ (Hanns W. Brose, 40 Jahre Lingner-Werke).

In der Tat gilt Werbung noch im 19. Jahrhundert vielfach als etwas Unseriöses. Meyers Konversationslexikon von 1889 urteilt zwar differenziert: „Trotz der Ausschreitungen, welche sich in neuerer Zeit das Reklamewesen gestattet, und des Vorschubs, den es dem Schwindel leistet, ist es ein bedeutsames Kulturmoment unsrer Zeit, eine Macht, welche sowohl segensreich als auch verhängnisvoll auf den modernen Handel und Verkehr einwirkt (...).“ Doch als eigentliches absatzpolitisches Instrument anerkannt ist die Werbung noch nicht. Auch hier ist Lingner einer der Bahnbrecher.

„Nicht eine Geschmacklosigkeit, nicht eine Übertreibung“, rühmt Wolff seinen Freund in höchsten Tönen. Doch den guten Geschmack trifft Odol nicht immer. Einen galoppierenden Stuck-Kentaur mit Odolflasche kann man noch für humorig halten und eine peinliche Kriegsschiff-im-Pulverdampf-Reklame zur Not mit dem Zeitgeist rechtfertigen, wie dann aber die Odolflasche auf Böcklins „Toteninsel“ kommt, ist doch sehr suspekt: Man will sich in die Gefühle der Menschen einschleichen und nimmt sich dafür eines der bekanntesten Kunstwerke der Zeit zum Vehikel. Dass das Werk durch millionenfache Reproduktion längst Hand dazu bot, entschuldigt nicht. Man mag die „Toteninsel“ nach den Regeln der Kunstwissenschaft unterschiedlich deuten, ihre enorme Popularität bei den Massen ist eben auch ernst zu nehmen. Die Reproduktionen hingen, egal, ob als trivial oder vulgärromantisch gescholten, in zahllosen Wohnstuben als eine Art *memento mori*. Es geht hier um letzte Gefühle, um das Leben und den Tod. In solchen Gefühlen hat Odol nichts verloren. Später, im Ersten Weltkrieg, zirkuliert das Motiv auf Postkarten zwischen den Todgeweihten an der Front und den Bangenden in der Heimat, bitterer Ernst. Die erlösende Flasche am metaphysischen Gestade ist ein Fehlgriff.

Mit Argusaugen beobachten kritische Zeitgenossen das Vordringen der Reklame. Werbung besetzt penetrant die öffentlichen Räume, auffällig zum Beispiel die Vermehrung der Plakate und Blechtafeln. Immer mehr Marken entstehen und wollen beachtet sein, und nicht alle können sich teure Anzeigen leisten. Ob am günstig gelegenen Berliner Gartenzaun, an der ehrbaren Drogerie um die Ecke oder am Tante Emma-Laden: Die

Blechpest, wie Heimatschützer sagen, greift um sich. Gesetze zum Schutz der Landschaft werden erlassen. Zwar hat man immer wieder behauptet, Odol habe sich von den Emailschildern fern gehalten, doch stimmt dies nicht, Fotos belegen es. Auch mit Plakaten ist Odol zur Stelle, und an der Postkutschenstation von Locarno ist der Schriftzug gleich auf die Fassade gemalt.

Spätere Kritiker Lingners führen „Riesenplakate von außergewöhnlichen Dimensionen" an, beklagen Odolreklame in den Speisewagen der D-Züge, auf Aschenbechern und Zahngläsern, während Straßenbahnen und Pferde-Omnibusse mit dem gut sichtbaren Markennamen durch die Städte kurven. Ein Verwandter Lingners schilderte dem Autor Eindrücke aus seiner Jugendzeit vor dem Ersten Weltkrieg; man sei bei der Einfahrt in einen Berliner Bahnhof an sechs oder sieben 20 Meter hohen Odolflaschen vorbei gekommen.

Es ist Gustav Stresemann, der Lingners Reklame in einer Gedenkrede idealisiert. Er sieht überall Kunst und Lingners künstlerisches Talent am Werk. Dieser habe es abgelehnt, „die Namen seiner Erzeugnisse in aufdringlicher Quadratschrift, wie andere es taten, auf allen Bahnlinien und allen Säulen erstehen zu lassen", und habe vielmehr auf gediegene Anzeigen gesetzt und dort „das Nützliche zum Schönen" erhoben.

Doch die Anzeigen sind nicht einfach „schön". Erst wenn man in den Originalzeitschriften blättert, fällt einem auf, wie sie im jeweiligen Umfeld wirken. Dominant, tonangebend, suggestiv. So in einer Nummer des *Daheim* von 1896, wo dreiviertel der Seite mit klobigen Anzeigenbrocken bedeckt sind, viel Schwarz, wenig Bild, langweilige Zahlenreihen, winzige Schrift und dann die Odolreklame, sie nimmt fast so viel Raum ein wie drei andere zusammen, der Schriftzug schwebt über den Wolken, leicht, luftig, aus einer anderen Welt: Odol. Das Beste für die Zähne ...

Flächendeckende, allgegenwärtige Werbung ist damals neu, und viele finden sie überflüssig, ärgerlich, dubios. „Guter Wein braucht keinen Kranz!"... Doch alte Sprichwörter fassen alte Erkenntnisse zusammen; als Kampfmittel gegen unerwünschte Entwicklungen taugen sie oft nicht. Den Siegeszug des modernen Massenkonsums halten Angriffe auf einzelne Protagonisten nicht auf, und wütende Kritik offenbart eher, dass sie Werbung weit überschätzt und ihr eine direkte, ja zwingende Wirkung zuschreibt. So ein häufig zitierter Artikel in der Zeitschrift *Seidel's Reklame* von 1913: „Wie kommt es, dass der bloße Umstand, dass auf allen Felsen, auf allen Klosetts, in allen Witzblättern, über allen Wipfeln und neben allen Gummiartikeln der Lapidarsatz ‚Odol ist das beste Mundwasser der Welt' steht, verschuldet, dass diese schauderhafte Flüssigkeit mit ihrem geringen Materialwert zum Nationalgestank der Deutschen geworden ist? (...) Keiner denkt daran, dass er diese beispiellose Reklame, die vor nichts Halt macht und jährlich Millionen verschlingen muss, mitbezahlen muss bei diesem Gebräu, das durch hundert andere weitaus billigere, die jeder kennt, ohne weiteres ersetzt werden kann."

Pferde-Omnibusse mit Odol-Reklame in der Wiener Innenstadt 1908

Und der Ökonom Werner Sombart (1863-1941) regt sich darüber auf, dass die Reklame ihn ständig auf „all den Dreck" verweist, den man offenbar zum Leben braucht – „eine unerhörte Dreistigkeit und Aufdringlichkeit".
Ob Odol („nachweislich das beste Mittel zur Pflege der Zähne und des Mundes") ohne weiteres ersetzt werden könne, darum toben Gutachterkriege und Gerichtsprozesse, während die Konsumenten ihren Mundgeruch in den – vergleichsweise doch recht angenehmen – „Nationalgestank" umwandeln ... Von Mundgeruch ist übrigens in der Odol-Reklame selten die Rede. Die hartnäckige Aufwertung des einfachen Präparats zum quasi medizinischen, für gute Umgangsformen selbstverständlichen und ansonsten besten Mundwasser der Welt, greift nach wenigen Jahren so sehr, dass man dieses unappetitliche Thema fast beiseite lassen und von Angenehmerem reden kann: Gesundheit und Schönheit.

Doch Reklame kann den Menschen zu viel werden, vielleicht sind es die Literaten, welche dies rascher spüren. Robert Walser (1878-1956), zeitlebens ein literarischer Außenseiter, heute als einer der großen Schweizer Autoren des letzten Jahrhunderts geschätzt, arbeitet dieses Bedrängtwerden und die Allgegenwart von Produkten wie Odol in eine ironische Skizze um. Es ist seine Art, die Normalität des bürgerlichen Alltags, der sich ihm verweigert und dem er sich verweigert, zu registrieren: „Odol sollte auf keinem modernen Waschtisch fehlen. Wer Odol nicht schätzt, schätzt sich selber nicht. Ohne Odol ist keine Zivilisation denkbar. Wer nicht als Barbar, sondern als kultivierter Mensch angeschaut und gewertet zu werden wünscht, sehe zu, dass er sich auf dem kürzesten Wege Odol verschaffe. Odol ist die köstlichste Zusammensetzung und die Folge einer Vereinigung feinster Substanzen. Autoritäten zögern keinen Augenblick, Odol aufgrund streng wissenschaftlicher Untersuchung als eine Errungenschaft allerersten Ranges und als eine Wohltat für die Menschheit zu preisen. Einzelmenschen sowie ganze Völkerschaften, welche Odol ablehnen, müssen und dürfen gezwungen werden, sich zur Anerkennung und zum häufigen Gebrauch schleunigst aufzuraffen. Odol ersetzt alle guten menschlichen Eigenschaften in jeder Hinsicht. Damen der höchsten Bourgeoisie und Aristokratie brauchen massenhaft Odol, weil sie zu fühlen scheinen, wie sehr sie es nötig haben. Hohe Würdenträger beschütten seit Jahren oder Jahrzehnten ihren hoch geschätzten Rachen regelmäßig mit Odol. Odol erfüllt jeden menschlichen Schlund oder Mund mit stundenlang anhaltendem Wohlgeruch, und die Tatsache ist nicht von der Hand zu weisen, dass Wohlgerüche üblen Dünsten und Gerüchen zweifellos, wann und wo es sein mag, vorzuziehen sind (...) Die Nation, die sich an Odol gewöhnt hat, marschiert allen anderen Nationen in Bezug auf Geist, Fortschritt, Verstandes- und Herzensbildung voran, und eine solche Nation, das wird man mit Sicherheit sagen können, macht mit historischer Notwendigkeit das Recht geltend, allen übrigen Völkern des Erdballes Gesetze zu diktieren und über den gesamten Erdkreis der Welt unumschränkt zu herrschen" (Prosa-Stücke). Immerhin nimmt Odol nach und nach auch in der Literatur mit aller Selbstverständlichkeit Platz. Bei Alfred Döblin gurgelt man mit Odol, bei Ephraim Kishon steht es auf der Einkaufsliste, bei Otto Bodnar-Bückler wird im Gefängnis eine „Odolsekte" gegründet und bei Kurt Tucholsky zählt es neben Tinte und Rotwein zu den drei „großen Flüssigkeiten".

Amerikanismus, halb ist es Vorwurf, halb Bewunderung. Die USA, das Land der angeblich unbegrenzten Möglichkeiten, „ein geradezu märchenhafter Riese

Litfaßsäule, um 1900

mit magnetischer Anziehungskraft“ (Peter Gay), nährt den Traum der Europäer vom schnellen Erfolg. Wenn nun einer in Deutschland den Traum verwirklicht, liegt der Schluss nahe, dass er „amerikanische Methoden“ anwendet und „nach amerikanischem Stile“ arbeitet – ein Vertreter des „Amerikanismus“. Die *B.Z. am Mittag* schreibt bei Lingners Tod: „Lingner hat gezeigt, wie man geschäftlichen Amerikanismus nach europäischem Geschmack treiben kann. Seine Propaganda wusste immer genau, wie weit sie gehen konnte“ – dies offenbar im Gegensatz zur amerikanischen Spielart, wo die Werbung wild wächst. Dort regiert ja auch das *moneymaking* (laut Theodor Fontane „die niedrigste aller Daseinsformen“) und klettert der *selfmademan* mit *smartness* die Leiter hoch, Begriffe, welche die Öffentlichkeit auch auf Lingner münzt. Übrigens tauchen in Europa alsbald Leute auf, die sich *manager* nennen.

Man ist von Amerika angezogen und abgestoßen. Ein Kritiker fasst seine Verachtung in die Worte: „kalter, bis zur Unbarmherzigkeit gesteigerter Geschäftssinn, daneben eine puritanische Lebensführung; eine hastige Art, Geld zu machen, Geld um jeden Preis, und dabei die Neigung, große Summen für allgemeine Zwecke zu spenden; nüchterner Zahlensinn und zügellose Utopisterei“ (*Hamburger Echo*, 1914).

Wir wissen nicht, ob Lingner je in Amerika war. Einmal verbreiten die Zeitungen eine Kurzbiografie, der zufolge er nach der Kündigung bei Seidel & Naumann dorthin gereist sei. Nach Wollf hat er frühzeitig Biografien amerikanischer Industriekapitäne und ihre „Systeme“ studiert und die „amerikanischen Behandlungsmethoden“ gekannt. Von Rockefeller, Carnegie und Co. gab es tatsächlich einiges zu lernen. Auch vom Stahl-, Eisenbahn- und Börsenkönig Cornelius Vanderbilt (1794-1877): „Wie kann die Welt wissen, dass du Gutes zu verkaufen hast, wenn du den Besitz desselben nicht anzeigst? Hast du einen Dollar in ein Unternehmen gesteckt, so halte sofort einen zweiten Dollar bereit, um das Unternehmen bekannt zu machen.“ Oder von der Knickerigkeit, mit der ein Rockefeller seine Standard Oil Company führte. Was Lieferanten, Handwerker und Zwischenhändler angeht, so ist allem Anschein nach auch Lingner stark im Drücken. Er zahle eben stets für jedes Ding den richtigen Preis, sagt er. Nur: Der richtige Preis ist der, den er bestimmt.

Marketing, nicht nur Reklame

Wie der Odolkönig seine Werbung steuert und kontrolliert, würdigen Gustav Stresemann und Julius Ferdinand Wollf als große Organisationsleistung. In der Art und Weise, wie Lingner „die Anzeige aufgab, wie er bis ins Kleinste die Zeitungsbetriebe Deutschlands, Englands, Frankreichs, Russlands und Österreich-Ungarns kannte, wie er die ganze Seele einer Zeitung sezierte, um daraus zu ersehen, inwieweit sie in der

Lage war, seiner Anzeige Wirkung zu verschaffen, war ein Triumph menschlicher Organisationskraft und steht in ihrer Art einzig da" (Wollf). Diese Euphorie teilen in der Zeit allerdings nicht alle. Einzelne Kritiker bringen die berechtigte Frage auf, ob so viel Reklamemacht nicht die Presse korrumpiere.
Reklamekönig, gewiss. Doch der ständige Blick auf die Reklame lenkt davon ab, dass der Odol-Erfolg recht eigentlich ein Marketing-Erfolg ist. Lingner versteht offensichtlich viel von diesem Gebiet. Das muss er auch, denn die Konkurrenz schläft nicht: Nach der Zählung eines Berliner Arztes sind 1909 in der Hauptstadt des Deutschen Reiches nicht weniger als 55 verschiedene Mund- und Zahnwässer erhältlich.

Lingner ist ein früher Marketing-Praktiker. Man kann ja davon ausgehen, dass es Marketing immer schon gab und dass kluge Unternehmer sich darüber ihre Gedanken machten, auch ohne irgendwelche Marketingtheorien zu kennen. Lingner scheint früher, systematischer und ganzheitlicher zu handeln als andere. Überliefert sind dazu nur Bruchstücke und Fundsachen.
Folgt man einem etwas älteren unter den heutigen Marketingkonzepten, den „4 P" (product, price, promotion, place), so ergibt sich, dass Lingner diese vier Bestrebungen umfassend angewendet hat.
Die Produktpolitik ist äußerst konsequent. Odol ist lange allein mit dem Mundwasser identisch, Lingner will keine Markenfamilie unter diesem Dach, die weiteren Erzeugnisse tragen andere Namen. Gegen außen, an der Werbe- und Verkaufsfront, wirkt das Mundwasser homogen; von den Prozessen und Streitigkeiten hinter den Kulissen brauchen die Konsumenten nichts zu erfahren, oder man beruhigt sie mit Gegendarstellungen, wenn es nicht mehr anders geht. Odol-Mundwasser ist der Star des Unternehmens, mit hohen Wachstumsraten (wobei Schwankungen nach unten nicht kommuniziert werden; entsprechende Gerüchte gibt es zum Beispiel 1906) und wird zum Marktführer.
Die nächsten beiden „P", Preispolitik und Promotion, sind bereits besprochen, nur teilweise hingegen das vierte, das heißt die Vertriebs- und Verkaufspolitik. Aufgrund der sichtbaren Wirkungen lässt sich hier eine hohe Professionalität vermuten, wobei es an Aussagen darüber mangelt, wo Lingner, der angeblich widerwillige Kaufmann, dies alles erworben hat. Man darf annehmen, dass er bei Seidel & Naumann einiges hinzugelernt hat, nicht zu vergessen die erste eigene Firma, wo der Jungunternehmer sich Marketingfragen aller Art im Feuer der Bewährung zu stellen hatte.
Vom Odol-Mundspülglas bis zum PR-Event: Was Vertrieb und Verkauf angeht, agiert die Firma „auf allen Kanälen". Etwa hinsichtlich der Inszenierung des Produkts in den Schaufenstern der Händler: „Schließlich sah man in den Schaufenstern die merkwürdige Flasche. Aber man sah sie nicht einzeln. In großen Flächen wiederholte sich das weiss-schwarz-blaue Farbenspiel, bildhaft der Namenszug wie die Flasche" (Wollf).

Hochwichtig sind Lingner die Reisenden. Mittels einer Generalinstruktion werden sie geführt und überwacht. Sie halten Kontakt zu den Verkaufsstellen, erheben Daten mittels Fragebögen, man hält sie mit Rundschreiben und wohl auch Meetings bei der Fahne. Um den Bekanntheitsgrad zu steigern, soll Lingner junge Leute ausgeschickt haben, die in Apotheken und Drogerien nach Odol zu fragen hatten – so lange, bis diese nicht mehr umhin konnten, es zu ordern. Ein Gerücht, doch wenn es nicht wahr ist, ist es doch gut erfunden. Anfänglich betreibt man auch den Direktversand, denn Odol ist in dem großen Land lange nicht überall erhältlich.

Der Erfolg hat Voraussetzungen, die in heutiger Sicht leicht vergessen gehen. Neben der raschen Entwicklung der Chemie ist die günstige Infrastruktur des Deutschen Reiches von entscheidender Bedeutung: der rasche Ausbau der Eisenbahn und der *Chausseen*, der Siegeszug von Telegrafie und Telefonie, wichtige Mittel, eine internationale Firma zu führen. Zentral ist auch die Entwicklung der Presselandschaft mit Hilfe neuer Drucktechniken, welche riesige Auflagen vom Generalanzeiger-Typus in kurzer Zeit ermöglichen. Illustrierte Blätter wie die *Gartenlaube* oder *Die Woche* bedeuten für viele das geistige Grundnahrungsmittel. Beides sind bevorzugte Plätze für die Odolreklame, ebenso die aufkommenden Zielgruppenzeitschriften wie *Die Jugend* und die satirischen Blätter. Annoncen-Agenturen teilen das Inserategeschäft unter sich auf. Der Berliner Pressezar Rudolf Mosse (1843-1920) und ein weiterer Kapitalgeber sollen Lingner nach den ersten Erfolgen erhebliche Kredite eingeräumt haben (*Dresdner Woche*, 19. Februar 1914).

Schließlich das Filetstück modernen Marketings: Lingners Einsatz und Image als Sozial-, Kultur- und National-Sponsor, vor allem als Förderer der Volksgesundheit.
Wobei es nur wenig Anhaltspunkte gibt, dass Lingner derlei Aktionen direkt und gezielt als Marketing-Vehikel eingesetzt hätte, doch ist ein positiver Transfer auf seine Firmen und Produkte sicher denkbar. Das eigenartige Gesamtkunstwerk aus kaufmännischen und idealen Überlegungen, welches Lingner aus dem einen kleinen Punkt: Infektion und Desinfektion aufbaut, erregt jedenfalls die Aufmerksamkeit der Mitwelt enorm.
Den Späteren wird er dereinst lapidar mitteilen: „Ich bin fest überzeugt, dass das Geschäft weiter steigen und immer gut rentieren wird, wenn es in der jetzigen Weise, besonders mit denselben Ausgabeetats für Reklame, weitergeführt wird.“

5. Nach oben

Midas oder Alchemist?

Gibt es ein Erfolgsrezept? Lingner stellt ein Produkt her, das auf ein weit verbreitetes Bedürfnis antwortet, sich massenhaft verbraucht und nicht besonders preissensibel ist. Er investiert in Werbung. Er versteht sich auf Werbung. Er verkauft mit System. Er hat ein Feindbild, das ihn anspornt: Bazillen. Er schafft es, dass Massen von Konsumenten just sein Produkt haben wollen und immer wieder haben wollen und immer neue Käufer es haben wollen, und dass jeder ihm bei diesem Handel mit einem Sümmchen Geldes abgabepflichtig wird.

Die Leute wittern im Triumph des Odol eine Art Goldesel-Mechanismus, welcher den Fabrikanten schwindelerregend schnell und wie automatisch reich macht. In der Tat erweckt der Unternehmer gegen außen den Eindruck, er mache alles mit links. Hört man auf Karl Sudhoff (1853-1938), den Medizinhistoriker und engen Mitarbeiter, dann hätte Lingner genau dies gesucht: „Er war stolz darauf, gezeigt zu haben, dass seinem Genie auch das scheinbar spielend gelang, was den meisten alles war: Geld verdienen." So sehen viele in Lingner eine Art Midas, jenen König der antiken Sage, der sich von seinem Gott etwas wünschen darf und sich erbittet, dass alles, was er berührt, sich in glänzendes Gold verwandle. Der Wunsch hat sehr ungünstige Folgen, weil sich das Wunder auf alles und jedes erstreckt, sodass Midas dem Gott schon bald zuruft: „Nimm das gleißende Übel von mir!" Von Lingner ist ein ähnlicher Ausspruch nicht überliefert. Unwahrscheinlich, dass er das viele Geld verwünschte, er hatte viel zu viel damit vor. Doch die Schattenseite fehlt nicht. Es kann ja durchaus sein, dass er sich ein gesundes Verhältnis zu Geld und Besitz zu wahren verstand, wie Freunde feststellen, dass er also im engeren Sinn kein Midas war, dass aber viele, die mit ihm in Berührung kamen, einen solchen Effekt erhofften – für sich ... Auch dies kann unglücklich machen. Wo Lingner geht und steht, spielt der Mammoneffekt mit.

Nach dem Geheimnis seiner Erfolge gefragt, antwortet Lingner einem Journalisten: „Meine Erfolge habe ich mir immer aus dem Einfachsten, dem Zunächstliegenden geholt, aus dem, was dem Begriffsvermögen eines Kindes zugänglich war. Das ist mein ganzes Geheimnis."

Rockefeller soll auf die Frage, wie er zu seinem Reichtum gekommen sei, geäußert haben: „Indem ich untersuchte, wie man jeden Gegenstand, der mir in die Hände fiel, zu

Karl August Lingner um 1900

Geld machen könnte!“ Auch dieser Satz dürfte auf Lingner passen. Jeden Gegenstand!
Der Unternehmer als Tüftler und Verwandler, als einer, der einfache Dinge letztlich in Gold verwandelt, der Unternehmer als Alchemist? Etwas Alchemistisches ist dabei, wenn aus Alltäglichem, ja Banalem ein Wertstück wird und aus scheinbar Unbelebtem plötzlich die Funken von Gewinn und Reichtum stieben. Wirft man dann einen Blick in die Werkstatt des Alchemisten, so sieht man nicht viel und wiederum nur alltägliches Werkzeug und ordinäre Zutaten. So einfach ist es nicht mit dem Verwandeln. Es braucht die Gabe des rastlosen Kombinierens von Dingen und Kräften und einen bestimmten Bewusstseinszustand. Balzac gibt seinen Figuren das *nervöse Fluidum* und den *kaufmännischen Magnetismus* mit, Wesenszüge, die auf Lingner hochgradig zutreffen. Sein Aufstieg erscheint Außenstehenden mysteriös, ein Beobachter staunt: Lingner wirke wie von Selbsthypnose gelenkt.
Fast schlafwandlerisch jedenfalls erfüllt er sich den Traum von der schönen Lebensart, sobald ihm dies möglich ist. Dies spielt sich derart rasch und so gezielt ab, als würde er nur die fertigen Pläne aus der Schublade ziehen.

Auf neuem Parkett

Das Reich der Glyzinien, Veranden und Rosarien liegt gleich hinter dem Dresdner Hauptbahnhof, eine luxuriöse Welt aus ländlicher Ruhe, müßiggängerischen Privatiers und Klavierübungen höherer Töchter. Kleinere und größere Villen liegen da wie Schatztruhen, eingebettet in köstliche Gärten (käme freilich einer auf die Idee, hinter die Kulissen zu schauen, stieße er auf die öden Keller-Logis der Hausmeister und die spartanischen Dachkammern des Gesindes; ohne hinlänglich Personal sind solche Häuser nicht zu betreiben).

Villa Leubnitzer Straße 30

Lingner passt sein Wohnen dem neuen Status als erfolgreicher Unternehmer an. Wahrscheinlich sind seine ganzen Kontakte im Umbruch, Spannungen nicht ausgeschlossen zwischen dem neureichen jungen Mann und seinem gewohnten Kreis. Nichts ist doch mehr wie früher. Wie darauf reagieren? Die einen werden sich neidisch entfernen, andere hoffend sich anhängen, die dritten tun, als ob nichts wäre ... Aber der pekuniäre Unterschied zum bisherigen Umfeld wird galoppierend größer.
Im Villenquartier ist dies weniger ein Thema. Das Haus im Schweizer Viertel, Leubnitzer Straße 30, nimmt er sich erst zur Miete, dann kauft er es. Man zählt das fünfte Odoljahr. Bald wird Wilhelm Kreis (1873-1955) das Haus umbauen. Es sei der erste Auftrag seines Lebens gewesen, wird der späterhin berühmte „Halbmoderne" sagen.
Ein enormes Gehäuse für einen einzelnen Menschen und durch Kreis' plakativen Saalanbau noch stark vergrößert, Festsaal mit Wintergarten, Musiksaal, Speisezimmer mit Wandverkleidung von Villeroy & Boch, ein wuchtiger Arbeitsraum (viel Täfelung, Bücher, eine Standuhr, elektrisches Licht), Salon, Billardzimmer, modern-sachliche Ankleide, fortschrittliche Toiletten-Einrichtungen ff.
Wilhelm Kreis lässt schöne Ornamente machen, verwendet Saalburger Marmor, und da und dort prunkt ein grosses „L". Hinter der Villa ein Park mit *persischem Häuschen* und Kegelbahn. Insgesamt ein Ort für Geselligkeit und Genuss, Lingner läßt alles darauf zu-

schneiden, ein Familienhaus wird es nicht. Man sieht schon die ersten Stucks hängen, lauscht der privaten Konzertdarbietung. Denn in den Musiksaal kommt eine Orgel, von Jehmlich, mit fünfzig klingenden Registern. Der angebliche Konservatorist von Paris – es sind seither erst ein gutes Dutzend Jahre vergangen – erfüllt sich seinen Künstlertraum.
Es existierten ein Vorzeigealbum, hergestellt vom Spezialgeschäft für Architektur- und Innenaufnahmen, und eine Postkarte, worauf Festsaal, Musiksaal und Park abgebildet sind und, winzig klein, auf dem Balkon des Gartenhäuschens und zusammen mit einem ebenso winzigen Gast, der Herr Kommerzienrat persönlich.
Wer erzählte eigentlich von dem Badebassin im Erdgeschoss der Villa, welches man von einem Guckfenster im ersten Stock habe einsehen können? Und wer behauptete später, dass einer, W., welcher Lingner eine Zeit lang nahe stand, diesem jeweils die so genannten *Nuditäten* zugeführt habe? Vergangene Zeiten, vergangene Lüste.
„Junggesellenvilla" bemerkt Seiring einmal, und auch die bereits erwähnte Auskunftei W. Schimmelpfenng Dresden findet heraus, dass der Besitzer sein „hochherrschaftliches Villengrundstück" alleine bewohnt und noch unverheiratet ist. Die schöne Stadtvilla erwartet im Übrigen eine wechselvolle Zukunft, denn dem Besitzer wird nach einigen Jahren ein Schlösschen an der Elbe wichtiger.

Mit vierzig gibt sich der Mann damals *würdig*. Lingner trägt mit 38 sein Embonpoint fast schon überdeutlich zur Schau. Die Gesellschaft empfindet Männer dieses Alters noch als zu jung für vieles. Stefan Zweig schildert die Einschätzung des Lebensalters um die Wende vom 19. zum 20. Jahrhundert: Kein Jugendlichkeitsfimmel habe die Szene beherrscht, man sei als junger Mann dauernd bestrebt gewesen, älter auszusehen, weil man als *verlässlich* erscheinen wollte. So trug man früh eindrucksvolle Bärte und (gar nicht notwendige) Brillen. „Man legte sich lange schwarze Gehröcke zu und einen gemächlichen Gang und wenn möglich ein leichtes Embonpoint, um diese erstrebenswerte Gesetztheit zu verkörpern, und wer ehrgeizig war, mühte sich, dem der Unsolidität verdächtigen Zeitalter der Jugend wenigstens äußerlich Absage zu leisten (...)" (Die Welt von gestern). Auch der gekonnte Umgang mit Zigarren ist ein solches Statussymbol.

Der Macher greift häufig zur Havanna. Vielleicht stellt sich schon beim Frühstücken das Verlangen ein? Dann also die erste. Kritisch erscheinen die nächsten Stunden, wenn in der Firma wichtige Sitzungen und Besprechungen anstehen – dafür ist der nächste „Sorgenbrecher" (Thomas Mann) reserviert, eine Zigarre sodann für kreatives Nachdenken und Problemlösung, sicher je eine nach Lunch und Dinner und schliesslich eine oder zwei, um nächtlicherweile wach zu bleiben, macht, wirklich nur grob geschätzt, sechs bis sieben auf vierundzwanzig Stunden. Das sind, die Sonntage mitge-

Familie Lingner

K.-A. Lingner im Kreis seiner Familie in der Leubnitzer Straße 30, 1899

1899 Das hochherrschaftliche Familienfoto. Die einfache Familie Lingner aus Magdeburg, fein gemacht vor dem Palazzo des jüngsten Sohnes. In der Mitte Mutter Karoline Auguste Lingner, sodann die Söhne Oscar, Emil und August, die Tochter Anna und Schwiegertochter Thekla. Die drei Kinder Annas. Sie tragen den Namen Güntzel, die einzigen Neffen und die einzige Nichte Karl Augusts. Hingegen fehlen – nebst dem lange verstorbenen Vater August Lingner – der Vater der drei Kinder und die andere Schwägerin aus der offenbar unglücklichen Ehe mit Emil. Sie hat sich das Leben genommen.

Oscar nennt sich Fabrikant, ist Mitinhaber einer Kofferfabrik. Emil soll in Leipzig erfolgreich mit Gold gehandelt haben. Was hingegen sein Privatleben anbetrifft, so lautet ein späteres Leumundszeugnis der Behörden wenig schmeichelhaft. Von „brutalem Einschlag" und gewissen „Neigungen" ist die Rede.

Auf dem Bild fehlt Karl Augusts nichteheliche Tochter G., wenige Jahre zuvor in Magdeburg geboren, man kennt die Umstände nicht. Lingner ist damals schon wohlhabend, vielleicht zieht es ihn noch ab und zu in die Heimatstadt, vielleicht nur die eine kurze, dunkle Nacht, zu einer Jugendfreundin? Die Existenz dieses Kindes lässt sich anhand mehrerer Indizien als sicher annehmen. Seine Mutter gehört wohl zu jenen zahlreichen Frauen der Kaiserzeit, welche Neugierigen auf die Frage nach dem Vater antworten müssen: „Danach dürfen Sie nicht fragen. Einen Vater hat sie, das ist gewiss. Aber mehr kann ich Ihnen nicht sagen" (Theodor Fontane, Stine).

Man darf vermuten, dass Karl August Lingner, auch im eigenen Interesse und den Erfordernissen seines gesellschaftlichen Aufstiegs entsprechend, für einen gutbürgerlichen Stand der Mutter und der Geschwister, die zeitweilig alle in Dresden wohnten, gesorgt hat.

Der älteste Neffe Hans wird später in Leipzig Pharmazie studieren und dem Onkel danken für die Zuwendungen, „die Du mir wieder bei Beginn des Semesters gemacht hast".

zählt, geschätzte zwei- bis zweieinhalbtausend pro Jahr. Zu wenig? Möglich, dass er näher bei Sigmund Freud liegt, welcher sich jeden Morgen seine Tagesration an Zigarren geholt haben soll: zwanzig Stück. Lächerliche Rechnerei. Aber der Mundschleimhaut bekommt es nicht, auch wenn Honoré de Balzac in seiner „Abhandlung über moderne Reizmittel" (1838) ein wenig übertreibt: „Eine Zigarre rauchen, heißt Feuer schlucken." Muss man sich die nächtliche Nikotinzufuhr sogar größer vorstellen? Der Zigarrenfreund lebt hoch intensiv, ist rastlos, immer auf dem Sprung. „Sie glauben gar nicht, wie wenig ich vom Leben habe. Ich muss immer grübeln und sinnen, Nächte hindurch", vertraut er seinem Pfarrer an. Ähnlich redete ein anderer starker Zigarrenraucher, Bismarck: „Mein Schlaf ist keine Erholung, ich träume weiter, was ich wachend denke, wenn ich überhaupt schlafe." Lingners Gewohnheit, die Nacht zum Tag zu machen, ist mehrfach bestätigt. Wer so lebt, wird die braunen Gespanen stets griffbereit halten. Lust, Selbstbelohnung, Spannungsbewältigung, seelischer Halt? Das Steigern von Konzentration und Gedächtnis, die Noradrenalinausschüttung? Himmelt Lingner seinen „Toback" an wie jener Lyriker des 18. Jahrhunderts, Johann Christian Günther? „Deine Kraft und Stärcke / Macht durch Wunder-Wercke / Allen Kummer zahm ..."

Die Selbstbehandlung mit Nikotin erzielt einen Wirrwarr von Wirkungen. Der süchtige Langzeitraucher braucht jedenfalls seine Dosis, um sich gut zu fühlen, sie ist ihm bald Entspannung, bald Stimulans, eine Art Gefühlsmanagement, er erfährt das so. Vielleicht räumt er sogar ein, dass ihn die Zigarre knutet und knechtet, ändern mag er es nicht. Balzac: „Jeder Exzess basiert auf einer Lust, die ein Mensch wiederholen will, wohl gemerkt, über die Grenze der gemeinen, von der Natur gegebenen Gesetze hinaus."

Was Lingner von all dem hielt? Der Rauchumwölkte gibt keine Auskunft. Doch Pensum, Lebensweise und Psyche des Erfolgsextremisten legen, kurz gesagt, den Schluss nahe, dass er dieselbe Erfahrung gemacht haben könnte wie der starke Raucher Sigmund Freud. Der gab zu, dass er „der Zigarre den größten Anteil an seiner Selbstbeherrschung und Ausdauer" verdanke. Was auch Balzac schon wusste: „Männer von großem Wert behaupten, dass die Zigarre ihnen über die widrigsten Ereignisse hinweghilft."

Tarasp

„Lange bevor die Rhätische Bahn ihre kühnen Kunstbauten nach dem Engadin führte, kutschierte ein alter Postillon, in vierspänniger Extrapost, einen einsamen Reisenden über den Flüelapass nach den Heilquellen von Tarasp." So erzählt man sich im Engadin die Ankunft des Gastes aus Dresden.

„Ein furchtbares Gewitter tobte in den Bergen und hinter Donner und Blitz zog man beim alten Zimmerli im Flüelahospiz ein, wo man lange Rast machen musste. Als sich das Gewitter verzogen hatte, wurde die Reise fortgesetzt. Aber an der zweiten Kurve unter dem Hospiz bei Chant sura hielt der Postillon, der Prader Sepp, der den Flüela Sommer und Winter Hunderte Mal befahren hatte und wiederholt auch von Lawinen verschüttet wurde, an und zeigte seinem Passagier in der Ferne das weiße Gemäuer des Schlosses Tarasp, welches in der Abendsonne strahlte und freundlich hinaufgrüßte" (Christian Fanzun, früherer Schlossverwalter).

Der einsame Reisende heißt Karl August Lingner, Odol-Fabrikant. Er liebt das Extrem, die Alpen und das Meer.

Der erste Blick auf das weiße Gemäuer sei ihm für immer unvergesslich, wird er später oft erzählen. Es ist Ende Juni des Jahres 1900.

Dresden-Tarasp. Die Reise hat Lingner auf der altbekannten Eisenbahnstrecke quer durch den Südosten Deutschlands an den Bodensee geführt, nach Lindau, dann das Rheintal hinauf bis nach Graubünden. Davos ist damals Endstation, wie für die Romanfigur Hans Castorp (Thomas Mann, Der Zauberberg, wo am Anfang diese Gegend beschrieben wird). Lingner mietet indessen eine Kutsche für die Fortsetzung. Sie rollt vierspännig, was doch ziemlich ungewöhnlich ist, und der Fahrgast hat sich einen sehr erfahrenen Kutscher ausbedungen, sicher ist sicher. Das Gefährt klettert hinter Davos auf abenteuerliche 2.383 Meter über Meer hinauf, vorbei an Viehweiden, Alpenrosenfeldern und Geröllhalden. Oben an den senkrechten Wänden stürzen sich Wasser wie Silberschlangen in die Tiefe, und manch ein abgerissener Felsbrocken scheint erst kurz vor der Passstraße Halt gemacht zu haben. So erreicht man die Passhöhe.

Besagtes Hospiz liegt auf einer kleinen Ebene mit See, ein freundliches, wetterfestes Gasthaus, das man in der Regel nach kurzem Aufenthalt hinter sich lässt, um dann zügig hinunter zu rollen ins Tal des Inn. Noch soll sich in abgeschiedenen Tälern ein Bär herumtreiben.

Die Ruine Tarasp (Bleistiftzeichnung: Johann Rudolf Rahn)

Um 1900 wirbt die Unterengadiner Hotellerie in der Weltpresse. Das Kurhaus in Schuls-Tarasp, direkt am Inn gelegen, und das „Waldhaus" auf der Terrasse von Vulpera sind Treffpunkte der europäischen Hautevolee, man stellt sich neben Marienbad und Vichy, und eben wird mit dem „Schweizerhof" ein drittes großes Haus eröffnet.

Bezüglich Komfort können einige Hotels „die verwöhntesten Gäste der internationalen Badeclientele befriedigen"– wozu man den Jungmillionär bereits zählen darf. Überhaupt wird ihm das Emporstrebende gefallen haben und auch, dass die Kurärzte „belebend, heilend und beglückend auf die leidende Menschheit" einzuwirken gedenken.
Die Reichen haben ja die Qual der Wahl. Sucht man im Bad eher das Medizinische oder das Gesellschaftliche? Komfort oder Askese? Der Dresdner Gast ließ sich wohl von dem doppelten Reklame-Argument überzeugen: den heilkräftigen Wassern, die dort in großer Vielfalt aus dem Gestein schießen und sich für Trink- und Badekuren eignen, und dem stärkenden Alpenklima, welches selbst „bei hochgradiger Reizbarkeit und Nervosität noch vortrefflich vertragen wird". Eine Anspielung auf neurasthenia, eine Zeitkrankheit: nervöse Erschöpfungszustände, Nervenschwäche, eine Vielzahl von Symptomen als Reaktion auf die Hektik und die Unstimmigkeiten der Zeit.
Nervlich erschöpft ist er wohl nach den sieben Odoljahren mit den unerwarteten Kämpfen, der dauernden Anspannung und dem irrsinnigen Gelderfolg. Zum einen wirkt Lingner gelassen, tut offenbar überlegte Schritte, um seinem Traumziel näher zu kommen, man hat den Eindruck als zöge er hartnäckig in diese Richtung: *königlicher Kaufmann und Mäzen*. Doch die Angriffe, das Misstrauen, die Schmeichler und Verleumder, der Neid setzen ihm zu, Wollf kann dies nicht genug betonen. Auf Fotos wirkt Lingner in der Tat rasch gealtert. Man kann nur mutmaßen. Ob es dem Neununddreißigjährigen rein körperlich an etwas gebricht, wissen wir auch nicht. Die Tarasper Heilanzeigen sind vielfältig, richten sich auf Galle, Leber und Pankreas, auf Magen und Darm, Kreislauf und Herz, Stoffwechsel und Harnwege. Von Krankheiten Lingners hört man überhaupt wenig. Einmal hat er eine Neuralgie im Arm und kuriert sie in Italien. Hier oben sind selbstverständlich auch Gäste willkommen, „die nicht eigentlich krank sind, sondern nur des Klimas oder der schönen Gebirgsnatur wegen zur Erholung oder zum vergnüglichen Aufenthalt (...) hier weilen". Der Wandspruch in der Trinkhalle am Inn verheißt dem Gast jedenfalls „eiserne Gesundheit".

Die Ruine Tarasp (Bleistiftzeichnung: J. R. Rahn)

Das helle Gemäuer über dem Dorf Tarasp zieht Lingner magisch an. Ob der *Curant* dennoch die *wohltätige Ruhezeit* einhält? Den Gebrauch der Bäder mit der empfohlenen Regelmäßigkeit wahrnimmt? Zweifel sind erlaubt. Er will dorthin. Otto Töndury, Hotelier und Bankier, ist ihm behilflich.
Die Enttäuschung wird groß gewesen sein. Was von ferne so herrlich aussah, erweist sich von nahe besehen als Katastrophe. „Auf Fels und Geröll ein verlassenes Adlernest", schrieb ein anderer Besucher. Eine einst stattliche mittelalterliche Burg auf dem Weg zur Ruine, viel wehmütige Erinnerung, wenig Substanz. Ob den Besucher wenigstens die großartige Fernsicht entschädigt? Der alte Aufseher soll ihm alles erzählen, was er über die Burg weiß.
Den Besucher muss dann ein Drang, eine Lust ergriffen haben, den Kampf gegen den Zerfall aufzunehmen. Die Rückeroberung durch die wilde Gebirgsnatur aufhalten!
Zwar warnt ihn die Burg noch. Sie starrt ihn aus unzähligen Augenhöhlen an, überall sind die Löcher, in den Mauern, Dächern, Böden, Treppen, Öfen und Kaminen, abweisend und gefährlich, Einfallstore weiterer Zerstörung, der riesige Organismus löst sich allmählich auf, es ist, als ob er nach unten abfließe, Kälte, Hitze, Regen, Schnee und Wind tun ihr Werk, mächtige Quadersteine werden zu unförmigen Brocken, zu Kies, zu Sand, zu Staub, und all das Material füllt die Keller und Höfe.
Doch der Fremde lässt sich nicht in die Flucht schlagen, zu imposant ist alles, die sagenhafte Lage auf dem Fels, der Wohnturm, die vielen Räume ...
Da schaut einer etwas, was andere nicht schauen. Wo andere nur einen ungeheuren Steinhaufen erblicken, sieht dieser ein Stück vom Paradies. Ein Prachtschloss mit strahlend hell erleuchtetem Festsaal, gastlichen Räumen, beflaggten Türmen, gehobener Küche, raffiniertem Komfort. Der Ort, die Bühne, wo Karl August Lingner seine Freunde und Gäste verwöhnt. Und alles durchflutet von herrlicher Musik, vielleicht hört er sie schon.
Ein Traum, den manch einer träumen mag, er wird ihn gleich wieder vergessen.

Wie sich hoch über dem jungen Inn diese steile schiefrige Felspyramide erhebt, worauf, wie aus einem Guss, das Schloss Tarasp thront, ist selbst im überraschungsreichen Engadin ungewöhnlich. „Von allen Seiten gesehen ist die Burg so reizvoll getürmt, als ob sie eigens zum Schmucke der Landschaft geschaffen worden wäre", schrieb vor hundert Jahren der Züricher Kunsthistoriker Johann Rudolf Rahn. Nun war Schloss Tarasp keineswegs zur Zierde der Gegend erbaut worden. Seine Vergangenheit spiegelt die wetterwendische Geschichte Graubündens. Ein Gebirgsland zwischen Nord und Süd, an der Grenze zu Tirol, zum habsburgischen Österreich, am Weg nach Italien. An solchen Lagen ist nie lange Ruhe.
Die Herren von Tarasp werden erstmals im 11. Jahrhundert erwähnt, sie besaßen Ländereien von Süddeutschland bis ins Veltlin. Später wechseln die Besitzer häufig, erst

das 18. Jahrhundert gilt als ruhige Epoche; bald wird Schloss Tarasp politisch-militärisch überflüssig. Spätere Eigentümer plündern aus, was an Substanz und Einrichtung noch vorhanden ist, der Unterhalt macht immer mehr Mühe, Agonie eines Bauwerks. Schließlich übernimmt die Familie von Planta das ausgeweidete Gehäuse und hält es mit großen Auslagen einige Zeit über Wasser. Als der Kaufinteressent auftaucht, braucht man nicht lange zu überlegen.

20.000 Franken ist der Preis für die Burganlage, ein Haus, drei Äcker, den Wildsee und die angrenzende Sumpfwiese, wobei der größere Teil des Burghügels nicht inbegriffen ist. Der muss Parzelle um Parzelle den Bauern abgehandelt werden.
Den Kaufpreis aus heutiger Sicht zu beurteilen ist schwierig. Die amtliche Schätzung betrug kaum ein Zehntel der Kaufsumme. Aber wir haben es hier nicht mit einem gewöhnlichen Liegenschaftskauf zu tun. Ein irrationaler Zug ist in dem Ganzen. „Herr Lingner seinerseits beabsichtigt, das Schloss Tarasp in bisheriger Weise bestmöglichst zu unterhalten, damit dasselbe auch fernerhin der Gegend als Zierde erhalten bleibe." Der Käufer lässt sich alle historischen Akten und Pläne aushändigen, und im Herbst 1900 wird der Handel auf der Gemeinde Schuls amtlich beglaubigt.
Wenn ein Neureicher ein Schloss erwirbt, befürchtet die Fachwelt das Schlimmste. Als Johann Rudolf Rahn von dem Kauf erfährt, beginnt er „fast eifersüchtig" und äußerst fleißig zu zeichnen, um den überkommenen Bestand wenigstens auf dem Papier zu retten. Denn er weiß, wie leicht Dilettanten in solchen Fällen mit allerlei launigen Eingriffen zur Hand sind. Die Fülle an Zeichnungen gibt ein detailliertes Bild des Zustandes vor dem Lingnerschen Wiederaufbau. Später wird Rahn einräumen, dass seine Befürchtung unnötig war. Denn der Krösus aus Dresden will zwar „einen Tempel feinsten Lebensgenusses" errichten, wie ein Freund weiß, denkt aber auch an eine historisch getreue Restaurierung.
Im nächsten Jahr besucht Lingner seine Erwerbung zusammen mit Freunden und Bekannten, man trägt sich ins nagelneue Gästebuch ein. Dann herrscht Funkstille. Bis eines unschönen Tages ein Fels abbricht und ein Stück der Ringmauer mit sich reißt.

Tarasp, eine Zufallsentdeckung? Man mag es nicht recht glauben. Die Suche nach dem wahren Motiv verläuft detektivisch. Irgendwann tauchen ein paar Sätze auf, welche das Rätsel unvermutet lösen, sie haben sich in den Erbschaftsakten im Sächsischen Hauptstaatsarchiv verborgen gehalten.
Zunächst ein Name: Königin Carola von Sachsen (1833-1907), aus dem Haus Wasa, verheiratet mit König Albert, beliebt beim Volk, Tante des letzten Königs und vielfach um das Volkswohl besorgt. Sie besitzt in Tarasp Hausgrundstücke und zieht sich gern an diesen Ort zurück, der sich als „liebsamer und vorzüglicher Aufenthalt auch für *Luft-Curanten*" versteht. Im nahen Kapuzinerhospiz findet sie geistliche Begleitung.

Noch lange erzählten die Dorfbewohner von der vierspännigen Kutsche, dem großen Gefolge und den Gepäckfahrzeugen, die durch das Dorf rollten und jeweils den königlichen Urlaub ankündigten. Weiter beeindruckte, dass die Königin sehr schön malte, vor allem aber, dass Diener ihr jeweils die Staffelei hinterhertrugen, Dinge, welche die kleinen Leute nicht vergessen.
Doch die Akten verraten noch mehr: In Dresden sind Carolas Bilder und damit ihr Ferienort bekannt. „Die Bilder, die seiner Zeit die hochselige Königin Carola von Sachsen gemalt hat", seien anlässlich eines Basars in den Besitz Lingners gelangt und „waren besondere Anregungen für diesen, die Burgruine Tarasp bewohnbar ausbauen zu lassen". Solches weiss der sächsische Denkmalpfleger Cornelius Gurlitt.
Besondere Anregungen! Der Monarchist auf den Spuren seiner Königin, der Adelsfreund auf Kontaktsuche zum Hof? Was hier oben viel leichter vonstatten geht als zu Hause. Oder probt der Ambitiöse den mäzenatischen Kraftakt? Das Schloss bewohnbar machen und dem Hof als Feriensitz anbieten? Und für den Stifter mit einem Schlag alles: Dank, Ehrung, Prestige, Nähe zum Königshaus? Spekulation? Verrückter als die Idee, dieses Schloss bewohnbar zu machen, sind solche Überlegungen jedenfalls nicht.

Königin Carola mit König Albert

Später will Lingner – dies nur zum Beispiel – in einer ähnlich ultimativen Anstrengung den Dresdnern ein neues Schauspielhaus bescheren (womit er nicht reüssiert). Auch die Sache mit Carola wäre, wenn wir diese These im Ernst annehmen wollten, nicht geglückt, denn die Königin, 1902 Witwe geworden, zieht sich aus der Öffentlichkeit zurück und stirbt 1907. Die Tarasper Liegenschaft wird den frommen Schwestern von Ingenbohl geschenkt.
Königin Carola gilt den Berglern bis heute viel. Sie benannten eine der besten Heilquellen nach ihr. Bis vor wenigen Jahrzehnten lebten Tarasper, denen die Königin Taufpatin war, und auch die Aquarelle kann man in diesem und jenem Haus noch bewundern, denn von einigen ließ Lingner *Heliogravuren* anfertigen.

Eine gigantische Mundwasserflasche, wohl an die dreißig Meter hoch, werde der Odolmensch auf dem Dach des Schlosses platzieren. Wo ein Lingner hinkomme, werde für *das beste Mundwasser der Welt* geworben, das sei so sicher wie das Amen in der Kirche. Lächerlich machten sich die Einheimischen mit diesem Verkauf – einem Reklamekönig vertrauen! Der wolle das Schloss zur Zierde der Gegend unterhalten? Wer's glaubt, zahlt einen Taler!

Das Gerücht mit der Mundwasserflasche haben wohl Neider in die Welt gesetzt. Gut möglich, dass ihm ein Missverständnis zu Grunde liegt, welchem damals Menschen aufsitzen, die mit Reklame und den modernen grafischen Techniken nicht vertraut sind: Wer eine Fotomontage nicht lesen kann, fällt darauf herein. Anzeigen aus den Jahren 1901 und 1903 versetzen beispielsweise die Odolflasche in die Gebirgswelt: Die eine zeigt einen pyramidenhaften Hügel, der demjenigen von Tarasp zum Verwechseln ähnlich sieht – darauf, statt des Schlosses, eine überdimensionale Mundwasserflasche; die andere lässt auf einem ebensolchen Hügel den Riesenschriftzug Odol in den Himmel wachsen. Gut möglich, dass Lingners Tarasper Abenteuer die Gestalter dazu animierte. Ähnlich entstand wohl das Gerücht, Lingner habe die Flasche sogar in Ägypten aufstellen lassen – neben der Sphynx.

Odol im Gebirge – von Tarasp inspiriert?

Die Bildwelten „Alpen“ und „Ägypten“ bedienen das Bildungsbürgertum, das damals ebenso von der Antike, Ausgrabungen und Heinrich Schliemann schwärmt wie vom Gebirge, welches es grad eben – per Zahnradbahn – zu erobern begonnen hat.

Wo der Krösus sich zeigt, lässt der Mammoneffekt nie lange auf sich warten. So werden die Einheimischen von der Fantasie ergriffen, Lingner werde eine Brücke stiften, hinüber auf die andere Talseite, wo dereinst die Eisenbahn fahren wird. Den tiefen Inngraben queren mit einem Bauwerk, welches die ewigen Probleme mit rutschigen Hängen, steilen Straßen, teuren Brücken, Schnee und Felssturz schlagartig erledigt! So einer wie Lingner – die Einheimischen sprechen das g deutlich, ja hart aus, fast: Linggner – macht keine halben Sachen. Er selbst hätte es dann ja auch bequemer, und bei dem vielen Geld, das der besitzt, usw. Doch vorderhand hat der Mäzen zu Hause genug zu tun und in Tarasp geschieht nichts.

6. „Die Welt verbessern und dran verdienen" (Erich Kästner)

Wohl-Täter

Säuglingsheime begünstigten das Laster, indem sie vor allem unehelichen Kindern dienten – Engstirnige kommen vielleicht nicht nur in Heinrich Manns „Untertan", sondern auch in der Realität zu solchen Schlüssen. Doch Babys zu retten verstehen manche Bürger angesichts der enormen Säuglingssterblichkeit als vornehme, ja vaterländische Pflicht.

So greift denn Lingner dem Dresdner Kinderarzt Arthur Schlossmann unter die Arme. Dieser arbeitet von sich aus bereits im Sinne sozialer mäzenatischer Vorstellungen: als ein Mäzen, der nicht einfach nette Geschenke macht, sondern in gesellschaftliche Missstände eingreift. Es ist dies der Punkt, an welchem sich auch Lingner ansprechen lässt. Allerdings hält die Mitarbeit im Förderverein für Kinderpoliklinik und Säuglingsheim nicht vor, Lingner zerstreitet sich mit dem Vorsitzenden. „Das führte dazu, dass die Gegner einander aus dem Wege gingen und dass vor allem Lingner, der Schatzmeis-

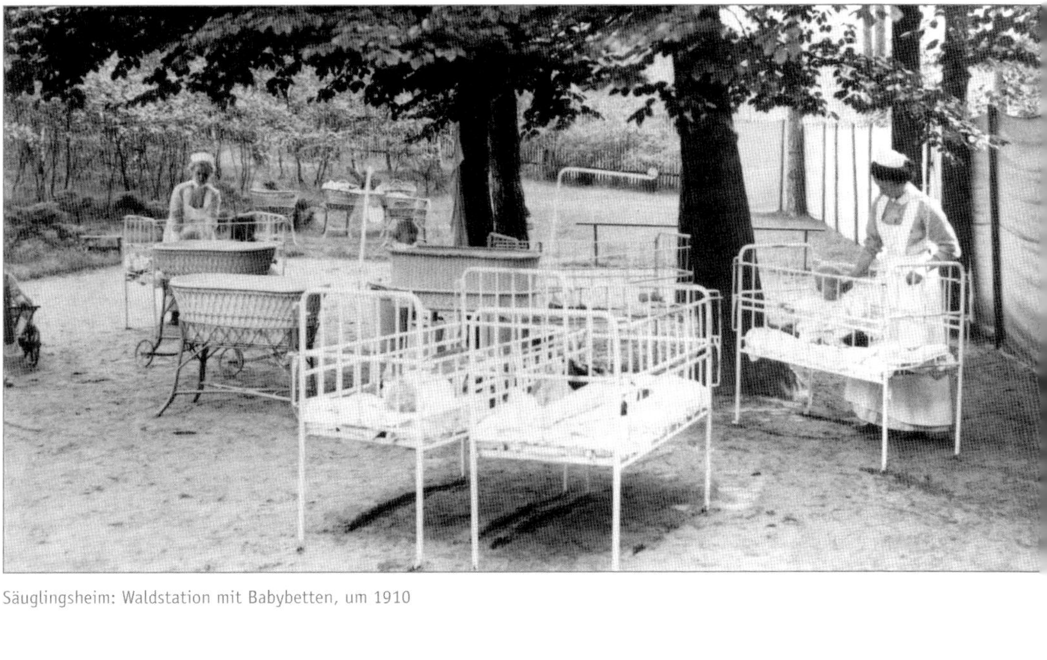

Säuglingsheim: Waldstation mit Babybetten, um 1910

ter des Vereins, an Arbeitslust für die Sache beträchtliche Einbuße erlitt" (Wollf). So lässt er sich durch seinen Assistenten Seiring vertreten, welcher an seiner Stelle drei Jahre lang die Geschäfte führt. Immerhin wirkt die Nähe zu Schlossmann und dessen Forschungen über Kinderernährung befruchtend. Das Ausmaß der finanziellen Unterstützung durch Lingner ist nicht bekannt. Erst 1910 wird er den Vorsitz des Vereins übernehmen.

Odolgeschäft und Wohltätigkeit fließen ineinander. Bereits 1896 stellt Lingner fest, „dass infolge meiner populären Propaganda Hunderttausende von Menschen zur Mund- und Zahnpflege bekehrt worden sind, welche früher diese Pflege nicht ausübten" – was dann als Bonmot kursiert: Er habe das Deutsche Reich das Zähneputzen gelehrt! Was einiges für sich hat, sind doch Zahn- und Mundpflege wichtige Bausteine der menschlichen Gesundheit, was dank des neuen Mundwassers und der damaligen Massenmedien in nie gekanntem Ausmaß thematisiert wird. „Rationelle Kosmetika verbinden mit ihrer Wirkung vor allem auch die Mission, den Menschen zur Reinlichkeit und zur Achtung vor seinem Körper zu erziehen", sagt Lingner. Dafür müssten sensible Gemüter halt die viele Reklame in Kauf nehmen.
Erich Kästner zitiert in „Fabian" H. G. Wells' Forderung, „die Reklame nicht länger auf die Steigerung des Konsums von Seife und Kaugummi zu beschränken, sondern sie endlich ausreichend in den Dienst von Idealen zu stellen". Fabian, mit dieser Ansicht konfrontiert, bezweifelt „die Eignung des Propagandisten zum Volkserzieher und das Talent des Erziehers zum Propagandisten". Lingner scheint beides in sich zu vereinigen und macht gleich auch noch das Geschäft.
Das 19. Jahrhundert bringt neben den großen medizinischen auch die kleinen hygienischen Fortschritte, die Einbürgerung der Seife, den Wäschewechsel, die Reinlichkeit der Wohnung – „das waren viele, viele Kleinigkeiten, die das tägliche Leben umgestalteten, auch: verbürgerlichten und die Krankheitsrisiken reduzierten" (Nipperdey, Deutsche Geschichte, Band I). In all dem liegen große kommerzielle Möglichkeiten, Lingner ist zur Stelle. Und zugleich reicht ihm das Geschäft allein nicht. Er sähe sich gern als der Übersetzer zwischen der wissenschaftlichen Medizin und den Massen.

Herr Kommerzienrat! Im Februar 1900 verleiht ihm König Albert den Titel eines Königlich Sächsischen Kommerzienrats. Ohne das schmückende Wort wird Lingners Name fortan nicht mehr genannt werden. Die Beförderung gilt dem erfolgreichen und viel versprechenden Fabrikanten, merkwürdigerweise dem Inhaber der Firma Lingner & Kraft, während von der Odolfabrik nicht die Rede ist. Damit ist Lingner, fünfzehn Jahre nach der Ankunft in Dresden, mindestens der Form nach jener *königliche Kaufmann*, der er einst werden wollte. Genug ist es ihm freilich nicht, er will weit mehr Anerkennung als diesen faden Titel, den der Hof jeweils ohne Begründung und auch nicht allzu selten verleiht. Beispielsweise wurmt ihn, dass die Industriewelt von einer Mundwasserfabrik nicht viel hält. Sie gilt als Leichtgewicht, im Vergleich zur Herstellung von Kanonen, Maschinen oder optischem Gerät fast schon als verzichtbar. Lingner empfindet in industriellen Kreisen eine gewisse Ablehnung, hält seinerseits ebenfalls Distanz. Solche Verletzungen lassen die Enttäuschung wachsen, aber auch die Anstrengungen. *„Carl August Lingner – rien à présent, beaucoup en spe."*

Aus einem Punkt

„Der Mensch sollte im kleinsten Punkt die größte Kraft sammeln", sagte Lingner zu einem Journalisten. „Also Spezialismus." In der Tat bleibt der schlichte Gedanke des Kampfes gegen Bazillen der Ausgangspunkt, aus dem seine nächsten Ideen quellen. Man erinnert sich an den Desinfektionsapparat. Mit dessen Markterfolg hätte sich der Hersteller beispielsweise zufrieden geben können. Der Detektiv von W. Schimmelpfeng ermittelt 1902/03: „In neuester Zeit hat die Firma unter der Bezeichnung ‚Formaldehyd-Desinfektionsapparat' einen neuen, durch ihr Patent geschützten Apparat eingeführt, dessen Aufstellung zur Bekämpfung der Tuberkulose behördlich empfohlen worden ist. Dieselben erfreuen sich in Deutschland wie im Auslande günstigster Aufnahme. Die Konstruktion gilt bis heute als unübertroffen, was von maßgebender Stelle (unter anderem vom Königl. Institut für Infektionskrankheiten Leiter Geheimrat Prof. Koch) rückhaltlos anerkannt wird. Außer zahlreichen anderen Behörden hat auch das Königl. Sächsische Kriegs-Ministerium die Anschaffung der Apparate für die Militär-Lazarette des Königl. Sächs. Armee-Corps beschlossen."

Doch die Mikrobenjagd erscheint aufs Mal nur als Vorstufe für Größeres. Da Lingner in der Desinfektion eine dringende, aber nicht verwirklichte öffentliche Aufgabe sieht, leistet er gehörige und unübersehbare Starthilfe, eröffnet im Sommer 1901 im Einvernehmen mit der Stadt Dresden die „Öffentliche Zentralstelle für Desinfektion". Zuvor hat er dem Rat der Stadt deutlich gemacht, wie notwendig eine solche Einrichtung ist, wobei die Erinnerung an die Hamburger Cholera-Epidemie von 1892 nachhilft. Als Folge jenes Ereignisses sei

Desinfektionsapparat nach Lingner

Desinfektoren – „Schutztruppe" vor der Anstalt, um 1915

dort eine ausgezeichnete Desinfektionsanstalt entstanden, „nachdem sich klar herausgestellt hatte, dass die Abwesenheit geeigneter Desinfektions-Einrichtungen Hunderten und Tausenden von Hamburger steuerzahlenden Bürgern das Leben gekostet hatte". Soll man sich an den steuerzahlenden Bürgern stoßen? Steuerausfälle mangels Desinfektion! Eigentlich Todesfälle. Lingner wendet gegenüber der Verwaltung, die er für unbeweglich hält, öfter solche Argumente an, um ihr Interesse zu gewinnen. Denn er möchte seine Initiative später in die öffentliche Hand überführen, Nachhilfe für den Staat, der sich nur zögerlich um soziale Dinge kümmert. So passt er die Begründungen pragmatisch an. Dasselbe bei der militärischen Spielart: Maßnahmen der Volkshygiene führten zu gesunden Rekruten und erhöhter Wehrkraft – eine zweischneidige Sache, wie sich herausstellen wird. In ähnlicher Weise lässt Jules Verne den guten Dr. Sarrasin die Wirtschaft aufrütteln: Wenn man nicht mehr tue für die Volksgesundheit, werde das Bruttosozialprodukt sinken und „ein ungeheures Arbeitspotenzial" verloren gehen. Hygieniker müssen sich eben etwas einfallen lassen, wenn sie Gehör finden wollen.
Mehr und mehr verfügt Lingner über die Mittel, nach seinen Vorstellungen auf die Volksgesundheit einzuwirken, ist nunmehr auch in der Lage, Innovationen zu erzwingen.
Die Desinfektionsanstalt entsteht auf seine Kosten. Sie berücksichtigt die Erfahrungen anderer solcher Institute, besteht aus Verwaltungsgebäude und moderner Desinfektionsanlage, Letztere streng geschieden in eine „reine" und eine „unreine" Seite. Desinfiziert

wird hier alles: Gegenstände, Kleider, Wäsche, Pelze und Räume, und die Truppe verfügt über zwei Wagen zum Ausrücken. Stolz präsentiert sie sich auf einer Fotografie, zwölf Mann mit Schnauz-, einer mit Vollbart, teils in Schutzbekleidung, teils in polizeimäßiger Uniform, jeder darin gedrillt, der unsauberen Welt kompetent und energisch entgegenzutreten.
Ein halbes Jahr später erweitert Lingner das Unternehmen um eine Desinfektorenschule. Allein zwischen 1902 und 1905 werden 131 Desinfektoren aus 98 sächsischen Gemeinden in Theorie und Praxis ausgebildet - welche dann in ihren Gemeinden 2.300 Desinfektionen durchgeführt haben sollen. Wobei die Gemeinden eventuell auch gleich einen Lingnerschen Apparat ordern? Man testet gar die Eignung zum Desinfektor, und es stellt sich heraus, dass Krankenpfleger und Schutzleute am ehesten für diese heikle Aufgabe taugen. 1906 übernimmt der Staat die Einrichtung.
Anschieben, klug investieren, andere in Bewegung setzen, sich zurücknehmen, so mag es der große Sponsor. Ihm bleibt der Ruhm in der Öffentlichkeit, der Ruf in Fachkreisen und ein Gewinn meist auch. Später entspringt diesen Bemühungen eine weitere Firma, in Berlin, die von den einschlägigen Chemikalien über den „Desinfektions-Tornister“ bis zur kompletten Desinfektionsanstalt alles anbietet, was die desinfektionsgläubige Zeit braucht. Lingners Ideale und sein materielles Interesse fallen wieder auf fabelhafte Art zusammen. „Menschenliebe plus 5 Prozent Zinsen“, wie der Diamantenkönig Cecil Rhodes (1853-1902) einmal seinen Erfolg begründet haben soll?

Bakterien im Pavillon

„Das Gebiet hat mich dermaßen begeistert, dass ich zu dem Entschlusse gelangt bin, mich in jeder nur möglichen Weise auf demselben zu betätigen.“ Lingner wandelt sich um die Jahrhundertwende vom Mikrobenjäger zum Sozialhygieniker, was man als eine Weiterentwicklung aus dem einen Punkt Infektion/Desinfektion ansehen kann. Mehr und mehr fühlt er sich dieser Zunft als eine Art freiwilliger Mitarbeiter zugehörig. In den „Leitgedanken“ zu seiner ersten Ausstellung über „Volkskrankheiten und ihre Bekämpfung“ stellt er sich als begüterter Autodidakt vor, der „beträchtliche Mittel einer möglichst nützlichen, dem Allgemeinwohl dienenden Sache zuzuführen“ gewillt sei. Die Gelegenheit kommt bald.

Die 1. Deutsche Städte-Ausstellung Dresden zwischen Ende Mai und Ende September 1903 wird zu einem Ereignis von nationaler Bedeutung. Die Standortbestimmung im Städtebau mit allem, was dazu gehört, von Verkehr über Rathausbau und Entwässerung bis zu Armenwesen, Finanzverwaltung und öffentlicher Kunst, ist in einer Zeit, da die

Julius Ferdinand Wollff (1871-1942)

Wer damals wie Wollff von außen nach Dresden zieht, hört bald einmal den Namen Lingner, und er hört Widersprüchliches, vernimmt von Hochmut und Dünkelhaftigkeit und mancherlei Rätseln. Wollff fühlt sich abgestoßen und weicht diesem Menschen aus, bis dieser ihn eines Tages nach dem Grund seiner Antipathie fragt. „Er verlangte ziemlich kategorisch eine Revision meines Urteils, das durch die Art seines Begehrens im Augenblick nur befestigt ward. Aber er ließ nicht locker, bis ich in einer ganzen langen Nacht seine Lebensgeschichte anhörte." Aus diesen Anfängen, um 1903, erwächst die Freundschaft zwischen Lingner und Wollff.

Julius Ferdinand Wollff, aus einer jüdischen Familie in Koblenz stammend, zum Christentum übergetreten, eine Zeit lang Journalist in München, kommt um jene Zeit an die *Neuesten Nachrichten*, ist Geschäftsleiter, Mitinhaber, dann auch Chefredakteur. Er modelt das Mitteilungsblatt zur modernen Publikumszeitung um. Text- und Inserateteil werden getrennt, die ganze Aufmachung leserfreundlich organisiert und nach und nach das Spektrum der Rubriken bis hin zu Wissenschaft, Börse und Sport erweitert. In kurzer Zeit steigt die Auflage auf über 100 000 Exemplare. Wollff selbst konzentriert sich auf das Feuilleton und wird zum gewichtigen Schauspielkritiker.

Die politische Ausrichtung ist neutral und mittelständisch. Ein amtliches Zeugnis bescheinigt Wollff „gute, königstreue Gesinnung", sein Blatt vertrete „entschieden liberale Anschauungen", doch „bei unbedingter Anerkennung von Kirche und Monarchie". Es pflege eine „ungemein schnelle Berichterstattung und sei billig, weshalb es zum Verdruss der SPD in den unteren Schichten viel gelesen werde ... Später engagiert sich Wollff als stellvertretender Vorsitzender des „Vereins Deutscher Zeitungsverleger". Lingner braucht gute Beziehungen zur Presse. Die *Dresdner Neuesten Nachrichten* ziehen bei sozialhygienischen Themen am selben Strang und unterstützen die Idee einer großen Hygiene-Ausstellung. Andererseits scheint das wirklich Verbindende zwischen Wollff und Lingner die Bühnenwelt zu sein.

Wollff, auch ein Aufsteiger. Der König wird ihm, der ein paar Semester Philosophie studierte, den Professorentitel verleihen. Man darf ihn unter die bedeutenden Journalisten und Verleger und die fortschrittlichen Theaterkritiker der Epoche einreihen.

Städte derart wachsen, hoch willkommen. 128 Kommunen und mehrere hundert gewerbliche Aussteller beteiligen sich, worunter der Hersteller eines Desinfektionsapparates sich mit der für das Staatswesen bedeutsamen Frage der Desinfektion profilieren könnte.

Doch Lingner ist das nicht genug, er denkt grundsätzlicher, will „eine Belehrung des Publikums im großen Stile über die Gefahren, die ihm durch die ansteckenden Krankheiten drohen". In einem Schreiben an Oberbürgermeister Gustav Otto Beutler (1853-1926) redet er von Präparaten, Modellen und Apparaten, was den gegebenen Rahmen sprengt, wie Lingner selbst gesteht, doch eigentlich müssten sich nach seiner Auffassung die Städte genau mit diesen Themen befassen, ja sich für „systematische Volksbelehrung über Gesundheitspflege" verantwortlich fühlen. Und sogleich schlägt er den Ton an, von dem er nicht mehr ablassen wird: „dass Großes auf dem Gebiete der Sozialhygiene nur dann zu erreichen ist, wenn nicht nur die Gebildeten aller Kreise, sondern auch das Volk freiwillig mitarbeitet". Dazu muss es aber erst noch befähigt werden – sein Thema.

Pavillon Städteausstellung 1903

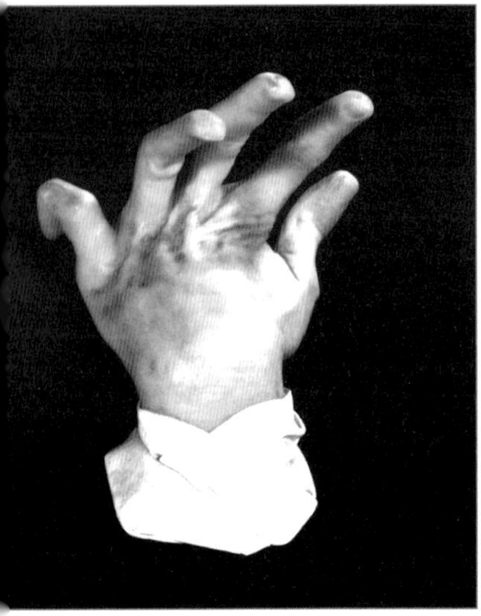

Moulage auf Grundbrett:
linke Hand „Litt´sche Krankheit"
(Original 1900-1912)

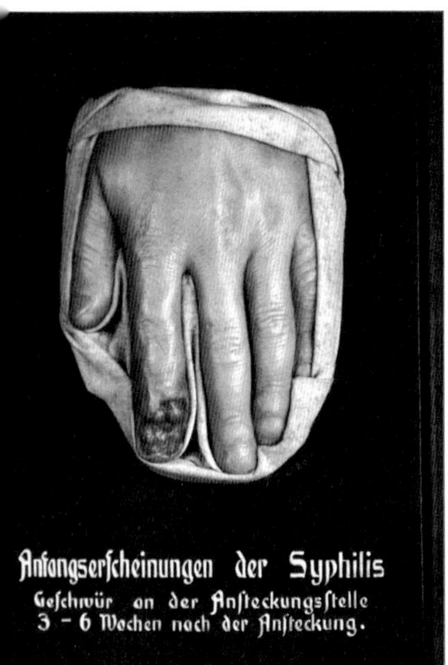

Moulage von Fritz Kolbow

Die Schau über „Volkskrankheiten und ihre Bekämpfung" wird am Ende deutschlandweit Aufsehen erregen. Der Anfang ist schwierig, Lingner ist im Verzug, hat keine Zeit („Ich selbst befinde mich gerade gegenwärtig über die Maßen durch allerlei andere Unternehmungen angestrengt"). Doch der nicht minder ehrgeizige Beutler, der wohl in Lingners Konzept eine Attraktion für die Städte-Schau wittert, drängt ihn offenbar zum Mitwirken und sorgt für Unterstützung. Nachdem die Stadt eine Teilfinanzierung beschlossen hat, baut Lingner die Ausstellung in Rekordzeit auf. Anfang Februar hat er noch keinen Leiter, die Zeit, gute Ausstellungsobjekte zu beschaffen, ist bereits knapp, und es ist ihm „noch unklar, in welcher Form sich eigentlich die Ausstellung präsentieren soll".

Im Frühjahr teilt er Beutler mit: Es arbeiten jetzt 3 Beamte, 31 Zeichner und Grafiker, „3 wissenschaftlich gebildete Herren", 8 Mechaniker (um die rund 80 Mikroskope einzurichten) und diverse Fotografen, „Moulagen-Künstler", Buchbinder und andere für ihn, ebenso sind seine Arztfreunde hilfsbereit. Aus halb Europa werden Ausstellungsgegenstände herbeigeschafft, Spirituspräparate, Modelle, Moulagen, lebende Bakterien besorgt. Die künstlerische Ausstattung des vorgesehenen Pavillons beschäftigt ihn ebenso wie „die überaus grosse Subtilität" der Objekte. „Wenn ich nicht durch meine geschäftlichen Unternehmungen eine fast unbeschränkte Aktionsfreiheit hätte, ferner nicht über einen großen Beamtenapparat und gut fundierte Verbindungen im Auslande hätte verfügen können, wäre es ganz undenkbar gewesen, diese Ausstellung in knapp 10 Wochen zu vollenden. Finanzielle Opfer habe ich in diesem Falle überhaupt nicht gescheut, um die Erreichung der einmal gesetzten Ziele zu erzwingen." Die Sonderschau wird schließlich mit zehn Tagen Verspätung eröffnet.

Vorausgegangen sind Besuche Lingners in den wichtigsten hygienischen Instituten, wo ihm unzählige Anregungen zufliegen und sich seine Rolle klärt: Was dort nur für Fachpersonal zu besichtigen ist, gehört, populär, aber mit wissenschaftlicher Seriosität erörtert, unter die Leute! Die wachsende Zahl an Hochschulen und Forschungsinstituten, wo die besten Köpfe am Werk sind: alles wunderbar. Aber wo bleibt der Transfer zur breiten Bevölkerung? Die hygienischen und volksgesundheitlichen Bestrebungen machen in der Tat nur Sinn, wenn sie möglichst alle Schichten erreichen. Lingner sieht hier seine Übersetzungsaufgabe, und man soll ihm den Idealismus nicht von vornherein wieder absprechen, indem man „Reklame!" ruft.

Menschen stehen Schlange vor Mikroskopen. Es erwartet sie eine Sensation: „Lebende Bakterien in Bewegung". Es sind Mikroskope aufgestellt und „mit einer einfachen Vorrichtung versehen, die es auch dem Unkundigen gestattete, die Instrumente für seine Augen auf die unter den Linsen befindlichen Bakterien-Präparate einzustellen, ohne den Mechanismus der kostbaren Instrumente oder die darunter befindlichen mikroskopischen Präparate zu verderben" – die Odol-Werkmeister lassen grüßen. Damit will Lingner „der damals noch sehr verbreiteten und von Kurpfuschern geflissentlich genährten Ansicht, es gäbe überhaupt keine Bakterien", entgegentreten.
Quacksalber und Bakterienleugner, seine ärgsten Feinde.
Was Lingner aufgebaut hat, ist eine Art dreidimensionales Lehrbuch, „dergestalt, dass der Text durch anschauliche Gegenstände ersetzt, die Kapitel durch einzelne Räume markiert wurden". Alles dreht sich um die gefürchteten Infektionskrankheiten, die Erreger, die Krankheitserscheinungen, die Bekämpfungsmittel. „Ich wollte nur beweisen, dass es möglich war, in einigen Stunden dem Besucher eine ganze Menge hygienischer Kenntnisse und vor allen Dingen Achtung vor der ärztlichen Wissenschaft und ihren Forschungsarbeiten beizubringen." Und er will „die quasi hygienische Erschütterung", die den Boden bereite für die weitere Belehrung der Bevölkerung.
So kann man sich im „Tuberkulosekapitel" in kurzer Zeit überzeugen, „in welch schreckenerregender Weise die Tuberkulose in den Lungen und in anderen Körperteilen verwüstend wirkt", wie die Pocken wüten, die Geschlechtskrankheiten sich unheimlich verbreiten oder bei Typhus der Darm mit Geschwüren bedeckt ist. Wobei der kluge Besucher der „Typhuskoje" vor allem eines lernen soll: weshalb der Arzt bei Typhus feste Speisen verbietet. Weil feste Speisen diese Geschwüre durchbrechen, was den Tod herbeiführen könnte. Dies ist typisch für die kleinen Lernschritte, die Lingner den Leuten verschreibt. Einmal sagt er, er sei schon zufrieden, wenn ein Besucher „nichts weiter profitierte als den Glauben an die Tatsache, dass es Bakterien gibt". Damit wäre der Kurpfuscherei wieder ein Stück Boden entzogen.
Die Urformen der Bakterien an vergrößerten Modellen, die „Original-Reinkulturen von Bakterien aus dem Institut Pasteur Paris" (welches in letzter Minute noch Schwierigkeiten machte), die Bilder und Moulagen von Krankheitserscheinungen, die Schrifttafeln und allgemein verständlichen Statistiken, Gegenstände und hygienischen

Einrichtungen müssen die Menschen stark beeindruckt haben. Um sie nicht zu überfordern, insbesondere um „zart veranlagte Personen, die etwa durch den Anblick dieser Darstellungen mehr wie erwünscht erregt wurden", zu entlasten, ist gleich nebenan für angenehme Empfindungen durch Farben, Pflanzen und Blumen gesorgt, ein alter Ausstellertrick.
Aber erst muss man am Herkules vorbei. Lingner: „Um sozusagen mit brutaler Gewalt dem Ausstellungsbesucher den Respekt vor dem Gezeigten und dem Ernste der hygienischen Dinge beizubringen, hatte ich im Mittelpunkte der Halle eine riesige Statue (Herkules die Hydra bekämpfend) aufgestellt, die mit erdrückender Wucht dem Beschauer seine körperliche Erbärmlichkeit zum Bewusstsein brachte. Gleichzeitig schwebte mir dabei vor, wie dieser Gott im Altertum als Lichtgott verehrt wurde, der alles Unheil von den Menschen abwehrt und überhaupt für das Wohl der Menschheit tätig ist."

„In jene Tage fällt ein kleines Geschehen", schreibt Wolff, „um das nur einige wenige wissen, das aber für Lingners Werk von großer Bedeutung war. Unter den Besuchern befand sich auch ein junger Mensch, der hier zum ersten Male die furchtbaren Wirkungen der Syphilis vor sich sah. In einer Vitrine lag der Schädel eines durch tertiäre Lues vernichteten Menschen. Die Schädeldecke war von einer ganzen Anzahl charakteristischer, gleichförmig randumschriebener größerer und kleinerer Löcher durchbohrt. Es sah aus wie eine Reihe von Trepanationsversuchen. Der junge Mann, der das betrachtete, war selbst syphiliskrank. Das furchtbare Gesicht, das ihn nicht mehr losließ, erfüllte ihn mit Verzweiflung. Er hielt sich für unheilbar. Nur die Fron täglicher harter Arbeit hielt ihn zunächst vom Selbstmord ab, zu dem er mehr als einmal entschlossen war. Immer wieder sah er seine Zukunft in dem Bild jenes furchtbaren Schädels, das ihn nicht mehr verließ. Der junge Mensch raffte sich indessen auf, und indem er, schon am Rande der Selbstvernichtung, beschloss, alles zu tun, was ihm ein gewissenhafter und wohlwollender Facharzt verordnete, errang er den Sieg über seine Verzweiflung und sich selbst und gesundete."
Lingner soll von dem Vorfall erfahren haben. „Alsbald sah er ein, dass neben der unumgänglichen Erschütterung der Warnung die berechtigte Hoffnung auf Heilung überall ihren Platz haben müsse." Hinweise auf positive Entwicklungen, Impferfolge, rückläufige Sterblichkeitsziffern, hygienische Maßnahmen der Städte und die Empfehlung, den Arzt nicht zu scheuen, werden alsbald in die Ausstellungshallen gestreut.

220.000 Menschen wollten die Bazillen sehen, so die Bilanz nach vier Monaten. Ein riesiger Erfolg. Damit nicht genug: „Volkskrankheiten und ihre Bekämpfung" geht in den Jahren 1904 bis 1906 auf Tournee und erreicht in Frankfurt, München und Kiel weitere 450.000 Menschen. Lingners Name wird reichsweit bekannt. Der Pavillon bleibt

übrigens auf der Münchner Kohleninsel; Lingner schenkt ihn dem dort entstehenden Deutschen Museum, welches darin das Modell der geplanten Bauten ausstellt. Oskar von Miller bedankt sich artig.
Im Nachhinein gesteht der Ausstellungsmacher, dass es Oberbürgermeister Beutler war, „der nicht müde wurde, mich zu der Angliederung meiner Veranstaltung an sein großes Unternehmen zu veranlassen", und er bedankt sich beim wissenschaftlichen Leiter Dr. Ludwig Lange ebenso wie bei den „Herren Geheimrat Professor Dr. Renk-Dresden und Geheimrat Professor Dr. C. Fränkel-Halle" und den weiteren Mitgliedern des Ehrenkomitees, ohne deren Ermutigung die Sache nicht zustande gekommen wäre.
Alle nahen Beobachter und Lingner selbst stimmen darin überein, dass diese erste Lingnersche Ausstellung Keim und Auftakt für die spätere Internationale Hygiene-Ausstellung war. Wesentliche methodische, inhaltliche, personelle und technische Erfahrungen werden bereits hier gesammelt. Arthur Schlossmann: „Von dem relativ kleinen Pavillon, der damals von Lingner und seinen Mitarbeitern, zu denen ich gehören durfte, geschaffen wurde, bis zu der Planung und Durchführung der Ausstellung im Jahre 1911 führte eine durchaus gerade und klare Linie: alles immer noch besser, noch eindrucksvoller, noch künstlerischer und formvollendeter zu zeigen, um die Geheimnisse der Natur, die bisher nur wenigen sich offenbarten, der großen Menge Lernbegieriger zugängig zu machen." Der Lingnersche „Wendepunkt in der Methodik der Belehrung" aber liege schon im Jahr 1903.
Man darf die Linie sogar noch weiter ziehen und sie beim Desinfektionsapparat beginnen lassen. Der Desinfektionsapparat ist der kleinste Punkt, in dem Lingner seine Kraft versammelte. Oder, salopp ausgedrückt: der Urahne des Deutschen Hygiene-Museums.

Die Lesehalle

„Das Beste, was ein Reicher zur Pflege seiner Menschlichkeit tun kann, ist, die Wünsche zu verwirklichen, die er als armer Mann gehegt hat" (Henry David Thoreau) – seit Lingner mittellos dastand, sind keine zwei Jahrzehnte vergangen. Jetzt scheint er sich jener Zeit zu entsinnen. Im Konzept zu einer Lesehalle und Bibliothek redet er von jungen Leuten, „die kein wohnliches Heim haben und zumal in der Winterzeit in ihrer engen Kammer außer einem kalten Lager nur noch vier kahle Wände vor sich sehen". Man sieht die Öde gleich vor sich, die karge Wohnung in Magdeburgs Altstadt, die Gesindekammer in Gardelegen, die Mansarde an der Rue de la Tour d'Auvergne zu Paris. Dem soll der „vorwärts strebende Mann" nun entrinnen und in der Lesehalle „die Mittel zur Erhöhung seiner Erwerbstätigkeit und zur Verbesserung seiner Lebenslage

Waisenhausstraße 9

schöpfen". Der Bibliothekskatalog ist erhalten: Sein Schwerpunkt liegt nicht auf dem herkömmlichen schöngeistigen Bestand, sondern auf populärwissenschaftlicher und anspruchsvoller fachlicher Literatur bis hin zu Patentschriften. Daneben gibt es eine Abteilung mit Bezug auf „die Bedürfnisse und Wünsche des Weibes."

Das Ganze, 1903 angesiedelt in bester Lage der Waisenhausstraße, gedeiht zu einem Zentrum für Erwachsenenbildung, einem Treffpunkt für Wissensdurstige, Bildungsbeflissene und Aufstiegsorientierte. Unten eine Volkslesehalle, die man gratis benutzen kann, darüber eine Bibliotheksabteilung für zahlendes Publikum; die eine Abteilung soll die andere finanzieren. Sinnvolle Dienstleistungen werden eingerichtet, ein Raum zum Schreiben, eine lexikalische Auskunftsstelle, ein Restaurant, eine Theaterkasse.

Überlieferte Zahlen deuten die Höhe von Lingners Einsatz und seine im zehnten Odoljahr erklecklichen Möglichkeiten an: 100.000 Mark soll er in Gebäude und Einrichtung investiert haben, mit 3.000 Mark jährlich beteiligt er sich an den laufenden Kosten, nach heutigen Maßstäben ein Engagement in Millionenhöhe und erst noch überdacht mit seiner privaten Haftung für alle Verbindlichkeiten. Dass sich ein Trägerverein bilden lässt, sieht er gern und macht ihm das Engagement leicht. Die Dresdner Lesehalle wird ein enormer Publikumserfolg.

Lingner steht auch der öffentlichen Lesehalle für den Plauenschen Grund Pate, bei deren Eröffnung 1906 er zusammen mit anderen Sponsoren geehrt wird, er besonders

„für seine wertvolle Schenkung und die praktische Einrichtung der Räume“, wie die Presse schreibt. Der Geehrte verspricht, auch fernerhin Beistand zu leisten, und rät, „nur guten Lesestoff zu bieten und zu einem systematischen Lesen anzuleiten“. Und was ihm stets wichtig ist: Die Wissensgebiete sollen „mühelos“ erschlossen werden.

Peanuts

Was treibt die vielen Herren an den großen Strom? Und sind sie nur infolge des Kintopp-Effektes so zappelig und in natura friedliche, gelassene Bürger, oder macht sie die Tatsache, dass der König unter ihnen weilt, derart aufgeregt? Zweifelsohne verursacht Königsnähe Monarchisten Herzflattern. Man erinnert sich an jenen glühenden Kaiserverehrer Diederich Hessling, welcher sich in Berlin auf einem Reitweg plötzlich seinem Gebieter gegenübersieht und vor Schreck in einen Dreckwassertümpel fällt. Der Kaiser „schlug sich auf den Schenkel und lachte (...). Der Mensch war ein Monarchist, ein treuer Untertan!“ (Heinrich Mann, Der Untertan).

Dieser Herrscher hier, Friedrich August III. von Sachsen (1865-1932), ist zu Fuß, eher bürgerlich und ganz allgemein weniger zynisch. Gleichwohl bestimmt er, wo es lang geht, links zum Bild hinaus nämlich, da strebt er hin, ziemlich energisch (oder ist es bloß wieder der Kintopp?), und die Versammlung der Zylinderköpfe zieht hinter der Majestät her, welche, kaum aus dem Bild gewackelt, rasch wieder in der Kutsche Platz nimmt, unterwegs zu weiteren ähnlichen Pflichten.

„Mal sehen, ob Sie Lingner erkennen“, sagt eine Stimme. Es ist die Mitarbeiterin des Deutschen Hygiene-Museums, welche diese Rarität der Filmkunst beschafft hat. Lingner? Alle Herren sehen in etwa gleich aus, ein Kaiserreich voller Männer, meist in Schwarz. Nur hier am Wasser geben sich manche lockerer. Da! Lingner in weißer Hose. Eine Sekunde noch für den steifen, sauber ausrasierten Nacken, die typische Barttracht – weg.

Der Anlass vom Juni 1914 hat mit einer jener Ruderregatten zu tun, wie sie damals auf der Elbe abgehalten werden. 1906 zum Beispiel rudert der Sächsische Regattaverein zwischen Waldschlösschen und Brühlscher Terrasse um den Lingner-Preis, und der Krösus beobachtet die Szene an Bord seiner nagelneuen Luxusjacht „Tarasp“. Schon zwei Jahre zuvor hat er eine schöne Trophäe gestiftet, den Bronze-Ruderer.

Peanuts. Wie die Unterstützung der Suche nach Hannibals Grab (Lingner als Verehrer des großen Karthagers). Wie die Tierchen für den Zoo (Lingner, der Tierfreund). Wie die Mitgliedschaft in der „Dresdner Liedertafel“, bei den Stenographen und in zahlreichen anderen Vereinen. Nicht zu vergessen die vielen kleinen Stipendien, welche natürlich für die damit Bedachten keine Peanuts sind. Mit Sicherheit hat Lingner junge

Leute in ihrer musikalischen Ausbildung unterstützt, einige Dankschreiben haben sich erhalten. Es müssen nicht immer Balletteusen gewesen sein, wie der Volksmund stets genüsslich behauptet hat. Vieles geschieht wohl diskret, und Lingners Mäzenatentum voll und ganz zu durchleuchten wird unmöglich bleiben.

Ultimatives Sponsoring?

Die Sache mit dem Schauspielhaus sollte wohl alles in den Schatten stellen. Eine Art ultimatives Sponsoring, wie vielleicht zunächst Schloss Tarasp gedacht war und wie später die Internationale Hygiene-Ausstellung? Was den langen Weg zum Ehrgipfel abkürzen würde? Der Hintergrund: Das technisch veraltete Königliche Schauspielhaus in der Dresdner Neustadt („Albert-Theater") sollte ersetzt werden. „In der Herzogin Garten", in bester städtischer Lage, stünde Land dafür zur Verfügung.
„Ew. Excellenz beehre ich mich im Nachfolgenden die wesentlichsten Punkte meines Theaterprojektes ganz ergebenst zu unterbreiten (...) Die Grundzüge meines Vorschlages sind: 1.) Ich erkläre mich bereit, auf meine eigenen Kosten ein Schauspielhaus zu erbauen und der Königlichen Generaldirektion unter nachstehenden Voraussetzungen zur Verfügung zu stellen. 2.) Das Königliche Grundstück an der Ostraallee, das für den Theaterbau zur Verfügung gestellt wird, bleib Eigentum der Königlichen Zivilliste. 3.) Der Bau des Hauses erfolgt ganz nach den Wünschen der Generaldirektion (...) 4.) Die Kosten des Hausbaues werden mit höchstens 1.200.000 Mk. veranschlagt. Das Baugeld wird von mir gezahlt, und ich behalte mir vor, auf das Gebäude eine Hypothekenschuld in irgend einer Form aufzunehmen. 5.) Die Königliche Zivilliste zahlt eine Pachtsumme von 70.000 Mk. jährlich." usf. (Brief an Graf von Seebach, 28. Januar 1904).
Es folgen dann mehrere Finanzierungsmodelle, die auf Schuld-/Besitzscheinen und der Verwertung des alten Hauses beruhen und alle dazu führen, dass das neue Haus in kürzerer oder längerer Zeit an die Zivilliste übergehen würde. Das Schreiben schließt mit einigen Überlegungen zur Dresdner Theaterszene und der Mahnung, im Falle eines Neubaus das alte Haus klug zu verpachten. Man hätte es dann in der Hand, „eine Geist und Gesinnung der Bevölkerung schleichend schädigende Theaterliteratur, wie sie sich in Berlin, Paris usw. breit macht, in angemessene Grenzen zu verweisen" – echte Sorge um die Gesinnung des Volkes? Eher Anbiederung an die maßgeblichen konservativen Kreise, Lingners opportunistische Überredungsmethodik.
Haben wir es nun mit jenem *königlichen Kaufmann und Mäzen* zu tun, der seinem Herrscher eine kulturelle Großtat ermöglichen will? Der Theaterbetrieb ist ja stets noch Sache der Krone. Lingner ist seinem Traum nahe wie nie. Oder ist es Größenwahn eines Neureichen, Grenzüberschreitung eines Parvenü? König Georg soll bereits zugestimmt

Graf Nikolaus von Seebach (1854-1930)

Das mächtige Bett stand bis in die Gegenwart oben im Schloss Tarasp, und die geschnitzte Inschrift sagt, wer drin hätte schlafen sollen: *Conte Seebach*. Während der Bauzeit am Schloss kommt der Graf mit Freund Lingner hie und da zu Besuch – in des Odolkönigs Entourage, wenn man so sagen darf. Ob die wieder hergestellte Burgenpracht seinem adeligen Geschmack gefallen hat, ist nicht überliefert. Die Odolmillionen mögen das Gehäuse wieder herstellen, die hohen Zeiten des Adels kehren deswegen nicht zurück.

Graf Seebach, den man den letzten Grandseigneur nennt, lebt ein Leben, das sich so ganz anders anlässt als dasjenige Lingners. Seebach ist in Paris als Sohn eines sächsischen Diplomaten geboren, sein Pate ist der Zar von Russland. Gute Schulen, Militärdienst bei den Gardereitern, wo er es zum Rittmeister bringt. Er bereist die Welt, liebt die Musik, bleibt unverheiratet, wird in Dresden Königlicher Kammerherr und mit vierzig Generaldirektor der Musikalischen Kapelle und des Hoftheaters (Generalintendant). Im Lauf der Jahre bleiben die Orden, die Exzellenz, der Dr. h.c. selbstverständlich nicht aus.

Er regiert seine Künstlerwelt vornehm-distanziert, doch gerecht und liberal, und liberal heißt viel in einer Zeit, da der Kaiser die Kunst als sein Werkzeug reklamiert: „Das Theater ist auch eine Meiner Waffen.“ Seebach hingegen lässt der Kunst viel Freiraum, schart gute Leute um sich, sorgt für ein blühendes und fortschrittliches Hoftheater, pflegt im Schauspiel neben den Klassikern auch die jüngeren Dramatiker, Ibsen, Shaw, Strindberg, Wilde, Hauptmann. Im Opernhaus kann er auf das Weltklasse-Ensemble um Ernst Schuch bauen, der über Jahrzehnte erfolgreich ist und mit den Wagner- und Richard-Strauss-Opern berühmt wird. Auch auf Freund Lingner kann er zählen, als er sich ein neues Schauspielhaus wünscht, und auch sonst.

haben, alle könnten sie profitieren, Hof, Stadt, Theater, Publikum und Lingner selbst, der sich gewiss einiges an Dekoration ausrechnet. Ein mäzenatischer Kraftakt, doch mit einem einleuchtenden Finanzplan versehen. Aber die Juristen finden Haare in der Suppe, schaut doch alles nach Schuldenmachen aus, was der Zivilliste untersagt sei. Gerüchte besagen allerdings, dass Neid und Missgunst eine grosse Rolle gespielt hätten. Man lehnt ab. Als dann 1912/13 tatsächlich ein neues Schauspielhaus gebaut wird, ist Lingner als Sponsor und Mitglied des Preisgerichts dabei.

Mäzene und Motive

Ein kluger Mäzen, nimmt man alles in allem. Lingner erscheint als souveräner, um nicht zu sagen professioneller Mäzen. Nach und nach leistet er sich mit der so genannten Privatverwaltung eine zweckmäßige Infrastruktur, die Projekte – nach heutigem Sprachgebrauch Sozial- und Kultur-Sponsoring – sind genau überlegt, es existieren schriftliche Konzepte, saubere Finanzpläne und vertragliche Vereinbarungen, die den Beteiligten Sicherheit geben. Die Großzügigkeit ist sorgfältig bemessen, gern sucht er die öffentliche Hand mit einzubeziehen, auch der Kontinuität wegen, und die Projekte sollen ihm nicht auf Dauer anhängen.
Es ist damals über Mäzenatentum viel geschrieben und geredet worden. Kritische Beobachter finden, es beruhe in erster Linie auf schlechtem Gewissen der Gesellschaft gegenüber: Wer sich durch wirtschaftliches Glück und großen Gewinn jedem vernünftigen Vergleich mit anderen entziehe, habe eben ein tief sitzendes Schuldgefühl und den entsprechenden Drang, sich zu rechtfertigen. Oder wer dem Geldmachen derart absolut huldige, wolle eben der Umwelt beweisen, dass er kein Egoist sei, und etwas dafür tun, um von der Gemeinschaft akzeptiert zu werden.
Lange ist es her seit den nächtlichen Gesprächen im Café König mit den wohltätigen Ärzten Schlossmann und Galewsky, die für sich in Anspruch nehmen, sie hätten Lingners Spendenfreudigkeit angeregt und seine Verantwortung gegenüber der Gesellschaft entfacht. Vielleicht ist Lingner im Austausch mit der jüdischen Gedankenwelt klar geworden, dass Reichwerden ein Mittel zum höheren Zweck und nicht das eigentliche Ziel sein sollte? Der Arzt Karl Sudhoff bestätigt dies später indirekt: „Für seine großen Konzeptionen bedurfte er gewaltiger Mittel, um sie zu verwirklichen, und diese großen Mittel hat er sich selbst schaffen wollen in einer episodischen Nebenbetätigung seines Lebens, freilich von langer Dauer, darüber war er sich klar. Aber klar sah er auch immer, dass sie ein Ende haben werde und haben müsse im Raume seiner Lebensspanne. Der Erfolg hat alle geblendet, am wenigsten Karl August Lingner selbst."

Mäzen aus Angst? Ist Bakterienangst im Spiel? Erich Kästner (1899-1974) baut in seiner „Ansprache an Millionäre" eine solche Bedrohung auf, eine ernsthafte (und immer noch aktuelle) Warnung davor, dass „sie" kommen und ihr Recht einfordern könnten („Sie werden kommen und schweigen und töten. Niemand wird über euch trauern"). Übertragen auf das Hygienische: Schwingt die Sorge derer „oben" angesichts des Schmutzes derer „unten", die Furcht der Besitzenden, die viel zu verlieren haben, vor den Besitzlosen, die im Schmutz leben müssen, mit? Nicht auszuschließen, dass solche Ängste Lingners Engagement beschleunigen. Man vergisst leicht, wie gefährlich die ansteckenden Krankheiten noch sind und wie wenig die Bevölkerung darüber weiß. Wer sich in Unwissenheit bewegt, findet vor dem gestrengen Aufklärer keine Gnade, da wird seine Sprache gleich harsch. Die Borniertheit vieler gehe so weit, „dass Sanitätsbeamte bei Pest- und Choleraepidemien in Ausübung ihrer hygienischen Massnahmen vom Pöbel gesteinigt worden seien". Und er frohlockt geradezu, dass die Gesetze es erlauben, „sämtliche Individuen ohne jede Ausnahme rücksichtslos an die Impflanzette zu zitieren (...)." Dass Lingner nun aber ständig die Angst vor Krankheiten oder eigenes Kranksein plagen und antreiben soll, ist nicht belegt.

Für die Volksgesundheit etwas bewirken! Es ist das Gebiet, das Lingner aus dem „einen Punkt" ableitet: Infektion, Desinfektion. „Die stolzesten staatlichen Vorschriften scheitern, wenn sich die Unwissenheit der Bevölkerung ihnen entgegenstellt." Lingner anerkennt die Bemühungen von Staat, Medizin und privaten Vereinigungen, etwa dem Deutschen Verein für Volkshygiene, dem er nahe steht, den Sinn für den Wert der Gesundheit zu wecken, doch sind ihm diese Anstrengungen nicht populär und nicht systematisch genug. „Die Sozialhygiene gehört zu denjenigen Wissenszweigen, die sich mit nachhaltigem Erfolge abstrakt nicht lehren und lernen lassen." Und schließlich: „Als ein Mensch, der durch seine sonstige Tätigkeit darin geübt ist, Theoretisches in Praktisches umzusetzen, und dem es sozusagen in den Fingern kribbelt, wenn er immer und immer wieder liest, dass wir eine Massenbelehrung der Bevölkerung brauchen, aber noch nicht haben, legte ich mir die Frage vor: Wie lässt sich diese Massenbelehrung erzielen?" (Leitgedanken). Man darf Lingner abnehmen, dass ihn diese Frage herausfordert; man spürt hier seine Begeisterung. Pragmatische kommerzielle Überlegungen sind gewiss mit dabei, was der guten Sache nicht zwingend zum Schaden gereichen muss. Erich Kästner trifft auch diesen Punkt:

> (...)
> „Ihr sollt ja nicht aus Güte handeln!
> Ihr seid nicht gut. Und auch sie sind's nicht.
> Nicht euch, aber die Welt zu verwandeln,
> ist eure Pflicht!

Der Mensch ist schlecht. Er bleibt es künftig.
Ihr sollt euch keine Flügel anheften.
Ihr sollt nicht gut sein, sondern vernünftig.
Wir sprechen von Geschäften.

Ihr helft, wenn ihr halft, nicht etwa nur ihnen.
Man kann sich, auch wenn man gibt, beschenken.
Die Welt verbessern und dran verdienen –
Das lohnt, darüber nachzudenken.

Macht Steppen fruchtbar. Befehlt. Legt Gleise.
Organisiert den Umbau der Welt!
Ach, gäbe es nur ein Dutzend Weise
mit sehr viel Geld ...“
(...)

Ob Lingner zu den Weisen mit sehr viel Geld gehört? Friedrich Engels (1820-1895) hätte ihn vielleicht zu den Ehrenwerten im kapitalistischen Haifischteich gezählt (so kam es dem Autor seinerzeit vor, als er die erste Begegnung mit Lingner-Kennern in der DDR hatte), zu jenen, die wenigstens etwas von dem Möglichen tun, die Last und Not und Brutalität ihrer Zeit zu mindern. Jedenfalls macht er sich viele Gedanken über seine Spenden, wie die ausgereiften Projekte belegen, geäußert hat er sich dazu nicht. Und wie weit die Weisheit geht, wird sich zeigen, wenn vom national ausgerichteten Sponsoring die Rede sein wird, einem mäzenatischen Feld, das bisher kaum beachtet wurde.

Einige von Lingners Ordensbändern

Gewiss bestimmt der Ehrfimmel des Kaiserreiches das Lingnersche Mäzenatentum entscheidend mit. Der Verdacht, er tue dies alles nur für seine Karriere im monarchischen System, begleitet den Spender auf Schritt und Tritt. Laut Wolff hat Lingner unter dieser Einschätzung gelitten, besonders wenn sie ihm Menschenfreundlichkeit und Idealismus absprach. Immerhin überwiegen die sozial wirksamen Projekte, und das übliche Bilderschenken und Ähnliches steht im Hintergrund. Wie Lingner der Königlichen Gemäldegalerie 1902 Arnold Böcklins locker-luftigen „Sommertag“ stiftet und dafür ein Vermögen

hinblättert, ist nicht das Übliche. Argwöhnische würden feststellen, dass diese Schenkung just zwischen zwei Titelverleihungen liegt und sowohl Dank für den Kommerzienrat als auch Anzahlung für den Geheimen Kommerzienrat sein kann ...
Neben den Titeln sind es die Orden, die den Aufsteiger locken. Vom preußischen Roten Adlerorden IV. Klasse (1906 gleichzeitig mit „Großbrauereibesitzer Joseph Pschorr in München") über den erstklassigen sächsischen Komtur des Albrechtsordens und den Orden der Krone von Italien bis zur französischen Ehrenlegion bedecken die Kreuze, Bänder und Spangen zuhauf die geschwellte Frack-Brust.

Lingners neues Gold ist gut sichtbar. Der junge Reiche sah sich (laut Wolff) von Anfang an mit Fantasien, Unverschämtheiten und Erpressungen der Menschen konfrontiert. Vor solchem Hintergrund erscheint ein allgemein nützliches Mäzenatentum als Ausweis des Nicht-Geizes und Abwehrmittel. Wie auch immer es um Lingners Motive bestellt ist: Niemand kann ihm die großartige mäzenatische Leistung absprechen, die er letztlich freiwillig erbringt, während riesige Haufen althergebrachten Geldes unbeschäftigt und geizig verwaltet in den Tresoren liegen.

„Der Sommertag", Gemälde von Arnold Böcklin

Lohn der guten Tat

Seine Majestät der König haben allergnädigst geruht. Im August 1904 stehen neue Ehren an. Bedacht wird wiederum der Fabrikbesitzer, doch dürfte dessen öffentliches Engagement entscheidend zur Beförderung beigetragen haben: die Dresdner Lesehalle, Desinfektionsanstalt und Desinfektorenschule, die Hygiene-Schau, die zwar misslungene, dennoch aber eindrückliche Sache mit dem neuen Schauspielhaus – alles Taten des

Kommerzienrates Lingner zwischen 1901 und 1904. „Seine Majestät der König haben Allergnädigst geruht, Euer Hochwohlgeboren den Titel eines Geheimen Kommerzienrates mit dem Range in der dritten Klasse der Hofrangordnung mit Nachsicht des Stempels zu verleihen", heißt es im Begleitschreiben zum *Allerhöchsten Verleihungsdekret*. Der Unternehmer, in seiner ganzen Ausrichtung zwar ein Herold des 20. Jahrhunderts, lässt sich diese Sprache gern gefallen, das gehört zu den Widersprüchen der Zeit. Es regiert in Sachsen noch König Georg (1832-1904), den das Volk den „Grämlichen" nennt.
Der *Geheime* lässt die Leute aufhorchen. Der Kommerzienrat war noch nichts Besonderes, aber dies? Der Dresdner Hof ist zwar verhältnismäßig offen, hohe bürgerliche Beamte und Militärs zu integrieren. Aber einen 43-jährigen Mundwasserfabrikanten? Bringt Lingner die Kastenordnung durcheinander? Greimer merkt an, diese Ernennung habe viel Missgunst hervorgerufen. Wobei andere Dresdner Unternehmer den Titel auch bekamen, so Carl Eschebach (Küchen, Sanitär) und Bruno Naumann (Nähmaschinen, Fahrräder). – 1904 ist übrigens das Jahr, da aus dem Preußen Lingner ein Sachse wird.

Das Kaiserreich hätschelt den Drang nach oben. Geld machen und einen aristokratischen Lebensstil pflegen wollen viele, die Krönung sehen sie indessen in Orden und Titeln, und manche streben weiter: in die dünne Luft des Adels. Nicht alle: Es gibt Zeitgenossen, durch und durch bürgerlich im alten Sinn, welche selbst die Nobilitierung ablehnen. Dass *der Adel im Untergang* steht, wie ein berühmter Buchtitel behauptet, ist wahr und doch nicht wahr. Wahr, wenn man seine politische Entmachtung ansieht, die in der Tat bald folgt, weniger, wenn man seine Exklusivität und Noblesse meint. Seine Faszination ist ungebrochen.
Das Ehrwesen des Kaiserreiches hat System. Es wirkt einerseits stabilisierend, indem es die Energie der Betreffenden in den Obrigkeitsstaat einpasst, andererseits antreibend, indem es Leistungswillen, Ehrgeiz und Gönnertum anstachelt. Die raffiniert ausgeheckten sozialen Nuancen von den Exzellenzen ganz oben bis zur Vermessungsratswitwe am unteren Ende der Skala wirken auf uns Heutige eher lächerlich. Doch wir haben lediglich andere Mittel der Unterscheidung.
Indem das Ehrsystem Karriere öffentlich benennt und gesellschaftlich beheimatet, stiftet es neue Identität. Wer da mithält, kann sich gewissermassen neu erfinden. Wohin sollte denn ein Aufsteiger wie Lingner sonst überhaupt gehören, einer, der aus dem Nichts kam, zwar die meisten Zeitgenossen mit seinem Reichtum überholte, aber ganz ohne „Herkunft" und Tradition ist, sogar ohne Heirat, Familie und eingewachsenes Beziehungsnetz auskommt, nicht gedient hat und nicht studiert?
Jetzt ist er ein Geheimer Kommerzienrat, und ein Geheimer Kommerzienrat ist ein Geheimer Kommerzienrat. Man sagt: Herr Geheimrat. Guten Tag, Herr Geheimrat. Herr! Geheim! Rat! Das nötigt dem weniger hoch Gestellten Respekt ab, drängt ihm

besondere Achtung auf, obwohl er nicht in jedem Fall weiß, ob und wie der Herr Geheimrat seinen Titel verdient hat: Es muss ihm genügen, dass diese Auszeichnung irgendwie von oben kommt. Der normale Bürger reagiert damals wohl devot, und der „Marktwert“ solcher Titel ist hoch; es gibt im Kaiserreich aber auch erstaunlich viel Spott über diese Dinge.

Lingner will nichts geschenkt. Er verdient sich die Auszeichnungen zu einem schönen Teil aus eigener Kraft. Die Freundschaft mit Seebach spielt zwar mit Sicherheit eine Rolle, der Graf öffnet Türen, soll den Newcomer hoffähig gemacht haben. Protektion und Beziehungen bei Hofe sind nützlich und ziemlich normal. Die *Sachsenstimme* schreibt anlässlich Lingners Ehrung, es habe „wohl niemand seit langer Zeit seine Titel und Orden so ehrlich verdient“ wie er.

Karl August Lingner um 1902

Das Ehrsystem kann auch korrupt sein: Es kommt vor, dass die öffentliche Hand Geld braucht und deshalb den Hof auf Dekoration reicher Leute drängt, obwohl über deren Eignung Zweifel bestehen. So geschehen, als Oberbürgermeister Beutler in Sachen neues Schauspielhaus „endlich die zur Bestreitung aller noch ausstehenden Ausgaben erforderlichen Mittel gewinnen“ möchte – just da, wo man Lingner seinerzeit hat im Regen stehen lassen. „Es haben sich nun auch einige gemeinnützige reiche Leute gefunden ...“ (Brief an das Ministerium des Königlichen Hauses vom 28. Januar 1914).

Eine Art Gegengeschäft zwischen Staat und Bürger ist immer dabei, die Motive sind manchmal verschwommen. Kriegt einer den Orden infolge bestimmter Leistungen oder damit er welche erbringt? Auch Adelskauf gibt es noch, aber damit will Lingner anscheinend nichts zu tun haben.

Adel?

Die schöne Gräfin und der Odolkönig. Eine Story jener Sorte, welche die Fantasie der Zeitgenossen anheizt und den Tratsch beflügelt. Überliefert hat die Geschichte in erster Linie Arnold Friedrich Vieth von Golßenau (1889-1979), zu Lingners Lebzeiten

Offizier des sächsischen Königs. Unter dem Namen Ludwig Renn beschreibt er später in seinen Büchern kritisch jene 1918 versunkene Welt, als es noch Könige und Kaiser gab („Krieg", „Adel im Untergang"). Er schildert beispielsweise die Rituale der Hofbälle im königlichen Schloss mit ihren Tücken und Albernheiten. Einst wird ihm eine Dame von starker Ausstrahlung vorgestellt, die er als ebenmäßig, groß und klug und als ausgezeichnete Tänzerin beschreibt. Ein Kamerad klärt Vieth auf: es sei dies die Gräfin Montgelas, um die sich Lingner „so bemüht hat"... „Um jeden Preis wollte er sie gewinnen. Er machte also bei ihrem Vater Besuch. Der war bayerischer Gesandter am sächsischen Hof. ‚Herr Lingner', soll der Graf höflich, aber kühl gesagt haben, ‚ich werde meine Tochter nur einem Mann geben, der adlig ist.'" In Tat und Wahrheit sei die Dame aber einfach schon anderweitig verliebt gewesen.
Dass Lingner es schaffen würde, geadelt zu werden, nimmt das Dresdner Publikum vielfach an. Es wäre durchaus nicht außerhalb jeder Reichweite, und der Eindruck, er arbeite – was allerdings wiederum ganz unadelig wäre – schwer darauf hin, hat einiges für sich. Dass aber sein ganzer Ehrgeiz und seine mäzenatische Getriebenheit in jener unerfüllten Liebe gründe, ist Kolportage.

Bürgerlich? Adelig? Nipperdey ist der Ansicht, dass die neue kapitalistische Elite des Deutschen Reiches nicht auf den Adelstitel versessen war. „Die Zahl der nobilitierten Wirtschaftsbürger – zumal wenn man die in Süddeutschland häufige persönliche, nicht erbliche Nobilitierung weglässt – blieb immer gering, im Vergleich z.B. zu hohen Beamten, Offizieren und Gutsbesitzern (...) Nur drei von 106 untersuchten Kommerzienräten aus der großen Industrie haben sich um einen Adelstitel bemüht." Auch sei der Abstand zwischen neuadligen Unternehmern und dem alten Adel groß geblieben.
Der wirtschaftsbürgerliche Tugendkatalog und die adelige Lebensart vertragen sich kaum. Lust an Leistung, die volle Hinwendung zum Geldverdienen, Hantieren mit Risiken und Innovation haben mit dem damaligen adeligen Wesen wenig gemein, welches überkommene Ehrbegriffe, Kriegertum und Müssiggang hoch hält – „welche sonderbare Welt mitten in unserm sonstigen Dasein" (Ludwig Renn).

7. Das Leben steigern

Freundschaften

„Nun kam des Breakfasts nikotinische Krönung, die knollige, schwarzbraune Havanna, eigens in luftdichter Blechdose vom Pflanzort herübergebracht. Um den ersten allererquicklichsten Zug mit dem gelernten Behagen eines erfahrenen Rauchers zu genießen, polsterte der etwas fettleibige Herr seine Beine auf einem gegenüberliegenden Korbsessel hoch, dann entspannte er das riesige, quadratische Papiersegel des „New York Herold" und entreiste mit ihm ins unermessliche Letternmeer der Kurse und Maklernotierungen" (Stefan Zweig, Rausch der Verwandlung).

Lingner? Keine Börsenkurse ohne Havannakringel, keine Mahlzeit ohne die nikotinische Krönung, keine Aufregung ohne das Tabaksedativum, keine Verhandlung ohne das nachtschattene Doping, keine Feier ohne blauen Rauch, kein Rendezvous ohne den glutvollen Torpedo? Vermutlich. Eine lang währende Freundschaft.

Dass Nikotin eine psychoaktive Droge mit stimmungsregulierender Wirkung und einigem Suchtpotenzial ist, gehört heute zum Allgemeinwissen – um 1900 ist von solchem wenig die Rede, wiewohl ein jeder Raucher darüber hätte Auskunft geben können.

Zwar gibt es Warnungen vor dem Tabakgenuss, doch die Gegner argumentieren oft eher moralisch oder mit der Schicklichkeit oder der Geldverschwendung (was einen Lingner alles nicht kümmern muss). Gern hätte man die Raucher als *Nikotinisten* etikettiert und sie damit in die Nähe der Morphinisten gerückt, der Begriff findet jedoch nicht Einlass in die deutsche Sprache. Derweil ist der Volksmund nicht verlegen und nennt die Zigarre *Nikotinzappen, Giftnudel* oder *Pestnelke*.

Lange urteilen die Mediziner, die guten Seiten des Tabaks überwögen die negativen. Man reiht ihn zusammen mit Tee und Kaffee unter die Genussmittel ein. Die Internationale Hygiene-Ausstellung wird das Thema anschneiden, doch nimmt etwa der Alkoholmissbrauch mehr Raum ein. Immerhin warnt man vor einem „Übermaß dieser leicht entbehrlichen Reizmittel"; ihr Missbrauch verursache „viele schwere Störungen im Organismus der Menschen".

Graf Seebach und Karl August Lingner Karikatur von G. O. Erler, um 1910

Männerfreundschaft. Nikolaus von Seebach und Karl August Lingner dürfte zunächst die Begeisterung für Musik und Theater verbunden haben. „Unsere langjährige Freundschaft entstand durch unsere gemeinschaftlichen künstlerischen Interessen", sagt Seebach später. Sonst ist ihm nicht viel über Lingner zu entlocken. Als er gebeten wird, zu dessen zehntem Todestag einen Erinnerungstext zu verfassen, und andere damit Seiten füllen, gibt er nur ein paar wenige Sätze preis. Ein Kavalier schweigt, wenn solches Ansinnen an ihn herangetragen wird.

Die Zeitgenossen blicken irritiert auf das Duo. Der Emporkömmling mit der Odol-Fabrik und der Abkömmling aus thüringischem Uradel! Der glaubwürdige Seiring stellt einfach fest: „Graf Seebach war der engste Freund von Lingner. Sie hatten sich gegenseitig immer geholfen." Viel gemunkelt wird über Lingners Einfluss in musikalischen Dingen. Laut Seiring soll er für bestimmte Aufführungen finanzielle Mittel bereitgestellt haben, auch wird ihm nachgesagt, er mische sich in personelle und Programmfragen der Theater ein.

Wollf sieht im Grafen den einflussreichen Verbündeten: Seebach „trat überall, wo es nur möglich war, mit einer Offenheit und einer Begeisterung für Lingner und seine Pläne ein, die ihm dieser niemals vergessen hat. Dem Werke Lingners hat er jedenfalls an gewissen wichtigen Stellen gegen sehr mächtige Widerstände Wege und Eingang für das Verständnis gebahnt." Lingner seinerseits habe sich für die Kunst einspannen lassen, und dies nicht nur finanziell: Seine künstlerische Meinung sei gefragt gewesen. Im Übrigen legt Wollf großen Wert darauf, dass Seebach aus dieser Beziehung keinerlei persönlichen materiellen Vorteil gezogen habe, und nennt die Freundschaft eine „durchaus nicht unkritische".

Ein sicheres Zeichen für den besonderen Charakter dieser Männerfreundschaft ist bisher kaum beachtet worden: Lingner und Seebach verbringen öfter freie Zeit gemeinsam, was von keinem anderen Menschen in Lingners engerem Kreis bekannt ist und wohl auch nicht von Seebachs, welcher als unnahbar gilt. Man sieht die beiden im Luxuswaggon unterwegs nach Tarasp, man weiß von Ausfahrten im Automobil, wo Seebach auch mal ans Lenkrad darf, das lockerste Foto des Grafen entsteht bei einer solchen Gelegenheit. Man liest von einer Nordlandfahrt, wo der Graf mit an Bord ist, man hat gemeinsame Bekannte, lässt sich auf Bällen blicken. Selbst in Geschäftliches ist der Freund einbezogen, weshalb Lingner ihn sich testamentarisch im Aufsichtsrat der Lingner-Werke wünscht – „mein Freund, Graf von Seebach, der sehr geschäftskundig und in meine geschäftlichen Angelegenheiten eingeweiht ist".

Julia Serda (1875-1965)

Eine zielstrebige junge Frau, eine steile Karriere. Mit achtzehn ist sie in ihrem ersten Engagement in Breslau noch durchgefallen. Über Königsberg kommt sie nach Dresden, wo es das Königliche Hoftheater gut mit ihr meint: Die 23-Jährige bekommt einen der nicht gerade häufigen Zehnjahresverträge und die schöne Start-Gage von 7 600 Mark jährlich sowie zusätzliche 2 400 Mark an Spielhonoraren.

Julia Serda, österreichische Offizierstochter, geboren in Wien, hat ursprünglich Gesang studiert und dann eine Schauspielausbildung genossen. Im Herbst 1897 spielt sie in Dresden, zunächst als Gast, die Rolle der Elfe Rautendelein (Bild) im „deutschen Märchendrama" von der „Versunkenen Glocke". Ab 1898 ist sie Königlich Sächsische Hofschauspielerin, wohnhaft an der Bautzner Straße 52, in der Beletage, später bezieht sie eine Villenwohnung, Wilhelminenstraße 4. Serda spielt in klassischen und zeitgenössischen Werken, scheut auch Boulevardhaftes nicht. Hervorzuheben sind zwei Frauenrollen in Stücken von Gerhart Hauptmann, die der Kindsmörderin „Rose Bernd" (1904) und der dämonischen Figur der „Elga" (1905). Die Serda zählt in der Zeit nach 1900 zu den großen Namen und Publikumslieblingen des Dresdner Schauspiels. Hat sie als Elga einen vierzehn Jahre älteren Theaterfan berückt? Der gehört zu einer Schicht, für welche die Theaterwelt als Tempel von Freiheit, Träumen und Projektionen enorm wichtig ist. In diesem Raum ist vieles möglich. Selbst Zauber. Was zwischen Bühne und Parkett, noch besser: Loge geschieht, bleibt im Zwielicht der Heimlichkeiten.

1905 fällt auf, dass Lingner das Haus an der Wilhelminenstraße kauft, in dem Julia wohnt. Über Art und Glück der Beziehung, welche als Lingners dauerhafteste zu einer Frau gilt, wissen wir nichts: ob Julia Serda bloß der Star an seiner Seite sein soll, ob sie die Rolle der Hausherrin im bald danach erworbenen Palais Stockhausen einnimmt und ob sie sich überhaupt in der Lingnerschen Männerwelt zurechtfindet.

Auf den 1. September 1907 lässt sie sich „unter Wegfall ihrer Bezüge" beurlauben und scheidet mit Ablauf des Vertrages Ende August 1908 aus dem Ensemble aus, wechselt nach Berlin. Im Sommer 1910 kommt die gemeinsame Tochter Charlotte zur Welt. Die Mutter ist 35, der Kindsvater 49, die beiden sind nicht verheiratet. Lingner anerkennt das Kind.

Irgendwann entfernt sich Julia Serda. 1916 steht sie noch in loser freundschaftlicher und durchaus vertraulicher Verbindung mit Lingner, schickt Blumen ins Spital. Bald sieht man sie an deutschen Theatern, bald in Hollywoodfilmen.

„Ein gewisser Nimbus des Glanzes und der Pikanterie“ schwebe „geheimnisvoll und verschönend“ über dem Ballettkorps, schreibt ein Kenner der Bühnenszene (Paul Adolph, Vom Hof- zum Staatstheater). So wird ein Lingner empfunden haben, schon damals in Paris, wo er von den höchstgelegenen Plätzen aus den winzigen und unerreichbaren Puppenwesen zuschaute. Jetzt ist er intimer Kenner des Hauses, gewissermaßen, nennt alle vom Ballett beim Namen, fördert da und sponsert dort. Frida Hess (1886-1972) kennt er wahrscheinlich von klein auf. Das Mädchen kommt 1897 als Elevin der Ballettschule ans Hoftheater. Mit sechzehn ist sie Mitglied des Corps de Ballet, mit zwanzig Solotänzerin. Sie wird ein Star, interpretiert alle großen Rollen wie auch die Tanzeinlagen in den Opern. Ihre Grazie und ihr Charme sind legendär. 1918 nimmt sie den Abschied.

Frida Hess
(1886-1972)

Das Liebesverhältnis zum 25 Jahre älteren Lingner ist nur gerüchteweise überliefert. Familie Stresemann wusste jedenfalls: Wenn Frida Hess die Esmeralda in der „Verkauften Braut“ tanzte, saß der Verehrer stets in seiner Loge. Für eine nahe Beziehung spricht die Tatsache, dass Frida Hess in Lingners Testament zu den Privilegierten gehört.

Schöner wohnen im Elbschloss

Nur wenige Jahre lang ist die Villa in der Leubnitzer Straße 30 Lingners ständiger Wohnsitz. Von Partys, Empfängen und Künstlerbesuchen ist die Rede, eigentlich die ideale Stadtresidenz für einen gesellschaftlich Umtriebigen. Doch da bietet sich eine Gelegenheit, wie sie nicht alle Tage vorkommt: Eines der drei Elbschlösser in Loschwitz ist zu haben. So etwas kann einem, welcher sich dermaßen am gesellschaftlichen Aufstieg orientiert, nicht gleichgültig sein, und dort riecht es nach dem, was der Bankiersvilla fehlt: nach Adel.
Das eigentliche Albrechtsschloss geht auf einen Preußenprinzen dieses Namens und Bruder des Kaisers Wilhelm I. zurück. Der unbotmäßige Prinz lebte in zweiter und morganatischer Ehe und gedachte sich aus dem gesellschaftlichen Minenfeld zu entfernen und sich in Dresden niederzulassen. Das Palais Stockhausen, ursprünglich ein Nebengebäude zum eigentlichen Albrechtsschloss und architektonisch auf dieses eingestimmt, wurde 1853 vom preußischen Landbaumeister und Schinkel-Schüler Adolph Lohse in spätklassizistischem Stil vollendet. Die Villa ist weit weniger ambitiös als das Hauptschloss mit seiner pomphaften Elbhangverbauung und diente dem Hofmarschall von Stockhausen, seiner Witwe und seinen Nachkommen bis 1891 als Wohnsitz. Dann gelangte sie für 360.000 Reichsmark an den Fabrikanten Bruno Naumann – eben den,

„Lingner-Schloss" etwa 1911

welchem Lingner seinerzeit die erste Arbeitsstelle in Dresden verdankte. Lingner erwirbt sie von dessen Sohn.
Möglicherweise denkt er erst, ganz nach höfischem Brauch, an einen Sommersitz fernab vom Tagesgeschäft: „Sommerwohnung v. 1 /4 - 1/11", lässt er ins Adressbuch schreiben und: „Zu sprechen nur nach vorheriger schriftlicher Vereinbarung in der Fabrik Nossener Str. 2/4." Doch schon im folgenden Jahr darf die Presse bekannt geben, er wohne künftig ganz im Elbschloss.

„Die schöne Aussicht! Die ganze, weite stille Elbe!" Was Meta Moller an Klopstock schrieb, empfand sie anderswo. Steht man aber auf Lingners Elbterrasse, so kann man sich schlicht nicht vorstellen, dass es einen schöneren Ausblick gibt.
Wer hier oben wohnt, muss feiern. Ein edles Haus, ein wundervoller Park, die südliche Lage, die „nur sanft eingedämmte Wildheit" (zitiert werden im Folgenden Schilderungen der einheimischen Presse). Und die Elbe! Als Erstes ist der Besucher überrascht, wie hoch er über dem Strom schwebt, und dann fällt ihm auf, wie glatt die Elbe hier fließt. Fast ist er froh über irgendein Treibgut, das ihm die Richtung anzeigt, in welcher sich die Wassermassen bewegen.
„In Terrassen fällt der Hang steil zur Elbe hinab. Drei riesige Ahornbäume schatten vor dem Schloss. An der Steinbalustrade steht man wie auf einem Balkon. Das Auge berauscht sich an der Schönheit, die sich unten breitet", schwärmt Wollf in seiner Zeitungskolumne „Rund um den Kreuzturm" und rühmt die Einmaligkeit der Aussicht auf die Berge der Sächsischen Schweiz und die Residenz. Er beobachtet die vorbeifahrenden Dampfschiffe und die Bauern bei der Heuernte auf den Elbwiesen. „Dann gleiten Flöße die Elbe hinab, und nur ein Mann steuert, während seine Begleiter ruhend auf den zusammengefügten Baumstämmen liegen. Fortwährend verändert sich das Bild in dem Bogen der Elbe, und von da oben merkt man erst recht, wie ein Strom die Seele einer Landschaft sein kann, ihr Antlitz bestimmt, ihr Wesen formt (...) Weit spannt der Himmel sich über das Land. In der Höhe spürt man den ungeheuren Raum, sieht die Wolken nicht bloß über sich ziehen, sondern auch vor sich."
Der Park rundum lässt ebenfalls nichts zu wünschen übrig, alte Bäume, Rhododendren, Teich, Tiergarten, Gewächshäuser, Alleen, Edelobst auf dem früheren Weinberg ... Alles passt. Außer vielleicht, dass das Schlösschen eigentlich in der Nachbargemeinde Loschwitz liegt oder dass der Name des Anwesens etwas bescheiden klingt. Man ist dann mit „Albrechtsberg" ziemlich großzügig, obwohl diese Bezeichnung zum ersten, größeren der Schlösser gehört.

Noch schöner wohnen also. Repräsentativ, komfortabel und künstlerisch angehaucht, so mag es der Großbürger jener Zeit. Einiges ist anzupassen, Decken, Böden, Wände werden unter künstlerischem Beistand neu erfunden, nichts wird dem Zufall überlassen. Leitender Architekt ist, wie schon bei der Leubnitzer Straße, Wilhelm Kreis. Er bietet Gewähr für die gewünschte Mischung von Repräsentation und Wohnlichkeit, von Pathos und Einfachheit, von Kunstgeschmack und Bequemlichkeit. Seit 1902 ist er Professor an der Kunstgewerbeschule Dresden, ist auch Gründungsmitglied des Deutschen Werkbundes. Später wird er bekannt als Neuerbauer der Augustusbrücke (1907-1910), durch die Bismarcktürme und das Deutsche Hygiene-Museum (1928-1930).

Das Raumprogramm ist vorgegeben. Ein familienloser Haushalt mit starker Ausrichtung auf Gäste und die entsprechenden Räume und Nebenräume wie Empfang, Speisen, Rauchen, Musik etc. Einige Bereiche wirken etwas verlegen, sind bloß teure Sitzecken. Die Villa aus der Jahrhundertmitte wird plüschfrei in die Zukunft geführt, die historische Gestaltung zu Gunsten einer dekorativen und bildnerischen zurückgenommen.

Dem Krösus den passenden Lifestyle zu formulieren, sind zwei Kultfiguren der zeitgenössischen Kunst aufgeboten, Franz von Stuck (1863-1928), der unter anderem einen Teil der Möbel entwirft – Mahagoni, schwarze Politur, Elfenbeinintarsien – und Max Klinger (1857-1920), der beispielsweise einen Deckenfries und etliche Büsten erschafft. Beide huldigen einem ganzheitlichen Kunstideal, beide sind künstlerisch vielseitig, beide gelten im deutschen Kontext als modern. Beide umweht ein Hauch von Skandal (Stucks „Die Sünde", Klingers Beethoven), und beide erreichen höhere gesellschaftliche Weihen, Stuck sogar den Ritterstand.

Stuck ist umstritten, vielen gilt er als oberflächlich, ja trivial. Lingner hat schon früh einen

„Lingner-Schloss" Orgelsaal

„Lingner-Schloss" Bibliothek

„Lingner-Schloss" Heizkörperverkleidung im Salon

„Scherzenden Kentaur“ und „Das verlorene Paradies“ erworben, später folgen neun weitere Gemälde, ebenso sind plastische Werke in seinem Besitz („Der Athlet“, „Die Amazone“ und andere). Der vitale Klinger seinerseits sieht sich als Universalkünstler, der in vielen Disziplinen zu Hause ist und sie miteinander versöhnen will und so gegen die zerstreute Modernität ankämpft, ein Künstler-Philosoph, den das Spannungsfeld zwischen Liebe und Tod interessiert, bisweilen extrem in der Wahl der Themen und Mittel. Bei Lingner wirkt er handzahm.

An Teppichen, Gemälden und Gobelins wird ebenso wenig gespart wie am technischen Komfort. „Beim Eintritt grüßen den Besucher die Marmorbüsten Shakespeares, Wagners, Friedrichs des Großen und Napoleons. Gedämpftes Licht fällt durch die farbig fein abgestimmten Buntglasfenster. Die harmonisch gegliederten Räume des Erdgeschosses – ein Festsaal mit wertvoller Jehmlich-Orgel, zwei Salons und ein geräumiger Wintergarten – gewähren einen prachtvollen Ausblick auf das Elbgelände und in weite Ferne (...) Statuen und antike Friese schmücken das Treppenhaus zum ersten Geschoss und dessen Vorraum. Hier interessiert hauptsächlich die mächtige Bibliothek, über dem Festsaal gelegen. Die Holztäfelung, die Bücher-Wandschränke ringsum, die orientalischen Teppiche, die den Schritt dämpfen, geben ihr trotz der großen Ausmaße ein warmes, anheimelndes Gepräge, und die Kolossalbüsten der Dichterfürsten fügen sich harmonisch in die Stimmung dieses dem Geiste gewidmeten Raumes“ (*Kur- und Fremdenblatt Weißer Hirsch-Dresden*). Später schreiben die Zeitungen vom „kostbarsten bürgerlichen Haushalt, den es je in Dresden gegeben hat“.
Ob das so genannte Mittelstandszimmer mehr ist als eine Legende? Wie der Nachkomme eines beteiligten Architekten dem Autor anvertraute, soll es einen Raum gegeben haben, welcher den Schlossherrn stets an seine Herkunft erinnerte. Es existiert in der Tat das Foto eines Zimmers mit Plüschsofa, Wanduhr und einfacher Ausstattung, welches dafür in Frage kommt. Dazu passte die Marotte, Lingner habe bei seinen großen Empfängen stets das Erlesenste aus Küche und Keller angeboten, selbst aber nur einfache Gerichte zu sich genommen.

Die geräumige Küche findet im Souterrain Platz. Das große Tafelsilber („glatte Form mit Blattrocaillen und Muschelmotiven“) ist auf fünfzig Gäste zugeschnitten. Das Speisezimmer für intimere Runden wird modern möbliert, der Tisch hat zwei Meter Durchmesser, „Palisanderholz mit schwarzen geometrischen Linieneinlagen“, dazu zwölf Stühle mit Rindlederpolster und ein Schrank mit Glastüren. „Zum Tisch gehörig weißes Damast-Tafeltuch, Schutzdecke aus weißem Fries und Schmuckdecke aus graublauer Seide mit reicher Schnurstickerei in Schwarz und Bronzefarben in Anlehnung an die Intarsienmotive der Möbel“ (Katalog der Nachlassversteigerung von 1917).

Das Speisezimmer wird zum Mittelpunkt jener Herrenrunden, in denen oft nächtelang die medizinischen, sozialen, kulturellen und wirtschaftlichen Fragen der Zeit diskutiert werden. Ein später Hort großbürgerlicher Kultur, mit Lingner als Gastgeber und Mittler zwischen Menschen und Ideen, eine seiner Lieblingsrollen. Dabei sind Ambiente und Umgangsformen der Aristokratie entlehnt, die Themen modern, an- und aufregend. Falls jener zeitgenössische Kritiker Recht hat, der Dresden in gesellschaftlicher Hinsicht als Dornröschen bezeichnete, welches schlafe und träume und wo interessante Einladungen nur zaghaft ausgesprochen würden, mag Lingner damit für sich Abhilfe geschaffen und eine eigene gesellige Tradition in Gang gesetzt haben.

Büffet, Blumen, Prominente ...

Blau-weiße Gardereiter und grüne Rasentische. Schnell offenbart sich der Hauptzweck dieses Liegenschaftskaufs: Bühne für den Odolkönig und seine Gäste zu sein. Schon im August 1906, die Farbe ist noch kaum trocken, findet sich ein erster prominenter Anlass: Der Zentral-Verein Deutscher Zahnärzte tagt in Dresden, und Lingner lädt auf sein Schloss ein. „Groß war die Überraschung, als man langsam und ohne Dampf an Geh. Kommerzienrat Lingners Besitzung (...) vorbeiglitt und hoch oben über der obersten Terrassenrampe das Gardereiter-Musikkorps erschien und eine Fanfare zum Gruße hell ins Elbtal schmetterte. An der Saloppe legte das Schiff an, und nach kurzer Wanderung konnten die Damen und Herren des Vereins den Förderer der zahnärztlichen Wissenschaft und Zahnhygiene in seinem neuen, prächtigen Heim begrüßen ...“ Der Rest ist Staunen: zwei riesige Büffets, Musik, die Gebäude, Wege und Tische elektrisch illuminiert, Rundgang durchs Haus (wobei „Das verlorene Paradies“

... Gartenfest bei Lingner 1911

Kahnpartie beim Gartenfest

von Stuck bei Gästen und Presse besondere Aufmerksamkeit findet). Die Tochter eines Gärtners berichtete dem Autor, ihr Vater habe auf Tischflächen Rasen ansäen müssen, um die Büffets besonders raffiniert zu gestalten. Die Früchte seien dann ins Gras gelegt worden; auch habe es Sektfontänen gegeben. Alles in allem „heiterste Geselligkeit, welche in einem begeisterten Hoch auf den Gastgeber" ihren Abschluss findet.

Personal ist reichlich vonnöten und reichlich vorhanden. Diskretion und Vertrauenswürdigkeit werden erwartet. Diskret sein, jedoch immer zur Stelle, diese Devise hämmert der Schlossherr wohl jedem ein, dem Haushofmeister, dem Bedienungspersonal, den Chauffeuren und Gärtnern, den Friseuren, Zimmermädchen und Tierwärtern, dem Portier, dem Bootsführer und der Küchenmannschaft und wer sonst alles damit beschäftigt ist, das aristokratische Gehäuse und Uhrwerk in Schwung zu halten. Dem Normalbürger mag die große Zahl an Bediensteten übertrieben erscheinen. Dennoch ist dieser Personal-Etat nur eine winzige Kopie dessen, was ein Hof wie der sächsische benötigt: Ludwig Renn berichtet von 200 fest angestellten Lakaien, wobei für Feste weitere Hunderte hinzugemietet wurden.

Die Tannhäuser-Ouvertüre macht den Zuhörern Gänsehaut. Wer Glück hat, kann Lingner an der Orgel erleben. Ein Gast erzählt von einem perfekt organisierten „Sommernachtstraum" für einen Großherzog und „etwa vierzig angesehene Persönlichkeiten Dresdens", ein Anlass, der bis Mitternacht dauert. Erst dann setzt sich Lingner an das Instrument (Rudolf Sendig, Im Hotel). Die Gäste sind verblüfft, tosender Applaus. Der Abend muss dann mit einer besonderen Pointe geendet haben, welche sich der Berichterstatter nur mit Lingners „Hang zur Reklame" erklären kann. Spät in der Nacht soll nämlich ein Fotograf auf der Szene erschienen sein, um die ganze Gesellschaft abzulichten. Es zwängt sich also der Lichtbildner mitsamt schwerer Ausrüstung durch die Tür (so kann man sich das in etwa vorstellen) und beginnt mit lauter Stimme, die Anwesenden für seine Zwecke zu gruppieren. So wie ein Kind vielleicht seine Puppen oder Zinnsoldaten befehligt, kommandiert er die Militärs und Minister, Geheimräte und Professoren auf passende Weise in sein Bild hinein und unterwirft sie seinem fotokünstlerischen Willen, wobei er stets darauf zu achten scheint, dass der Gastgeber an die Seite des vornehmsten der Anwesenden, des Großherzogs von Oldenburg, zu stehen kommt. Immer wieder steckt er den Kopf unter das schwarze Tuch, die Sache zu überprüfen, ruft endlich ein schrilles „Bitte die Herrschaften!" in den Raum, worauf sich ein künstliches Gewitter über der auserwählten Schar entlädt und für einen langen Augenblick die müden, rosigen, stolzen, lächelnden oder gleichgültigen Gesichter der Gäste beleuchtet. Nachher sagt der Fotograf nichts mehr und macht sich an seinen Geräten zu schaffen. Das künstliche Arrangement wagt es sekundenlang nicht, sich nun einfach aufzulösen. Da tritt Lingner hervor. „Alle Herrschaften bekommen das Foto zugeschickt", ruft er und verbeugt sich knapp.

Diese Zuwendung zu den Affen! Die (seltenen) Beobachter von Lingners Tierliebe staunen, wie er die Affen ruft und füttert, auch sei er, wenn einer krank war, nachts aufgestanden, um ihn zu pflegen. Jemand weiß: Er füttert sie mit einem silbernen Löffel, und jeden Tag wird in den hygienisch mustergültigen Gehegen Eau de Cologne versprüht. Er sei den Tieren näher gewesen als jeder Wärter und habe ihr Verhalten gründlich studiert.

Wenn wir einmal ausschließen, dass er sich in seinem Privatzoo die Affen – zeitweilig seien es dreißig gewesen – als Spassmacher hält, wie früher an Höfen üblich, wenn wir ferner die Verhaltensstudien eher als etwas Beiläufiges betrachten, dann bleibt die Frage nach den Beweggründen, und da kommen wir auf den zweiten Zweck von Lingners Um- und Aussiedelung an diesen Ort. Auf das Motiv der Entspannung und Erholung, der Gegenwelt zu Alltag und Stress. Erholung vom gesellschaftlichen Rollenspiel, von der *Abwehrmaske*, vom steifen Nacken, vom ständig kontrollierten Verhalten? Um nicht zu verdorren oder um nicht zu explodieren? Die Affen, die auf ihm herumklettern und ihn umarmen: ein Stück Unmittelbarkeit mitten in der Entfremdung und Herzenseinsamkeit, wie sie der Schweizer Schriftsteller Hans Morgenthaler (1890-1928) in einem seiner Gedichte beschreibt:

„Ich gehe jetzt oft in den Park zu den Affen
Um sie, und in ihnen mich, zu begaffen,
Um mich an ihren Possen zu messen,
Um Hochschulweisheiten zu vergessen.
Sie haben vermöbelte, hohle Gesichter
Wie stark frequentiertes Hurengelichter,

Wie überpotente moderne Dichter,
Wie nachts überraschte Bösewichter.
Ob Sonne scheint, oder ob Vollmond glänze,
Sie machen ungeniert ihre Tänze,
Lieben und stellen einander die Schwänze.
Drum geht es ihnen so gut!
Sie haben noch den natürlichen Mut:
Turnen und piepsen und klettern scharmant,
Fressen noch aus der ungewaschenen Hand,
Lausen einander am Arm, und daneben
Ahnen sie wenig vom höheren Leben ...

Gestern nun, während die Affen piepsten,
Gedachte ich plötzlich meiner Liebsten,
Die, meinen Bauch lausend,
Mich meinetwegen blutig zerzausend,
Mir Ehre, Seele und Freiheit mausend,
Ich dennoch gerne ertrüge,
Wenn nur endlich einmal
Vor Not und vor Qual,
Vor Einsamkeit und in tiefem Leid
Mein Herz nicht mehr ungeliebt schlüge."

Freunde sagten, Lingner sei jeweils dann gerne zu den Affen gegangen, wenn er aus Menschengesellschaft kam.

Über die Seilbahn im Park wurde spekuliert: Lingner habe die Treppenstufen zur unteren Terrasse an der Elbe nicht mehr bewältigen können, ja man habe ihn sogar tragen müssen – daher die Seilbahn. Eine unvoreingenommene Betrachtung verweist solche Ansichten ins Reich der Fantasie. Die Fachwelt schaut noch heute mit Interesse auf diese private Standseilbahn aus dem Jahr 1908, eine eigenwillige Konstruktion des Dresdner „Schlosserkönigs" August Kühnscherf & Söhne, eine Art Schräglift, der die 90 Meter zwischen Berg- und Talstation einstens in anderthalb Minuten bezwang – bei einer durchschnittlichen Neigung von über 57 Prozent. Die einzige Kabine, für acht Personen ausgelegt, ist edelschwarz und großzügig verglast. Der zweite „Wagen" ist flach und hat nur die Funktion des Gegengewichts, welches raffiniert unter der Schienenspur des Personenwagens verläuft. So erreicht der Konstrukteur eine besonders schmale und unauffällige Anlage, wie es sich der Auftraggeber gewünscht hat.

„Zum ersten Mal in Deutschland erfolgte bei dieser Seilbahn die Steuerung vom Wagen aus, sodass ein besonderer Maschinist nicht benötigt wurde. Dabei war das Anhalten an jeder Terrasse möglich" (Mario Schatz, Seilbahnen der DDR).
Man muss den Weinberg begangen haben, um zu verstehen, dass Lingner sich eine bequeme Lösung suchte. Die gegen 250 schmalen Tritte dieser steilen Treppe hinauf und hinunter zu steigen, womöglich täglich, bei Wind und Wetter, macht wenig Freude, da braucht man nicht krank zu sein. Nicht zu vergessen die Feierlichkeiten, die Partys, die Gäste, deren Ankunft per Schiff! Auch Lingner selbst lässt sich bisweilen mit dem Motorboot in die Stadt fahren, sodass man die Seilbahn als jenes Stück Verkehrsanbindung betrachten kann, welches noch gefehlt hat. Die untere Terrasse sollte übrigens „ein monumentaleres Aussehen" erhalten, so ist es zeitweise geplant.
Lingner hat sich vermutlich häufiger unten aufgehalten, als es den Anschein macht, insbesondere im Pavillon am Ende der kleinen Allee, nahe der Einfriedung von Schloss Albrechtsberg. Dieses kleine Gebäude barg einen achteckigen biedermeierlichen Salon (mit Telefonanschluss), wo er seinen Tag oft mit Planungsarbeit begonnen, ja, wenn Wolff richtig orientiert ist, jeweils gefrühstückt haben soll.
Übrig geblieben ist wenig. Die Seilbahn verrottete, wurde abgebrochen, noch ist die Schneise im Abhang zu sehen. Das ehemalige Maschinenhaus, zugleich Bergstation, steht noch. Der Frühstückspavillon wurde im Zweiten Weltkrieg zerstört. Das Motorboot „Presto" ging testamentarisch an Prinz Ernst Heinrich von Sachsen, er nahm es an.

Lingner in der Seilbahn

Luxuswelten

Luxus und Exklusivität, wo man hinschaut, ob er sich einen Zobelpelz mit Biberkragen kauft oder noch ein Automobil mehr, sich von der Presse das Rezept für eine Entenpastete entlocken lässt, ob er 10.000 Flaschen Wein in 200 Sorten und 129 Flaschen alten Cognac hortet, über hundert Gemälde alter und neuer Meister erwirbt und Teppiche und Antiquitäten im Dutzend. Die Kargheit des damaligen Durchschnittsdaseins der Menschen gibt den Hintergrund ab, vor dem alles noch krasser erscheint. Ein Reicher vom Schlage Lingners ist auch Speerspitze des Konsums. Er sucht und verwirklicht eine Genusserfüllung, wie sie den allermeisten Zeitgenossen verwehrt ist. Es reicht für alles.

Was die Kunstsammlung anbetrifft, so kommt hin und wieder ein Berater ins Blickfeld: Graf Kuno von Hardenberg (1871-1938), wie Seebach hochadelig, kunstbeflissen und allein stehend. Ein witziger, exzentrischer und etwas unverschämter Typ, eigentlich Jurist, der aber Kunststudien betreibt und ab 1901 als Kunstmaler in Dresden lebt. Lingners Gewinn: Graf Hardenberg verkehrt auch am Darmstädter Hof (dessen letzter Hofmarschall er 1917 werden wird) und schafft vermutlich die Brücke zwischen Lingner und Großherzog Ernst Ludwig von Hessen. Was mindestens zwei Früchte zeitigt: dass Lingner das Säuglingswesen im Lande Hessen zu sanieren beauftragt wird und Schloss Tarasp später testamentarisch an den Grossherzog übergeht.

Automobilismus

„Missbilligend musterte der Professor den Lederanzug des jungen Mannes. ‚Sie sind wohl Walfischfänger?', fragte er mit leisem Spott und tippte seinem Besuch auf den Ärmel. ‚Nein, Automobilist ...'" Die Antwort des jungen Mannes klingt nach Bekenntnis. „Automobilist" zu sein erscheint damals, da in Deutschland erst wenige zehntausend Autos fahren, als etwas Besonderes. Die winzige Szene von Gustav Meyrink (Des deutschen Spießers Wunderhorn) ist eine Momentaufnahme aus jener Übergangszeit, wo die jüngere Generation vom Automobil schwärmt und die ältere sich hoch erhobenen Hauptes über die *Benzinstinker* lustig macht. „Das sind doch alles bloß Todeskandidaten, und in zehn Jahren weiß kein Mensch mehr was von ihren Töfftöffs" – die Prognose des Berliner Fuhrunternehmers Gustav Hackendahl liegt weit daneben (Hans Fallada, Der eiserne Gustav).
Denn der Wandel im Verkehrswesen ist tiefgreifend und endgültig. Wo man früher zu Fuß, zu Pferd oder per Kutsche reiste, tut sich nun ein ganzes hektisches Panorama an Fortbewegungsmitteln auf: nebst der technisch immerzu verbesserten Eisenbahn und den Automobilen auch elektrische Straßenbahnen, Seilbahnen, Aufzüge, Motorräder, Motorboote, Luftschiffe, Flugzeuge ... Kein Wunder, wenn die paar Jahre vor dem Krieg vielfach als nervös und hektisch beschrieben werden. Dazu tragen noch weitere Beschleuniger wie Presse, Foto, Film, Telefon und Telegraf bei und nicht zu vergessen die Elektrizität, welche den Aktionsradius der Menschen enorm erweitert und mit ihrem Licht den Tag beliebig zu verlängern gestattet.
Die *Automobilfrage* beschäftigt die Gemüter.
Für Leute wie Karl August Lingner gibt es zwar längst nichts mehr zu fragen. Sie sind nicht nur technikfreudig, sondern sehen auch wirtschaftliche Vorteile: Sich gute Pferdegespanne zu halten ist teuer bei geringer Effizienz, und vor allem im Bereich der Lastentransporte leisten die neuen *Camions* ungleich mehr. Viele Autobesitzer nutzen

zwar anfänglich das Automobil nur als Sport- und Tempo-Spielzeug. Schon Mitte der neunziger Jahre finden Autorennen statt, überhaupt hätscheln die Hersteller eine Zeit lang das Rennmäßige. Der Schriftsteller Otto Julius Bierbaum (1865-1910) propagiert hingegen bereits 1902 die automobile „Kunst des Reisens" und schreibt nach einer mehrwöchigen Fahrt: „Alle Lebenskräfte sind aufgewacht, alles Verhockte, Verstockte, Faule, Grämliche ist weggeblasen, alle guten Geister der Kraft und der Gesundheit sind mobil. Bewegung, Kraft und Saftumsatz, Rhythmus und Raumüberwindung – das hat's getan" (Eine empfindsame Reise im Automobil).

Das ist ganz nach Lingners Geschmack. Die Automoblisten schließen sich alsbald in Klubs zusammen, der sächsische wird von Lingner gegründet, er ist sein erster Vorsitzender und wird später Ehrenmitglied. 1913 fahren in Sachsen etwa 6.000 Automobile, ungefähr ein Drittel davon sind Personenkraftwagen.

Lingner beschäftigt Chauffeure, ist aber mit Sicherheit auch gern *Selbstfahrer*. Die neue Bewegungsart fordert im Übrigen schon damals ihre Opfer wie jenes Kind, das in Lingners Automobil läuft, als er, Graf Seebach und ein weiterer Passagier von einem Ausflug heimkehren. Das Kind ist tot. Lingners Chauffeur wird freigesprochen, er könne nichts dafür, dass ihm das Mädchen in den Wagen gerannt sei.

Der Kaiser ist Schirmherr des *Automobilismus*. 1910 feiert der Kaiserliche Automobilklub bereits sein zehnjähriges Bestehen. Der Geheime Kommerzienrat Lingner ist unter den 500 Gästen im Kaisersaal des Berliner Hotels „Rheingold". „Alle von den großen Tourenfahrten bekannten Gesichter sah man wieder, markante Köpfe aus der Industrie und dem Sport, Herren des Deutschen Freiwilligen Automobilkorps in ihrer kleidsamen Uniform, viele Offiziere und hohe Persönlichkeiten." Brücken werden geschlagen zwischen Industrie und Sport und augenscheinlich auch zwischen Sport und Militär, selbst zwischen den Nationen, indem auch ausländische Klubs vertreten sind. Unschön ist lediglich, dass der französische Vorsitzende fehlt: Er hat von unbekannter Hand ein Telegramm erhalten, der Anlass sei verschoben worden ... „Der rätselhafte Vorgang", schreibt die Presse, werde untersucht, dies sei „grober Unfug" gewesen.

Fluchten, kleinere und größere

Für kleine Fluchten das Automobil. Die Zeit rühmt die Leichtigkeit, welche das neue Vehikel dem Reisen verleihe. „Man muss immer einen großen Apparat in Bewegung setzen. Oft möchte Ich Mich am liebsten in ein Automobil setzen und ein paar Tage flott hinausfahren und zufrieden und arbeitsfroh wieder nach Hause kommen. Und solche Erfrischungen braucht man gerade in Meinem ernsten Beruf sehr notwendig"–was sich Kaiser Wilhelm vielleicht vergebens wünscht, erfüllt sich sein Untertan problemlos.

Auch sonst übertrifft Lingners Mobilität das zeitgenössische Maß bei weitem. Trotz Autofimmel bleibt ihm die Eisenbahn das beste Mittel, Raum und Zeit zu überwinden. Sie führt ihn rasch und bequem fast überall hin. Die Idee, in einer weit entfernten und gebirgigen Gegend einen Wohnsitz zu unterhalten, setzt geradezu voraus, dass Lingner eine Reise von Dresden ins Engadin als zumutbar und kalkulierbar einschätzt, wahrscheinlich verbunden mit der Überzeugung, dass sie mit der Zeit noch schneller und bequemer werden wird. In der Tat baut die Bahn noch während der Tarasper Rekonstruktion ihre Gleise bis ins untere Engadin weiter, und wäre nicht der Krieg dazwischengekommen, hätte man sie vermutlich bis Innsbruck gezogen.
Weshalb Wolff seinen Freund als reiseunlustig taxiert, als einen, „der sich ungern auch nur für Tage von Dresden trennte", ist nicht recht nachvollziehbar. Geregelter Urlaub ist sicher nicht Lingners Sache, doch die sonstige Mobilität nicht zu übersehen. Mehrere Wohnungen in Dresden, zwei in Berlin, möglicherweise eine in London und das Schloss in der Schweiz weisen nicht gerade auf einen Stubenhocker hin. Kommt noch das Schiff hinzu, eine gewaltige Steigerung des Lingnerschen Reiseradius, wo sich freilich auch Zweifel einstellen, ob dieser Mensch das alles überhaupt nutzen kann. Wolff mag insofern Recht haben, als Lingner es nirgends lange aushält.
Er kennt viele Fluchtwege, um dem Kleinkram und den einengenden Beziehungen, dem Belauert- und Belangtwerden, dem Neid und der Bettelei zu entkommen, und fragen muss er niemanden. Mit der Zeit kommt und geht er, wie es ihm beliebt, die Leute seines Vertrauens halten gehorsam die Festung, er braucht sich nicht zu sorgen, fährt weg, bald kürzer, bald länger, sagt nicht wohin und nicht wie lange. So sieht man ihn an der See, in Kiel, Cuxhaven, Biarritz, für Nächte oder auch, weil Empfänge, Versammlungen und Bälle es erfordern, in Berlin, halb geschäftlich in London, München, Paris, Zürich, im Engadin, zur Kur in Italien.

Viel Musik

Hörer, Musiker, Financier – der Musik bleibt Lingner treu. Als Besucher sieht man ihn häufig in Oper und Konzert. Jemand meinte, er habe dem großen Schuch wie ein Konservatorist zu Füßen gesessen. Ernst von Schuch (1846-1914) war zweiunddreißig Jahre lang Dresdens Musikdirektor und dirigierte fast 3.000 Vorstellungen. Lingner und Schuch sollen leidenschaftlich über Wesen und Zukunft der Oper diskutiert haben, und es scheint, dass Lingner auf hohem Niveau mithalten kann, worauf hinterlassene Notizen hindeuten wie auch Wolffs Mitteilung, es sei ein Genuss gewesen, „diesen beiden Musikern zuzuhören". Diskussionsstoff gibt es genug, ist doch Lingners Skepsis gegenüber der Oper, insbesondere seine Abneigung gegen Richard Strauss' Musikdramen,

groß. Er stuft diese als Fehlentwicklung der Oper ein. Den „Rosenkavalier" soll er gerade noch akzeptiert haben, über die expressionistische „Elektra" hingegen bestürzt gewesen sein. Während er den Sinfoniker Strauss schätzt, bezeichnet er den Opernkomponisten Strauss in einer privaten Notiz als „Erfinder der allerschrecklichsten Scheußlichkeiten" und Urheber „lächerlicher Vertonungen".
Als dann das Gerücht geht, man wolle den alternden Schuch ziehen lassen, weil die Oper stagniere etc., gilt Lingner als Drahtzieher oder zumindest als Befürworter. Die Sache endet versöhnlich. Auch sonst wird nicht alles so heiss gegessen: Trotz Bedenken lädt Lingner seine Gäste beispielsweise in die „Salome" ein. Schuchs Erfolge mit den Strauss-Opern kann er nicht übersehen. Zum Dresdner „Rosenkavalier" setzt 1911 eine eigentliche Wallfahrt ein, und eine Festvorstellung wird die Eröffnung der Internationalen Hygiene-Ausstellung krönen.
Dass Lingner im Dresdner Musikbetrieb mitmischt, scharf beobachtend, lustvoll kritisierend, suggerierend, finanzierend und fördernd, gilt als ausgemacht. Er lädt Stars zu sich ein, es gibt private Konzerte, Vorträge usf., Richard Strauss, Enrico Caruso und viele andere sind zu Gast, auch Ruggiero Leoncavallo, dessen „Bajazzo"-Aufführung Lingner für Dresden betreibt und der in Lingners Haus seinen „Roland von Berlin" vorstellt, eine Auftragsarbeit des Kaisers (und ein Reinfall).

Lingner an der Orgel 1911

Wenig bekannt ist, dass Lingner historische Musikinstrumente sammelte: Wissenschaftliche Akustik und Instrumentenbau möchte er in einem Versuchslabor zusammenführen, um die Instrumente zu erforschen und weiterzuentwickeln.
Als ausübender Musiker wird Lingner vielfach gerühmt, meist von seinen Gästen, die nur schon dadurch verblüfft sind, als sie solches von einem Fabrikanten nicht erwartet haben. Immer noch fasziniert ihn die Orgel, bald spielt er sie „nach innen", bald „nach außen", entlockt ihr Urkräfte und dringt mächtig auf die Zuhörer ein mit seiner Meistersingermusik, der Machtmensch an der Weltenorgel, und dann wieder ganz in sich gekehrt, ohne Zuhörer, als Ausgleich zu Hyperaktivität und überbordender Bean-

spruchung. Der Harmoniebedürftige und das Sedativum, Missklang und Zwietracht fliehend. Die Orgel steht dem extravertierten und dem introvertierten Lingner gleichermaßen zu Diensten, und so ganz nebenbei entschädigt sie von Mal zu Mal den abgebrochenen Musikstudenten von ehedem.
Fragt man nach seinem Repertoire, kommt man nicht weit. Wie über Zuhörer zu erfahren ist, spielt er einerseits populäre Stücke („Die Himmel rühmen", „Das Altniederländische Dankgebet", das Largo von Händel), andererseits Fantasien und anspruchsvolle Improvisationen zu Wagner-Opern.
Dass er seine Hauskonzerte per „Makro-Mikrophon" und „lautsprechendem Telephon" an Freunde übertragen kann, ist vielleicht nebensächlich, immerhin als Vorstufe der bald hereinbrechenden Welt neuer Medien (der Rundfunk!) interessant.

Die Rekonstruktion

Ein junger Mann stiefelt durch die Tarasper Ruine. Er hat viel Papier und Schreibzeug dabei, schaut und zeichnet, zeichnet und schaut, stundenlang, tagelang, ein Lageplan entsteht, Maßstab 1:1.000. Der junge Mann heisst Walter Türcke, kommt aus Dresden, der Ruinenbesitzer hat ihn zum Architekten des Wiederaufbaus ernannt.
Die Einheimischen schauen ihm erst einmal von Ferne zu, und irgendwann wird sich einer in der Dorfwirtschaft an den selben Tisch gesetzt haben. Die Leute staunen: „ün giuven architect", sie sprechen Rätoromanisch und etwas Deutsch. In der Tat ein junger Architekt, Türcke hat eben erst sein Studium abgeschlossen.
Als 1907 mit Getöse ein Stück Fels abbricht, ist es wie ein Schrei. Man muss etwas tun. Wie ernst ist es dem neuen Besitzer mit dem Wiederaufbau? „Ich werde etwas hinstellen, was noch nicht dagewesen ist, einen neuen Typ von Rekonstruktion will ich schaffen", soll Lingner verheißen haben.
Allmählich kommen die Arbeiten in Gang. „Namhafte Unterführungen und Verstärkungen der Fundamente, wo der Baugrund ein unzuverlässiger war; Konsolidierung des Mauerwerkes durch Auswechselung vermorschter Stücke und Ergänzung und Verklammerung geborstener Teile an Gewölben und Bögen. Alte Struktur, wo sie zutage trat, blieb unverputzt; neue Böden gestatten den Umgang durch alle Teile des Schlosses; der schwanke Aufsatz des Glockenturmes ist durch ein neues Werk in Wiederholung des alten ersetzt; durchwegs, mit Ausnahme des Pulverhauses, die Bedachung in dem herkömmlichen Schindelbelag erneuert (...)" – Johann Rudolf Rahn beobachtet alles mit Argusaugen.
Die Aufzählung sagt noch nichts über die Arbeit im Einzelnen aus, nichts über die Herausforderungen, die noch bevorstehen: etwa die Herausforderung durch das Vor-

gefundene, ein jeder alte Nagel, der da liegt, kann zu unendlichen Weiterungen führen, weil der Ehrgeiz besteht, ihm gerecht zu werden. Sagt nichts über die nötigen, oft erst noch zu beschaffenden Fachkenntnisse, nichts über die Schwierigkeit des Arbeitens auf der extremen Baustelle. Sagt auch nichts über die Menschen, die da zusammentreffen, ihr Können, ihre Eigenheiten und Launen und Grenzen. Sagt nichts über Stockungen, Unfälle, Missratenes. Nichts über Hitze und Kälte, und dass man über den Winter mehr oder weniger pausieren muss. Sagt nichts über die Kommunikation mit dem, der zahlt und befiehlt.
Hämmern, sägen und pickeln, rufen, fluchen und juchzen, essen, trinken und schlafen, Witze reißen, streiten und Karten spielen – auf Jahre hinaus bevölkern nun Dutzende von Bauleuten, Kunsthandwerkern, Tagelöhnern und Fuhrleuten den Hügel.
Zunächst also die Mauern, die Böden, die Dächer, es ist die Zeit des Groben. Der Steine, des Eisenbetons, der mächtigen Gerüste und der Holzfuhren. Aber alles kommt nur langsam in Fahrt, es ist, wie wenn man eine schwere Dampflokomotive anwirft.

Nicht weniger als siebzig Burgen in der Schweiz und in Österreich besucht der Burgenforscher Bodo Ebhardt „im Allerhöchsten Auftrage", unter anderem, um Studien

Schloss Tarasp eingerüstet

Minutiöse Rekonstruktion

für die Wiederherstellung der elsässischen Hochkönigsburg zu treiben. Ebhardt besichtigt Schloss Tarasp im September 1901. Schon auf dem Anmarsch beeindrucken ihn die Lage, der spiralförmige Burgweg, die vielen Schießscharten, die vier Toranlagen, der Wehrgang, die Kapelle mit Spuren alter Malerei. Es entstehen Skizzen, ein Grundriss. „Alle Dächer sind arg mitgenommen, namentlich die großen, nicht abgedeckten Schornsteine lassen Regen und Schnee freien Zutritt zum Innern des Baues. Alles in allem ein hochinteressanter Bau, der ein zwar verwüstetes, aber noch wohl erkennbares Bild seines mittelalterlichen Zustandes bietet. Von außen sieht er heute noch genau so aus wie zu Merians Zeiten." Ebhardts Sorge ist, dass die Burgen vielerorts der Vernichtung anheim fallen. Und wo rekonstruiert wurde, trifft er manchmal Haarsträubendes an: „fürchterliche Marzipanarchitektur, innen fast alles verpfuscht, verkommen und verwüstet, schrecklich verschönert, Wiederherstellung ohne alle Pläne und Zeichnungen", dazu ein falsches Burgverlies mit beweglichem Knochengerippe und was der Scheußlichkeiten mehr sind. Die ganze Epoche ist ja vernarrt ins Mittelalterliche, man sieht's an der Neo-Architektur oder an der Art, wie Aufführungen und Festumzüge gestaltet werden. 1899 wurde die Deutsche Burgenvereinigung gegründet, welche sich um die Erhaltung historischer Wohn- und Wehrbauten bemüht. Für die Rekonstruktion mittelalterlicher Burgen interessiert sich der Kaiser persönlich, und sollte er den Bericht seines Burgenexperten tatsächlich gelesen haben, so wäre er damals schon auf den Kommerzienrat aus Dresden gestoßen, denn der Berichterstatter hält fest, Lingner gedenke Schloss Tarasp vor weiterem Verfall zu bewahren, und dies sei „sicher ein verdienstliches Opfer". Eine Burg retten und verantwortungsbewusst rekonstruieren – es ist dem Monarchisten eine vaterländische Tat.

Sachgetreu rekonstruieren, der Grundentscheid. Ein zweiter Entschluss lautet: modernen Komfort diskret mit einbauen, um das Schloss bewohnbar zu machen. Die Burg stelle sich, sagt Rahn, „als ein Ganzes nach mittelalterlichen Gesetzen dar", das heißt, es gibt den Aspekt der Verteidigungs- und den der Wohnanlage und beides nebeneinander und ineinander. Eine architektonische geschichtliche Einheit ist es indessen nicht. Auf diese Tatsache geht man ein, lässt das Gegebene und Gewachsene jeweils gelten und ergänzt es klug, eine Pseudo-Burgenarchitektur vermeidend. Ein jahrelanger Prozess setzt ein, der sich letztlich aus Tausenden fachlicher Entscheide zusammensetzt, beginnend beim geringsten Fenstergriff und endend beim Gesamtbild der Anlage. Die vornehme Wohnburg, die am Ende entstehen wird, ist freilich in dieser Ausprägung hier nie gewesen.

Praktische Fragen gibt es augenblicks genug: Wo war was? Was ist darunter, dahinter? Was gehört zu welcher Epoche? Wie der brüchigen Beschaffenheit des Felsens beikommen? Was tun mit romanischen Malereien, die plötzlich unter dicken Putzschichten erscheinen? Das umfassende zeichnerische Werk von Rahn (1904/05), die Grundrisse von J. L. Meyer-Zschokke (1908 „mit gütiger Einwilligung des Schlossbesitzers") und Rahns umfassende Analyse des Bauwerks (veröffentlicht 1909) helfen das Ganze zu durchdringen und zu verstehen.

Etwa 1910 beginnt die Feinarbeit, die Gestaltung und Ausstattung der einzelnen Räume. Nichts ist mehr da, alles wird zugekauft. Nur Sachen aus der Zeit, auf Herz und Nieren geprüft, kommen in Frage.

Das Grobe allerdings, das Stützen und Ankern, das Vermauern und Vergießen, bleibt lange ein Thema.

Etwa zweimal im Jahr kommt Lingner persönlich ins Engadin. Ansonsten ist man per Brief und Telegramm in ständiger Verbindung, Tarasp liegt praktischerweise an der Telegrafenlinie München – Mailand. Lingners Autorität bestimmt alles und jedes.

Der Bauherr fährt jeweils in der wärmeren Jahreszeit zusammen mit einer Korona von Freunden und Fachleuten nach Tarasp. Man geht von Raum zu Raum, alle müssen Notizen machen. Der Bauherr hört sich die fachlichen Urteile an und verbreitet seine Devise: „Das Alte erhalten, das Neue gestalten!" Manche wundern sich über seinen Sachverstand. Die nächsten Schritte werden besprochen, Aufträge erteilt. Der Bausekretär Ignazio Vaia (1885-1978) findet, der Mann sei in die Sache „wahnsinnig verliebt". Lingner mag den schmächtigen und quirligen Südtiroler („Setzen Sie sich nur her zu uns ... Wie geht's? Halten Sie sich gut, Sie haben hier eine Lebensstellung!"). Vaia aus Bozen. Er ist weit herumgekommen, war in der Saarkohle, in München im Betonbau, dann bei der Errichtung des großen Gaswerks nahe Zürich. Ihm gefällt es hier.

Lingner verwöhnt seine Freunde, schon die Anreise dürfte ein Vergnügen gewesen sein. Seiring: „Ich mietete einen Salonwagen der Eisenbahn, der einem fahrplanmäßigen D-Zug angehängt und bis Lindau mitgenommen wurde (...). Teilnehmer der Fahrt waren Graf Seebach, Bodo Ebhardt, der bekannte Burgenbauer, Prof. Hoegg, Geheimrat Gurlitt und Graf Hardenberg. Für die Verpflegung sorgte der Küchenchef von Lingner, der

mitfuhr. In Chur wurde dann der gläserne Aussichtswagen der Engadiner Bahn bestiegen (...). Als wir gegen Abend in der Ferne das Schloss liegen sahen, war es mit Rot- und Grünlicht bestrahlt und ein Feuerwerk wurde abgebrannt." Für diese Illumination wird Seiring extra belobigt.
Im Gegensatz zu Türcke, der mit den Einheimischen oft Mühe hat, kommt Lingner selbst bei der Bevölkerung gut an. Weit über dem Alltagskram stehend, hat er es natürlich leichter. Der Architekt macht die Erfahrung, dass die Leute lieber mit Lingner verkehren, weil mit ihm „besser zu verhandeln wäre als wie mit mir".

Im Museum Ferdinandeum in Innsbruck treibt Lingner die ältesten Zeichnungen des Schlosses auf, sie zeigen den Zustand im 16. Jahrhundert. Dort lässt er auch Wappen bestimmen. Historisches Interesse? Oder die Hoffnung, aufgrund des Tarasper Besitzes Anschluss an den Adel zu finden? Aus der Korrespondenz mit dem Ferdinandeum erhellt, dass er offenbar mit einem Herrn von Dietrichstein Kontakt hatte – diese Familie, Fürsten von Nikolsburg in Mähren, hatte Tarasp im 17. Jahrhundert als erbliches Reichslehen erhalten. Erst Napoleon beendete die feudalen Verhältnisse.

Der Wildsee zu Füßen des Hügels ist ein Juwel. Die Einheimischen denken auch an den Nutzen, denn er liefert Wasser, Fische und Eis. Eis für den unersättlichen Bedarf der Hotel-Eiskästen und bald für ein weiteres wandschrankgroßes Kältemonstrum, oben in der nagelneuen Schlossküche. Ein Bauer besorgt das in den Wintern. Er versteht sich darauf, die Eisdecke innerhalb einer vorbestimmten Fläche zünftig anschwellen zu lassen und dann Blöcke von etwa 40 x 100 Zentimetern auszusägen. Ein guter Nebenverdienst.
Steigt man höher, wirkt der See imposant, die ovale Form fällt auf, die stille Oberfläche, die Ufersäumung. Ganz oben schließlich, auf dem Wehrgang, ist er ein Auge in der Landschaft, leuchtend grünblau, ein schönes Auge, samten glänzend, offen daliegend und doch geheimnisvoll. Hier ist man einhundertzwanzig Meter über dem Seespiegel. Lingner soll geplant haben, für sich am Südufer eine Villa zu bauen, des Weiteren, die Fahrstraße vom Hügel her so zu verlängern, dass man mit dem Automobil zum vorgesehenen kleinen Hafen fahren und dort auf ein Boot hätte umsteigen können.

Ziegen festnehmen! Das hätte der Architekt nicht tun sollen, es ist keine friedensfördernde Maßnahme. Trotz Abgeltung der Weiderechte grasen immer wieder Geißen hirtenlos am Schlosshügel, einige Bauern haben die Abwesenheit des „Preußen" ausgenutzt. Das setzt einen energischen Brief Türckes an den Gemeinderat ab, von Bußen, Schadenersatz und Beschwerde an die Regierung ist die Rede, und überhaupt sei jetzt der Geduldsfaden gerissen, und man habe zwecks Feststellung der Besitzer drei der Tiere „festnehmen lassen". Das vierköpfige Gemeindepolizeigericht versammelt sich

gleich anderntags, findet zwar keinen Schaden, verurteilt aber die drei Tierhalter zu je einem Franken Buße. Was damals dem Gegenwert von etwa drei Litern Milch entspricht, mehr als eine Ziege pro Tag hergibt. Dazu die Spesen, hälftig zu tragen, stolze zwöf Franken. Für den, der mühsam sein Heu an den Hängen zusammenklaubt, gilt es als Verschwendung, wenn feines Gras ungenutzt verdorrt.
Ein weiterer Stein des Anstoßes ist das Baden im See. Was kann es an heißen Sommertagen für das Handwerkervolk Schöneres geben als einen Sprung ins kühle Nass? Auch wer keine Badehose besitzt, braucht das hie und da. Doch das Auge des dörflichen Anstandes wacht, und alsbald bestätigt die Bauherrschaft zu Händen des Gemeinderates: „Dass freche Leute ohne Schwimmkostüm baden, ist im höchsten Grade unsittlich und kann nicht geduldet werden.“

Tarasper Landschaft mit Schloss, Dorf und See heute

Empört beobachtet die greise Bäuerin, welche nahe am Wasser wohnt, die Szene und schüttelt den Kopf über dieses neumodische Zeug. Baden! Schwimmen!

Dass zu jeder Zeit eine Uhr schlägt, macht den Sekretär nervös. Er wohnt bei einem Uhrmacher in Untermiete und schläft schlecht in dem Zeitendurcheinander. Doch Zeitendurcheinander hat er immer, auch tagsüber, wenn er die schweren Kisten öffnet. Eine ist angefüllt mit rostigen Beschlägen aller Art und Herkunft, jemand muss erst alles reinigen, dann wird geprüft. Dabei ist auch ein Türschloss, ein Prunkstück, für das man 5.000 Franken auszugeben bereit ist, dann wird ein Möbelchen mit Holzwurm angeliefert, und die Eingangskontrolle ergibt Zweifel, ob die Wurmlöcher echt sind, Vaia ruft den Professor mit dem Mikroskop usw.
Vaias Arbeitsplatz ist das 1. Wachthaus, die große Stube im Erdgeschoss. Hier schreibt er Briefe, stellt Quittungen aus, kontrolliert Arbeitsstunden, erstellt Abschriften und nochmals Abschriften, füllt Ordner um Ordner mit Papier, zahlt Löhne aus, hält Ein- und Ausgang von allem und jedem fest, alles muss hier durch. Anfänglich hat er nur Tisch und Stuhl, nach und nach bekommt er eine Schreibmaschine, später ein Telefon. Für die vielen Telegramme muss er zur Post ins Dorf hinuntersteigen. Ab und zu kocht er Tee auf dem Petrolofen, für den Architekten oder den Wapperlprofessor oder sich selbst.

Er führe ein Einsiedlerleben, schreibt Türcke einem Bekannten, und freue sich, bald in Dresden zu sein. Er müsse sich mit den hartköpfigen Bauern herumschlagen, „sodass man selber ganz verbauert“. Türcke lebt im Hotel; er gilt als distanziert, ja arrogant, bestenfalls preußisch-schneidig.
Die Situation ist, bei Lichte besehen, nicht ohne Brisanz und geprägt von allerlei Gegensätzen, die zu Spannungen führen können: das mausarme Dorf und der offensichtliche Reichtum, die ansässige Bevölkerung und die fremden Arbeitskräfte. Und da ist kaum verhüllt die Differenz zwischen den Einheimischen, die vom Schlossbau profitieren, und den anderen. Wer neben seiner kleinen Landwirtschaft oben mitarbeiten kann, als Schreiner, Handlanger, Gärtner oder als Fuhrmann mit Pferd, Ochs oder Kuh, hat einen höchst willkommenen Nebenerwerb, bares Geld, was zu der Zeit nicht selbstverständlich ist.
Eine gewisse allgemeine Feindseligkeit gegenüber dem damaligen „deutschen Wesen“ ist nicht auszuschließen.
Man muss „unten“ sitzen, am See oder beim Hotel, und dann den Blick nach „oben“ richten, zum Schloss, um auf die Frage zu kommen, was es für die innersten Gefühle der Menschen bedeutete, dass dort oben nach langer Zeit wieder ein Mächtiger auf sie herabschauen wird. Ein Fremder. Ein Deutscher. Ein Reicher.

Karoline Auguste Lingner (1828-1910)

Total vergessen! Lingner ist unterwegs, „ohne Adresse zu hinterlassen“, und versäumt den 80. Geburtstag seiner Mutter. Stunde der Bewährung für Georg Seiring: Er schmückt ihre Wohnung mit Blumen aus und überreicht ihr aus eigenem Antrieb eine Glückwunschkarte im Namen Lingners. Der Chef dankt es ihm nach seiner Rückkehr mit einer Kiste Pfirsiche vom Albrechtsberg („In diesem Jahr sind sie besonders gut geraten“). August, Mutters Stolz. Über zwei Jahrzehnte hat Karoline Lingner geborene Herzog den Aufstieg ihres Sohnes verfolgt. Er wollte ja immer schon raus aus den engen Verhältnissen: raus aus den Niederungen Magdeburgs, aus der schwierigen Schulzeit, aus der unbefriedigenden beruflichen Ausbildung, aus dem lohnabhängigen Dasein, immer raus.

Augusts Lebenshöhepunkt, das Jahr elf, da sie zu ihm als einer Exzellenz hätte aufblicken können, bleibt ihr versagt, sie stirbt im Herbst zuvor. Ihr Grab auf dem Johannisfriedhof wird zum Familiengrab und später zu „einem schönen, monumentalen Grabmal“ ausgebaut, nachdem der Sohn es in seinem Testament so verfügt hat. Professor Peter Pöppelmann soll es gestalten. Herzstück ist die Plastik „Mutterliebe“, eine sitzende Frauengestalt mit zwei kleinen Kindern, flankiert von Frauenfiguren mit Füllhörnern. Das Grabmal ist im 5. Bogen die Nummer 28.

Lingner soll seine Mutter „über alles“ geliebt haben, weiß Pfarrer Warmuth. „Ihr dankt der Sohn das Beste: jenen weitherzigen Opfersinn (...).“ Hat Karoline Lingner ihrem Kind den Ehrgeiz mitgegeben? So etwas wie: „Wir haben Anrecht auf mehr als das, was uns das Heute bietet“, steht früh in ihrem und des Sohnes Gesicht geschrieben. Die winzigen Anhaltspunkte für Ambition und Strebsamkeit. Sie können täuschen, aber wir haben nichts anderes. Die überspannten Lederstiefel auf dem Klassenfoto, die vielen Besuche beim Fotografen, der wahrscheinliche Musikunterricht und dass bei einem Wohnungswechsel der gute *I. Stock* angestrebt wird, können als ein Bemühen kleiner Leute um solidere Bürgerlichkeit gedeutet werden.

Und der Poker um den Hügel! Der Schlosshügel muss stückweise von den Besitzern der einzelnen Parzellen erworben werden (und heute noch hört man, diese oder jene Familie habe damals den Grund für einen bescheidenen Wohlstand gelegt). Der Einbruch des Fremden in die überkommene Besitzordnung schafft Probleme. Die Gemeinde Tarasp ist geneigt, drei Grundstücke zu verkaufen, aber nur „mit Rücksicht auf die großen Opfer, die Herr Lingner (...) bringt." Manche Bauern sind zum Geländetausch bereit, nicht aber zum Verkauf. Es geht um insgesamt 3,8 Hektar Land; die existierenden Weiderechte müssen mit einem Rappen pro Quadratmeter abgegolten werden. Georg Seiring wird sogar aus dem Ostsee-Urlaub herangepfiffen, um zu verhandeln.
Einmal stecken ein paar Jungbauern in der Dorfwirtschaft verschwörerisch die Köpfe zusammen, um einen Landkauf zu durchkreuzen. Es war „tüchtiger Betrieb, da vorher eine Feuerwehrübung stattgefunden hatte", berichtet Türcke, welcher die erregten Gespräche nicht versteht und auch noch Beratungen in einem Nebenraum beobachtet – Unterredungen mit einem Landverkäufer, den er bereits auf seiner Seite wähnt. Ein hastig gebildetes „Konsortium junger Tarasper" sieht die Einheimischen verdrängt, denn der Schlossherr kauft inzwischen auch außerhalb Grundstücke auf, um sie gegen Grund und Boden am Schlosshügel zu tauschen. Lingners Rechtsanwalt vor Ort, Dr. Töndury, rät: „Ich würde nicht zu nervös dreinfahren", doch nach Dresden wird die Angelegenheit umgehend gemeldet. Eine Chance haben die Widerständler nicht.

Und im Winter? War er denn nie da? Wenn es eiskalt ist auf dem Hügel. Wenn meterhoch Schnee liegt. Wenn die Eiszapfen an den Dachtraufen wachsen und wachsen. Wenn du schauen musst, dass du genug Petroleum hast für die Lampen. Wenn es früh Nacht wird. Wenn es durch den Kamin hereinschneit. Wenn du oben die Lawinen niedergehen siehst. Wenn der See zugefroren ist. Wenn die Menschen krank in ihren Häusern liegen. Wenn das Holz allmählich ausgeht. Wenn die Nässe von allen Seiten herankriecht. Wenn dir die Stille lang wird.
Die frisch gepflanzten Bäume sind mit Stroh zu schützen.
Manchmal lässt der Schnee auf sich warten. Dabei hätte man mit den Schlitten billigere Fuhren als mit den Wagen. Während den Wintermonaten ist es auf der Baustelle ruhig, ein Aufseher kümmert sich um das Nötigste. Waren treffen ein, und Baumaterial für die nächste Saison wird herbeigeschafft.
Dann erörtern in Dresden Lingner und sein Architekt jeweils den Stand der Arbeiten. Türcke steht im Briefwechsel mit dem Aufseher, gibt Aufträge, schickt Vorschuss, dankt für den Lagebericht, sagt, wo das Holz zu stapeln ist, beklagt sich über diesen und lobt jenen. Um Ostern wird er wieder da sein, angefüllt mit neuen Weisungen und, immer häufiger, Lingners drängender, ungeduldiger Frage im Ohr, wie man denn die Sache beschleunigen könne, ob mit Schichtbetrieb vielleicht?

8. Deutsch fühlende Herren um Mitternacht

Nautisches und Nationales

Lingner über Seekarten gebeugt – die Bandbreite dieses Mannes ist enorm. Zwar nimmt man ihm, obwohl er sich hie und da im maritimen Aufzug fotografieren lässt, den Seebären nicht recht ab. Und doch gehört auch dies zum Odolkönig. Und der Biograf, eh schon mit zahllosen Sachgebieten konfrontiert, wundert sich, dass er sich auch noch auf Schiffsmotoren verstehen soll.

Es ist wegen der Jacht. Wegen der trojanischen Jacht. Ein außerordentliches Schiff. „Motorjachten von solcher Größe und solcher Maschinenstärke haben sich bisher auf deutschen Gewässern noch nicht gezeigt", reiben sich Beobachter die Augen. Bei 18 Metern Länge und knapp drei Metern Breite hat die Jacht das Zeug, eine der besten und schnellsten zu sein, noch heutige Schiffshistoriker haben keine Mühe, dem beizupflichten. „Angesichts der geforderten Geschwindigkeit von 15 bis 16 Knoten war die Form des Rumpfes besonders gut zu wählen, und da das Boot seegängig sein soll, so war auf angenehme Stabilitätsverhältnisse Rücksicht zu nehmen." Im Übrigen verbreiten die Gazetten zahlreiche Details technischer Art, und auch über die bequemen Stühle an Deck (*Southampton chairs*) und das WC mit Wascheinrichtung darf die geneigte Leserschaft staunen.

Damals gilt ein 100-PS-Motor als sehr kräftig, Lingner indessen benötigt 150 PS und ordert ein teures Sechszylinder-Petrol-Aggregat von Daimler. „Wohl das beste deutsche Motorboot", notiert ein Journalist. Entwurf und Herstellung besorgt der geniale Konstrukteur Max Oertz, der auch für den Kaiser arbeitet – Hamburger Schiffsbau vom Feinsten. Das „Lloyds Register of Yachts" verzeichnet das Baujahr 1906, eine Tonnage von 25 BRT, W. Mählitz als Segelmacher und Swinemünde,später Kiel als Heimathafen. Seinen ersten Auftritt hat der Motor-Kreuzer anlässlich der Kieler Woche 1906. Das heiter-trunkene Ambiente von Seeluft, Salz und Sonne, von Schiffen, Wimpeln und Prominenten ist die ideale Bühne für den Selbstdarsteller aus Dresden. Es folgt eine längere Kreuztour auf der Ostsee.

Die Jacht heißt – „Tarasp".

Kühn! Damit etabliert Lingner den Namen seines Schlosses beim Gipfeltreffen der kaiserlichen Gesellschaft. Tarasp? Bestimmt will jeder erfahren, was dieses seltsame Wort bedeutet. Nur ist die Burg in der Schweiz zu der Zeit noch eine Ruine.

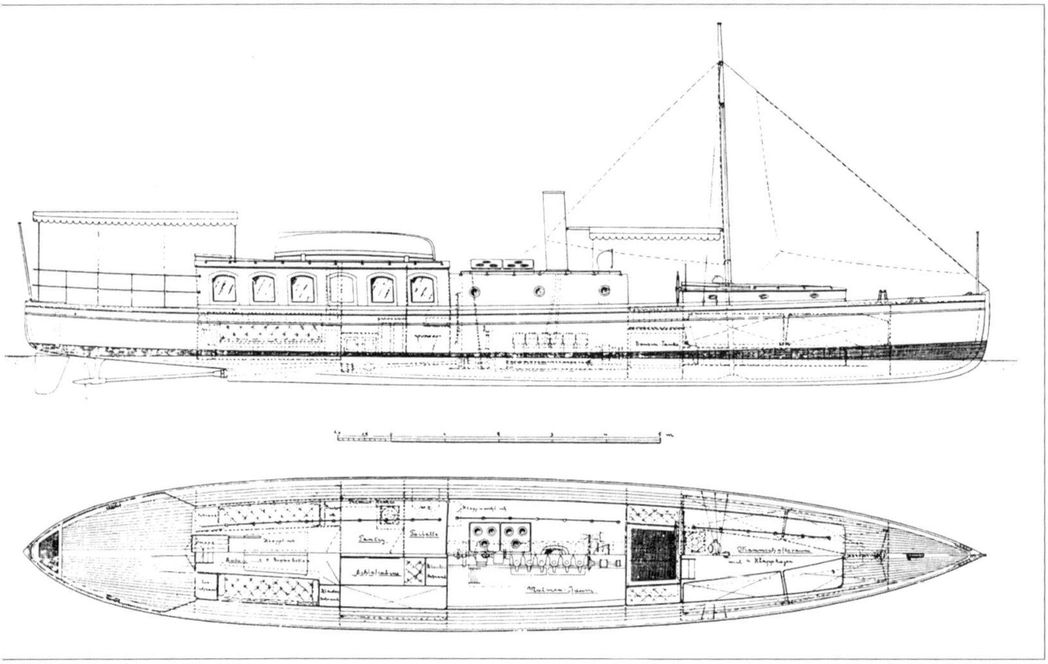

Motorjacht „Tarasp“; Entwurf und Bau: Max Oertz, Hamburg; Baujahr 1906

Auf dem Gebiet der Politik sei er „gänzlich schwingungslos“. Freund Wolff berichtet von Lingners „abergläubischer Scheu“, in politische Händel verwickelt zu werden. Wenn ihm jemand zusetzte, einer Partei beizutreten, habe er geradezu außer sich geraten können und für politische Zwecke kein Geld gegeben aus Angst, „parteimäßig klassifiziert zu werden“.

Es fällt schwer, Lingner diese politische Schwingungslosigkeit abzunehmen; sie dürfte sich allein auf Parteipolitik im engeren Sinn beziehen. Es gibt damals eine grundsätzliche Anti-Parteien-Haltung, die im Parteienwesen vor allem Zersplitterung und Gezänk erblickt und nicht etwa einen notwendigen Ort, wo Meinungen gebildet und Konflikte ausgetragen werden. Lingner erscheint mit seiner Auffassung als ein typischer „Wilhelminer“, jener Schicht von Bürgern, die um die Mitte des 19. Jahrhunderts geboren wurden und nun so um die fünfzig einen beträchtlichen Teil der Führungseliten ausmachen. Mental haben sie manches gemeinsam (nach Martin Doerry, Übergangsmenschen), so eine bestimmte Aggressivität, den Autoritätsglauben und die Harmoniesucht: Schon das Wort Konflikt ist ihnen nicht geheuer.

Dies zum einen. Zum andern dürften den Fabrikanten die Geschäftsinteressen vom Parteipolitischen fern gehalten haben, ebenso seine sozialhygienischen Pläne. Beide zielen auf die möglichst breite Masse. Doch „schwingungslos“? Lingners Hygienebestrebungen sind teils von politisch wirksamer, progressiver Kraft. Mitarbeiter gewinnen den Eindruck, Lingner sei sich seiner einfachen Herkunft bewusst gewesen und habe die Proletarier stets zum Volk gezählt, und er sei stolz darauf gewesen, dass die Sozialdemokratie seine Projekte in der Regel unterstützte. Auch wenn da die Harmoniepassion der „Wilhelminer“ durchschimmert, ist diese Aussage in einer Epoche harter Klassenschichtung und gesellschaftlicher Polarisierung bemerkenswert. Müsste man Lingner parteimäßig zuordnen, so am ehesten dem liberalen, industriefreundlichen Flügel der Konservativen.

Für die angeblich Unpolitischen stellt die Zeit herrlichen Ersatz bereit, etwas, das sehr erfolgreich vorgibt, über den Parteien zu stehen: das Nationale. „Eine der wichtigsten Prägekräfte des politisch-gesellschaftlichen Lebens, wenn nicht die wichtigste“, urteilt Thomas Nipperdey. Dabei habe freilich ein „durchschnittlicher Nationalpatriotismus“ bei weitem vorgeherrscht, „der Stolz darauf, ein Deutscher zu sein, die Teilnahme an kollektiven Erfolgen und Misserfolgen, Freuden und Leiden, das Gefühl, der Nation gegenüber verpflichtet und verantwortlich zu sein (...) Die Nation ist Heimat, man liebt sie, und man bangt um sie“ (Deutsche Geschichte).

Wer mehr will, tritt einer nationalen Vereinigung bei. Radikalster Agent ist der Alldeutsche Verband, welcher laut Satzung die deutschnationale Gesinnung beleben und das „Bewusstsein der rassenmäßigen und kulturellen Zusammengehörigkeit aller deutschen Volksteile“ wecken will – „eine völlig unabhängige Vereinigung national gesinnter Männer aus allen Kreisen“, so die Werbung. Doch solche Überparteilichkeit gibt es nicht, ist „eine Leerformel“ (Rainer Hering, Konstruierte Nation). Wer sich da hingezogen fühlt, nimmt zumindest billigend in Kauf, dass das Vereinsschiff weit rechts außen segelt.

Die Dresdner Ortsgruppe zählt um 1903 rund 500 Mitglieder, darunter Reichs- und Landtagsabgeordnete, Stadtpolitiker, Unternehmer, Beamte, Lehrer, Ärzte, Juristen etc. Eine Besonderheit der Dresdner Alldeutschen, zu denen als Mitglied und Redner auch Gustav Stresemann gehört, ist die Tatsache, dass sie sich eher antislawisch denn antisemitisch betätigen (Gerald Kolditz, *Dresdner Hefte* 45/2000). Man hört sich Vorträge über innen- und außenpolitische Themen an, arrangiert Gedenkfeiern, verfasst Resolutionen, kümmert sich um die Reinheit der deutschen Sprache und den Boykott tschechischen Bieres.

Lingner ist ab 1899 Mitglied, tritt aber nicht aktiv in Erscheinung. Mit der Zeit kommt es zu Misshelligkeiten. Der Mediziner Friedrich Eugen Hopf (1870-1944) als Vorsitzender ist offensichtlich von Lingners Einsatz enttäuscht. Als der sich weigert, für die auf der Elbe vorbeigleitende Ortsgruppe sein Schlösschen zu beleuchten, will ihn Hopf grund-

sätzlich um nichts mehr bitten, schon 1906. Das Fass zum Überlaufen bringt später der engstirnige Streit um ein Werbeplakat für die Internationale Hygiene-Ausstellung, wo Lingner wegen „Hintansetzung der deutschen Sprache“ über Monate behelligt wird: Ein tschechischsprachiges Plakat für eine deutsche Ausstellung verletze die Deutschen Prags „in ihrem völkischen Empfinden tief“. Besonderen Anstoß erregt, dass Dresden mit Drazdany wiedergegeben wird. Lingner kontert kühl, Plakate, die keiner verstehe, seien doch wertlos. Gehässig und kleinkrämerisch versuchen die Alldeutschen, einen Wirbel zu erzeugen; für sie ist alles „außerordentlich verstimmend“, „wahrhaft beschämend“ etc. Aber Lingner lässt die Plakate erst entfernen, als sie eigentlich nicht mehr gebraucht werden.
Er meldet sich wohl im Zuge einer Austrittswelle aus der Ortsgruppe ab. Damit dürfte er den nationalistischen Vereinsmeiern fortan als Opportunist gelten, entkommt aber deren wachsendem Hang zum Antisemitismus. Liberalere Mitglieder stoßen sich daran ebenso wie an der Tatsache, dass die Alldeutschen sich gern als Opposition zur kaiserlichen Regierung verstehen und diese rechts zu überholen suchen.
Die Alldeutschen sind weder ein Zirkel von Fantasten noch repräsentieren sie eine Mehrheit, aber man muss sie als stark vernetzte, einflussreiche und oft den Ton angebende Sammelbewegung sehr ernst nehmen, zumal das national aufgeladene Klima ihnen entgegenkommt. Man hetzt, wo man nur kann. Mehr und mehr machen sich Völkisches und Rassisches breit, werden Bedrohungsszenarien aufgebaut und radikale Forderungen herumposaunt, eine gefährliche Gedankenwelt wird selbstverständlich und salonfähig. Die grotesken Erwartungen, welche diese Kreise für den Fall eines großen Krieges hegen, drückt eine ihrer Führerfiguren so aus: „Umso besser für unser Volk! Dann wird der Krieg es gesund machen, und die Not und die Tränen werden seine sittliche Kraft wieder wecken (...).“ Schon 1914 bekommen die Alldeutschen Gelegenheit, den Krieg zu begrüßen – mit den Worten: „Nun ist sie da, die heilige Stunde!“

In Deutsch-Südwestafrika wird das Rassische praktisch. Als die europäischen Mächte die Welt in Interessensphären aufteilten, kam das Deutsche Reich erst spät hinzu. Das so genannte Schutzgebiet Deutsch-Südwestafrika datiert von 1884.
Zwei Jahrzehnte später erhebt sich das Volk der Hereros gegen die Kolonialmacht und will sich nicht mehr alles bieten lassen, was ihm an Wegnahme von Weidegründen, Betrug, Verachtung und Vergewaltigung angetan wird. Die Haltung vieler weißer Siedler zu den einheimischen Menschen gestaltet sich in etwa so: „Unsere Eingeborenen leben seit Urzeiten in Faulheit, Rohheit und Stumpfsinn in den Tag hinein; je schmutziger sie sind, desto wohler fühlen sie sich. Für jeden Weißen, der unter Eingeborenen gelebt hat, ist es nicht gut möglich, dieselben als Menschen im europäischen Sinne anzusehen.“ Der Eingeborene brauche körperliche Züchtigung, „bis er in späteren Zeiten einmal mehr Mensch geworden ist“ (aus einer Bittschrift weißer Einwohner von 1900 an das

Auswärtige Amt, welches die Praxis des Prügelns einschränken wollte). Eine Hereroarmee überfällt deutsche Siedlungen und Farmen, tötet die waffenfähigen Männer, belagert die Hauptorte. Berlin greift ein, Tausende melden sich zum freiwilligen Einsatz, der Kaiser ernennt mit Lothar von Trotha (1848-1920) einen Scharfmacher zum Kommandeur der so genannten Schutztruppe. „Denn wo der deutsche Aar Besitz ergriffen und die Krallen in ein Land hineingesetzt hat, das ist deutsch und wird deutsch bleiben" (Wilhelm II., 1898), und rasch zeigt sich: Der noch junge deutsche Imperialismus geht mit den überseeischen Gebieten nicht besser um als andere Nationen.
Die Hereros, laut Trotha ein hochmütiger „Kaffernstamm", verlieren erst eine Schlacht, dann werden sie in die Wüste getrieben, wo abertausende Männer, Frauen und Kinder entweder niedergemacht werden oder verdursten. Trotha erlässt einen Ausrottungsbefehl, sodass er zurückgepfiffen wird (den *Pour le mérite* erhält er trotzdem). Das Sterben geht dann in Konzentrationslagern und in einem verzweifelten Guerillakrieg weiter.

Daheim im gemütlichen Dresden versammelt man sich derweil in der Oper zu einer Konzert-Matinee für die „im südwestafrikanischen Feldzuge kämpfenden deutschen Krieger", und alles, was Rang und Namen hat, inklusive Karl August Lingner, ist zur Stelle. Auch entsprechende Dia-Vorträge sind beliebt, so 1907 bei der Ortsgruppe des Alldeutschen Verbandes: „Das Ansiedlerland Südwestafrika, erschlossen durch deutsche Tatkraft, wiedergewonnen durch deutsches Reiterblut, ein unveräußerlicher Stützpunkt deutscher Weltpolitik." Zu einer geselligen Zusammenkunft trifft sich ferner der Preußische Hilfsverein. Nach musikalischen Einlagen und humoristischen Dialektversen gedenkt man der eigenen Truppen im fernen Afrika: „Großes Interesse erregte Herr Assessor Heinze mit einem selbst verfassten patriotischen Gedicht über Deutsch-Südwestafrika, das er, in Tropenuniform gekleidet, vortrug." Solche Poeten gibt es damals viele, und in ihren Ergüssen reimen sich Palmen und Bananen reibungslos auf freudige Germanen. Auch hier tritt Herr Geheimer Kommerzienrat Lingner auf, intoniert spätabends auf dem Klavier das Deutschlandlied, „und sofort stimmte die Versammlung begeistert ein. Erst nach Mitternacht trennten sich die Herren".
Harmloser patriotischer Überschwang? Konzession an das ausgeprägt vaterländische Klima Dresdens? Man kann schwer nachvollziehen, dass zu der Zeit, zwei Jahre nach dem Völkermord in der Omaheke-Wüste und nachdem dieses Verbrechen im Reichstag deutlich zur Sprache gekommen ist, ein stets rasch und gut informierter Mensch wie Lingner das grauenhafte Südwest-Thema im Bierdunst spießiger Abendveranstaltungen abfeiert.
Später erhält Lingner aus Berlin die „Südwestafrika-Denkmünze aus Stahl", laut Urkunde „in Anerkennung seiner Verdienste anlässlich des Aufstandes in Südwestafrika". Dies tönt grimmiger, als es ist: Die Ehrung bezieht sich auf die vielen Mundwasserfläschchen, welche er dem Expeditionskorps übers Rote Kreuz hat zukommen lassen. Ob er sich da

heldisch fühlt? Eigentlich will er doch den Afrikanern Mundwasser verkaufen? Sieht er in dem allem einen notwendigen erzieherischen Eingriff, um in Afrika die Zivilisation inklusive des Gebrauchs von Mundwasser voranzutreiben? Wir wissen es nicht.
Weit verbreitet ist damals die Ansicht, die Schwarzen wären generell minderwertig und derart zurückgeblieben, dass man keine Schuldgefühle haben müsse. Rassenlehre als Beruhigungspille: „Wenn es um zwingende, ökonomische oder territoriale Interessen ging, schläferte die bösartige Lehre von einer Hierarchie der Rassen manch empfindliches Gewissen ein“ (Peter Gay, Schnitzler). Wohl auch dasjenige der Wissenschaft: „Eine Kiste mit Herero-Schädeln“, steht in der Presse, „wurde kürzlich von den Truppen in Deutsch-Süd-West-Afrika verpackt und an das Pathologische Institut zu Berlin gesandt, wo sie zu wissenschaftlichen Messungen verwandt werden sollen. Die Schädel, die von Hererofrauen mittels Glasscherben vom Fleisch befreit und versandfähig gemacht wurden, stammen von gehängten oder gefallenen Hereros.“

Ob die afrikanischen Kinder den Odolduft mögen? Insgesamt 18 Odolflaschen halten sie in die Kamera, einige (noch) fast nackt, andere (schon) westlich gekleidet. Herzig das kleine Mädchen in der Mitte, das sein Odol über den Kopf hält, so wie es sonst vielleicht ein Wassergefäß trägt. Natürlich fragt man sich gleich, ob die *location* mit den malerischen Hütten echt ist – den Werbern ist alles zuzutrauen. Fuhr also ein Fotograf mit der schweren Ausrüstung extra nach Afrika, trommelte ein paar Kinder zusammen und erzählte ihnen die Geschichte vom großen Lingner, dessen Zauberwasser die Menschen von den *Kleinböslingen* befreie? Oder ist die Szene der Einfachheit und der Kosten halber in einer *Völkerschau* aufgenommen worden, wie sie damals in Tiergärten oder Zirkussen gang und gäbe sind: in einem „Neger-Dorf“ oder bei der „Somali-Caravane (27 Eingeborene Ost-Africa's. Reichhaltiger Thierbestand)“?
Das Reklamefoto von 1910 inszeniert das Schlagwort von der Weltgeltung, und die ist nichts Abstraktes und nicht damit eingelöst, dass eine Kolonialmacht ein Stück Afrika an sich reißt, vielmehr erst erreicht, wenn die deutsche (französische, britische, niederländische, belgische etc.) Überlegenheit im dortigen Lebensalltag leibhaft verankert ist, auch und gerade in alltäglichen Dingen. Sie ist beispielsweise dann erreicht, wenn das Zahnpflegepräparat aus der Retorte die „Natur-Hygiene“ der „Wilden“ zu ersetzen beginnt. Dann wird der Slogan wahr: „Bei allen Völkern verbreitet!“ – Odol als globales Symbol für Mundhygiene. Der Drang des Markenartikels nach Weltexpansion und die Begierde des Deutschen Reiches nach Weltgeltung verbünden sich.
À propos Natur-Hygiene: „Die deutsche Kulturnation in ihrer Mehrheit hält aber die Zahnpflege für einen Luxus, d.h. eine über das Notwendige hinausgehende Arbeit und Sorgfalt“, schreibt einmal frech die *Sachsenstimme*. „Die Wilden in Afrika stehen bekanntlich auf einem anderen Standpunkte. Wie die Afrikakenner mitteilen (...), pflegen die Neger allmorgendlich ihre Zähne mit einer selbst gefertigten Zahnbürste aus

Reklamefoto von afrikanischen Kindern mit Odolflaschen; Postkarte um 1910

Kokosfasern ein bis zwei Stunden zu säubern und zu putzen. In Deutschland will die Mehrheit des Volkes von Zahnbürsten nichts wissen, daher der erschrecklich verbreitete Zahnzerfall (...)."

Im Deutschen Schulschiff-Verein ist Lingner Aktivist. Er steht dem sächsischen Zweig vor. Der Deutsche Schulschiff-Verein mit Sitz in Bremen, 1900 von Wirtschafts- und Reederkreisen gegründet, gibt als sein Ziel die Förderung des Nachwuchses für die Handelsmarine an. Vorsitzender und Protektor ist der Großherzog von Oldenburg. Bis zum Krieg nimmt der Verein nicht weniger als drei Segelschulschiffe in Betrieb: „Großherzogin Elisabeth" (1901), „Prinzess Eitel Friedrich" (1910, kostete 524.000 Mark) und die Dreimastbark „Großherzog Friedrich August" (24 Mann Besatzung und 180 Schüler), an deren Stapellauf Lingner 1914 teilnimmt.
Lingner fördert den Verein durch Spenden sowie durch gesellige Anlässe auf seinem herrschaftlichen Wohnsitz auf dem Albrechtsberg. Teils scheint es sich um Werbebankette zu handeln, darauf angelegt, weitere Mitglieder zu gewinnen. So gibt Lingner im Herbst 1907 ein *Frühstück* für etwa hundert Personen. Die Teilnehmer erleben: eine Besichtigung des soeben neu gestalteten Palais Stockhausen, den Auftritt des Großherzogs „gegen halb 1 Uhr", das Spiel der Gardereiterkapelle, den Trinkspruch des Großherzogs

und dessen dreifaches Hurra auf Lingner, dann eine köstliche Tafel, anschließend Kaffee auf der Hauptterrasse mit der wunderbaren Aussicht und als Finale eine Kabarett-Vorstellung. Alles verläuft laut der Presse, die selbstverständlich mit dabei ist, wie am Schnürchen und „äußerst animiert“ – Teil jener „endemischen Feststimmung“, die sich damals rund um Schiffe, See und Flottenbau entfaltet (Emil Ludwig, Wilhelm der Zweite).
Dem Ehrenmitglied Lingner wird man später nachsagen, die Schulschiff-Idee in Sachsen sei „ausschließlich seiner Förderung und Werbetätigkeit“ zu verdanken. Daneben wird auch der Deutsche Luftflottenverein nicht vergessen.
Es ist eine Ebene, auf der man es gesellschaftlich und ehrmäßig weit bringen kann. So reicht es Lingner nicht, dass mittlerweile Großherzöge ihre Hochrufe auf ihn ausbringen. 1911 schaut kein Geringerer als Heinrich, Prinz von Preussen, Bruder des Kaisers, Großadmiral und Generalinspektor der Marine, persönlich im „Lingnerschloss“ vorbei.
Doch eben nur der Bruder. *„Carl August Lingner – rien à présent, beaucoup en spe.“*

Neben dem grimmigen Deutschen Flottenverein wirkt das Schulschiff-Sponsoring geradezu sympathisch. Der Flottenverein sammelt die Befürworter von Hochrüstung und schnellem Schlachtschiffbau und bringt es bis 1906 auf eine Million Mitglieder. Durch Lobbyieren und penetrante Werbefeldzüge für die deutsche Armada gewinnt er, zusammen mit staatlichen Propagandastellen, die öffentliche Meinung und das Parlament für die enormen Kredite. Allerdings ist das Ganze leichtfertig gegen England gerichtet, der militärische Nutzens zweifelhaft, und am Ende wird sich alles als ziemlich sinnlos herausstellen. Doch der Gedanke der Abschreckung leuchtet vielen ein. Diese Rüstung und die britische Antwort darauf zählen zu den unheimlichen Triebkräften des kommenden Krieges.

„Michel! Horch, der Seewind pfeift,
Verstopf dir nicht die Ohren,
Wer nicht jetzt zum Ruder greift,
Hat das Spiel verloren!“

Während das Seekriegs-Projekt des Kaisers und seines gabelbärtigen Admirals Alfred (von) Tirpitz die Massen begeistert, ist der Schulschiff-Verein mit nur etwa 800 Mitgliedern (1911) ein sehr exklusiver patriotischer Zusammenschluss. Er hat triftige Argumente auf seiner Seite. Jedem leuchtet ein, dass Deutschland eine welthandelstaugliche Flotte und entsprechende Mannschaften benötigt. Die Rohstoffversorgung ist vom Ausland abhängig, Import und Export boomen, vor dem Krieg liegt das Deutsche Reich hinter England und vor den USA an zweiter Stelle des Welthandels. Allein die Ausfuhr hat sich seit der Reichsgründung bis 1900 verdoppelt und von da bis 1913 gleich nochmals. Die Handelsflotte überflügelt nach und nach jene der USA.

Kaiser Wilhelm II., Admiral Tirpitz und Prinz Heinrich mit Söhnen an Bord des Panzerkreuzers „Deutschland" 1897

Aus dem allgemeinen nationalen Eifer kann man diesen Verband aber nicht einfach herauslösen. Für den Kaiser gehören die Schulschiffe selbstverständlich zur Flottenrüstung. Die schönen Segler sind ihm allemal einen Besuch oder ein Lob wert, und ohne Umschweife zählt er sie zur Marine hinzu. Umgekehrt kennt Lingner in Sachen Kriegsflotte auch keine Berührungsangst. Seine Reklame muss das populäre Motiv aufgreifen, obwohl dies eigentlich nur geschmacklos herauskommen kann. Die Anzeige erscheint 1904: ein Kriegsschiff, aus dessen Rohr steuerbords gefeuert wird. Weiße Rauchschwaden formen sich zum großflächigen Schriftzug: Odol. Und der „Kriegs-Marine-Ausstellung" in München stellt Lingner seinen Pavillon (der Ausstellung über Volkskrankheiten) zur Verfügung, wofür der dortige Marine-Verein sich in der Presse bedankt. Die Schau informiert über das, „was unsere Marine ist und was ihr fehlt", zeigt Modelle von Kriegs- wie Handelsschiffen, selbst „Szenen aus dem Boxeraufstand", und „ein Maschinengewehr, das 600 Schüsse in der Minute abgeben kann", wird in Aktion vorgeführt.
So mündet letzten Endes alles irgendwie ins nationale Delirium, stolze Segler, Reiterblut, Zahnbürsten, stählerne Gedenkmünzen, „Neger-Dörfer", Michel im Seewind, Mundwasser und Kriegsschiffmodelle.

Jacht, trojanische oder Einer will zu Wilhelm. Wenn „der Kaiser unausgesetzt den Blick unseres Volkes auf die See hinaus zu lenken bestrebt ist", wie man damals täglich in der Zeitung lesen kann, kann ein Lingner nicht hintan stehen.
Warum er aber gleich eine der größten, stärksten und schnellsten Jachten haben muss? Wenn man Seiring hört, wird klar: Die Jacht ist ein trojanisches Pferd. Sie soll die Bastion des Berliner Hofes erobern helfen. Der schweigsame und besorgte Chef der Pri-

vatverwaltung, der natürlich auch über die immensen Kosten dieses Hobbys Bescheid weiß, spricht es Jahrzehnte nach Lingners Tod aus: Lingner will auf diesem Weg mit dem Kaiser zusammenkommen. Doch die Anbiederung ans maritime Herz Wilhelms II. misslingt. „Mit dem Kaiser hatte er keinen Kontakt. Wilhelm II. wollte Lingner nicht. Lingner hatte wiederholt versucht, durch seine Teilnahme an der Kieler Woche mit dem Kaiser zusammenzukommen, der Kaiser lehnte aber den ‚Odol-Lingner', wie er ihn nannte, ab."

Dabei stellt sich Lingner als Akteur der grandiosen Inszenierung Kaiserreich doch überaus gut an ... Jetzt dreht er aufwendigste Pirouetten, und der Kaiser schaut absichtlich vorbei. Das könnte man zumindest ungerecht nennen. Doch am Berliner Hof herrscht eine krasse Günstlingswirtschaft. Und wen lädt der Kaiser nicht alles zu sich ein! US-Milliardäre wie die Vanderbilts behandelt er wie regierende Fürsten, selbst mit Orden für Segelpartner ist er rasch zur Hand. Den Großreeder Albert Ballin, der ohne *Herkunft* ist, armer Leute Kind, besucht er mehrmals jährlich privat. Aber Lingner ist kein Ballin. Und ein Reklame-König ist am Berliner Hof trotz 62 Rangstufen nicht vorgesehen, auch kein Hygieniker: Schon das bloße Wort wird eine Hofclique, die von Kasinowitzen und Kriegerideologie geprägt ist, zum Lachen reizen.

Der Jachtfimmel bis hin zur Mitgliedschaft im Kaiserlichen Motorjachtclub, die Kieler Woche als der Jahrmarkt der Eitelkeiten der Highsociety, der Einsatz für den Deutschen Schulschiff-Verein etc., das Scharwenzeln in der Reichshauptstadt – es muss Lingner Unsummen gekostet haben. Verliert der kühle Rechner in den Strudeln und Untiefen des Berliner Byzantinismus den Kopf? Was hätte ihm die kaiserliche Gunst gebracht außer einem Platz im „Zug der Schmeichler", wie ihn Emil Ludwig ironisch beschreibt? Erst lange nach den „gebeugten Rücken" der Fürsten, Prediger, Offiziere und Künstler und den „entrückten Blicken" vieler anderer folgen „die Bürger, die besondere Leistungen an den Hof geführt haben" ... „Mögen sie noch so unabhängig sein, in des Kaisers Gegenwart werden sie zu Höflingen", zitiert Ludwig einen Kenner der Verhältnisse.

Wie auch immer: Des Kaisers Nordlandfahrten nachzuahmen kann Lingner niemand verbieten. Nur ist die „Tarasp" dafür zu klein. Um reichlich Gäste komfortabel unterzubringen (darunter Graf Seebach und die Gräfinnen Schall-Riaucourt), chartert Lingner einen englischen Dreimaster von fünfundfünfzig Metern Länge, mit dreißig Mann Besatzung, französischem Koch, zwölf Kabinen, prächtigem Speisezimmer sowie begleitender Dampfpinasse. Die Monatsmiete beträgt 25.000 Mark. Noch 1912 verdienen 95 Prozent der preußischen Bevölkerung unter 3.000 Mark – im Jahr.

So verausgabt sich einer, der dem Adel nahe kommen will. Dank derartiger Anstrengungen reicht es ihm in die Gazetten und ins öffentliche Gespräch, immerhin. Doch welch ein Unterschied zum Adel: Der braucht dafür gar nichts tun. Dass die Kaiserin „vormittags einen Spaziergang an Land" unternimmt, erzeugt in der Tagespresse allemal und wie von Zauberhand eine schöne Drahtmeldung.

Gustav Stresemann (1878-1929)

„Öfters sahen wir ihn Unter den Linden spazieren gehen, einen unauffälligen, untersetzten Mann mit einem Derby-Hut. ‚Ist das nicht Stresemann da drüben?', fragte einer, und richtig, er war es", erzählt Sebastian Haffner (Geschichte eines Deutschen) und betont, wie sehr manche Bürger auf diesen Mann vertrauten in einer Zeit, da sich die braune Farbe breit zu machen begann. Beschrieben wird hier der Gustav Stresemann der Zwanzigerjahre, der als Außenminister des Deutschen Reiches versucht, Deutschland in den Kreis der Nationen zurückzuführen, und 1927 den Friedensnobelpreis erhält.
Doch es ist nicht dieser Stresemann, der Lingners Lebensweg kurz nach der Jahrhundertwende kreuzt. Es ist zunächst der energische junge Syndikus, Lobbyist und früher Public Relations-Mann der sächsischen Industrie, dann der Politiker, der, den Alldeutschen nahe, den Kolonien das Wort redet und im Weltkrieg zum knallharten Annexionspolitiker wird. Es ist der viel zitierte kaisertreue Nationalist, der einen langen Weg zum überzeugten Republikaner zurücklegen wird, ein Wandel, den ihm die einen als Opportunismus ankreiden, während andere finden, hinzulernen sei erlaubt. 1906 wird er in die Dresdner Stadtverordnetenversammlung, 1907 erstmals in den Reichstag gewählt.
Es scheint, dass sich Lingner und Stresemann gegenseitig als Gesprächspartner schätzen, ihr Dresdner Treffpunkt ist das Café König. In einem Schreiben spricht Stresemann von „gemeinsamer Arbeit", welcher Art diese ist, wird nicht gesagt.
„Mein Vater war in der Tat mit Lingner bekannt, wenn nicht befreundet. Er hat mir verschiedentlich von ihm berichtet. Ein Bild vom Schloss Tarasp hing bei uns. Mein Vater sah in Lingner den ersten Industriellen, der den Wert der Reklame erkannte und sein Produkt Odol entsprechend propagierte. Stets sprach mein Vater mit besonderer Bewunderung und Hochachtung von L." (private Mitteilung des Sohnes, Wolfgang Stresemann, 1904-1998, an den Autor).
Nach Lingners Tod findet Stresemann in einem Nachruf außerordentliche Worte, auch nochmals zum zehnten Todestag 1926.

Säuglinge

400.000 tote Säuglinge im Kaiserreich – jährlich! Jedes fünfte Kind stirbt damals, bevor es das erste Lebensjahr erreicht hat. Ein Blick in den Abgrund. Es sind die Schwächsten, die Mütter und die Kinder, welche den Preis für die rapide Industrialisierung, die überbordende Verstädterung und ausbeuterische Arbeitsbedingungen zahlen.
Die vielen Herren und die wenigen Damen, die sich am 11. Januar 1907, um 3 Uhr nachmittags im Alten Palais zu Darmstadt versammeln, sind sich einig: Es muss etwas geschehen. In Hessen – das immerhin bessere Zahlen aufweist als viele andere deutsche Teilstaaten – soll eine *Zentrale für Säuglingspflege und Mutterschutz* geschaffen werden. Großherzog Ernst Ludwig hat im Vormonat einen entsprechenden Erlass unterzeichnet. Unter den Gästen des Kongresses sind „die auf dem Gebiet der Säuglingsfürsorge hervorragenden Autoritäten Geheimer Kommerzienrat Lingner-Dresden, Professor Dr. Schlossmann-Düsseldorf" – Lingner in einem Atemzug genannt mit einem der deutschen Pioniere der Säuglings- und Kinderfürsorge. Schlossmann ist jetzt, noch nicht vierzigjährig, Direktor der Kinderklinik an der Medizinischen Akademie Düsseldorf und Inhaber eines Lehrstuhls für Kinderheilkunde. Der Professor ergreift kurz das Wort: Man müsse das Bemühen um die Säuglinge „einheitlich von einer Zentrale aus" regeln; mit der Bekämpfung der Säuglingssterblichkeit werde erreicht, „dass überhaupt ein gesundes, starkes Geschlecht heranwächst".
Genau ein Jahr später legt Karl August Lingner ein siebzigseitiges Papier vor, die *Betrachtungen über die Säuglingsfrage mit einem Vorschlag für die Organisation einer Landes-Zentrale für Säuglingspflege und Mutterschutz in Hessen*. Der Geheime Kommerzienrat aus Dresden empfiehlt sich den Hessen als einer, der Theorie in Praxis überzuführen vermag, und so liegt der Schwerpunkt seines Gutachtens im Organisatorischen. Nebst einem Plädoyer für die gute Sache liefert er einen Plan, wie die über 20 schon bestehenden Initiativen, vom Hauspflegeverein bis zur Kindermilchanstalt, unter ein Dach zusammengeführt werden könnten und wie andererseits weitere, neue Einrichtungen landesweit zu schaffen wären. Lingner greift dabei im Wesentlichen die Vorschläge auf, die in der Versammlung gemacht worden waren.

Eine matterhornähnliche Gestalt, höchst auffällig, eine von 33 statistischen Darstellungen in Lingners Papier. Es ist der Sommergipfel in der Kurve der Säuglingssterblichkeit, woraus sich eine schreckliche Tatsache ablesen lässt: In den warmen Monaten sterben viel mehr Säuglinge als sonst, die meisten im August. In dieser Jahreszeit fällt das Ernährungsproblem besonders ins Gewicht. Abzehrung, Krämpfe, Konvulsionen, vor allem, weil Babys nicht an der Mutterbrust gestillt oder sonst nicht richtig ernährt werden. Saure (Kuh-)Milch, verdorbener und ungeeigneter Brei und anderes mehr erlegen dem zarten Säuglingsmagen eine „brutale Quälarbeit" auf – eigentlich sei es „fahrlässige Tötung“, beklagt Lingner die Situation. Obwohl es medizinische Fortschritte gibt, die Infektionskrankheiten eher auf dem Rückzug sind und die Trink- und Abwasserprobleme nach und nach gelöst werden, so ist doch die Zahl der toten Kinder immer noch ungeheuerlich.

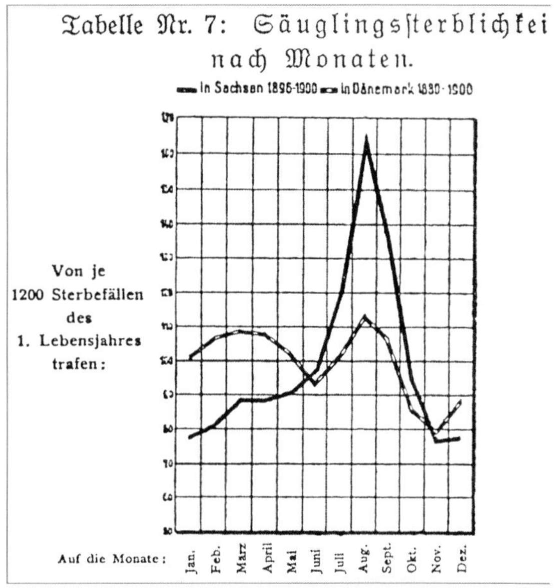

Sachsens Säuglinge starben im August

Bilder tauchen auf von überanstrengten und vorzeitig gealterten Müttern, man sieht sie in elenden Wohnungen, bei schwerer Arbeit im höllischen Fabriklärm, bei dünner Suppe, im Krankenbett, bei der Engelmacherin. Schwangerschaften folgen rasch aufeinander, oft sind sie unerwünscht. Neugeborene werden gar ausgesetzt oder getötet, viele kommen tot zur Welt oder sterben aus unbekanntem Grund und ohne dass je ein Arzt sie gesehen hätte. Für bürgerliche Familienvorstellungen ist da wenig Raum. Kindersärge haben Hochkonjunktur, und nicht um jedes Kind wird getrauert.

Lingner beschreibt die Situation „der arbeitenden unteren Klassen“, benennt die Unterschiede zwischen Villen- und Arbeitervierteln. „In den Landstrichen mit ausgedehnter industrieller Frauenarbeit“ sei – bei unzureichendem Mutterschutz – die Säuglingssterblichkeit erschreckend hoch. Er führt dann weitere Probleme an wie die Umstände der Geburt und Pflege, die Hebammenausbildung usw., doch der Kernpunkt ist, ganz im Sinne Schlossmanns, das Stillen. Die Muttermilch wäre gesund, optimal zusammengesetzt, sauber und gut für die Immunabwehr des Kindes. Hauptaufgabe müsse also sein, „die natürliche Säuglingsernährung an der Mutterbrust in dem ganzen Lande wieder zu Ehren und auf die höchstmögliche Stufe zu bringen“. Dass Mütter nicht stillen, hat viele Gründe, angefangen bei Sitten und Moden über die chronische Arbeitsüberlastung berufstätiger Frauen bis hin zum Unvermögen, etwa weil die Mutter unterernährt ist.

Der Autor wirkt kompetent, hat sich seit längerem mit diesen Fragen befasst. Seine firmeneigene Forschung („Zentralstelle für Zahnhygiene“) hat aberzehntausende Schulkinder daraufhin untersucht, ob und wie lange sie gestillt wurden, mit eindeutigem Ergebnis: „Genau im gleichen Grade, wie die Stillungsdauer zunimmt, nimmt die Zahnverderbnis ab.“ Schlossmanns Dresdner Habilitationsschrift über *Unterschiede*

zwischen Kuh- und Frauenmilch wird er gekannt und benutzt haben. Vehement setzt er sich nun für die Letztere ein, „eines der größten Naturwunder".
Lingner setzt auf Aufklärung, Information der Fabrikbetriebe, gesetzliche Vorschriften, auch deren Verschärfung, er bedauert, dass „der allgemeine Wohlstand unserer Bevölkerung" dieses oder jenes noch nicht gestatte, verweist wiederholt auf die Privatwohltätigkeit, so bei der Einrichtung von Wöchnerinnenheimen und Krippen. Originell erscheint der Vorschlag, Arbeitszentren mit speziell leichter Beschäftigung für Schwangere einzurichten.
Ebenso setzt sich Lingner für die besonders gefährdeten unehelichen Kinder ein, „die an der Verfehlung der Eltern, soweit man von einer solchen sprechen will, keine Schuld tragen". Deren übliche gesellschaftliche Ächtung koste den Staat Unsummen, insofern als „solche Unglückliche, deren sich von frühester Jugend an niemand angenommen hat", später oft sozial entgleisten. Gescheiter sei es, „unbekümmert um die Herkunft des Kindes" dasselbe zum Guten zu erziehen. Unbemittelte Mütter müssten mehr Unterstützung erhalten. Lingner hofft bei diesem Thema auch auf einen mentalen Wandel in der Gesellschaft und verweist „auf die Mutterschutzbewegung und auf gewisse Strömungen in der modernen Frauenbewegung". Andererseits ist typisch, dass er seinen progressiven Standpunkt in dieser heiklen Frage nur vortragen kann, indem er gleichzeitig mit der Entlastung der Staatskasse winkt. Dass Lingner selbst ein unverheirateter Kindsvater ist, spielt hier keine Rolle. Immerhin widmet er diesem Thema, das er gut zu kennen scheint, ein eigenes Kapitel – und empfiehlt, die Alimentenpflichtigen hart anzupacken.

Und einmal mehr treibt ihn die Propaganda um. Wie die Frauen erreichen? Wohltätige Menschen sind damals gern mit Vorträgen und Merkblättern über richtige Säuglingspflege zur Stelle. Dies genüge niemals, man müsse „mit allen Mitteln, die uns zu Gebote stehen, eine Belehrung der Mütter organisieren, der jedenfalls keine stillfähige Mutter entrinnen kann", davon hänge der Erfolg überhaupt ab. Das Volk sei eben „unendlich schwerfällig, indolent und aufnahmeunlustig" – Lingner verlangt Kontrolle von Mutter und Kind: der Mutter, dass sie tatsächlich stillt, und des Kindes, dass es tatsächlich gedeiht. Im Übrigen solle man ruhig Tricks anwenden, zum Beispiel hätten sich Stillprämien bewährt.
Die „energische Förderung" der natürlichen und die Regelung der künstlichen Säuglingsernährung sind von einem Katalog weiterer Maßnahmen begleitet, von der Hebammenschulung über ein Hauspflegesystem bis zur Aufsicht über das Ziehkinderwesen und vom „Verbot der Frauenarbeit während 6 Wochen vor und 6 Wochen nach der Entbindung" über höhere Krankenkassenleistungen bis zur Ausleihe von Wäsche und Utensilien. Nicht fehlen darf ein „Säuglings-Grundbuch", welches die Fortschritte der hessischen Säuglinge festhält – Erfolgskontrolle und Statistik gehören bei Lingner eben

stets dazu. Wohin dies in letzter Konsequenz führen könnte, reflektiert er nicht. Die Struktur des Unternehmens ist minutiös ausgedacht, ebenso die personelle Besetzung. Lingner lehnt ein Ehrenamt an der Spitze rundweg ab, die Erfahrungen damit seien schlecht, „eine frische, energische Kraft" müsse es sein, gar behält er sich in diesem Punkt, welcher „für das Gelingen der ganzen Aktion einfach ausschlaggebend ist", eine Mitsprache vor. Ansonsten will er möglichst viele Kräfte um das Projekt scharen und so dessen Gewicht in der Öffentlichkeit steigern. Oberstes Organ soll eine Stiftung sein.
So wird Erfolg vorbereitet. Das Gutachten ist ein Musterbeispiel dafür, was die moderne bürgerliche Sozialhygiene damals anzubieten vermag, um ein schwerwiegendes Problem anzupacken.
Wie schaffe ich eine Großorganisation? Das hessische Gutachten von 1908 ist Lingners Gesellenstück, das Meisterstück wird erst noch folgen.

Großherzog Ernst Ludwig von Hessen
1901

Irritation auf Büttenpapier

Wieso zwei Fassungen? Die *Betrachtungen über die Säuglingsfrage* liegen in zwei Versionen vor. Der einen ist ein welt- und gesellschaftspolitischer Abriss beigestellt, der anderen nicht. Im Abriss erläutert der Autor, wie er auf einem Umweg zu den Säuglingen kam: über die „Rassenfrage", im anderen Papier steht nichts davon.
Der Gedankengang: Deutschland und Europa sind durch andere „Rassen" bedroht. Dies wird zu Konflikten führen. Darin muss sich Deutschland behaupten. Also muss die eigene „Rasse" gestärkt werden. Womit man am besten bei den Säuglingen beginnt ...
Offenbar scheint es Lingner, dem angeblich Unpolitischen, opportun, einen Teil seiner Leser mit Hilfe eines Bedrohungsszenarios für sein Projekt zu gewinnen, andere Leser hingegen damit zu verschonen. Man fragt sich, ob es ihm denn nicht hinlänglich Antrieb ist, dass „die Verhältnisse, unter denen jetzt ein großer Teil der Säuglinge in Deutschland zur Welt kommt (...) einfach skandalöse und menschenunwürdige" sind, wie er selbst sagt? Können die über tausend toten Kinder täglich die Verantwortlichen nicht aufrütteln? Tausend tote Kinder täglich widersprechen doch der Humanität und der Aufklärung und dem christlichen Glauben?

Doch dem Autor ist offenbar dank der „Rassenfrage“ ein Licht aufgegangen. Er schildert das Glück der Vereinfachung! Dass er das Säuglingsproblem „mühelos“ begreife, seitdem er es durch diese Brille betrachte. Dass die vielen „ermüdenden“ Einzelheiten nun in einem schlüssigen Zusammenhang aufgehen. Dass seine „Aufnahmelust beschwingt und die Erkenntnis der wesentlichsten Leitlinien erleichtert“ worden sei. Was er nicht sagt: dass es sich mit einer Drohkulisse leichter Politik machen lässt. Einmal mehr: Da man oft nicht auf die Hygieniker hört, greifen diese gern zu härteren Argumenten, um Maßnahmen durchzusetzen, indem sie zum Beispiel behaupten, hohe Säuglingssterblichkeit gefährde die Weltstellung des Reiches.

Lingner malt den Teufel an die Wand. Gewaltige Umwälzungen seien im Gang, „ein gigantischer Entwicklungsprozess ohne Beispiel in der Weltgeschichte“. Erst blickt er in die Tiefen Asiens, wo die Japaner die russische Macht einfach besiegten (1904/05), und nach China, welches die „Weltherrschaft der gelben Rasse“ anstrebe. Beide bedenkt er mit wenig schmeichelhaften Ausdrücken, schnodderig, ganz wie der Kaiser es vorgibt. Wie ein „riesiger millionengliedriger Wurm“ sammelten die Chinesen ihre Kräfte, und Europa rüste die künftigen Konkurrenten und Gegner auch noch auf.
Dann ist Amerika dran, das Wunderland, welchem die deutschen Eliten mit einer Haßliebe und mancherlei Ängsten begegnen. Der Schreiber – in seinen geschäftlichen Bestrebungen ja gern des „Amerikanismus“ verdächtigt – nimmt kein Blatt vor den Mund. „Machtmittel werden dort angesammelt in so gewaltiger Fülle, wie sie in der Weltgeschichte bisher gänzlich unbekannt war.“ Geld, Waffen, Kriegsschiffe ... „Könnten die geldlüsternen Amerikaner nicht einmal auf die Idee kommen, sich das alte, immer noch reiche Europa tributär zu machen, oder amerikanisch ausgedrückt, ein Riesengeschäft zu machen“ – Europa einfach zu kaufen? Dass Amerika die wirtschaftliche Vernichtung Europas anstrebe, ist damals eine weit verbreitete Vorstellung, was angesichts des gigantischen Wachstums von Bevölkerung, Wirtschaft und Kapital und der überdimensionalen Konzerne und Trusts nicht ganz unbegreiflich ist. „Man kann eigentlich heute schon auf dem Papier annähernd ausrechnen, welche Geldmittel dazu gehören, die europäischen Mächte matt zu setzen.“ So beschreibt der Autor quasi die Dollardiplomatie der USA, noch bevor der Begriff Allgemeingut wird.
Insgesamt zeichne sich ein Kampf ab, und „eine Rasse, die nicht nach dem Übergewicht strebt, ist von vornherein schon zur Unterordnung verdammt“. Im Endeffekt werde eine Rasse die anderen unterjochen, sei es durch Blut und Eisen oder ein ganz neues Vernichtungsmittel oder durch wirtschaftliche Einverleibung oder weil ein „genialer Staatsmann“ ans Ruder kommt, welcher Europa zur „Machtmasse“ zusammenschweißt, oder durch ein sonst wie vereinigtes Europa, welches vielleicht „auf ein paar Jahrtausende die Leitung der Weltgeschicke – zum Heile der ganzen Menschheit – zu behaupten vermöchte“.

Schlussfolgerung: Angesichts derartiger Aussichten sei „vor allem erforderlich, dass der Kraftzustand der ganzen Rasse gehoben und die drohende Degeneration aufgehalten wird". Zum Vokabular des Imperialismus gesellen sich Versatzstücke des Sozialdarwinismus. Begriffe aus den ursprünglich biologischen Aussagen Charles Darwins (1809-1882) wie Kampf ums Dasein, natürliche Auslese oder Degeneration sind ja längst auf gesellschaftliche Phänomene übertragen worden.

Lingner, Inbegriff des fortschrittlich-bürgerlichen Sozialhygienikers, gewährt einzelnen rassenhygienischen Gesichtspunkten Einlass. Die Rassen-Thematik ist lange vor den Nazi-Gesetzen in aller Munde, quer durch die politischen Lager und nicht nur in Deutschland. Die Diskussionen sind anfänglich nicht zwangsläufig rassistisch (auch nicht antisemitisch, bei Lingner schon gar nicht). Aber das Wort „Rasse" macht ungebremst Karriere, wird anfangs allgemein für die menschliche Art gebraucht, dann die eigene, die man stärken müsse, es kommen Wertigkeiten auf, dass eine Rasse überlegen sei, dann, dass sie andere bekämpfen müsse, und so fort, man kennt die Folgen. Diese Dinge verzweigen sich vielfach. Weit herum verbreitet sind die Fragestellungen der Eugenik, es ist allerlei Erbbiologisches und Anthropologisches, Halb- und Pseudowissenschaftliches im Umlauf, und Spinnerei ist auch dabei. Wichtig ist, dass sich dies alles modern gibt und überlebensnotwendig.

Man soll für jene Tage nicht übersehen, dass bei manchem Exponenten auch echte Besorgnis mitspielt und eine große Hilflosigkeit gegenüber Problemen wie dem Massensterben der Säuglinge. Tragisch, was dann alles unter den Deckmantel „wahrer Menschlichkeit" schlüpft und Anklang findet, und unter der Hand gedeiht schon das dumpfe Klima, in dem jene lernbegierigen Jünglinge heranwachsen (Hitler ist damals achtzehn), welche später alles mörderisch in die Tat umsetzen werden. Sie finden wesentliche Teile ihrer Denkwelt bereits in der Gesellschaft vor.

Die „Rassenfrage" färbt auf die Sozialhygiene ab. Die hohe Säuglingssterblichkeit wie auch der Geburten-

„Fuller Building" (Manhattan)
1901 erbaut

Charles Darwin

rückgang seien Zeichen von „Degeneration". Lingner zögert zwar bei dieser Behauptung, als ob er selbst nicht dran glaubte, als ob er vor jener Panikmache zurückzuckte, die jetzt im öffentlichen Gespräch so zunimmt. Einer gewissen Degeneration also, noch nicht „im eigentlichen Sinne. Warnungs-Symptome, vereinzelte Anzeichen, die zu ernster Einkehr mahnen". So wird Säuglingsfürsorge „eine der vornehmsten Aufgaben, die sich die germanische Rasse stellen muss".

Der Autor wünscht sich nicht einfach mehr Kinderkliniken, die haben ihm zu wenig Breitenwirkung, er hat eine andere Vorstellung: „Ich möchte – selbstverständlich bei aller Wahrung der christlichen Nächstenliebe und Barmherzigkeit – dass das Hauptgewicht gelegt wird auf die Züchtung und zuchttechnische Pflege der g e s u n d e n Individuen, auf die Erhöhung des Durchschnittsmaßes des Kraftzustandes des Volksstammes, auf die körperliche Veredelung und Verbesserung des ganzen Nachwuchses."

Die Sozialtechnologie verheißt hier, das gute Potenzial durch bewusstes „Züchten" zu steigern und die Träger „schlechter Keime" zurückzubinden. Dabei will Lingner, wie viele seriöse Sozialhygieniker, die Nächstenliebe gewahrt wissen, erbringt ja mit der Säuglingsfürsorge in Dresden auch den Tatbeweis dafür. Entschieden erteilt er den „Auslese-Theoretikern" eine Absage: Die hätten wohl schwächliche Kinder, wie Friedrich Schiller eines war oder Immanuel Kant, lieber sterben sehen ... Es gebe Menschen, die neunzig würden und „ganz elende" Säuglinge waren. „Auch hieraus sehen wir wieder einmal, dass es stets ein höchst gewagtes Spiel ist, in die unerforschlichen Maßnahmen der Natur hineinzupfuschen. Nichts ist so geheimnisvoll und so über alle Maßen wunderbar, wie der unerforschliche Lebensbetrag, der jedem Nachwuchs eingelegt ist." Der Verfasser scheint zu spüren, dass er mit seinen Vorstellungen von „Veredelung" in die gefährliche Nähe jener Extremen gerät, welche das humanitäre Bemühen um die Schwachen der Gesellschaft ablehnen – weil solche Maßnahmen die natürliche Auslese verfälschten ...

„Verbesserung des ganzen Nachwuchses" also auf dem Weg der breiten gesundheitlichen Aufklärung? Letztlich grenzt sich die klassische Sozialhygiene zu wenig ab. Dass ihre Humanität und ihr Idealismus eben dabei sind, unter die Räder zu kommen, von militanten Strömungen in einem schleichenden Prozess aufgesogen und aus dem Weg geräumt zu werden, ist ihr lange nicht bewusst. Nimmt man Lingners Gutachten zur Hand, so sind die Vorschläge humanitär und sachlich, die Mittel klassisch sozialpolitisch und sozialhygienisch. „Veredelung der Rasse“, „Degeneration“ und Co. erscheinen eher als modisches Etikett. Im Übrigen ist Lingners Begriff von Rasse fast beliebig, mal meint er Deutschland, dann China und Japan, Amerika, am Ende eigentlich Europa gegen den Rest der Welt, in einem anderen Zusammenhang teilt er gar die Musikfreunde in zwei „Rassen“ auf.

Bibliophil, auf Büttenpapier geht die Fassung mit dem ominösen Vorwort nach Hessen. Lingner ist wohl der Ansicht, die dortigen hohen Herrschaften seien mit nationalpolitischen Argumenten am besten zu überzeugen. Dass er auch jederzeit die andere, nicht nationalistisch getrimmte Version aus dem Hut zaubern kann, zeigt ein rechtes Stück Opportunismus.
Dem „weitschauenden Fürsten, welcher zunächst aus Warmherzigkeit der Frage zugewandt, bei näherer Beschäftigung damit aber ihre ungeheure nationale Tragweite erkennend, die Durchführung der Maßnahmen in einem Lande in die Hand nimmt“, wird große Genugtuung verheißen. Günstige wirtschaftliche und politische Folgen würden nicht lange auf sich warten lassen.
Der Verfasser schließt sein Plädoyer mit einer Vision, welche, hineingesprochen in jene Zeit, durchaus bemerkenswert ist: „Die Fürsorge, die man dem zarten Menschlein angedeihen lässt, wird vorbildlich wirken für das Verhältnis des Menschen zum Menschen überhaupt. Die Familien werden den Kindern, nachdem ihnen der Sinn dafür geschärft worden ist, dauernd größeres Interesse widmen, werden ihre Entwicklung mit besserem Verständnis verfolgen, an ihren Fortschritten auch in geistiger Beziehung regeren Anteil nehmen und sich durch alles dies mit ihnen fester verbunden fühlen, als es heute leider vielfach der Fall ist.“ Von einer so geförderten Jugend erwartet der Autor, dass sie ihren Körper gesund erhält, Lust auf Bildung, Kunst und Wissenschaft bekommt. „Zahlreiche den unteren Volksschichten entstammende Individuen werden die in ihnen schlummernden Begabungskeime auf diese Weise zur Entfaltung bringen (...).“ Da steht einer mit seiner eigenen Biografie dahinter.

Lingners Organisation gewinnt bald „Wirkung und Leben“, wie es im Bericht des Vorstandes heißt. Das Großherzogtum Hessen beginnt die Pläne ab 1909 umzusetzen, und 1912 werden bereits 6.000 Kinder erfasst.
Die Ehrung in Gestalt des Ernst-Ludwig-Eleonoren-Kreuzes folgt im Frühjahr 1911. *Das Kreuz trägt auf der Vorderseite Unser Brustbild, sowie das Unserer Gemahlin, der Großherzogin Eleonore, auf der Kehrseite die Inschrift: ‚Für Verdienste in der Wohlfahrtspflege'. Es besteht aus Silber und wird an einer silbernen Spange ohne Band neben oder unterhalb der Ordensschnalle getragen.*

9. Das Imperium

Globales Odolien

Die Wortschöpfung „Odolien", sagt die Odolwerbung, sei auf eine junge Frau namens Mareichen K. zurückzuführen, welche ihrem Schatz einen Brief nach eben diesem Odolien senden wollte. Die findige Reichspost leitete das Schreiben der Dresdner Odolfabrik zu, wo andere scharfsinnige Leute auf den Ort Podolien in der Ukraine tippten. In der Tat ließ sich der Gesuchte dort finden. „Als er den Brief mit einiger Mühe gelesen hatte, äußerte er die Absicht, sofort nach Deutschland zurückzukehren und sein Mareichen zu ehelichen ..."

Ob erfunden oder tatsächlich geschehen, es bleibt die Wortschöpfung „Odolien" zurück, die sich allerdings, sollte dies die Absicht der Reklamefachleute gewesen sein, nicht durchsetzte. Der Volksmund bevorzugt die Vermenschlichung der Tatsachen: „Odolkönig" ist ihm lieber, steht für erfolgreiche Weltfirma und flächendeckendes Wachstum und schließt Zustimmung, Stolz und Respekt ebenso ein wie Kritik, Naserümpfen und Ironie.

Andererseits lenkt die Rede vom „Odolkönig" davon ab, dass Lingner längst über die bloße Mundwasserfabrikation hinausgewachsen ist. In den ersten paar Jahren des neuen Jahrhunderts entwickelt er eine enorme Dynamik, welche sich auch in neuen Produkten und Tätigkeitsfeldern ausdrückt. Das Odol bleibt allerdings unangefochten an der Spitze, und es wirkt reichlich kokett, wenn Lingner äußert, es sei nicht schön, von dem zu leben, was die Leute täglich ausspuckten – er hätte es auch positiv ausdrücken können wie der schwerreiche Gillette-Investor Warren Buffet: „Ich gehe jede Nacht glücklich ins Bett, denn ich weiß, dass bis zum Morgen auf Milliarden Männergesichtern Haare wachsen werden." Ganz so ernst kann es Lingner angesichts der satten Erträge jenes Ausspuckens nicht gemeint haben.

„Zum Hauptunternehmen der Lingnerwerke", schreibt Georg Seiring in seinen Memoiren, „gehörten auch eine große Anzahl Zweigbetriebe und Füllstationen im Auslande. In diesen Füllstationen wurde die Odolessenz, nach einem geheimen Rezept in Dresden hergestellt, in Flaschen gefüllt und dann in den Füllstationen gemischt. Es waren 19 Zweigbetriebe und Füllstationen, die alle im Ersten Weltkriege der Beschlagnahme zum Opfer fielen." Greimer zählt die „Vertriebs- und Fabrikationsstätten" auf und kommt auf annähernd dieselbe Zahl: Wien, Antwerpen, Paris, Amsterdam, Warschau,

Schweden, Russland, Italien, Spanien, England, die Schweiz, Brasilien, Argentinien, Uruguay, Chile, Mexiko und später die USA. Angesichts der fehlenden Geschäftsunterlagen ist allerdings schwer zu sagen, wo zu welcher Zeit und unter welchem Rechtstitel Odol hergestellt, abgefüllt und vertrieben wurde.

„Odolessenz" heisst die Komposition aus verschiedenen ätherischen Ölen, Mentholen und Antiseptikum; „in den Füllstationen gemischt" bedeutet, dass die Dresdner Mixtur erst vor Ort mit Spiritus und Wasser vereinigt wird. Eine topmoderne internationale Vermarktungsstrategie. Odol-Quellen, Verkaufsnetze und Umsätze vervielfachen sich. Odol erreicht nach damaligem Verständnis Weltgeltung.

Schon im zweiten Odoljahr zog es Lingner nach Österreich. Die Sachsen benachbarte k.u.k.-Monarchie hat Millionen odoldurstiger Münder, der zweitgrößte Markt nach dem deutschen. Später baut Lingner in Bodenbach/Podmokly, unweit der sächsisch-böhmischen Grenze, eine ehemalige Panzerkassen- und Fahrradfabrik für seine Zwecke um. Unser bereits zitierter Detektiv der Firma Schimmelpfeng Dresden vermeldet „in der österreichisch-ungarischen Monarchie ganz hervorragende Erfolge", und er kennt bereits die Odol Chemical Works in London S.E.1, welche Lingner 1902 gründete. „Die Transaktionen derselben werden von Dresden aus überwacht und bewegen sich durchaus auf sicherer Basis und auf Grund der bisherigen Resultate lässt sich auch für dieses Unternehmen ein günstiges Prognostikon für die Prosperität in Aussicht stellen." Ein angeblich in England liegendes, im Weltkrieg beschlagnahmtes Vermögen und eine testamentarisch reich bedachte englische Vertraute Lingners, Nina Morton-Humbert, zeigen, dass das England-Engagement nicht von Pappe ist.

Odol-Fabrik in Bodenbach

Was Frankreich anbetrifft, soll Lingner lange gezögert haben – aus Respekt vor dessen alter Mundwassertradition, meint Wollf. „In Frankreich war der Gebrauch von Mundwasser zuerst allgemein geworden (...) Es gab Mundwässer, die eine ehrwürdige Geschichte und einen unantastbaren Namen hatten. Immer wieder traten an Lingner bedeutende Verkaufsunternehmer heran und verfolgten ihn geradezu mit Anträgen, in Paris eine Zentralorganisation für den Odolverkauf in Frankreich zu schaffen."

Neue Produkte

Erfolge und Gewinne treiben ihn weiter. Neue Produkte entstehen. Manche bleiben Stiefkinder, so das Zahnpulver„Irex" (von „Imperator Rex"). Es soll als mechanisches Reinigungsmittel das Mundwasser ergänzen, wird aber kein sonderlicher Erfolg, nicht zuletzt, weil Lingner nur halbherzig dahintersteht. Eifersüchtig hütet er das Original-Mundwasser als allein seligmachend. Auch „Odol mild", gedacht für Verbraucher, die etwa mit ätherischen Ölen Mühe haben, bleibt ein wenig konsequenter Versuch, das Produkt zu differenzieren, und wird wieder aufgegeben. Bemerkenswert bleibt, dass für „Irex" ein schonendes Kalziumkarbonat angestrebt und die ganze Fabrikationseinrichtung in den eigenen Werkstätten geschaffen wurde.
Das Schnupfenmittel „Forman" kommt ebenfalls 1901 auf den Markt, ein chemisch-pharmazeutisches Präparat, welches mit Hilfe eines speziellen Nasenglases, später mittels einer weniger komplizierten Schnupfenwatte angewendet wird („Klinisch erprobt und ärztlicherseits mehrfach als ‚geradezu ideales Schnupfenmittel' bezeichnet").
Das „Pittylen" aus Nadelholzteer verursacht ein langes patentrechtlichem Hin und Her. Es findet in Form von Puder, Salbe und Seife Eingang in die Hautmedizin. Erst Jahre später wird es in seiner kosmetischen Spielart als „flüssige Haarwasch-Seife" bekannt. Lingner schafft dafür eine charakteristische Flasche und sucht sich einen wirksamen Namen aus, „Pixavon" aus lateinisch pix (Teer) und französisch savon (Seife), doch die perfekte äußere Form garantiert noch keinen Raketenstart. Immerhin wird „Pixavon" nach und nach zum zweitstärksten Artikel in der Produktepalette, und in den Zwanzigerjahren wird manch ein Bubikopf damit gepflegt werden. Die Formel „Schönheit und Gesundheit" scheint einfach unschlagbar, denn einmal mehr wird hier der Desinfektions-

Pixavon, ein neues Haarwaschmittel

gedanke mit verkauft: Nicht nur würde das Haar weich, seiden und füllig, „Pixavon" töte auch „bakterielle oder parasitäre Erreger von Haarkrankheiten". Erst 1909 gelingt es allerdings, dem Produkt die störende Schwarzfärbung auszutreiben.

Pixavon für den Bubikopf (Anzeige 1926)

Mit der „Pittylen"-Seife tritt man ab 1903 ins Seifengewerbe ein. Jahrelange Versuche mit fester Kali-Seife erbringen ein gutes Resultat, führen zu diversen Patentanmeldungen und schließlich zur Groß-Produktion von „Kavon"-Seife für den Haushalt und industrielle Zwecke. 1906 entsteht in unmittelbarer Nähe der Odol-Werke eine Seifenfabrik mitsamt Laboratorium.
Im gleichen Jahr holt man die Aufbereitung (Rektifikation) der ätherischen Öle ins eigene Haus und kauft zukünftig in den Produktionsländern nurmehr die günstigen rohen Öle ein.
Die Blut-Albumin-Präparate, deren Patente man 1906 erwirbt, sind aus reinem Tierblut gewonnene, stark eisenhaltige Produkte, welche zur Stärkung verordnet werden. Als „Roborin-Pillen mit Schokolade überzogen" sollen sie blutarmen Erwachsenen und rachitischen Kindern auf die Beine helfen, als „Roborin-Kraftfutter" Rinder, Schafe und Pferde kräftigen. Die letztere Nutzung hat übrigens eine goldene Zukunft, die sich zur Zeit noch die wenigsten vorstellen können.

„Bei dem lebhaften Interesse, das Lingner für Bakteriologie und alles, was damit zusammenhing, hegte, nahm es nicht Wunder, dass er 1902 von dem bekannten Hygieniker und Bakteriologen Professor Emmerich in München das Verfahren zur Herstellung von Pyocyanase erwarb" (Greimer). Es handelt sich um ein Bakterien aufsaugendes Enzym, welches damals gegen diverse Infektionskrankheiten wie Typhus, Diphterie und Cholera eingesetzt wird. „Besonders wirkungsvoll erwies sich die Pyocyanase in den Fällen, in denen die Gefahr einer allgemeinen Infektion durch Strepto- und Staphylokokken vorlag."
Fachleute stufen heute die Pyocyanase, entwickelt von Rudolf Emmerich und Oskar Loew, als eine Art Ur-Antibiotikum ein (so die „Geschichte des Sächsischen Serumwerkes Dresden", welche die Patentübertragung an Lingner auf 1908 ansetzt): „Die Pyocyanase gilt als das erste industriell gefertigte und klinisch angewandte Antibiotikum und war Vorläufer des erst 25 Jahre später entdeckten Penicillins." Auch wenn dann neue Entwicklungen die Pyocyanase überholen: Lingner beweist einmal mehr seinen Spürsinn und dringt mit diesem Coup in die „große" Medizin der Zeit vor.

Serum, ein Quantensprung. Der Stabsarzt Dr. Behring „aus dem hygienischen Institut des Herrn Geheimerath Koch in Berlin“ und der japanische Bakteriologe Kitasato hatten zunächst die Diphterie- und Tetanus-Immunität bei Tieren erforscht und den Schlüssel gefunden: Aus dem Blut geeigneter Tiere können Immunseren gewonnen werden, indem man die Tiere erst mit dem Erreger versieht und ihnen später Blut entnimmt. Die vom Körper des gesunden Tieres produzierten Gegengifte werden den Patienten injiziert. So wurde der Abwehrmechanismus des Körpers gegen Infektionen entdeckt und nutzbar gemacht.
Bald begann die kommerzielle Produktion, sie machte Emil (von) Behring reich und adelig und half den Kranken: In wenigen Jahren wurde die Sterblichkeitsrate beim *Würger der Kinder*, der Diphterie, halbiert. Den Ärzten war damit tatsächlich „eine erfolgreiche Waffe im Kampf gegen Krankheit und Tod gegeben“, wie es in der Nobelpreisurkunde für Behring heißt (1901).
Lingner, lange noch an Infektion und Desinfektion haftend, sieht laut Wollf allmählich ein, „dass man die unzählbaren Scharen dem Menschen feindseliger und unsichtbarer kleiner Geschöpfe nicht nur mit antiseptischen Mitteln bekämpfen konnte“.

„Die Serumtherapie riss ihn in eine wahre Begeisterung hin, die in ihren Ausbrüchen verwandt war mit seinem Enthusiasmus für ein musikalisches Werk“, erinnert sich Wollf. „Nie wird, wer es miterlebte, den rauschhaften Zustand vergessen, in dem sich dieser Mann befand, als es gelungen war, Mikroorganismen im Ultramikroskop zu kinematographieren. Seine Erkenntnisse und seine Ideen schienen nicht nur bildhaft, sie waren lebendig und beweglich bestätigt. Im meterhohen Lichtkreis sah man Plasmodien und Trypanosomen, wie kleine Kreuzer und Torpedoboote, auf dem Gewässer eines winzigen Serumtröpfchens ihre Angriffe richten gegen ein in Wirklichkeit ebenso winziges Pünktchen Blutgerinnsel, das wie ein offener ungeschützter Hafen anzuschauen war.“ Als besonderen Triumph habe er empfunden, den Erreger der „Volksseuche“ Syphilis beobachten zu können.
Der „Kriegsfanatiker gegen Bazillen“ in rauschhaftem Zustand!
Würde einer Lingners Leben als Musical darstellen, so projizierte er an dieser Stelle den Lichtkreis mit den kleinen Kreuzern und Torpedobooten, riesenhaft und in drastischen Farben an die Rückwand, und davor tanzte eine Ballettzeile mit Lingner in der Mitte den Tanz der begeisterten Bakteriologen. Die Musik wäre anfänglich lauernd-ernst, dann zunehmend heiter und bewegt und am Ende triumphierend. Und alles müsste in herrliches Licht getaucht sein, und es regnete Goldtaler, und Lingner könnte nicht genug tun, sie mit seinem Zylinderhut aufzufangen ...
Hirngespinste? Derartige Fantasien haben bei Lingner immerhin die Eigenschaft, dass sie öfter Wirklichkeit werden.

Angriff, Torpedoboot, ungeschützter Hafen. An der Schwelle zum 20. Jahrhundert redet man über Krankheit vorzugsweise in militärischer Sprache. Auch die volkshygienische Belehrung bedient sich ihrer, scheint sie doch komplexe Vorgänge allgemein verständlich auf den Punkt zu bringen.
Zu simpel, befindet die amerikanische Kulturkritikerin Susan Sontag (1933-2004): „Erst als der Eindringling nicht mehr ‚die Krankheit' war, sondern ein konkreter Mikroorganismus, der die Krankheit verursachte, begann eigentlich der Triumph der Medizin; da aber gewann die Kriegsmetaphorik umso mehr an Triftigkeit und Prägnanz, und seither beherrscht sie mehr und mehr alle Aspekte der Beschreibung medizinischer Vorgänge. Die Krankheit gilt als eine Invasion körperfremder Organismen, auf die der Körper mit eigenen militärischen Operationen reagiert: Er mobilisiert seine immunologischen ‚Abwehrkräfte', und die Medizin ist – in der Sprache der meisten Chemotherapien – ‚aggressiv'"(Aids und seine Metaphern).
Die frühen Sozialhygieniker bedienen sich häufig der populären Kriegssprache, um überhaupt gehört zu werden und die Öffentlichkeit zu interessieren; dass sie damit Krankheiten auch dämonisieren, gar deren Opfer stigmatisieren, ist die bedenkliche Nebenwirkung. Aus eigener Erfahrung mit Krebs beschreibt Susan Sontag, „wie sehr der Ruf dieser Krankheit das Leiden der an ihr Erkrankten verschlimmert". Sie kämpfte dagegen an, dass ihre Krankheit dämonisiert wurde, und wollte sie einfach als Krankheit betrachtet wissen, „eine ernste Krankheit, aber eben eine Krankheit, weder Fluch, noch Strafe, noch Peinlichkeit. Eine Krankheit ohne ‚Bedeutung'. Und nicht zwangsläufig eine Krankheit zum Tode (...)".

Sächsisches Serumwerk: Immun-Seren aus Pferdeblut

Lingner fängt klein an mit der „großen" Medizin. Erst ist es nur eine „Bakteriologische Abteilung", ab 1904 das „Bakteriologische Institut" in einer Villa in der Kaitzer Straße 22. Nicht zur Freude der Nachbarn: Heinrich Eberstein beklagt sich 1907 beim Gewerbeamt über stechenden Geruch, Baumsterben, Mund- und Nasenschleimhautentzündung sowie Motorenlärm. „Eine solche Anlage gehört überhaupt nicht ins Weichbild einer so vornehmen Stadt, wie es Dresden ist", empört sich der Bürger und vermutet exzessiven Gebrauch des giftigen Formaldehyd. Obwohl man bei Lingner mit

Formaldehyd ziemlich großzügig umgeht, hier scheint der Nachbar nicht richtig zu liegen, denn hier – so entscheidet die Wohlfahrtspolizei – geht es um die Herstellung des Schutzstoffes Pyocyanase, und der habe mit jener Chemikalie nichts zu tun. Große Rücksicht scheint der forsche Unternehmer allerdings nicht zu nehmen, denn bei der Seifenfabrik gibt es ähnliche Beschwerden.
Die nachfolgende Entwicklung ist von Kontakten zum Schweizer Serum- und Impfinstitut und zum Hygiene-Institut der Universität Bern geprägt. Lingner verkehrt mit dem dort maßgeblichen Wissenschaftler, Wilhelm Kolle, aber auch mit Kapazitäten wie Richard Pfeiffer, dem Entdecker des Influenzabazillus. 1909 kommt es zu einer förmlichen Vereinbarung und zu einem regen personellen und geschäftlichen Hin und Her zwischen Dresden und Bern, und der Aufbau des Sächsischen Serumwerks nimmt seinen Anfang. Im Herbst 1911 wird die neue Firma, deren Aufsichtsratsvorsitzender und hauptsächlicher Eigner Karl August Lingner heißt, mitsamt dem „Institut für Bakteriotherapie" ins Handelsregister eingetragen.
Wissenschaftler und Laboratoriumsdiener, Pferde und Meerschweinchen bevölkern nun die Gebäude in der Löbtauer Straße 45. Für eigenes Forschen – etwa in Sachen „Krebsbazillus", dessen Entdeckung Lingner zu fördern hofft – bleibt den Wissenschaftlern nicht allzu viel Zeit, denn schon im nächsten Jahr stellt der erste Balkankrieg die Hersteller von Sera und Impfstoffen auf die Probe. Aber Kriege sind auch Kassenfüller.

Wissenschaftlicher Begleitschutz für Odol

Er schläft für Lingner „in frostdurchkälteten, feuchten Bauernbetten", dann wieder liegen die Heuferien „sehr störend" oder das nächste Dorf ist unmöglich weit weg, und manchmal ist er schlicht unerwünscht. Den Kariesforscher treibt es zwecks statistischer Massenerhebungen zur *Zahnverderbnis* kreuz und quer durch deutsche Lande, und das kam so: Im Oktober 1898 schrieb Lingner dem Arzt, Zahnarzt und Privatdozenten Carl Röse (1864-1947) einen Brief des Inhalts, er gedenke eine private wissenschaftliche Zentralstelle für Zahn-Gesundheitspflege zu gründen, welche „ohne Rücksicht auf meine Unternehmungen selbstständig und unabhängig" arbeiten solle. Er halte nun nach einer geeigneten Leitungspersönlichkeit Ausschau.

Zu den Aufgaben gehören – „nebst der Untersuchung und Kritik aller bekannten Mittel und Methoden, welche die Zahnverderbnis zu verhüten versprechen" – die Suche nach einer allen Bevölkerungsschichten zugänglichen Methode, die Zähne gesund zu erhalten, ferner das Anlegen einer „Statistik über Zahnverderbnis" sowie das Erforschen der Ursachen.

Was verspricht sich Lingner von dem Institut? Wissenschaftlichen Begleitschutz für das Odol? Impulse für neue Produkte? Druck auf Behörden und Öffentlichkeit, mehr für gesunde Zähne der Bevölkerung zu tun? Oder tatsächlich Forschung einfach „zum Segen der Menschheit", wie er selber behauptet?

Der Kariesforscher Carl Röse (1864-1947)

Zahnärztliche Kapazitäten sollen Lingner übereinstimmend Carl Röse als Institutsleiter empfohlen haben, der in solchen Dingen schon Erfahrungen gesammelt hat und sich im Übrigen auch dadurch empfiehlt, dass er ein für Odol günstiges Gutachten abgibt. Nachdem ihn Lingner graphologisch hat beurteilen lassen, erachtet er Röse als denjenigen, der sowohl fachlich glänzen als auch mit Leib und Seele für die Ziele der Zentralstelle eintreten werde. Für Röse ist es „ein Geschenk aus Himmelshöhen", will ihm doch die Hochschulkarriere nicht glücken (Ute Hopfer, Carl Röse).

Lingner stellt Räume bereit, ein chemisches Labor, ein statistisches Büro, eine zahnärztliche Poliklinik – ideale Arbeitsbedingungen. Röse, ein Mann von großer Energie, stürzt sich ab 1900 in seine Aufgabe, besonders in die Kariesforschung. Es folgen Reihenuntersuchungen an Tausenden von Schulkindern und musterungspflichtigen jungen Männern. Bis 1904 sollen über 90.000 Gebisse geprüft worden sein, eine Zahl, die in den nächsten zwei Jahren auf über 220.000 steigt – dass dies alles „von Hand" geschieht, kann man sich im Zeitalter der elektronischen Hilfsmittel fast nicht mehr vorstellen. Die Sozialhygiene bringt damals überhaupt eine riesige Fülle statistischen Materials hervor, welches die Zusammenhänge zwischen sozialer Lage und Krankheit beleuchtet.

Ein Drittel aller erfassten Zähne ist kariös. Nur zwei, drei Prozent der Untersuchten, so stellt sich heraus, zeigen ganz gesunde Zähne. Ein Schulkind hat im Durchschnitt 7, 5 kranke Exemplare. Füllungen gibt es kaum, wobei „nicht so sehr der Mangel an Einsicht, als vielmehr Mangel an Geldmitteln und passender Gelegenheit ausschlaggebend sind", kommentiert Röse. Die soziale Zahnmedizin steht noch am Anfang.

Reihenweise erscheinen Röses Untersuchungsberichte über Zahnverderbnis und Beruf, Zahnverderbnis und Speichelbeschaffenheit, Mundhygiene usf. und finden in der Fachwelt Beachtung, man weiß damals über Karies noch nicht viel. Manches erscheint in populärer Form und in Großauflage. Der Fachpresse schätzt, dass die Ergebnisse auch den Zahnärzten zugute kommen, und findet „dieses Unternehmen ein Ideal, wie es höher nicht gedacht werden kann. Wir begrüßen es daher mit heller Freude" ...

Jahrelang lässt Lingner den Wissenschaftler gewähren, redet scherzhaft von der „Zahlstelle für Zahnhygiene", schluckt die vielen Auslandabwesenheiten für Untersuchungen in Nachbarländern. Röse nimmt einiges an Strapazen auf sich, die organisatorischen Schwierigkeiten sind groß, auch existieren noch keine verbindlichen wissenschaftlichen Kriterien, nach denen Karies zu bestimmen ist. Der Einzelkämpfer lässt sich nicht beirren, geht bei der Ursachenforschung neue Wege, indem er zum Beispiel die Frage des Stillens aufnimmt und einen direkten Zusammenhang zwischen *Zahnverderbnis* und der Stilldauer ermittelt. Von da zu neuen Fragen, etwa nach Ernährung, Kauen, Lebensweise, Umwelt und anderen wenig beachteten Zusammenhängen, ist es nur ein weiterer Schritt.
Dass Röse dann auch Köpfe ausmisst, macht stutzig. *Kopfindices und Gesichtsindices.* Es werden die Schädel von Lingners männlicher Belegschaft vermessen, um „die Beziehungen zwischen Kopf und Rangstellung" zu ermitteln, 1 Chef, 9 leitende Personen, 5 Werkmeister, 72 Arbeiter und Schreiber, mit dem umwerfenden Ergebnis: „Je höher die Stellung, umso größer die Köpfe." Pseudowissenschaft, im Augenblick „modern", später endgültig problematisch, nachdem daraus der Wert von Menschen und soziale Maßnahmen abgeleitet werden. Röse ist rassenanthropologisch angekränkelt; dereinst wird er zu jenen gehören, die überall Entartung am Werk sehen. Auch bei der Karies. Die Ergebnisse des Köpfe-Unfugs werden als „Beiträge zur europäischen Rassenkunde" veröffentlicht.

Verdienstvoller ist die Schulzahnklinik, die dem Unternehmen angegliedert wird und wo Volksschüler gratis behandelt werden. Eine eigentliche, in die Breite wirksame Schulzahnklinik ist es nicht; Lingner will eventuell die Zahnärzte in Dresden nicht verärgern. Röse sät später Zweifel an Lingners Verdienst in dieser Angelegenheit: 1907 hätten er und Professor Miller „Lingner endlich dahin gebracht, dass er die Einrichtung einer schulzahnärztlichen Musterklinik zugesagt hatte. Ein Jahr später sollte die Versammlung des Central-Vereins deutscher Zahnärzte in Dresden stattfinden, und bei der Gelegenheit sollte die Klinik eingeweiht werden" (Röse, Erinnerungen; die Versammlung war im August 1906). Der Umbau sei in allerletzter Minute erfolgt.
Auf der Zahnärzte-Versammlung lässt sich Lingner für diese Initiative, eine der ersten ihrer Art in Deutschland, von W. D. Miller und anderen Rednern feiern ... Kurz darauf dementiert er die angebliche Einweihung in der Presse: „Der Besuch der zahnärztlichen Sachverständigen trug nur den Charakter einer Vorbesichtigung (...) Von einer Eröffnung kann jedoch zur Zeit noch keine Rede sein, einmal, weil die Anstalt noch nicht betriebsfertig ist, vor allem aber, weil zunächst selbstverständlich die Stadtverwaltung und insbesondere die Schulbehörden darüber zu befinden haben, in welcher Weise der Betrieb des Instituts bezw. die Zuführung der Schulkinder zur zahnärztlichen Behandlung geregelt werden soll. Erst dann wird die offizielle Eröffnung erfolgen."

Die Sache ist von kurzer Dauer, unter anderem, weil es Lingner nicht gelingt, die öffentliche Hand in das Projekt hineinzuziehen. Schulzahnklinik – aus.

Das rein Antiseptische erscheint Röse mehr und mehr als zu eng. Womit er durchaus Recht hat. Karies ist ein vielschichtiges Phänomen, Odol nur eine der möglichen Karies verhütenden Massnahmen. Doch der Forscher verzettelt sich und kommuniziert schlecht, holt zur „Wiedergesundung des Gebisses der Kulturmenschheit" mächtig in verschiedene Sachgebiete aus, während Karl August Lingner pragmatischer denkt und auf verwertbare Ergebnisse hofft. Harte Brotrinde und rohe Möhren zur Reinigung der Mundhöhle und kalkreiches Trinkwasser haben mit seinen Interessen nicht mehr viel zu tun.
Später wird Röse die Jahre bei Lingner verwünschen, weil sie ihn die beste Schaffenszeit gekostet hätten. Was Lingner gegenüber unfair ist. Der hat immerhin einen kostspieligen Tatbeweis erbracht und den Forscher vergleichsweise ungestört arbeiten lassen. Angesichts der üblichen Lingnerschen Getriebenheit reißt der Geduldsfaden erstaunlich spät, aber irgendwie auch zu Unrecht, war Röse doch zugesichert, die zu findende Methode dürfe eine „beliebige" sein. Nachdem der Arbeitgeber bereits den ersten Dreijahresvertrag nicht verlängerte, arbeitet Röse noch jahrelang ohne feste Anstellung weiter. Doch die Meinungsverschiedenheiten und die Empfindlichkeit der beiden ungleichen Partner spitzen sich zu, 1908 kommt es zum Bruch, die Zentralstelle für Zahnhygiene wird geschlossen.

„Allverehrter Inhaber"

Man schaut auf die Odolfabrik. Aus der Tagespresse, 1905: „Ein elektrischer Fackelzug. Der erste Versuch, in einem Festzuge Elektrizität als Lichtquelle zu verwenden, wurde bei dem Fackelzuge gemacht, den die Bürgerschaft von Dresden am 26. Mai dem König Friedrich August darbrachte. Eine vom Geheimen Kommerzienrate Lingner (dem ‚Odol'-Lingner) gestellte Gruppe dieses Zuges führte zwei Lokomobile von 60 Pferdekräften mit, deren jede mit einer Dynamomaschine montiert war. Diese Maschine erzeugte den elektrischen Strom für 800 Glühlampen, zur Sicherheit gingen 25 Elektrotechniker und Maschinenleute in der aus dem Trompeterkorps des Gardereiterregiments und 150 Angestellten Lingners bestehenden Gruppe mit: Alle Personen und eine gewaltige, weithin leuchtende Königskrone waren durch Leitungsdrähte verbunden. Die Gruppe erregte allseitig große Bewunderung."
Das Gesicht des Deutschen Reiches jener Jahre: Zukunftsorientierte Technik und selbstbewusste und begeisterungsfähige Menschen leisten die ganze Arbeit, doch im Umzug

mischen die feudalen Gardereiter mit und geben mit ihren Trompeten den Ton an, und die Energie läuft auf die Krone zu ... Gewiss ist auch Propaganda für die allgemeine Verbreitung der Elektrizität dabei.

Lingner leutselig

„Eine frohe, heitere Gesellschaft beherbergte am letzten Sonnabend Donaths Neue Welt in Tolkewitz. Hr. geh. Kommerzienrat Lingner, der Inhaber der Firma Dresdner Chemisches Laboratorium Lingner, hatte das gesamte Personal seiner Fabrik zu einem Sommerfeste geladen. Es war ein Fest, wie es wohl in solcher Vollendung in Dresden noch selten vorgekommen ist. Ungezwungen und vergnügt bewegte sich die festgeschmückte Menge und kostete von all den verschiedenen Gaben, die zur Unterhaltung und Erheiterung vorgesehen waren (...) Schießbude, Kegelbahn, Camera obscura waren den Teilnehmern zum Gebrauche überlassen. Sogar eine Wahrsagerin war am Platze, deutete Zeichen und verhieß Glück für die Zukunft. Die Regimentskapelle des Schützenregiments konzertierte“ etc., so berichten diverse Zeitungen, ebenfalls 1905.

Lingner dankt schließlich seiner Mitarbeiterschaft mit herzlichen Worten und mit 50.000 Mark, die er in den Wohlfahrts- und Unterstützungsfonds der Firma einlegt, was „einen spontanen, nicht endenwollenden Jubel“ auslöst.

So gefällt es ihm. Harmonie! Er der Gebieter (falls man bei einem 44-Jährigen noch nicht von Firmenpatriarch reden will), „der allverehrte Inhaber der Firma“, wie die Presse schreibt, umgeben von Menschen, die ihm zu ihrem eigenen Besten gern gehorchen und ihn weithin auch mögen. Da ist er freundlich, generös und versteht es, die Werktätigen „bei Lust und Liebe zu halten“.

Skeptiker sehen in all dem bloß wieder Reklame. Dabei nimmt der Odolkönig doch nur die eherne PR-Regel vorweg, an der in Zukunft kein Wirtschaftsunternehmen mehr vorbeikommen wird: Tue Gutes und sprich darüber. Und er tut tatsächlich Gutes an der Belegschaft zu einer Zeit, da es noch nicht selbstverständlich ist, mancherlei als Erster. Es muss ihm Spaß gemacht haben, rückständige Unternehmer zu überholen. Andererseits ist es falsch, Lingner bei allem und jedem eine Pionierrolle zuzuschreiben, denn andere haben auch gemerkt, dass der Betriebsfrieden eine wichtige Sache ist. So der Stuttgarter Eduard Breuninger, Jahrgang 1854, der ebenfalls mit nichts begann und dann ein großes Textil-Kaufhaus schuf: Er gönnt seinen Mitarbeitern festen Jahresurlaub, einen Pensionsfonds, eine Sparkasse etc. und später ein Erholungsheim im Schwarzwald. Oder Maggi: Nach und nach gibt es hier Betriebskantine, Krankenkasse, Werkswohnungen etc. Die Dresdner Großmolkerei Pfund kennt die eigene betriebliche

Krankenkasse schon 1890, bietet zudem einen Kindergarten, einen Saal mit Bühne und anderes mehr.
Bei Odol jedenfalls ist gut arbeiten, finden viele. Sommers werden zehn Tage Betriebsferien bei vollem Lohn gewährt. Es gibt nebst dem Unterstützungsfonds, der bei Krankheit und anderen Fährnissen des Lebens in Anspruch genommen werden kann, eine Sparkasse und Weihnachtsgratifikationen. Stadtbekannt ist, dass zu Frühstück und Vesper je ein halber Liter Milchkaffee ausgeschenkt wird und dass jedermann ein warmes Bad pro Woche nehmen kann - während der Arbeitszeit. Auffällig besonders die Einführung der Pausengymnastik (1900) und einer Betriebskantine mit günstigen Preisen. Da sorgt einer für seine Leute. Ein Gebieter allerdings, der auch etwas dafür will: Loyalität. Oder soll man sagen: Gehorsam? Die Betriebe gleichen damals einer Art Zustimmungsautokratie und sind in ihrem Mix aus fortschrittlicher Produktion und patriarchalischer Struktur typisch für die Verfassung der wilhelminischen Gesellschaft. Vertrauen geht ihm über alles, er kann, wenn er's hat, diesen oder jenen locker in seine Theaterloge oder zu einem privaten Fest einladen – oder aber, wenn er's missbraucht glaubt, einen auf der Stelle zum Teufel jagen und es auf einen Prozess ankommen lassen.

Betriebsgymnastik im Lingner-Werk 1910

„Ein warmes Herz für seine Angestellten und Arbeiter", sagt Greimer. Beobachter stellen immer wieder fest, Lingner habe seine eigene Herkunft nicht vergessen. Der schönen Fürsorglichkeit tut die Tatsache keinen Abbruch, dass sie auch im Interesse des Unternehmens ist; so richtet sich der Kaffee wahrscheinlich gegen den Alkoholkonsum, und die Kantine wirkt sich zeitsparend aus.
In einem Punkt ist der Chef pickelhart: „Engeren Beziehungen" zwischen männlichen und weiblichen Angehörigen der Fabrik ist er abhold. Dem kaufmännischen und technischen Personal ist „jeder Privatverkehr mit weiblichen Angestellten und Arbeiterinnen" bei Strafe sofortiger Entlassung verboten. Man kann das belächeln oder kritisieren oder als eine Art Schutzklausel für die vielen weiblichen Betriebsangehörigen respektieren. Dass Lingner dieses Dekret nicht unbedingt auf sich selbst bezog, mag daran erkennbar sein, dass er eine weibliche Angestellte in leitender Position beschäftigte, die einen Sohn von ihm gehabt haben soll (Mitteilung von Ulf-Norbert Funke).

Vom Kader verlangt er viel. Beispielsweise erzählt Seiring später, wie schwierig es für ihn war, Urlaub zu nehmen, „da ich mich nach Lingner richten musste. War er auf Reisen, sollte ich da sein, war er da und ich wollte auf Urlaub gehen, war es ihm auch nicht recht". Und weiter: „Lingner verlangte viel von seinen engsten Mitarbeitern. Eine Arbeitszeiteinteilung war ihm fremd. Gegen die Hygiene der Arbeit hat kaum einer mehr gesündigt als Lingner. Gewöhnt, die Nacht zum Tage zu machen, blieb er am Schreibtisch oder bei Verhandlungen so lange sitzen, als es ihm gefiel oder die anderen Teilnehmer nicht mehr folgen konnten und versagten. So fand er es als selbstverständlich, dass ich ihm dauernd zur Verfügung stand. Er liebte keine betonte Unterwürfigkeit, aber auch keine Schmeicheleien. Er verlangte enorme Leistungen und versprach Gegenleistung, deren Erfüllung man sich aber immer wieder erkämpfen musste. Sonst blieb er seinen Mitarbeitern gegenüber karg in Anerkennung, nur in der Arbeitszuteilung konnte man seine Einschätzung erkennen."
Der „Ausnahmemensch" pocht auf seine Autonomie. Ständig pflügt er neue Flächen um, weil er schneller und besser sein will als die Konkurrenz, sichert seine Firmen, seinen hochgespannten Wohlstand und seine Rolle als Mäzen. Da kann von geregelter Arbeitszeit keine Rede sein.

Die Verdoppelung. 1906 kommt die Vergrößerung der Fabrik: Auf dem unbebauten Teil des Grundstücks an der Zwickauer Straße wird eine monumentale, 175 Meter lange Hauptfront errichtet sowie ein zweiter Flügel parallel zum bestehenden Trakt (der ehemaligen Klavierfabrik). Das neue Hauptgebäude, laut Greimer von einem Uhrtürmchen gekrönt, „erhielt das Eingangs- und Einfahrtstor, im 1., 2. und 3. Stock große Fabrikationssäle, im Dachgeschoss die Garderobe-Räume für das weibliche Personal, im Keller Lager-, Kühl- und Fabrikationsräume (...) Auf dem Dache wurde eine Terrasse errichtet, die von der Mädchen-Garderobe aus zugängig ist und den Mädchen in den Pausen den Aufenthalt im Freien ermöglicht."
Das Werk bedeckt nun eine Fläche von mehr als einem Hektar. Das Maschinenhaus wird aufgerüstet, 250 PS gibt die Dampfmaschine jetzt her. Insgesamt vergrößert sich alles um mehr als das Doppelte.

Beklemmung im Fichtelgebirge

Warmensteinach: Die Patterleshütte ist jetzt eine Hohlglasfabrik. Trassl ist ebenfalls gewachsen und gewachsen, hat sich nach und nach ausgedehnt, dabei aber versäumt, eine gewerbepolizeiliche Genehmigung einzuholen. Als er eine Generatorenanlage einrichtet, wird das Gewerbeinspektorat aufmerksam.

Georg Seiring (1883-1972)

Als er sein Studium aufgeben musste, sei ihm das Schicksal günstig gesinnt gewesen, schreibt Georg Seiring in seinen persönlichen Erinnerungen: Aufgrund einer Bewerbung sei er zu Lingner gekommen.
Georg Seiring wächst in Dresden auf, ist das jüngste Kind einer großen Familie. Der Vater stellt Schirme her, leidet unter häufigen Kopfschmerzen, die Folge einer Kriegsverletzung. Die Ehe der Eltern wird getrennt. Der Junge macht eine kaufmännische Lehre, bereitet sich nebenher aufs Abitur vor, Traumberuf: Strafverteidiger. Stipendien erlauben ihm ein paar Semester Verwaltungsrecht und Handelswissenschaft in Leipzig, dann muss er wegen Geldnöten aufstecken.
Die Anstellung bei Odol ist zunächst eine allgemein-kaufmännische, doch Lingners Instinkt wird auf den 23-Jährigen aufmerksam, der ihm Vorschläge macht, wie man die Verwaltung verbessern könnte. „Mein Organisationsplan wurde durchgeführt, und es kam zur täglichen Zusammenarbeit mit Lingner." Seiring übernimmt die *Privatverwaltung*, welche für die *Geheimbuchhaltung* und den privaten Besitz des Fabrikanten, besonders aber für dessen soziale Werke zuständig ist – ein Schritt hin zum professionellen Sponsoring, weitab vom alten Unternehmertyp, der seiner Privatschatulle hie und da einen Tausender entwindet, um denen im Dunkel auch etwas zu gönnen.
Alsbald überhäuft Lingner den jungen Mann mit Aufträgen. So führt Seiring die Geschäfte von Lesehalle, Säuglingsheim, Desinfektionsanstalt, Schulzahnklinik usw. Später kommen die Verwaltung der Internationalen Hygiene-Ausstellung („Monatelang waren über 500 Personen unter meiner Leitung tätig") und der kolossalen Schlossbaustelle in der Schweiz hinzu.
Dem Krösus ist offenbar in jener Zeit des Aktivismus mancherlei über den Kopf gewachsen. Seiring, klug, effizient und diplomatisch, wird allmählich „der vertrauteste Mitarbeiter Lingners" (Wollf). Einmal mehr entscheidet die Vertrauensfrage über dessen Verhalten, und diesmal täuscht er sich nicht. „Seiring kann ich jeden Posten anvertrauen, er wird ihn gut ausfüllen." Das wird so weit gehen, dass ihm der Chef am Lebensende sein Museumsprojekt anvertrauen wird. Zu Recht gilt Seiring als der Retter von Lingners Museumsidee. Er hält durch Weltkrieg, Nachkriegszeit und Inflation eisern an der Gründung fest, obwohl die Sache zeitweise völlig am Boden liegt. 1930 wird das Deutsche Hygiene-Museum eröffnet.

Lingner (mit Schirm) und Graf Seebach (rechts) zu Besuch in Oberwarmensteinach. Zwischen ihnen der Besitzer der Glashütte, Joseph Trassl.

Forstleuten ist schon vorher aufgefallen, dass der Betrieb zunehmend schädliche Abgase ausstößt. Sie lassen Tannenreisig untersuchen, weisen die Forstabteilung bei der Königlichen Regierung von Oberfranken auf die Sache hin. 1905 redet man bereits von zehn Hektar Wald, der „stark krank" sei, betroffen ist mehr. Es leiden die Nadelhölzer, die frischen Triebe werden braun, der Zuwachs stockt und nach drei, vier Jahren sind sie tot.

Die Primadonna-Flasche muss aus Milchglas sein, damit der Inhalt vor der chemischen Wirkung der Lichtstrahlen bewahrt wird. Trassl soll das Kryolith verboten werden, eine Verbindung von Natrium-Fluorid mit Aluminium-Fluorid, welche der Trübung des Glasflusses dient, beim Schmelzen des Glases aber gasförmigen Fluorwasserstoff abgibt. Es folgt ein jahrelanges Hin und Her von Gutachten und Gegengutachten, Zeugenein-

vernahmen und Ortsbesichtigungen, Bescheiden und Rekursen. Man spannt wissenschaftliche Institute ein, ringt mit Fluorbestimmungsmethoden, veranstaltet Windrichtungsbeobachtungen, und Trassl droht mit Wegzug. Das Bezirksamt Bayreuth und die Gemeinde Warmensteinach, die um die Arbeitsplätze bangen, stehen auf seiner Seite, die Forstverwaltung und die Waldbesitzer, die zusehen müssen, wie ihr Wald abstirbt, auf der anderen.
Betroffen ist hauptsächlich der bayerische Staat, und der lässt nicht mit sich spaßen. „Folgen und Gefahren stehen zweifellos fest und bedingen rasche sowie gründliche Abwehr umso mehr, als schwerwiegenden Interessen des Staatsaerars sowohl als einzelnen Privaten und der Allgemeinheit gegenüberstehen die Privatinteressen eines sächsischen Kommerzienrates – Lingner Dresden –, für dessen Rechnung durch Trassl der Fabrikbetrieb geführt wird, der aber nicht zu fassen ist für den sich hieraus ergebenden Schaden, während der nominale Fabrikherr Trassl vom Bezirksamte selbst als ein Mann von ungünstigen Vermögensverhältnissen geschildert wird." Soweit ein internes Regierungspapier. In Dresdens Mundwasserquelle aber hängt alles von diesen Flaschen ab. Lingner muss die Problematik früh erkannt haben, denn schon bei den früheren Versuchen ist eine Glashütte wegen Waldschäden ausgestiegen. Das unangenehme Thema wähnte er wohl ausgelagert, doch jetzt holt es ihn wieder ein. Man muss etwas tun.

Lingner besucht die Glashütte. Der Schnappschuss von 1906 zeigt den Geheimen Kommerzienrat, eben dem Automobil entstiegen. Sein Anzug ist zerknittert, noch trägt er die Schutzbrille. Auf dem Bild sind nebst Besitzer Joseph Trassl der Hüttenmeister und der Flaschen-Kontrolleur zu sehen, neugierige Kinder sowie ein veritabler Graf: Seebach ist mitgefahren, er teilt Lingners Autoleidenschaft.
Was angesichts der ernsten Lage besprochen wird, kann man sich denken. Es scheint, dass Lingner Trassl stützen will, was ihm insofern leicht fällt, als es kaum Alternativen gibt. Man wird das weitere Vorgehen diskutiert haben: Trübung des Glases durch andere Mittel? Entschädigungen an die Waldbesitzer? Verlegen des Betriebes? Der Verhandlungspartner aus Dresden wird in bewährter Manier darauf geachtet haben, dass der Ball immer schön vor dem anderen Tor bleibt. Immerhin hat er auch etwas mitgebracht, einen zusätzlichen Auftrag. Trassl soll während der nächsten zwei Jahre braune Haarwasserflaschen liefern, 8.000 Stück am Tag – für Pixavon, das Neueste aus Lingners Laboratorium. Im Februar 1908 trifft der Regierungsbescheid ein. Trassl erhält nachträglich die gewerbepolizeiliche Genehmigung für seinen Betrieb in Hütten mitsamt Gas-Generator, allerdings unter strengen Auflagen: keine fluorhaltigen Gase mehr, jederzeitige Kontrollen etc., aber auch mit Anordnungen bezüglich der Arbeitsräume. Die Ansprüche der Waldbesitzer werden auf den Zivilrechtsweg verwiesen, was dazu führt, dass Trassl beschädigte Waldflächen kaufen und dafür einen Großteil seines

eigenen Waldes hergeben muss. Die Firma zieht dann nach Immenreuth um. „Durch die Wald-Einkäufe und die Erwerbung der Hütte in Immenreuth war Trassls finanzielle Lage sehr gespannt worden, sodass wir ihm auf seine Bitte eine Hypothek in Höhe von 20.000 Mk. gewährten, die inzwischen vollständig abgetragen worden ist", werden die Odol-Annalen später festhalten.
Der alte Betrieb kehrt teilweise zu den Glasperlen zurück. Odolflaschen kommen dann für lange vorwiegend aus Immenreuth sowie einem zweiten Betrieb in Böhmen.
Mit Schreiben vom 31. März 1966 löst die Odolfirma nach sieben Jahrzehnten die Zusammenarbeit auf und gibt den Auftrag ins Ausland.

1906

Wie macht er das nur? Muss er nicht an beiden Enden brennen? Allein der Fabrikneubau ... Er hat durch überlegene Organisation alles im Griff. Hat einen getreuen Kader, beliebig viele Mitarbeiter und Helfer, moderne Technik, enorme finanzielle Mittel, ist äußerst mobil.
Immer noch ist nicht alles benannt, was ihn umtreibt. Es laufen in dieser Zeit noch die Wanderausstellungen im Gefolge der Städteschau von 1903. Zum Imperium gehören ein Buch- und Schriftenverlag und die alte Firma Lingner & Kraft, die zur Anlaufstelle für Erfinder und Patentinhaber wird: „alljährlich vielleicht tausend" Patente würden ihm angeboten, sagt Lingner einmal – tausend Erwartungen an den alchemistischen Unternehmer und tausend Absagen, und wieder vergrößert sich das Heer der Enttäuschten. Und doch ist festzuhalten, „dass sich für die Verwertung und Ausbeutung einer Erfindung eine erfahrenere und talentvollere Beteiligung als Kommerzienrat Lingner schwerlich finden dürfte" – so rät unser Hausdetektiv von der Auskunftei W. Schimmelpfeng Dresden seinem Auftraggeber.
Nebenher hat Lingner in diesem Jahr sein zweites Schloss gekauft, baut er ein Schiff, rührt er die Trommel für eine Hygiene-Ausstellung, aus der ein Museum von nationaler Bedeutung werden könnte, lässt er von Max Klinger die (etwas beschönigende) Büste seiner Person fertigen – man kommt gar nicht mehr mit, wenn man alles auflisten wollte.
1906 ist auch sonst ein turbulenter Jahrgang. Das Erdbeben in San Francisco, der Ausbruch des Vesuv, die Tragikomödie um den Hauptmann von Köpenick, der Beginn der Affäre Eulenburg um des Kaisers „Hofkamarilla", Stucks „Salome" und Wedekinds „Frühlings Erwachen" (nach der Uraufführung für Jahre verboten), der Stapellauf des ersten britischen Großkampfschiffes „Dreadnought" („Fürchtenichts)" mit neuartiger Artillerie und Turbinenantrieb, die Auflösung des Deutschen Reichstags über der Ko-

lonialfrage. In Dresden findet der Zentrale Verbandstag des Alldeutschen Verbandes statt und die 3. Deutsche Kunstgewerbe-Ausstellung. Sie ist gegen Plüsch und für die neue Sachlichkeit.
Eigentlich hat Lingner jetzt, bis Herbst 1906, atemberaubend viel erreicht.

Aber das Traumprojekt einer großen Hygiene-Ausstellung mit internationaler Ausstrahlung kommt nicht so zügig vorwärts, wie er es sich vorgestellt hat. Aus den Akten spricht Ungeduld und Verletzlichkeit, manchmal denkt man: Wehleidigkeit. Er fühlt sich jetzt so nahe an seiner wahren Berufung wie nie und kann doch von allein nichts bewirken. „Ich beschäftige mich seit beinahe einem Jahrzehnt mit dem Problem, die Kenntnis hygienischer Dinge auf eindringliche Weise in die großen Massen zu tragen." Und er habe mit der plastischen, augenfälligen und systematischen Ausstellungsform auch die richtige Methode dafür gefunden. Beseelt von seinem Anliegen, ist er überzeugt, das 20. Jahrhundert werde das „Jahrhundert der Hygiene". Es habe „der scharfe Wettbewerb, den die Entfesselung der privaten Initiative auf allen Gebieten mit sich gebracht hat, zu einer Überanspannung der Kräfte und einer Ausnutzung der Leistungsfähigkeit geführt, die für breite Schichten die schwersten Schädigungen an Körper und Geist im Gefolge hat".
Nach Sondierungen im Vorjahr trafen sich am 19. Januar 1906 49 ausgewählte Personen aus Staat und Wissenschaft zur konstituierenden Sitzung der Internationalen Hygiene-Ausstellung. Lingner wird Geschäftsführer, bedankt sich artig für die Wahl, er sei sich der schweren Aufgabe wohl bewusst. Überzeugt vom Erfolg formuliert er alsbald seine Vorstellungen, legt einen Finanzplan vor, benennt auch, was er von der öffentlichen Hand erwartet. Zum Beispiel 200.000 Mark, ein genügend großes Gelände, das Recht, eine Lotterie durchzuführen ... Allerdings ist er auch bereit, sich selber finanziell zu engagieren.
Vor allem die Finanzbehörde reagiert misstrauisch. Einerseits glaubt man zu wissen, „dass er sich stets als ein guter Rechner erwiesen hat", andererseits erscheint er geradezu leichtfertig optimistisch: Sagenhafte 800.000 Mark will er allein an Eintrittsgeldern einnehmen und behauptet, dies werde man spielend erreichen. Lingner wittert Mangel an Opferfreudigkeit und Begeisterung, vermisst „die warmherzige überzeugte Anteilnahme" – eine Todsünde bei einer so wichtigen Sache. Manche scheinen sogar zu glauben, er plane eine Art medizinisches Jahrmarkt-Panoptikum ...
Aus der verhältnismäßig offenen Korrespondenz mit Beutler erhellt, dass er sogar darüber nachdenkt, die Sache selbst zu finanzieren. Aber er will „aufs Peinlichste die Nachrede vermeiden (...), dass ich mir in irgendeiner Weise durch die Ausstellung einen Vorteil hätte sichern wollen". So werde da und dort bereits geredet. Einmal mehr sieht er sich in der Situation, dass man ihm das Idealistische seines Tuns nicht abnimmt. Im Übrigen dürfte er eingesehen haben, dass er allein mit der Macht des Geldes nicht weit

käme und eine wirklich bedeutende, zentrale und Monate dauernde Ausstellung an Hof und Stadt vorbei nicht zu machen wäre. Der König hätte sich den Großen Garten kaum abkaufen lassen.
Dass die obrigkeitsstaatlichen Mühlen langsamer mahlen als die des resoluten Machers, weiß er doch längst. Aber jetzt wird ihm alles zu viel, die Arbeit, die Zweifel, die Angriffe, auch in der Presse. Denn natürlich sind jene zur Stelle, die sagen, es sei doch alles nur wieder Reklame. Diese spielt ihre zwiespältige Rolle: Zum einen empfiehlt sein Reklametalent Lingner geradezu für ein derartiges Projekt, sodass man ihm fast schon Wunder zutraut, während es für andere ein Grund zu massivem Misstrauen ist.
Am meisten quält ihn das Misstrauen. Es raubt ihm die Kraft.
Deprimiert kehrt er Mitte November von der Grundsteinlegung des Deutschen Museums zurück. Zum Neidisch-werden! Das war kein üblicher Festakt, sondern ein Feiertag für ganz München. Der Kaiser persönlich schwang den Hammer. „Schamvoll und wehmütig habe ich dort bei den zahlreichen Festlichkeiten (...) abseits gestanden und traurige Vergleiche angestellt zwischen Bayern und Sachsen, zwischen München und dem viel reicheren Dresden. Wie eisig hat man unsere Ideen hier entgegengenommen, und wie lange hat man uns warten lassen", schreibt er an Oberbürgermeister Beutler – welcher sich umgehend dagegen verwahrt, dass er Sachsen „grau in grau" zeichnet und Bayern idealisiert.
Lingner tritt *endgültig* vom Vorsitz des Projektes zurück.
Beutler ist aufgebracht, das Schreiben mache auf ihn „einen überaus peinlichen und schmerzlichen Eindruck", er sei doch überall für ihn eingetreten, bis nach Berlin, sei nun desavouiert usw., was Lingner wiederum übertrieben findet. Er braucht Bedenkzeit, legt die Arbeit für Monate nieder. Im Dezember sichert er Oskar von Miller zu, für das Deutsche Museum „die Abteilung Hygiene auszugestalten" – ist er auf dem Absprung? Nimmt er seine Pläne nach München mit? Mit Auswanderung wird er noch mehr als einmal drohen. Ein Druckmanöver. Die Zusage gegenüber dem Deutschen Museum bedeutet ihm jedenfalls nichts, sodass von Miller die Idee fallen lässt. Man fragt sich, ob die beiden je hätten zusammenarbeiten können. Hat Lingner insgeheim die Diskrepanz seines eigenen angestrengten Charakters zum allseits beliebten Oskar von Miller empfunden, welcher mit barocker Wesensart und jovialem Schwung halb Deutschland für sein Technikmuseum einnimmt?
Routiniert spielt die Klaviatur seiner Public-Relations-Strategien weiter, eine kleine Zeitungsnotiz wirft ein Licht darauf: Der Dresdner Zoo bekommt kurz vor Weihnachten zwei drollige junge Braunbären geschenkt, Publikumsinteresse garantiert.
Dennoch, ein König im Tief. Das Tief hat mit dem „Odolzauber!" zu tun.

10. Versuch über Lingners Wesen

Graphologin Dolphine Poppée, Wien (G.) und der Autor (A.) im fiktiven, die Zeiten übergreifenden Gespräch, entstanden unter Verwendung zahlreicher Zitate aus verschiedenen Quellen und eines graphologischen Gutachtens.

A. Wie Lingner aussah? Er hatte helle graublaue Augen, dunkelblondes Haar und war nach damaligem Maßstab groß gewachsen. Körperlich kräftig, blass-fahle Gesichtsfarbe, ein ebenmäßiges Antlitz. Er trug meist einen kurzen Bart. Bart war damals Pflicht. Beispielsweise trugen im Jahr 1903 von den vierhundert Reichstagsabgeordneten 259 Vollbärte und 130 Kaiserbärte. Nur elf hatten keinen Bart.

G. Bei seinem Auftreten legt er Wert auf einfache Eleganz und vornehme Repräsentation, gibt sich einfach in Auftreten und Kleidung. Er zeigt sich gern, in der Oper, bei Bällen, auf der Straße. Seine Stimme ist etwas spitz in der Ausdrucksweise.

A. Er war höflich, gegenüber Damen ein Kavalier. Er wirkte je nachdem anziehend-interessant oder abweisend-mürrisch. Ein Journalist schrieb später, Lingner habe „immer das mittelständlerische Gepräge behalten" – wenn er unbeobachtet war.

G. Aber er ist eine Künstlernatur, im Ganzen mehr Künstler als Kaufmann, zeigt viel Kunstbegeisterung.

A. Besonders, wenn es um Musik geht. Er spielte Orgel. Drei Orgeln ließ er für seine vornehmen Wohnsitze bauen, in den weiteren Wohnungen stand zumindest ein Klavier. Er hatte die feingliedrigen Hände eines Pianisten.

G. Und er ist sehr konzentrationsfähig.

A. Zuhörer berichten von seinem Abheben im Orgelspiel, in eine Traumwelt habe er sich hinübergespielt, dabei tief in sein Inneres blicken lassen. Er habe täglich am Instrument gesessen und insbesondere sonntags viele Stunden dort zugebracht.

G. Und was mochte er sonst noch?

A. Er liebte das Meer und die Berge, den Gesang der Vögel, die Tiere überhaupt, Choräle und Wagner, die Sonne und das Vaterland. Und Ausfahrten im Automobil mit Seebach.

G. Seebach?

A. Graf Nikolaus von Seebach, dem Generalintendanten. Seinem besten Freund.

G. Ein enger Freund?

A. Eng, ja. Ein Grandseigneur der alten Schule, ein paar Jahre älter, der Lingner hoffähig machte und sich hinter den höfischen Kulissen für ihn einsetzte. Ein absolutes Vertrauensverhältnis. Beim Thema Vertrauen hatte Lingner ein Problem ...

G. Er ist an sich loyal und lebensklug, aber eben vorsichtig geworden ...

A. Sie drücken das freundlich aus. Lingners engste Mitarbeiter reden später Klartext: sehr misstrauisch, äußerst misstrauisch durch viele schlechte Erfahrungen, wahrscheinlich Reaktionen auf sein ehrgeiziges Emporstreben und sein Geld. Das reichte von Schmeichelei über Neid bis zu krimineller Erpressung, und so wurde es nach und nach immer schwieriger mit dem Vertrauen. Und loyal ... ich weiß nicht. Man hört das genaue Gegenteil: illoyal, egoistisch, opportunistisch in seinen Beziehungen. Einer, der Leute benutzt und fallen lässt und auch das Danken vergisst ... Solche Aussagen sind schwer einzuschätzen, da sie meist von Enttäuschten stammen und man die näheren Umstände nicht kennt. Das kann ja auch mit überspannten Erwartungen an den Wundermann Lingner zu tun haben. Nach außen hin trug er oft eine *Abwehrmaske*.

G. Jedenfalls lässt er seine Pläne nicht gerne durchschauen.

A. Sie waren eben das Wichtigste, was er hatte. Immerzu hatte er Pläne, grübelte an Lösungen, schlief zu wenig, ein absolut ruheloser Verstand, der alles und jedes selbst verstehen und kennen wollte.

G. Er hat einen klaren Kopf, ist ein sehr feiner Beobachter, mit viel Sinn für Details, ohne die Hauptsache aus dem Auge zu verlieren. Logisch deduktiv. Rascher Überblick. Freilich auch für Vereinfachungen sehr eingenommen.

A. Anders hätte er weder die weit verzweigte Geschäftstätigkeit noch die komplizierten Ausstellungen im Griff halten können. Und dies alles ohne Computer.

G. Computer?

A. Denk- und Arbeitshilfen. A propos im Griff halten: Er galt als herrisch, ja arrogant ...

G. Eher ist er etwas spöttisch, scharf, kritisch gegenüber anderen. Er ist indessen kein aggressiver Charakter. Doch seine Nerven sind zu zart besaitet.

A. Vielleicht ist derjenige gegenüber anderen spöttisch, welcher selber Angst hat, verspottet zu werden ... Was bedeutet „scharf gegenüber anderen"?

G. Zum Beispiel erwartet er in puncto Ordnung und Nettigkeit viel von anderen, für sich selbst macht er Ausnahmen, wie es ihm beliebt.

A. Da könnten seine Mitarbeiter ein Lied singen. Jedwede persönliche Arbeitszeiteinteilung war ihm zuwider, er ließ sich da nichts sagen. Oder: Um jemanden für eine Sache zu motivieren, machte er nicht selten Versprechungen, hielt sie dann aber nicht. Die Betreffenden vergaßen dies natürlich nie. Schlecht für sein Image. Übers Ganze gesehen war er aber ein Weltmeister darin, Menschen für seine Projekte einzunehmen und zum Erfolg zu führen.

G. Aber eben zu zart besaitet ...

A. Allergisch reagierte er auf Menschen, die sich in seine Angelegenheiten einmischten, sich seiner Aufklärungsarbeit widersetzten („borniert" nannte er diese Leute), sich unpassend äußerten etc. Er sagte selbst, er sei so empfindlich, vor allem gegenüber Vorwürfen. Wenn er sich rechtfertigen oder verteidigen musste, wirkte er rasch zu eindringlich. Vielleicht zeigt sich hier ein Mangel an Selbstwertgefühl und Gelassenheit. Er hatte ja lange Jahre nie ein sicheres Fundament für seine Identität. Die einfache Herkunft, die Erfahrung von Armut und Krankheit, der gescheiterte Musiker, der aufs Mal reiche Mann, der rasche Aufstieg in die oberen Etagen der Gesellschaft, die Orden und Titel, der Mäzen – wer war er eigentlich? Er war sich seiner lange nicht so gewiss, wie es den Anschein machte. Er trug auch die Maske der Stärke. Die Titel und Orden sind Teil davon. Sehr seltsam mutet an, dass er sich in gewissen Situationen vor anderen wichtig macht, sich seiner Beziehungen und seines Einflusses rühmt, selbst noch in reifem Alter. Dass er sich auf diese Weise stark machen musste, ist mehrfach bezeugt und wirkt heute peinlich, etwa wenn er jemandem droht, der Staatsanwalt sei sein Kegelbruder oder er, Lingner, könne jemanden problemlos verhaften lassen etc.

G. Mir scheint aber, er habe ein aristokratisch vergleichendes Selbstgefühl ...

A. ... nur hat die Mitwelt lange keinen Anlass, in ihm einen Aristokraten zu sehen. Was sollte ein Mundwasser mit Adel zu tun haben? Er hatte zweifellos eine Sehnsucht nach Größe und Ruhm, war süchtig nach Bedeutung, wäre gern geadelt worden. Das gesellschaftliche Streben nach oben prägte ihn stark, die Ehrungen waren ein kräftiger Motor. Er liebte den Applaus. Aber er wollte ihn nicht geschenkt, sondern ihn sich aus eigener Kraft verdienen.

G. Dazu gehört wohl auch das Mäzenatentum.

A. Ja. Er hatte riesige Mittel, viele Ideen und ein soziales Gewissen. Er wollte nicht nur am *moneymaking* gemessen werden, sondern das Ideale bei allem Materialismus hochhalten. Ein Rest alter asketisch-bürgerlicher Leitbilder? Die wirtschaftliche Tätigkeit diente zunehmend der Mittelbeschaffung für seine großen Pläne, und als die Zeit herangereift war, wollte er sich aus den Firmen zurückziehen.

G. Man nennt ihn einen „Ausnahmemenschen"?

A. Zunächst war er einfach ein ausgesprochener Individualist. Die letztlich anmaßende Bezeichnung als „Ausnahmemensch" liegt im Denken der Zeit. Die Differenz zu den Schichten seiner Herkunft jedenfalls wuchs und wuchs. Wenn auch im Einzelnen andere ihm entscheidend halfen, so war er doch der Organisator seines Erfolgs. Angesichts seiner Karriere musste er sich ja als „Ausnahmemensch" vorkommen, denn mit der Zeit war kaum mehr ein anderer, der es mit seinem Erfolg aufnehmen konnte. Es fällt eine Getriebenheit auf bei ihm ...

G. ... was ja oft mit Ängsten zu tun hat.

A. Vieles ist möglich, doch der Mann schweigt sich darüber aus. Absturzangst, Angst, das mühsam aufgebaute Image zu verlieren, Angst vor Spott und Verachtung, Bindungsangst? Hinter so viel Welteroberungsdrang stecken gewiss immer auch Ängste. Doch sind alles Mutmaßungen und Rückschlüsse, wir wissen darüber nichts. Nebst der Erfahrung von Krankheit und Armut dürften die endlosen Streitigkeiten um die Qualitäten des Odol in ihm ein Lebensgefühl von ständiger Bedrohtheit bewirkt haben. Und wer von unten kommt wie er, hat wahrscheinlich das Sprichwort „Wie gewonnen, so zerronnen" früh schon verinnerlicht und wird es nicht so leicht wieder los.

G. Er hat häufig innere Konflikte durchzustehen. Ist sehr feinfühlig. Herz und Kopf streiten viel miteinander. Kühles Zurückdrängen des Gefühls – der Verstand siegt, doch tut es ihm weh dabei.

A. Sein ganzes System des Erwerbs war wohldurchdacht und logisch-kühl, *organisch*, wie er sagt. Um im Erfolg zu bleiben, musste er sich dem System ebenfalls unterordnen, eine Art Gefangenschaft, aus der er sich löste, sobald die Umstände es erlaubten. Eigentlich interessierten ihn – nebst der Musikwelt – die Fragen rund um Medizin und Volksgesundheit mehr.

G. Aber er ist ein kaufmännischer Könner ...

A. ... gescheit, zäh, listig, bisweilen skrupellos, zunehmend souverän und einflussreich. Sein persönlicher Einsatz war enorm, was allerdings für viele Unternehmer der damaligen Zeit gilt. Ein Alleswisser und Alleskönner, der aber wusste, dass man nie ausgelernt hat.

G. Sein Sinn für Details muss außerordentlich sein ...

A. Seine Mitarbeiter bewunderten dies in der Tat, ebenso sein phänomenales Gedächtnis, und sie fragten sich, woher er all die Kenntnisse nahm. Und er steigerte seinen Einsatz fast beliebig, kein Wunder, dass er nicht mehr zum Schlafen kam. Andererseits gestattete er sich durchaus *Gratifikationen*, wie er es nennt. Dann zeigte sich mitunter ein anderes Gesicht, eines ohne *Abwehrmaske*, und Lebensfreude wurde spürbar – so kannte man ihn etwa in Tarasp.

G. Er gilt als Feinschmecker im Genießen in intellektueller und erotischer Beziehung. Weniger in Tafelfreuden.

A. In der Tat kritzelte er einmal auf ein Stück Papier (welches sich wunderlicherweise erhalten hat), es sei traurig, dass wir fortwährend essen und trinken müssen, um unseren Körper zu erhalten. Zweifellos war ihm „intellektueller Genuss" äußerst wichtig. Als Gastgeber geistvoller Herrenrunden im Palais Stockhausen, in Debatten über Gesundheit und Krankheit oder über Musik, blieb er allen unvergesslich, die dabei waren. In Oper, Konzert und Schauspiel sah man ihn häufig. Ob er tatsächlich der große Don Juan war, wissen wir nicht, so wenig wie über die Behauptung, er habe (auch) Männer geliebt. Vielleicht war er in der Wahl seiner sexuellen Beziehungen opportunistisch? Als unabhängiger reicher Mann besaß er trotz der gesellschaftlichen Enge der Zeit immensen Spielraum, sein Leben nach eigener Lust und Neigung zu gestalten.

G. Eigentlich hätte er viel Familiensinn, drängt dieses Gefühl aber zurück.

A. Ernsthafte Bindungen waren dem Aufsteiger und pausenlos Beschäftigten mit seiner verzehrenden Arbeitsweise vermutlich lästig. Familie? Dahin zog es ihn jedenfalls nicht, während die meisten Unternehmer bestrebt waren, das Erreichte in der Familie weiter zu geben. Mit seiner Herkunftsfamilie blieb er verbunden, auch mit Nichten und Neffen.

G. Ein Autokrat?

A. Ja. Die Führungsmannschaft war auf ihn eingeschworen. Die Oben-unten-Verhältnisse waren eindeutig, Gehorsam wurde erwartet, die Dienstvorschriften waren streng. Dabei war er klug genug, ein guter und sozial denkender Patron zu sein. Er mochte seine Leute, solange er ihnen vertrauen konnte – wehe, wenn nicht. Ein Autokrat durch und durch, daran gewöhnt, sich stets durchzusetzen ...

G. Als Chef ist er unkompliziert, nicht umständlich ...

A. ... wenn Sie das machen, was er will! Dabei konnte er herzlich und leutselig sein, wenn es ihm beliebte, trat aber auch kräftig gegen unten, wenn die Kärrner nicht so wollten wie er. Und in Gerichtsprozessen war er sich nicht zu gut, andere für sich einzuspannen oder sie zu beeinflussen, ja Gegner zu kaufen. Dass die so hergestellte Harmonie nicht viel wert war, schien ihm egal. Ein *Menschenverächter* sei er geworden, bestätigt kein Geringerer als sein Leib-Biograf und Freund Julius Ferdinand Wollf. Konkret war es eher so, dass er kräftig unterschied: die einen definitiv verachtete, ihnen aus dem Weg ging, sich gegen sie panzerte, die anderen aber mochte und förderte. Nützlichkeitsdenken war ihm dabei gewiss nicht fremd.

G. Ich meine, er hat einen sehr guten Einteilungssinn für Zeit und Geld ...

A. Zeitgenossen warfen ihm Geiz vor, im Einzelfall und subjektiv gesehen vielleicht zu Recht. Aber wer über solche Mengen Geldes verfügt, wird sich einen Haushaltsplan machen und nicht beliebig Substanz verstreuen. Viele sahen bei ihm einfach einen Goldhaufen, von dem sie gern eine Kleinigkeit abbekommen hätten, was man doch wohl von einem Glücksritter erwarten konnte ... Aufs Ganze betrachtet hat wohl kein Zweiter in ähnlicher Lage so schnell so viel verdient und zugleich so viel der Öffentlichkeit geschenkt wie er. Nicht nur geschenkt: auch klug geschenkt und oft zum Besten breiter Schichten und von dauerhaftem Wert. Im Geschäftsleben war er pickelhart, da ging es um jeden Pfennig.

G. Auf Fotos wirkt Lingner meist ernst, angestrengt.

A. Das verwundert nicht, der Mann lebte in den verschiedensten Spannungsfeldern gleichzeitig. Sein Leben war intensiv und kurz. Man bedenke, dass sich seine hauptsächliche Karriere, vom Auftritt des Odol bis zum Weltkrieg, auf lediglich gut zwei Jahrzehnte zusammendrängte.

Lingner im Profil

G. Sieht man ihn lachen?

A. Man sieht ihn kaum lachen. Seiring hält fest: „Lingner war kein glücklicher Mensch", wie immer dies gemeint ist. Lachen? Wessen Lachen ist schon überliefert? Es gibt Menschen, die von Natur aus heiter wirkende Gesichtszüge besitzen, und sie besitzen sie sogar, wenn ihnen nicht heiter zu Mute ist. Lingners Züge wirken demgegenüber stets streng, vielleicht hat sich die *Abwehrmaske* nach und nach eingefleischt. Die Quellen geben Folgendes her: Zum einen wird gesagt, Lingner habe über uriges Sächsisch Tränen lachen können. Und zum zweiten lachte er in Zürich, zusammen mit seinem Tarasper Sekretär Vaia, über die Versuche der Damen, in ihren modisch engen langen Röcken die Trambahn zu erklimmen. „Achtung, passen Sie auf, wie die Dame einsteigt!" Und dann lachten die beiden drauflos, so erzählt es jedenfalls sein Begleiter.

G. Situationskomik.

A. Mich beschäftigt seine Erfahrung mit dem, was Dom Helder Camara die einzig gültige Währung nennt: „getane, gelebte Liebe". Dafür muss man sich selbst loslassen, das ständige Machen ablegen und sich Zeit nehmen, auch nach innen zu schauen. Lingner in dieser Hinsicht gerecht zu werden, ist schwierig. Wir können doch nicht einfach behaupten, er habe nie losgelassen oder nie nach innen geschaut! Aber dazu gibt es kaum eine Briefzeile, kaum ein Wort aus seinem Mund, außer vielleicht dem einen, ihm gewiss wichtigen: „Wenn ich schmutzig bin, nehme ich ein Bad, wenn ich mich seelisch reinigen will, dann spiele ich Orgel."

Dieses Gespräch beruht unter anderem auf einem graphologischen Gutachten über Karl August Lingner, welches um die Jahrhundertwende von der Wiener Schriftsachverständigen Dolphine Poppée erstellt wurde und das dem Autor zugänglich war. Karl August Lingner selbst dürfte es in Auftrag gegeben haben. Man kann darum nicht ausschließen, dass das Dokument ein gewünschtes Resultat wiedergibt. Es enthält, außer dem Stichwort „vorsichtig“ keinerlei Hinweis auf eine Seite von Lingners Charakter, welche Freunde und Mitarbeiter rückblickend als geradezu Besorgnis erregend schildern: sein Misstrauen. Dazu die Stimme eines langjährigen Mitarbeiters:

Was Lingner erdulden musste an Angriffen, Anrempelungen der Presse, anonymen Briefen, Beleidigungen und Drohungen, sei „an Böswilligkeit und Niederträchtigkeit“ nicht zu übertreffen, schreibt Odol-Chronist Greimer. „Es war daher kein Wunder, dass er mit der Zeit außerordentlich argwöhnisch und misstrauisch wurde, auch gegen ihm nahe stehende Personen, sodass das Arbeiten mit ihm sich oft recht schwierig gestaltete. So kam es auch, dass er für Einflüsterungen und Geheimberichte immer empfänglicher wurde, die dann geheime Beobachtungen und Überwachungen durch Detektive usw. zur Folge hatten, deren Tätigkeit sich durchaus nicht auf außenstehende Personen beschränkte. Wenn dann nicht irgendein Zufall Aufklärung brachte, kam mancher und manche in falschen Verdacht, ohne dass sie eine Ahnung davon hatten und ohne dass sie sich davon befreien konnten, da Lingner offene Aussprachen scheute und ihnen gerne aus dem Wege ging. Man muss es aber Lingner zugute halten, dass seine Güte und Hilfsbereitschaft sehr häufig missbraucht wurde und dass er nicht selten bittere Enttäuschungen mit Personen erleben musste, denen er sein volles Vertrauen geschenkt hatte, ferner, dass die bodenlosen Gemeinheiten, mit denen er persönlich bedacht wurde, oft jeder Beschreibung spotteten.“

11. Gegenwind

Rezepte in Trance

Der spiritistische Zirkel, der am 12. August 1899 nahe Dresden gegründet wird, umfasst zunächst nur wenige Personen um den Porzellanmaler Emil Adolf Bergmann (1861-1931). Er sei durch Bekannte auf den Spiritismus aufmerksam gemacht worden, habe die einschlägige Literatur gelesen und Gleichgesinnte gefunden, sagt Bergmann später. „Wir hielten Sitzungen ab. Ich fungierte immer als Medium." Der frühe Verlust von Ehefrau und Sohn geben ihm wohl den Anstoß, sich mit dem Fortleben nach dem Tod zu beschäftigen, und er muss zur Auffassung gekommen sein, dass ein „Kern-Etwas" des Menschen den leiblichen Tod überlebt und in die Welt der Lebenden hinüberwirken kann. Die Gruppe hält sich von spukhaftem Experimentieren, wie es weithin das Bild des Spiritismus prägt, fern. Nichts also mit betrügerischem Tischerücken und schwebenden Kaffeetassen.

Spiritismus in allen Schattierungen ist im 19. Jahrhundert weit verbreitet. Viel Betrug ist dabei, zu 90 Prozent, meinen Fachleute. Auch heutige wohlwollende Beobachter der Esoterikszene und des „Channelling" kommen auf diesen Prozentsatz – und suchen im Rest nach dem „echten" Medium. Ist solcherlei Unterscheidung für Außenstehende schon schwer nachvollziehbar, so erst recht die nächste: Die Mitglieder des Bergmann-Kreises verstehen sich als betont christlich. Ein geistgewirkter Glaube soll eine erfahrungsarme, kraftlose Kirche neu beleben. Die vom Medium übermittelten „Kundgebungen" werden nach und nach zur umfassenden Glaubenslehre, welche 1901 veröffentlicht wird.

Der amerikanische Kulturwissenschaftler Peter Gay bezeichnet den Spiritismus als Glaubenssystem für Leute, die den Lehren der Kirchen nicht mehr folgen wollen, die aber auch nicht bereit sind, sie gegen die kalten Dogmen des Materialismus einzutauschen. Innerhalb des Spiritismus ortet er Strömungen, die sich von den Kirchen ganz abwenden und sich der Wissenschaft anzunähern suchen. „Auf der anderen Seite des Zaunes fanden sich Spiritisten, die in ihrem Credo eine akzeptable Fortschreibung der christlichen Überlieferung sahen." Genau so denken Leute wie Bergmann und sein engster Mitarbeiter, der Kaufmann und Schriftsteller Max Däbritz. Mit der Zustimmung der Evangelisch-Lutherischen Landeskirche Sachsens, deren Mitglieder sie sind, können die beiden allerdings nicht rechnen. Der Theologe und Kenner der religiösen Sondergemeinschaften Helmut Obst (welcher die nachfolgende Darstellung der Odol-

Bombastus-Affäre durch seine Forschungsarbeit erst möglich gemacht hat), sieht den Bergmann-Kreis als christlich geprägte Variante des Offenbarungsspiritismus. Die Gruppe will „gegen Unglauben, religiöse Gleichgültigkeit und Heuchelei, verknöcherten Dogmatismus“ und für einen „gereiften Okkultismus“ kämpfen. Dazu kommen eine gesellschaftskritische Note und der Wille, „Unschuldigen und Bedrängten“ beizustehen. Das spiritistische Element sehen die Mitglieder als notwendige Fortsetzung biblisch überlieferten Geschehens wie Träumen, Prophetie oder Erleuchtung. Göttliche Inspiration ernst zu nehmen schließt nach ihrer Auffassung den Verkehr mit den Geistern ein. Die traditionelle christliche Auffassung indes sieht hier magische Praktiken und die Vermessenheit, für menschliche Zwecke verfügbar zu machen, was Gottes ist.

Schlaf, Traum und Trance waren den Alten geläufige Heilmittel. Die Griechen kannten Traumdeutung und Tempelschlaf, und die Kirchenväter schätzten die Bedeutung der Träume als Sprache Gottes hoch ein. Bischof Synesios von Kyrene berichtete (im 5. Jahrhundert) von Menschen, denen im Traum ein Heilmittel für ihre Krankheit mitgeteilt wurde. Auch für Theophrastus Bombastus von Hohenheim, genannt Paracelsus (1493-1541), den großen und umstrittenen Arzt, Philosophen und Alchemisten, sind Schlaf, Traum und Versenkung zentrale Vorgänge jenseits des Alltagsbewusstseins, Schlüssel zu Weisheit und Erkenntnis Gottes und Wundermittel, die Gesundheit zu erhalten. Es ist ihm wichtig, dass die Menschen die erhellenden Träume von Gott erbitten.
Zum Bergmann-Kreis nun soll Paracelsus ganz direkt gesprochen haben, erstmals im Frühjahr 1902. Bergmann: „In den Kundgebungen durch meine Hand geschrieben, befand sich u.a. ein Rezept, das die Unterschrift ‚Bombastus‘ trug. Wir kannten den Namen nicht und haben uns erst durch Lexikon Kenntnis von der Bedeutung des Namens verschafft.“ Auf diesem Weg soll der Zirkel Anregungen für pharmazeutische und kosmetische Präparate, darunter ein Mundwasser, erhalten haben. „Wir fertigten die Mittel, die so gut wirkten, zunächst in kleinen Quanten an. Meine Freunde kamen auf die Idee der Fabrikgründung, um die Rezepte, die mir Bombastus diktierte, der Allgemeinheit nutzbar zu machen.“ Dies geschieht zunächst in einer Wohnung in Freital, ab 1906 in eigener kleiner Fabrik. Einige Mitglieder des wachsenden Kreises schießen Gelder ein.

Damit ist ein Mundwasser lanciert, das auf Kräutermedizin beruht. Dass es auf spektakuläre Weise zum Widerpart des berühmtesten Mundwassers der Welt, Errungenschaft der modernen Chemie, werden sollte, ist ihm eigentlich nicht in die Wiege gelegt.
Die Gründung der Bombastus-Werke wird der Odolkönig zur Kenntnis genommen haben: Einer mehr, der auf der Mundwasserwelle reitet. Ob Lingner die Hand im Spiel hat, als am 18. August 1905 in den *Dresdner Neuesten Nachrichten* ein spöttischer Aufsatz über diese Fabrik erscheint, worin die Inhaber in ihrer Weltanschauung lächerlich

gemacht werden? Im Lauf der späteren Gerichtsprozesse werden die Betroffenen behaupten, der Artikel sei im Lingnerschen Reklamebüro verfasst oder mindestens von Lingner inspiriert worden. Freilich weist die Redaktion dies als pure Erfindung zurück. Was gut möglich ist: Chefredakteur Wollf hätte auch ohne Freund Lingner auf die Idee kommen können, denn ebenso wie dieser ist er ein erklärter Gegner von allem, was er als Aberglauben und Kurpfuscherei empfindet.

Alte und neue Heilkunst

Es verknüpft sich nun dieser Ereignisstrang mit einem anderen. Reinhold Gerling (1863-1930) aus Oranienburg ist ein Aktivist der Naturheilkunde. Er wird Lingner ein paar Jahre zuvor erstmals aufgefallen sein, als er eine „Warnung vor Odol" veröffentlichte, damals eine von vielen. 1906 wirft Gerling ein Schlagwort wie eine Brandfackel in die scheinbar unangreifbare Odol-Hochburg: „Odolzauber!", womit er einen Artikel überschreibt, der Mundwasser, Reklame und Lingner als Person massiv attackiert. Auslöser von Gerlings Empörung dürfte eine Zuschrift Lingners gewesen sein, in welcher die Odol-Konkurrenten „Kosmodont" und „Bombastus" angegriffen werden und welche Lingner an Gerlings Zeitschrift *Neue Heilkunst. Volkstümliche Monatsschrift für naturgemäße und soziale Hygiene, Hypnotismus und Seelenleben* richtet – das führende Organ der deutschen Naturheilbewegung (und keineswegs ein Winkelblättchen, wie Lingner meint). Dennoch wäre die Wirkung beschränkt geblieben, wenn Gerlings Erwiderung nur in der *Heilkunst* erschienen und nicht noch als Separatdruck verbreitet worden wäre. Auf diesen Zug springen alsbald die kleinen Bombastus-Werke auf, indem sie das Flugblatt zu ihrer Sache machen. Eigentlich ziemlich unklug, auf diese Weise als David gegen den Odol-Goliath anzutreten, doch vermutlich wähnen sich die Bombastus-Leute nach den Sticheleien der Gegenseite dazu moralisch berechtigt und mit einem Interessenverband im Rücken sicher.

„Die Kulturmenschheit wird mit Odol durchtränkt. Wir sind heute nicht mehr imstande, irgendeine Zeitung zu lesen, ohne dass wir der Odol-Suggestion begegnen, die sich in meist recht aufdringlicher Weise bemerkbar macht. Daran hat man sich gewöhnt, und es würde uns nicht in den Sinn gekommen sein, auch nur ein Wort darum zu verlieren, wenn wir nicht kürzlich aus dem chemischen Laboratorium des Geh. Kommerzienrats Lingner zu Dresden einen ebenso hässlichen wie heftigen Angriff auf ein Konkurrenzfabrikat mit dem Ersuchen erhalten hätten, den betreffenden Angriff baldgefälligst zum Abdruck bringen zu wollen." So beginnt der „Odolzauber!"-Aufsatz. Das Odol wird in der Folge als ebenso wirkungslos wie bedenklich dargestellt und das darin vermutete Salol und dessen Giftigkeit in drastischen Farben geschildert. Fazit: „Es ist für den hygienisch Vorgebildeten kein Geheimnis mehr, dass das Mundwasser Odol ein wirkungsloses, andererseits aber recht bedenkliches und daher nutzloses Präparat darstellt, das keineswegs diejenigen Vorzüge besitzt, die ihm von seinem Fabrikanten nachgerühmt werden." Das Mundwasser sei „wegen seines Gehaltes an Salol dem freien Verkehr zu entziehen".

Weiter ruft Gerling nach Einschränkungen des „Reklamelärms" und beschuldigt die Presse, sie lasse sich von den fetten Inseraten kaufen anstatt das Mundwasser kritisch zu beleuchten.

Am Schluss der Clou: „Wie war es möglich, dass Herr Geh. Kommerzienrat Lingner, der Fabrikant des gifthaltigen Odol, zum Vorsitzenden der Hygienischen Ausstellung in Dresden für 1908 gewählt worden ist?" In jedem Fall, ob er nun die Schädlichkeit der chemischen Stoffe im Odol gar nicht kenne oder sie einfach ignoriere, sei er nicht der rechte Mann für diese Aufgabe.

Was die Salolfrage angeht, ist die von Gerling vorgetragene Kritik nicht neu; diesbezüglich hat er auch nur Behauptungen und ältere Studien zur Hand, womit man Lingner kaum mehr erschrecken kann. Doch gegen den „Odolzauber!" ist manch eine frühere Attacke ein Klacks, weil sie sich auf enge Fachkreise beschränkte. Dieser Separatdruck gelangt indes nicht nur zu Zahnärzten und Drogisten, sondern wird unter Mithilfe der Bombastus-Werke breit gestreut; es sollen „viele tausend Exemplare der Schmähschrift bezogen und durch besondere Boten in Dresden und Umgebung verteilt" worden sein (Greimer). Damit werden Lingners Seriosität und Befähigung wie selten zuvor auf ureigenem Territorium in Frage gestellt.

Der Odolkönig lässt sich Zeit. Dann bringt er seine Reisenden auf Vordermann, denn die sind dem umlaufenden Gerede unmittelbar ausgesetzt. Der „Zirkularbrief Nr. 119" gibt die Parole bekannt: Der Verfasser jenes Artikels sei ein Fanatiker. Schreibe im Auftrag einer Konkurrenzfirma (in der Tat stand Gerling zeitweise der „Kosmodont"-Firma nahe). Deren Produkt enthalte Salol, Odol hingegen nicht. Und zur Hygiene-Ausstellung: Herr Geheimrat Lingner arbeite eng mit führenden Köpfen aus Ärzteschaft und Staat zusammen. „Solche Leute pflegen zu wissen, wen sie an die Spitze des Direktoriums wählen." Im Übrigen sollten die Reisenden das Thema nicht von sich aus anschneiden, wenn es aber zur Sprache komme, „so vornehm und sachlich wie möglich" argumentieren und außerdem „zeigen, wie hoch erhaben wir über derartigen Anfeindungen und Schmähschriften stehen".

Die berühmte 33-Plagiate-Anzeige, die nie unerwähnt bleibt, wenn vom Odol-Erfolg die Rede ist, erscheint ab 1907 in der Presse und ist im gleichen selbstgewissen Tonfall gehalten. Dass sie neben der starken Bildwirkung auch einen Text hat, wird leicht übersehen. Nach einem Hinweis auf die vielen Odol-Kopien als „die harmlosere Spezies des uns umkreisenden Schwarmes“ kommt die Rede auf die brennende Aktualität: „Ein anderes beliebtes Verfahren des unlauteren Wettbewerbs besteht darin, Schmähschriften in Massen zu verbreiten und am Schluss ganz unauffällig ein anderes Mundwasser – natürlich eigener Fabrikation – als Ersatz für Odol zu empfehlen. Auf diese Weise ist reichlich dafür gesorgt, dass die Prozesse, die wir leider genötigt sind fortwährend anzustrengen, kein Ende nehmen. Wie sagt doch der Dichter? Es wird der Hunde frohe Schar/Uns immerdar begleiten/Und ihres Bellens muntrer Schall/Beweist nur, dass wir reiten.“

Die 33-Plagiate-Anzeige (ab etwa 1907)

Noch vor Jahresende gibt die *Zahnärztliche Rundschau, Zentralblatt für Zahnheilkunde und Zahntechnik*, der Odolfirma Raum für eine Erwiderung. Die Flugblattaktion hört allmählich auf. Erst Anfang 1907 reicht Lingner Klagen gegen Konkurrenzfirmen, Verfasser und Drucker ein. Die Bombastus-Werke werden polizeilich durchsucht, im März folgt eine Privatklage wegen öffentlicher Verleumdung und unlauterem Wettbewerb. Die Prozesse werden in Berlin und Dresden geführt und erregen bereits einige Aufmerksamkeit. Nach längerer Zeit bestätigt der gerichtlich bestellte Gutachter, Max August Siegfried vom Physiologischen Institut der Universität Leipzig, in einem vierzigseitigen Dokument, dass Odol kein Salol enthalte und unschädlich sei. Doch wie oft wurde dies schon nachgewiesen und wie oft das Gegenteil! Für den Augenblick ist es allerdings dieses Urteil, das zählt.

Doch Lingner reicht das nicht. Er scheint inzwischen die Bedeutung des Reinhold Gerling erkannt zu haben, der nicht nur Redakteur der angeklagten Zeitschrift ist, sondern auch Generalsekretär des „Deutschen Bundes der Vereine für naturgemäße Lebens- und Heilweise (Naturheilkunde)". 130.000 Mitglieder in über 900 Vereinen! Gerling reist als gefragter Vortragsredner und Exponent der medizinkritischen Kreise durch die Lande, eckt mit seinen Ideen aber auch vielfach an. Dass er gerade in Spannungen innerhalb der Naturheilbewegung geraten ist, weiss Lingner früher als andere ...
Im Sommer 1907 kommt es zu ersten Kontakten mit dem Berliner Kaufmann Carl Gottlieb Schulz. Dieser, selbstständig in Kosmetika und Geheimmitteln und in der Szene bestens bewandert, bietet dem Odolkönig seine Dienste an.

Berlin, Anhalter Bahnhof, 27. September 1907. Lingner hat den Agenten auf 11 Uhr nachts dorthin bestellt. Schulz erinnert sich: „Er erschien im schwarzen Anzug, ich glaube sogar im Frack, grauem Ulster u. Zylinder, setzte sich zu mir an den Tisch u. trank 2 Glas dunkles Bier, war anscheinend in sehr animierter Stimmung (...)" Aus dem konspirativen Treffen erwächst Schulz ein happiger Auftrag: Er soll Gerling zu Lingner „hinüberziehen". Der Verdacht, im Sold der Konkurrenz tätig zu sein, macht Gerling erpressbar. Natürlich hat Lingner die Risiken der Gerichtsverfahren längst erkannt. Immer wieder kommt die Salolfrage aufs Tapet, immer wieder soll er das Antiseptikum offen legen. Was hilft es, wenn der Gegner ins Gefängnis muss? Strafe ist gut, umdrehen ist besser ....
Man bleibt dann noch etwas sitzen, und Lingner kann es nicht lassen, wie schon im Vertreterbrief sich auch Schulz gegenüber seines Einflusses und seiner Beziehungen zu rühmen. Der Berliner Polizeipräsident sei sein Freund etc., auch könne er, Lingner, durch Protektion Gerlings angeschlagenen Ruf wieder herstellen und ihm Beschäftigung besorgen. Schulz: „Diese Unterhaltung dauerte bis nach 12 Uhr nachts. Ich begleitete Lingner dann noch zu Fuß bis zum Hotel Kaiserhof, in das er hineinging." Zurück

bleibt ein irritierter Schulz, der soeben nicht den großartigen Volkswohltäter erlebt hat, von dem alle reden, sondern einen Menschen, der ihm eher großtuerisch vorkommt.

Wochenlang ist Schulz hinter Gerling her. Der zögert, schwankt, lässt sich bitten, lässt abblitzen, kein Wunder, sein Herz schlägt nicht für Lingner. Verwünscht er die ganze Sache? Weitere Treffen im Herbst, ein Telefonanruf Gerlings. Anfang November 1907 sitzen sich Lingner und Gerling in Berlin erstmals gegenüber, Schulz ist dabei. Gerling befindet sich gerade auf Vortragsreise, hat Tausende von Zuhörern, ein Wörtchen gegen Lingner würde viele teure Odol-Anzeigen aushebeln. Er meint, Lingner in der Hand zu haben, selbst die Hygiene-Ausstellung komme nicht zu Stande, wenn er, Gerling, nicht wolle und seinen Gegner nicht aus dem Schlamassel befreie. Als er sich im Februar 1908 in Dresden aufhält, trifft man sich ein zweites Mal: Um ein Uhr nachts soll Gerling am Hauptbahnhof warten. Lingner holt ihn im Automobil ab, man prescht durch die nachtschlafene Stadt zum Palais Stockhausen und geht erst um fünf Uhr früh auseinander. Lingners typisches Verhandlungsgebaren: Nahkampf zur Unzeit, eingebettet in perfekte Gastfreundschaft, und der Leibkoch hat mal wieder Nachtschicht.
Im Frühjahr unterschreibt Gerling ein Papier. Zögert wieder. Pokert weiter. Dann schwindet der Mut, besonders nachdem das offizielle Gerichtsgutachten das Odol-Mundwasser in Schutz nimmt. Dass er offenbar einiges Material gegen Lingner, auch das Privatleben betreffend, in der Hand hat, hilft jetzt nicht. Denn der Goliath droht unverhohlen mit dem gefährlichsten aller Wurfspieße: Schadenersatz – und lässt gleichzeitig durchblicken, er sei für einen sofortigen Vergleich. Sogar gegen den Rat seiner Juristen. Dass Lingner sich hier von der Agenda der geplanten Hygiene-Ausstellung bestimmen lässt, ist wahrscheinlich. Denn längst hat er sich gefangen und leitet wieder das Direktorium. Jetzt, da die Vorbereitungen auf allen möglichen organisatorischen, staatlichen und wissenschaftlichen Ebenen laufen und selbst den Landtag beschäftigen, kann er keine Affären brauchen.

Der geheime Vertrag zwischen Lingner und Gerling vom Juni 1908 gebietet Letzterem, Aussagen des „Odolzauber!“ in seiner Zeitschrift zurückzunehmen, und beiden Seiten, Angriffe zu unterlassen. Zufrieden notiert Greimer, Gerling lasse offen, ob Odol Salol enthalte, relativiere die Schädlichkeit des Salol und anerkenne die Wirkweise des Lingnerschen Mundwassers („Salol-Prinzip“). Den entsprechenden Text für Gerlings Blatt soll Lingner gleich selbst entworfen haben.
Mittelsmann Schulz sagt später aus, Gerling habe nach seinem Rückzieher über erhebliche Mittel verfügt. Was nicht stimmen muss, denn Schulz selbst ist auf Lingner bald nicht mehr gut zu sprechen. Der hat es nämlich fertig gebracht, sich seinen erfolgreichen Agenten zum Feind zu machen, indem er dessen Leistung herabmindert und ihn beim Honorar kürzer hält als versprochen. Der schwer enttäuschte Schulz, von Schul-

den geplagt, nimmt ein paar tausend Mark und wechselt später die Fronten, fühlt sich angesichts der Umstände auch nicht mehr an die Schweigepflicht gebunden.
Unsäglich, wie fahrlässig und grob Lingner mit jemandem umspringt, der sich für ihn eingesetzt und dabei notabene intimes Wissen über ihn erworben hat. Ein Zeichen, wie sehr Lingner sich inzwischen zu jener Macht- und Geldelite zählt, welche unangefochten oben am Tisch zu sitzen beliebt und Rücksichten nur nach ihren eigenen wechselnden Bedürfnissen kennt. Es sind jene Kreise, welche je nach Interessenlage andere Menschen als „Mistkäfer" beschäftigen, die man benutzt und verachtet und wieder wegwirft. Schulz wird sich schadlos halten.
Fast dasselbe Datum wie der Vergleich tragen die Satzungen des neu gegründeten „Vereins zur Veranstaltung der I. Internationalen Hygiene-Ausstellung 1911."

Die Odol-Bombastus-Affäre

Das Visier des Odolkönigs bleibt indessen auf die kleine Fabrik vor den Toren der Stadt gerichtet. Die Bombastus-Leute sind zwischenzeitlich mit einer Anzeige „An die kultivierte Menschheit" hervorgetreten und haben damit kund getan, dass es ihnen auch um grundsätzliche Fragen geht: „Die Pflege des Mundes und der Zähne und die Herstellung der dazu erforderlichen Mittel ist von zu großer Wichtigkeit für die gesamte kultivierte Menschheit, als dass man ruhig zusehen dürfte, wie *untaugliche oder gar schädliche* Erzeugnisse durch enorme Reklame als ‚*gut*' oder gar ‚*das Beste*' angepriesen werden. Wie bisher, so wird auch in Zukunft unsere Parole sein: Fort mit Salicyl, Salol und allen ähnlichen, schädlichen Gemengen aus Mundwässern, fort mit ihnen aus allen Präparaten der Mund- und Zahnpflege. Allen Gehässigkeiten zum Trotz werden wir siegen. Fiat Justitia!"
Ab Sommer 1908 gerät die Firma in geschäftliche Schwierigkeiten, sodass der Dresdner „Odolzauber!"-Prozess im Sande verläuft, im Oktober geht sie in Konkurs. Bergmann und die Kaufleute Max Däbritz und Otto Braune als die Verantwortlichen werden verhaftet. Auslöser ist eine Betrugsanzeige seitens des hauptsächlichen Geldgebers und Maschinenfabrikanten Franz Hochmuth, der auch an spiritistischen Sitzungen teilnahm. Hat Emil Bergmann dem Investor mit Hilfe der Geister Geld aus der Tasche gezogen? Das ist, nebst einem allfälligen Konkursvergehen, die große Frage.
An sich hat sich der Kreis gefestigt, nennt sich jetzt „Bund der Freunde". Die Mitglieder verpflichten sich zu treuer Freundschaft und zur Nächstenliebe mit Rat und Tat. Als problematisch erweist sich, dass einzelne von ihnen den Geistern offenbar auch finanzielle und rein geschäftliche Fragen stellen, was nicht allen Teilnehmern behagt.
Franz Hochmuth ist im Lauf der Zeit von Zweifeln befallen worden ob der Geschäfts-

führung, aber auch hinsichtlich der Geisterkundgebungen, und eines Tages will er seine nach und nach eingelegten 180.000 Mark plötzlich zurück. Bürgschaften und einen Rückzahlungsmodus schlägt er aus. Er scheint zwischen den Geistern, die ihn zum Bleiben auffordern, und seinem Rechtsberater Dr. Boehme zu stehen, der die Sache in eine andere Richtung lenkt: den Konkurs der kleinen Firma – obwohl dies eigentlich seinem Mandanten nichts bringt. Dass Boehme sich ihm geradezu aufgedrängt hat und zugleich Lingner zu seinen Klienten zählt, lässt Verdacht aufkommen. Auch soll Lingner einem ehemaligen Bombastus-Angestellten gegenüber von 5.000 Mark Prämie gesprochen haben, wenn es gelinge, das Werk in Konkurs zu bringen. Ein Auftrag oder nur laut gedachte Verwünschung?

Nelkes harte Bandagen. Klagen und Widerklagen, polizeiliche und private Ermittlungen, verdeckte Aktionen, Bestechungsgelder, zweifelhafte Eide, Drohungen, giftige Mitteilungen an die Presse und ein Rattenschwanz sich überschneidender Gerichtsprozesse mit Haupt- und Nebenschauplätzen halten alle Beteiligten in Atem.
Je länger die Affäre dauert, desto härter werden Lingners Bandagen, „Nelke" – so einmal sein Deckname – will nur eines: gewinnen, und dafür mischt er hintenherum im Geschehen mit. Zweifellos hat Lingner sich Protokolle der Geisterkundgebungen aus dem Innern des Zirkels beschafft. Sie gelangen auch in die Presse. Der Angestellte Hans Dorsch sagt später aus: „Mit Wissen und Willen Lingners habe ich mir, jedoch ohne

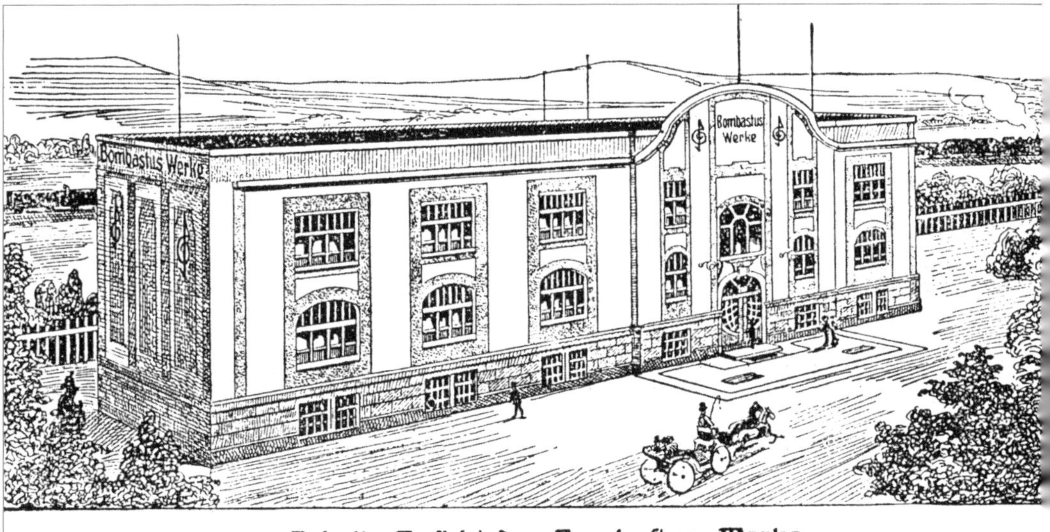

Die Bombastus-Werke, 1906 erbaut

Wissen Hochmuths, von diesem die Kundgebungen zu verschaffen gewusst (...)" – mit anderen Worten: Er hat sie auf Wunsch Lingners gestohlen. Behilflich war ihm ein Neffe Hochmuths, der als „flüchtig" bezeichnet wird. Dorsch wechselt nach und nach zweimal das Lager, geht von Bombastus zu Odol und wieder zurück. Der mittellose (und offenbar vorbestrafte) Familienvater sieht keinen anderen Weg, um „wieder Broterwerb zu gewinnen".

In einer späteren Phase finden pikante Detektivspiele rund um den § 175 des Strafgesetzbuches (Homosexualität) statt: Lingner heißt seine Leute beobachten, ob er deswegen vom Gegner beobachtet wird. Es sammeln beide Seiten so viele Informationen wie möglich, doch zeigt sich immer wieder die Übermacht Lingners, der die schmutzige Arbeit den „Mistkäfern" überlassen kann. Vor Gericht erscheint er all die Jahre nie persönlich, doch macht es ihm nichts aus, ab und zu in der Mittagspause vorbeizuschauen oder brieflich auf Vorsitzende einzuwirken.

Stark berühren einen die menschlichen Schicksale, nicht nur derer vor Gericht, sondern auch der vielen, die in dem Drama nur kurz aufscheinen und wieder in der Anonymität versinken, der Agenten, Spitzel und Spione, der Überläufer und verdeckten Angestellten, der kleinen Betrüger und zufälligen Erpresser, und meist sind es nicht Kriminelle, sondern gewöhnliche Leute, die unter ungewöhnlichen Umständen fast oder auch mal ganz zu solchen werden.

Manche widerstehen. Ab und zu öffnet sich in den Akten ein Sehschlitz auf Menschen wie den besonnenen Wächter Gustav Schalm, angestellt bei Lingner „in täglicher Kündigung", welcher entlassen wird, weil er für den Chef nicht lügen will: Wahrscheinlich hätte er behaupten sollen, Bombastus-Agenten seien in Lingners Privatbüro eingedrungen. „Sie erhalten dafür eine sehr gute Anstellung." Eine Episode, die der Aktenberg gleich wieder wegschluckt und die im Dunkeln endet. Aber was bedeutet sie im Leben des korrekten Menschen Schalm, der nächtelang vor irgendwelchen Türen friert und zu Hause ein paar Kinder zu ernähren hat?

„Eine interessante Verhandlung! Reich an fesselnden Bildern und Szenen", schreibt der einheimische Anzeiger *Glückauf* am 29. Oktober 1909. „Der Widerstreit zweier Anschauungen ist es, der hier im Schwurgerichtssaal einen harten Kampf ausfechtet, der in den unheimlichen Aktenstößen und in gesprochenem Wort der Parteien den Verhandlungen das Gepräge aufdrückt. Hier die felsenfeste Überzeugung von der wissenschaftlichen Berechtigung okkulter Anschauungen mit all ihren Begleiterscheinungen – dort mindestens eine gewaltige Portion Skepsis." Doch am Ende habe das Fünfrichterkollegium nur das eine zu beurteilen: „ob der Angeklagte die Gesinnungstüchtigkeit der splendiden Geldgeber zu unlauteren Manipulationen benützt hat".

Hat er nicht, finden praktisch alle Bombastus-Getreuen und klagen dafür den Kronzeugen des Staatsanwalts an, Hochmuth: Er habe den Konkurs gewollt, um die Firma

unter seine eigenen Fittiche zu kriegen. Aber auch der Name Lingner fällt häufig. Die Zeitung meint: „Herr L. wird nicht umhin können, sich zu den Anschuldigungen irgendwie zu äußern." Aber Herr L. kann durchaus umhin. Als er etwa mit einem Zeugen konfrontiert werden soll, ist dieser plötzlich nicht mehr so sicher, dass Herr L. etc. – die Vorladung unterbleibt.
Das Dresdner Landgericht, für ein paar Tage im Zentrum des Interesses einer internationalen Öffentlichkeit, verurteilt Bergmann wegen einfachen Bankrotts zu zwei Monaten Gefängnis (die er in Untersuchungshaft abgesessen hat). Die eigenartige Mittelbeschaffung und die unübersichtliche Buchführung der Firma hinterlassen einen zwiespältigen Eindruck. Befremdet haben wohl auch die hohen Aufwendungen im Sinne der ideellen Ziele des Zirkels: Es wurden zum Beispiel Tausende Mark dafür ausgegeben, die dem sächsischen Hof entflohene Kronprinzengattin Luise von Toscana heimzuholen. Bergmann fuhr zu ihr nach Italien und sprach gar in Wien bei Kaiser Franz Josef II. in Audienz vor. Dass er dafür einen schönen Frack brauchte, leuchtet ein. Die Kleiderrechnung kommt ebenso aufs Tapet wie die – bescheidenen – Auslagen, die er in einer Weinstube tätigte; ein Kriminalgendarm hat dies eigens observiert (darüber mag man lachen, doch in einer Kriminalposse sind wir hier nicht). Zu reden gibt der Bau eines repräsentativen Wohnhauses, von welchem man sagt, es sei als Unterkunft für Prinzessin Luise gedacht gewesen, wäre sie nach Sachsen zurückgekehrt.
Jedenfalls: Der eingesetzte Konkursverwalter, gewiss kein blauäugiger Mann, scheint sich über diesen Konkurs zu wundern, nennt den technischen Betrieb „musterhaft" und äußert sich insgesamt überhaupt günstig. Von einer persönlichen Bereicherung Bergmanns ist bald nicht mehr die Rede; geschäftliche Beschlüsse wurden im Kreis der Beteiligten gefasst. Die Firma wird schließlich aus der Konkursmasse durch Freunde aufgekauft und arbeitet weiter.

Die Geister vor Gericht zu ziehen dürfte insgeheim mit ein Ziel der Odol- und Aufklärer-Fraktion gewesen sein. Die Bombastus-Leute standen von Anfang an im schiefen Licht von Aberglauben und Betrug, und die Gegenseite tat manches, die entsprechende Polemik wach zu halten.
Das Gericht lässt Bergmann psychiatrisch untersuchen, zwei Gutachter sind bestellt. Der Berliner Professor Henneberg stellt fest, dass Bergmann „ein Mann von Energie und Umsicht" sei, dessen zeitweilige Trancezustände als durchaus erklärbare Erscheinungen des Innenlebens gelten könnten. Ihre Echtheit sei indessen nicht zu belegen, es gebe keine Kriterien, den Grad des Trancezustandes zu erkennen. In Volltrance würde die freie Willensbestimmung und Zurechnungsfähigkeit aufhören. Der andere Spezialist, der bekannte Albert Freiherr von Schrenck-Notzing, bestellte Bergmann schon vor der Verhandlung in seine Praxis nach München, wo sich dieser als „hysterischer Somnambulist mit hervorragenden spiritistischen Leistungen und experimentell erzeugten

Emil Bergmann (1861-1931)

Persönlichkeitsveränderungen“ erwies. Gar findet im Dresdner Landsgerichtsgebäude eine Séance des Freundeskreises statt, an der die beiden Sachverständigen teilnehmen. Sie ergibt wiederum, dass Bergmann außerordentlich leicht hypnotisierbar und im hypnotischen wie wachen Zustand hochgradig beeinflussbar und auch der Gruppe gefügig ist. Wer ausschließt, dass jenseitige Mächte auf dem spiritistischen Weg in die materielle Welt einwirken, und zu einer psychologischen Deutung neigt, wird sich hier über subtile gruppendynamische Prozesse und Projektionen aus dem Unbewussten Gedanken machen.

Das Gericht überrascht die Öffentlichkeit mit einem Freispruch in der Frage des Betrugs. Zwar betont es energisch, dass es mit Geistern nichts am Hut habe, diese sich niemals irgendwie zu offenbaren vermöchten, das sei objektiv betrachtet „ein unhaltbarer Aberglauben“. Subjektiv und im Falle Bergmann müsse dies aber nicht notwendig Betrug bedeuten. Auch eine Vermögensschädigung der Investoren wird verneint. Dies ist für die Staatsanwaltschaft eine Niederlage, ebenso für die Mehrheit der Presse, welche Bergmann als einen Hochstapler und Betrüger ansieht, dessen Hokuspokus dummen Wohlhabenden die Brieftasche öffnete.
Eigentlich könnten sich die Bombastus-Leute mit dem Urteil zufrieden geben. Doch die Stimmungslage ist nicht so. Weitere Teilprozesse werden geführt. Presse und Publikum beschäftigt die Affäre noch lange weiter, und so rasch werden die Freigesprochenen das Schwindel-Image nicht los. Dass sie das Bedürfnis verspüren, ihre Position mit Hilfe einer Broschüre nochmals zu erklären, ist begreiflich, dass sie darin Lingner in krasser Weise bloßstellen, weniger.
An Heiligabend (!) 1909 wird die „Kurze Aufklärung die Bombastus-Affaire betreffend“ an Tausende von Zahnärzten, Drogisten, Apotheker und En gros- und Detailhändler verschickt, zusätzlich an Offiziere, Rechtsanwälte, Vertreter des öffentlichen Lebens – und die Mitglieder von Lingners Sächsischem Automobilklub, insgesamt wahrscheinlich 60.000 Exemplare oder mehr. Die Broschüre unterstreicht nochmals die Aussagen dreier Zeugen aus den Prozessen, nämlich des Angestellten Dorsch (der in Lingners Auftrag die „Kundgebungen“ stahl), des Kaufmanns Kühn (der Lingner vorwarf, der Bombastus-Firma den Russlandexport auf unlautere Weise verdorben zu haben) und des Agenten Schulz.

Dass Schulz auspackt, hat sich Lingner durch seinen rüden Umgang mit diesem an sich gutwilligen Mann selbst eingebrockt. Werkspionage, Bestechung und anderes mehr habe der Odolkönig von ihm verlangen wollen. Die Broschüre sodann: „Schulz sagt weiter, wenn er seine Erfahrungen und das reiche Aktenmaterial betreffs Lingner veröffentlichen würde, so würde Lingner eine derartig lächerliche Figur in der Gesellschaft spielen, dass er direkt unmöglich wäre, besonders durch seine Wichtigtuerei", wie beispielsweise ein Telefongespräch zwischen Lingner und Schulz zeige:

Sch.: Hier Schulz.
L.: Ah, guten Tag, Herr Baron!
Sch.: Nein, hier Schulz!
L.: Ah, verstehe, ganz recht, Herr Baron Wrangel!
Sch.: Nein, hier Schulz, Herr Geheimrat!
L.: Ja, ja, ganz recht, Herr Baron' etc.

(Lingner hat, wie es scheint, gerade Ursache gehabt, den Anschein zu erwecken, dass er natürlich zum mindesten mit einem Baron spricht.) – In der Gerlingsache hat Schulz Lingner derartig klein und lächerlich vor sich gesehen, dass es Schulz um Lingner Leid getan hat."
Schon wieder dieser Hang zum Angeben. Was soll's? Lingner reagiert auf die Broschüre mit Klagen, Schadenersatzforderungen und Zeitungsannoncen, welche alles als Erfindung der Gegner abtun. Die Prozessmaschinerie läuft weiter.
Der Presseball im Januar 1910 hat „Rosen aus dem Süden" zum Motto. Die Berichterstatter halten fest: Lingner „machte diesmal nicht so recht mit und saß neben dem Intendanten, Grafen v. Seebach, in einer Ecke des Hauptsaales. Die Bombastus-Broschüre wird auf ihm gelastet haben".

Dresden-Moskau: Vierzig fiese Briefe? Als großes Fragezeichen steht im Raum, ob rund vierzig teils beleidigende Briefe existieren, welche Lingner nach Russland geschrieben haben soll, um den russischen Mundwassermarkt (den Odol seit langem besetzt hält) für die Bombastus-Werke unmöglich zu machen. Dieser Korrespondenz habhaft zu werden, gelingt nicht, obwohl Bombastus Unsummen dafür ausgibt. Allerlei Abzocker sind mit im Spiel. Nicht auszuschließen, dass sie beide Parteien an der Nase herumführen.

Die Bombastus-Werke können nicht mehr. Zwar wird noch ein nächster Prozess in Gang gesetzt, in welchem einmal mehr die Salol-Frage und besonders Lingners Reklamebehauptungen aufs Tapet kommen sollen. Ob dieses „Nach dem heutigen Stande der Wissenschaft ist Odol nachweislich das beste Mittel zur Pflege der Zähne und des Mundes" vor den gestrengen Augen eines Gerichts haltbar ist? Ist es eine zulässige reklamehafte Behauptung, die nicht in allen Teilen beweisbar sein muss? Solches ist ja gang und gäbe: „die Aechte, Beste, Beliebteste“ (4711), „ das edelste Kaffeeverbesserungsmittel der Welt“ („Weber's Carlsbader Kaffeegewürz“), „hervorragendstes Lager der Gegenwart“ (Opel-Fahrräder), „sind die besten“ (die Germania-Velos von Seidel & Naumann) ... Die Klage der Inhaber der Bombastus-Werke lautet auf Unterlassung dieser Angabe, denn: Ist Odol das beste Mittel? Ist daran etwas nachweislich? Gibt es überhaupt einen Stand der Wissenschaft in dieser Frage? Man setzt auf ein weiteres Gutachten. Doch in der ersten Jahreshälfte 1911 geht den Bombastus-Werken die Luft lies: das Geld aus. Gleichzeitig schwindet Lingners Interesse. Die anlaufende Internationale Hygiene-Ausstellung nimmt ihn zur Gänze in Beschlag, und die Rolle des Initiators und Vorsitzenden verträgt sich schlecht mit Negativmeldungen in der Presse.

„Es ist ein saurer Apfel, in den wir aber beißen mussten, da es uns unmöglich war, die vom Gericht geforderten Beweise für die in der Broschüre aufgestellten Behauptungen zu erbringen“, ist Emil Bergmanns Korrespondenz zu entnehmen. Der saure Apfel ist der Vergleich, den die Parteien im Sommer schließen. So werden denn bestehende Klagen fallen gelassen und weitere nicht eingereicht, Beschuldigungen zurückgenommen und bedauert, Vertragsstrafen bestimmt und den Bombastus-Werken die Kosten mitsamt einer Buße auferlegt. Dann der Gipfel: Die Bombastus-Verantwortlichen, insgesamt sieben Personen, verpflichten sich, „in Zukunft alle öffentlichen Angriffe und Beschuldigungen jeglicher Art gegen den Geheimen Kommerzienrat Karl August Lingner in Dresden zu unterlassen“.
Im August 1911 kann das staunende Publikum in zwanzig Zeitungen Deutschlands lesen, dass alle gegen Lingner erhobenen Anschuldigungen „völlig unbegründet“ seien. Der Erforscher der Affäre, Helmut Obst, vertritt die Ansicht, damit habe Lingner es aufgegeben, „seine Gegner zu vernichten. Das war sein hauptsächlichstes, unausgesprochenes Zugeständnis in dem Vergleich. Darin sahen die Bombastus-Leute für sich und das von ihnen vertretene alternative Lebens-, Gesundheits- und Weltanschauungsmodell einen Sieg in der Niederlage“. Juristisch ist der Vergleich so einseitig ausgefallen und der Mächtigere hat so viel Vorteil, dass man nicht von einem Kompromiss sprechen kann.

Unbedingt siegen

Nicht von ungefähr bricht der Odol-Bombastus-Konflikt in einer Zeit aus, da die Naturwissenschaften boomen. Das Deutsche Reich gehört in der Forschung zur Weltspitze. Es ist die Zeit des Durchbruchs der pharmazeutischen Chemie, und nicht nur Carl

Duisberg, Chemiker und Industrieller der Farbenfabrik Bayer, hofft, dass „die Kunst den Sieg über die Natur davonträgt“ (1912). Mit Kunst meint er die moderne Chemie, welche sich der Lösung jedes Problems fähig wähnt. Die noch junge synthetische Darstellung von Heilmitteln etwa gibt Anlass zu unbegrenztem Optimismus. Duisberg: „Denn wir erfüllen neben wirtschaftlichen Aufgaben auch ideale Pflichten; wir bekämpfen systematisch die Krankheiten und ihre Symptome und werden so die getreuen Helfer des Arztes und der geplagten Pfleger.“ Lingner zählt sich unbedingt zu dieser Phalanx, und jetzt, da wissenschaftliche Medizin und ärztliche Versorgung sich immer stärker durchsetzen, wird er mit seinen stramm schulmedizinisch ausgerichteten Ausstellungen ein wichtiger Promoter.
Neben der komplizierten wissenschaftlichen Medizin bleibt eine populäre einfache Heilkunde bestehen, die am ganzheitlichen Menschenbild und an bewährter Volks- und Hausmedizin interessiert ist. Nicht Herr der Natur sein wollen, sondern ihr Freund und Gehilfe! In Sachsen ist die Naturheilbewegung stark. Stammt doch Samuel Friedrich Hahnemann (1755-1843), der Begründer der Homöopathie, aus Meißen. Helmut Obst verweist auf die Anfänge in der Wasserheilkunde und die berühmten Sanatorien, Naturheilanstalten und Bäder, gerade in und um Dresden, einer Stadt, in der „die Anhänger alternativer Medizin besonders zahlreich und aktiv waren.“ Eine profunde sachliche Auseinandersetzung Lingners mit diesen Strömungen ist nicht bekannt. Das Argument der Kurpfuscherei kommt ihm bisweilen leicht über die Lippen. Und was Geisterglauben angeht, ist seine Meinung ohnehin gemacht. Pardon wird nicht gegeben.

Lächerlichkeit. Die jahrelangen Streitigkeiten werden entscheidend von Menschlichem und allzu Menschlichem regiert: Vorurteile, Feindbilder, Neid, Machtgelüste, Arglist, Parteilichkeit, Indiskretion. Dazu kommt eine unheimliche Triebkraft: die jeweilige Gegenseite öffentlich bloßzustellen. Darunter leiden wohl beide Seiten. Die Bombastus-Leute haben es schwer. Ihre humanen Ziele, der christliche Impetus, auch die angesehenen Freunde und Gönner zählen in der öffentlichen Meinung wenig. Ein Zeitungsschreiber schämt sich ihrer geradezu, fürchtet, die ganze Geschichte färbe negativ auf Sachsen ab und ziehe den geistigen Zustand seiner Bewohner ins Lächerliche, ein anderer vergleicht Emil Bergmann mit dem Hauptmann von Köpenick ... Doch die Kraft dieser Leute ist erstaunlich. Die Firma gibt es bis heute, ein modernes Arzneimittelwerk auf Basis der Pflanzenheilkunde. Andererseits sind Lingners Glaubwürdigkeit und seine hartnäckig errungene gesellschaftliche Position fundamental in Frage gestellt. Die Gegner versetzen ihm Schläge, die auf Charakter, Ruf und Geschäftsgebaren abzielen. Mehrmals verliert er das Gesicht, steht als lächerliche Figur da. Dass auch beim viel gelobten Volkswohltäter und bewunderten Kaufmann nicht alles Gold ist, was glänzt, wird manche Häme angeheizt haben. Inwiefern Lingner jedoch die Affäre gesellschaftlich geschadet hat, ist schwer auszumachen. Vermutlich zogen die etwas exotischen Außenseiter der Gegenpartei die höhnischen Blicke mancher Zeitgenossen stärker auf sich. Nicht zuletzt boten das starke Klassengefälle und die „Fraktionsdisziplin“ der Oberschicht dem Mächtigeren letztlich mehr Deckung, auch wenn Justitia sich insgesamt einige Mühe gab. In einer breiten Öffentlichkeit stand Lingner wohl nach dem Vergleich als Sieger da.

Ob den rasanten Aufsteiger die Angst vor dem plötzlichen Absturz angetrieben hat, wissen wir nicht. Er gibt sich stark, man hat den Eindruck, er führe die Sache salopp, mit links, einer, der auf schier unbegrenzte Mittel und Möglichkeiten bauen kann und es darauf angelegt hat, den Gegner in die Tiefe zu stoßen. Jedenfalls ist der Siegeswille des Odolkönigs unbedingt, es kann, in sozialdarwinistischer Denkungsart, nur Sieger und Besiegte geben, das Recht des Stärkeren muss wieder hergestellt werden.
Es wäre nun falsch, anzunehmen, Lingner habe sich von der Odol-Bombastus-Affäre jahrelang lähmen lassen. Er bereitet in jenen Jahren nicht nur die große Hygiene-Ausstellung vor und setzt das gewagte Schloss-Projekt im fernen Engadin in Gang, sondern kümmert sich auch um eine der großen Fragen der Zeit, das hunderttausendfache Sterben der Säuglinge. Die für Lingner maßgebliche Gesellschaft geht offenbar zur Tagesordnung über – und er wird bald der meistgefeierte Mann Dresdens sein.

Revolution in Dresden. Im Sommer kursiert in Dresden ein anonymes satirisches Flugblatt: „Nachdem die sächs. Gerichte nicht mehr genügend dem Kommerzienrat Lingner parierten, hat derselbe den König für abgesetzt erklärt, die Verfassung suspendiert und die Leitung der Staatsgeschäfte seinem Privatsekretär übertragen, der ihm dann namens des Volkes die Krone anbot, die Lingner annehmen wird. Die Panik ist unbeschreiblich.“ Unter den neuen „Kabinettsmitgliedern“ werden sowohl Odol-Mitarbeiter genannt wie Namen, die in den Prozessen eine mehr oder weniger rühmliche Rolle spielten. „Der Aufstand greift um sich. Lingner macht bekannt, dass am Abend 10 Fass Freibier auf dem Altmarkt aufgelegt würden, die freiwilligen Feuerwehren aus der Umgegend ergreifen seine Partei. Die Konkurrenten Lingners sind verhaftet und werden vor ein Kriegsgericht gestellt und erschossen werden. Alle Läden, wo kein Odol ausgestellt ist, müssen geschlossen werden, Lingner hat 10 neue Reisende eingestellt. Jeder, der seine Partei ergreift, erhält eine Büchse Irexzahnpulver gratis.“ Es kommt dann zu Straßenkämpfen, die Elbbrücken sind, da mit Pixavon verschmiert, unpassierbar, die Pferde werden „vom Odol- und Formangeruch wie rasend.“ Der Aufstand bricht in sich zusammen, nachdem die Aufständischen das Zahnpulver probiert haben und weil Lingner weniger Bier spendet als versprochen ... Es kommt zu einem für Lingner günstigen Vergleich mit voller Amnestie. „Mit Rücksicht auf die Ausstellung wurde ihm alles bewilligt.“ Satire als Möglichkeit, dem Treiben der Mächtigen etwas entgegenzusetzen und Gefühle der Ohnmacht zu verarbeiten.

12. Hygiene im Weltformat

Internationale Hygiene-Ausstellung 1911

Sonnabend, 6. Mai 1911. Die Residenz leuchtet. Heute ist in Dresden die Welt zu Gast. Die Internationale Hygiene-Ausstellung (IHA), welche man bald eine „Weltausstellung für Gesundheitspflege" nennt, wird eröffnet. Schönstes Maiwetter, die Stadt voller Flaggen, Fahrzeuge und Fräcke. Alles strebt den Ausstellungshallen zu. Wirtschaft, Wissenschaft und Kunst sind mit vielen klingenden Namen vertreten, besonders aber Staat und Politik, sodass es von Ministern, Gesandten, Generälen, Exzellenzen, Geheimen und anderen Räten nur so wimmelt. „Ein glänzendes gesellschaftliches Bild, voller Reiz und Farbe", schreibt die Presse. „Wie im Kaleidoskop ziehen die Eindrücke am Auge vorüber."

Ziel aller ist die „Repräsentationshalle, die mit ihrem prächtigen Wandschmuck, den lichtstrahlenden Kandelabern und dem dunkeln Grün des Lorbeers einen überaus vornehmen Eindruck macht." Dort spricht Karl August Lingner, Vorsitzender des Direktoriums. „Niemals war die Zeit für eine Bewegung, die zum Zwecke hat, die Lehre der Gesundheitspflege jedem Menschen zugänglich zu machen, günstiger. Auf der einen Seite gibt uns die Wissenschaft mit ihren großartigen Entdeckungen und Forschungsergebnissen die Mittel, verheerende Krankheiten, denen man früher hilflos gegenüberstand, zu überwältigen, auf der anderen Seite setzt sie uns mit der Ergründung des Wesens der komplizierten menschlichen Lebensvorgänge in den Stand, die Gesundheitspflege, ich möchte sagen, künstlerisch zu betreiben." Dass „Tätigkeit und Mäßigkeit" zu gesundem Leben und glücklichem Alter führen, vernimmt man wohl da und dort mit Verwunderung aus dem Munde eines Redners, dessen engster und treuester Mitarbeiter sagt, keiner habe so sehr gegen die Hygiene der Arbeit verstoßen wie Lingner.

Die Gäste hören sich Lingner stehend an, mit Ausnahme des Hofes, das heißt des Königs Friedrich August III., Schirmherr der Ausstellung, und des Königs Bruder und Schwester, Prinz Johann Georg und Prinzessin Mathilde. Der Redner spricht ausführlich und verheißt, durch Stärkung der Volksgesundheit würden sich noch „ungeheure Schätze an Kraft und Leben" heben lassen.

Hoch auf den König.
Sachsenhymne.
Eröffnungsakt durch den Innenminister.

Dann unterhält sich Friedrich August mit Karl August. Letzterer führt die Herrschaften durch einige Räume, dann Frühstück für die Spitzen im Schloss. Am Abend Bankett des Vorstands, anderntags Festaufführung des *Rosenkavalier* und Empfang der Stadt, Hunderte von Gästen, weitere Ansprachen, jubelnde Musik und viele Blumen. Wahrscheinlich vermisst Lingner nur einen: den Kaiser. Trotz langer Bemühungen ließ der sich nicht zur Schirmherrschaft herab. Beim abendlichen Bankett sitzt Lingner zwischen dem Kaiserlichen Botschafter, Heinrich von Tschirschky und Bögendorff, und dem sächsischen Innenminister, Graf Vitzthum von Eckstädt.
Derweil stürmt das Publikum die Hallen. „Eifrig, ja gierig, fast hungernd" (Karl Sudhoff)! Ganz in Lingners Sinn: Er will die Massen.

Eine Ausstellung der Superlative. 320.000 Quadratmeter Fläche, davon fast ein Viertel überdacht, rund dreißig beteiligte Nationen, etwa 50 Hallen, 12 Haupt- und 43 Unterabteilungen, ein Heer von Mitarbeiterinnen und Mitarbeitern, Hunderte von industriellen Ausstellern. Der Städtische Ausstellungspalast von 1896 wurde von den Architekten William Lossow und Max Hans Kühne in ein neues Ganzes integriert, das beide Teile des Großen Gartens, die Güntzwiesen und einen Sportplatz umfasst.
Der Ausstellungskatalog für eine Mark hat 500 Seiten plus fast 400 Sciten Inserate, dazu gibt es zahllose Spezialkataloge. Und Billette sind in etwa 160 Versionen für alle möglichen Zwecke verfügbar, eine organisatorische Meisterleistung.
Die wissenschaftliche, die historische und die populäre Abteilung bilden das Traggerüst, ergänzt durch Sport („von Übertreibungen freie körperliche Betätigung") und Statistik (welche damals als eine Art Überwissenschaft gilt). Im Sinn von „Theorie und Praxis" ist jedes Fachgebiet umgeben von der zugehörigen Industrieausstellung.

Was versteht man damals unter Hygiene? Der Katalog sagt es im ersten Satz: „Die Hygiene ist die Lehre von der Erhaltung und Pflege der menschlichen Gesundheit, die Lehre von der Erhaltung des menschlichen Wohlbefindens."

Die Halle „Der Mensch", welche Lingner sich nicht ohne Eifersucht selbst vorbehalten hat, umfasst 6.000 Quaadratmeter. Sie wird allgemein als das Herzstück empfunden, und so ist es auch gemeint. „Die Halle (...) enthielt das plastische Lehrbuch der Gesundheit, wie es Lingner immer vorgeschwebt hatte", schreibt Seiring. „Der Besuch war so stark, dass der Eintritt oft stundenlang gesperrt werden musste." Geworben wird für Lingners ureigenen Pavillon mit den Worten, hier werde „der Besucher mit ganz neuartigen Methoden und Anschauungsmitteln spielend belehrt über die Beschaffenheit des menschlichen Körpers in allen seinen Teilen, über seine Lebensvorgänge, über die Krankheiten und Schädigungen des Körpers und die Möglichkeit ihrer Verhütung; über alles, was mit dem menschlichen Leben zusammenhängt: Arbeit und Erholung,

Wohnung und Kleidung, über die Grundsätze einer richtigen Ernährung wird in besonderen großen Abteilungen das Wissenswerteste dargestellt. So werden jedem Besucher gewissermaßen in Unterhaltungsform Schätze an Kenntnissen geboten, die ihm für sein ganzes späteres Leben von Nutzen sein können."
Die Historische Abteilung zeigt demgegenüber, wie die Vorfahren und die alten Völker mit Körper und Gesundheitspflege umgingen – in ihrer Ausführlichkeit eine Weltpremiere. Von Prüfungsvorschriften für Opferfleisch in Babylonien über die öffentlichen Latrinen der Römer bis zur Feldapotheke Friedrichs des Großen scheint nichts zu fehlen.
Die Wissenschaftliche Abteilung, das eigentliche Lehrbuch, die Enzyklopädie, will in erster Linie den Fachleuten jeder Gattung „alle wissenschaftlichen Errungenschaften auf dem Gebiete der modernen Gesundheitspflege streng systematisch und übersichtlich" vor Augen führen. Hier wird auf den neuesten Stand Wert gelegt, etwa in der Krebsforschung oder bei der Präsentation der „Erfolge, die mit der Radiumtherapie erzielt worden sind".
Die Industrie verblüfft mit einer Fülle und Differenziertheit, die wir Heutigen der damaligen Zeit kaum zutrauen. Nur ein Beispiel: Rund um die Gruppe „Ansiedlung und Wohnen", welche Bauen, Heizen, Beleuchten, Wasser, Abfall etc. anschaulich-populärwissenschaftlich darstellt, gesellen sich, getrennt, jedoch inhaltlich zusammenhängend, die Stände von Zementwerken, Müllwagenfabriken, Heizungsbauern, Farben-, Staubbindemittel-, Glühlampen-, Kochgeschirr- und Klosettpapierherstellern usw.

Monumentalstatue in der Halle „Der Mensch"

Zur Eröffnung der „Straße der Nationen" am Montag erscheint der König gleich nochmals. Eine originelle Idee, die allerdings bei der Weltausstellung von Paris 1878 auch schon praktiziert wurde: Die sich beteiligenden Länder bekommen ihr eigenes Territorium und können es nach ihren Vorstellungen gestalten. So stehen da eine chinesische Pagode und ein Schweizer Chalet, ein eindrucksvoller Frankreich-Pavillon mit Schwer-

Eröffnungsansprache Lingners im Lichthof

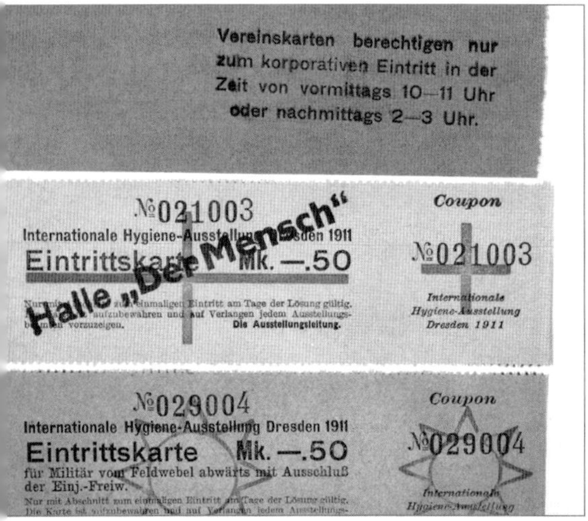

Eintrittskarte in die Halle „Der Mensch"

punkt Louis Pasteur, sowie die Pavillons von Österreich (brilliert mit Elektropathologie, Schäden durch Blitz und Strom), Italien, Russland, Spanien, Ungarn, Brasilien, England, Japan ... Diese Internationalität hat etwas Versöhnliches in einer Zeit, da bereits vielfach kriegerische Untertöne zu hören sind und Konflikte sich nervös anbahnen. Frankreich soll sogar zum ersten Mal seit 1870 wieder in einer deutschen Ausstellung offiziell aufgetreten sein. Leider fällt dann im Juli ein Wermutstropfen in diese kleine Entspannung, als das Deutsche Reich ein Kanonenboot vor Marokkos Küste entsendet („Panthersprung"), auf dass es den Franzosen dort nicht zu wohl werde.

Ist Vollständigkeit das erste Streben des Autodidakten? Oder: Kann jemand dies alles aufnehmen? „Ich habe in pausenloser, zweitägiger Arbeitszeit die Ausstellung durchwandert und muss sagen, dass diese Zeit noch viel zu kurz war, um all das Wertvolle zu sehen, was die Ausstellung dennoch birgt", schreibt ein Besucher. „Eine eingehende Besichtigung der populären Halle ‚Der Mensch' nimmt allein schon die wenige Zeit in Anspruch, die man als Arbeiter zur Verfügung hat" (*Der Arbeiter-Samariter*, Oktober 1911). Einmal schickt Lingner seinen Neffen Hans Güntzel los, seines Zeichens Student der Pharmazie, um das Ganze zu beschauen und ihm zu berichten. Der Aufsatz (der nur wenig Erlebniswert bietet) scheitert ebenfalls an der Fülle: „Eine ausführliche Beschreibung zu bieten ist für einen Einzelnen ein Ding der Unmöglichkeit." Wer kann es schon so halten wie der französische Politiker Edouard Herriot (1872-1957), Parlaments-, später Ministerpräsident seines Landes, der sich, teils von Georg Seiring begleitet, gleich acht Tage lang durch die Ausstellung bewegt und dann „unter der Wirkung eines tiefen Eindrucks" nach Hause fährt, gar „die Morgenröte einer neuen Zeit" aufsteigen sieht.

Es zeigt sich dasselbe Phänomen wie bei heutigen groß angelegten Ausstellungen: Besucher, die nur einmal kommen, fühlen sich – selbst wohl auch unter dem Vollständigkeitsdruck stehend – von Vielfalt und Umfang des Ganzen überfordert. Dass der Veranstalter sich zur Entlastung dann allerlei Unterhaltendes ausdenkt wie in diesem Fall diverse Restaurants, Cafés, Bars, Kabarett, Kasperle-Theater, Kinderparadies, Kegelhalle, Tanz, Wellenbad und Ruhehalle, vermehrt letztlich das Angebot. Aber Lingner bezieht das Unterhaltungsbedürfnis der Menschen eben bewusst in seine Methodik mit ein. Man kann nicht immer nur lernen. Im Übrigen bewährt sich das alles, und die Massen führen sich gesittet auf, wie die auf dem Gelände eingesetzte Sittenpolizei meldet. Lediglich sei der Schieber manchmal anstößig getanzt worden, und beim „Undosa"-Wellenbad hätten sich an den Frauentagen auch männliche Zuschauer eingefunden, der Bauchtanz hingegen sei „bekleidet" vonstatten gegangen und die Kellnerinnen seien allesamt „unbescholten".

Blick durchs Mikroskop für jedermann

Klare Ziele und Konzepte erleichtern indessen den Lehr-Gang. Im Zentrum steht der menschliche Körper, zugleich zum Kunstwerk erhöht und zur Erklärung in Teile zerlegt. Das Ganze tritt, wie schon die Ausstellung von 1903, als dreidimensionales Lehrbuch auf, und was Lingner damals als Ziel zusammenfasste: „den durch die sozialhygienische Belehrung schließlich erreichbaren Idealzustand", gilt auch hier: „1. Jeder Mensch muss ein klares Gefühl für den Wert der Gesundheit erwerben und pflegen. 2. Jeder Mensch muss seinen eigenen Körper in seiner Organisation und seinen Verrichtungen kennen (...). 3. Jeder Mensch muss einen Sinn für den Wert der Volksgesundheit im Allgemeinen erwerben (...)." So sollen alle Menschen in die Lage versetzt werden, Störungen zu bemerken, Schädliches abzuhalten und Förderliches zu erkennen und zu tun.

So richtig all das ist, so sehr blendet Lingner mit solchen Zielsetzungen die sozialen Umstände und aktuellen Lebensbedingungen der Menschen aus. Wobei er im hessischen Gutachten sehr wohl gezeigt hat, dass er um diese oft traurigen Umstände weiß, auch um jene, wo individuelles Wollen und ein bisschen Vernunft nichts bewirken können. Hier aber ist er im hoch gestimmten Überflug, gibt bekannt, die einfache Gesundheitspflege koste keinen Pfennig, man müsse sie nur tun. Kleine Mühe, großer Gewinn: an Gesundheit für das Individuum und an Kosten für den Staat – er nennt es „Menschenökonomie". Ein Stück weit kann man dem folgen, doch schon die Behauptung, Sonne, Luft und Wasser würden „den Reichen wie den Armen in Hülle und Fülle zu Gebote" stehen, wirft kritische Rückfragen auf.

Ein viertes Ziel, das Lingner öfter wiederholt, weil er es mit den Ärzten auf keinen Fall verderben will: „Jeder Mensch muss unbedingtes Vertrauen zu der vom Staat anerkannten Wissenschaft bekommen (...)" – er hält sich voll und ganz an die Schulmedizin. Die Naturheilbewegung bleibt ausgesperrt (was nicht hindert, dass Ärzte sich bei ihm

über „kurpfuscherische Aussteller“ beschweren). Der jahrelange und zunächst noch nicht beendete Clinch mit anders denkenden Kreisen in den Odol-Bombastus-Prozessen hat ihn offenbar erbittert und radikalisiert.
Die Internationale Hygiene-Ausstellung ist nach einem fast unschlagbaren Rezept gestaltet, indem sie zugleich populäres und aktuelles Handbuch der Medizin, Schaufenster der öffentlichen Gesundheitspflege und Leistungsschau der inzwischen herangewachsenen vielfältigen „Gesundheitsindustrie“ ist. Man darf diese drei Interessensgebiete, Zielgruppen und Ausstellerkreise zusammenzählen. Apropos Industrie: „Zahllose Industriezweige haben sich in den letzten Jahrzehnten in den Dienst der Hygiene gestellt und seit 25 Jahren hat diese Industrie keine Gelegenheit gehabt, ihre Erzeugnisse zusammenhängend zur Schau zu bringen“, stellt Lingner fest. „Der Industrie wird also diese Ausstellung wahrscheinlich einen ganz ungeahnten Nutzen bringen.“ Anfang 1910 sind schon über 600 Voranmeldungen beisammen. Die IHA erscheint in diesem Licht nicht nur als eine Attraktion für die breiten Schichten, sondern auch als die lang erwartete Fachmesse auf einem zukunftsträchtigen Gebiet.

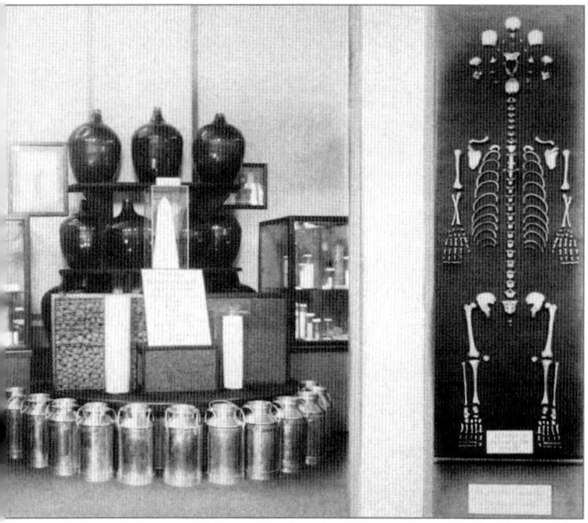

Halle „Der Mensch“: li. Nahrungsbedarf eines Menschen während einem Jahr; re. Anzahl der menschlichen Knochen

Schon in den 1880er und 1890er Jahren befasste sich das sächsische Parlament mit der Frage eines „Gesundheitsmuseums zur Förderung der allgemeinen Gesundheitspflege im Interesse der vaterländischen Industrie“. Die Sache wurde zwar positiv bewertet, schlief aber ein. Auch „Hygiene-Kongresse“ (Jules Verne lässt grüßen) und „Hygiene-Ausstellungen“ sind früh zu beobachten, so in England, Paris und Berlin. Die rasche Industrialisierung und die Besorgnis über die einschneidenden sozialen und gesundheitlichen Folgen bilden den Hintergrund.

Lingner gewinnt einen großen und prominenten Mitarbeiterstab. Die wissenschaftliche Konzeptarbeit übernimmt Friedrich Renk, ordentlicher Professor für Hygiene an der TH Dresden, der schon länger mit Lingner zusammenarbeitet, die Historische Abteilung, nach monatelangen mühseligen Verhandlungen, der Leipziger Medizinhistoriker Karl Sudhoff. Der Arzt Friedrich Woithe zeichnet für die Herstellung der biologischen Modelle und Apparate und der Anatom Werner Spalteholz für neuartige durchsichtige Präparate verantwortlich, was zu einem langen Kampf gerät, da Spalteholz die Patentrechte bereits vergeben hat. Lingner gründet sodann das Pathoplastische Institut, um die Moulagen herstellen zu können, das sind naturgetreue, am Patienten abgenommene Wachsnachbildungen von krankhaft veränderten Körperteilen; hier gewinnt er den bekannten Mouleur Fritz Kolbow. Die Sonderschau über Geschlechtskrankheiten betreut Freund Eugen Galewsky. Wichtige Aufgaben übernehmen auch der vielseitig interessierte Augenarzt Otto Neustätter und Georg Seiring, dem Lingner die Organisation der Büros, der Werkstätten und des Personalwesens überträgt. Die Aufbauarbeit dieser Ausstellung genauer zu schildern, von der Herstellung einer einzelnen künstlerischen Moulage, darauf ausgelegt, einem Besucher das Erscheinungsbild von Pocken vor Augen zu führen, bis zur Errichtung der ganzen ob ihrer Schönheit vielfach gerühmten Ausstellungsstadt, mit vollständiger Infrastruktur, bereit, Hunderttausende Menschen aufzunehmen, es wäre ein anderes Buch.

Halle für Nahrungs- und Genussmittel-Hersteller

Oberbürgermeister Beutler muss speziell erwähnt werden, trug er doch von Anfang an als Förderer, Vermittler und Lingners „Seelsorger" viel zum Gelingen bei. Zwischen dem Erfolg der Ausstellung „Volkskrankheiten und ihre Bekämpfung", wo Beutler bereits beteiligt war, und der Eröffnung der IHA liegen mühselige Jahre, wo Lingner zwischen feuriger hygienischer Überzeugung und dem frustrierenden Echo maßgeblicher Leute hin und her gerissen wird. Vorstöße und Resignation wohnen nahe beieinander, und mehr als einmal ist es Beutler, der Lingner wieder in Bewegung setzt, vor allem nach dessen Rücktritt im November 1906. Die Ausstellung wird verschoben. Seiring: „Beutler, der energisch bei Staat und Stadt die Genehmigung durchdrückte und auch erreichte, dass das Gelände des Großen Gartens zur Verfügung gestellt wurde, schaffte auch die Finanzierung."

1908 ist Lingner wieder ganz bei der Sache, der Trägerverein wird gegründet und der Landtag stimmt dem Projekt zu, womit der Weg zu einem Vertragswerk zwischen Stadt, Verein und Lingner frei ist. Das Papier vom 20. November 1908 enthält die zukunftweisende Klausel, im Falle eines ausreichenden Überschusses werde Lingner diesen für ein Hygiene-Museum verwenden.

Beutler, welcher Dresden von 1895 bis 1915 vorsteht, ist nicht nur für die sozialhygienischen Anliegen offen, es ist ihm auch viel daran gelegen, Dresden als nationalen

und europäischen Ausstellungs- und Tagungsort zu positionieren. Lingners Vorhaben eignet sich hervorragend, die in der Hinsicht etwas geruhsame Stadt in die gewünschte Richtung voranzutreiben: Während der Ausstellungsdauer sollen in Dresden über hundert Kongresse und Tagungen stattgefunden haben.
Eine analoge Rolle, aber im Bereich der Wissenschaft, nimmt Friedrich Renk ein. Ihm ist zu verdanken, dass namhafte Wissenschafter aus ganz Deutschland zu Lingners Projekt Vertrauen fassen und sich in die Vorbereitungen einspannen lassen.

Zunächst das Jahr des Werbens, 1910. Werben um Fachleute für alles und jedes, um wissenschaftliche Institute, die teilnehmen sollen, um Geld der deutschen Teilstaaten, damit deren Institute teilnehmen können, um Gymnasien und Lehrerseminare, die kommen sollen, um den höchstmöglichen Schirmherrn usw. Es entfaltet sich eine außerordentlich rege Korrespondenz und Diplomatie, die beispielsweise in Paris und Rom Vorstöße unternimmt, um die Teilnahme dieser Nationen zu befördern. Nichts wird dem Zufall überlassen, die Ausstellung ist schon im Vorjahr weit herum in den Köpfen verankert.
Im Februar versammelt Lingner die mitwirkenden Wissenschaftler in Dresden. Sie werden sich in den „Gruppen" der Ausstellung engagieren, von Ernährung und Kleidung über Infektionskrankheiten und Säuglingsfürsorge bis zu Tropenhygiene und Rettungswesen. Man redet viel vom Geld und ob von den deutschen Staaten welches gegeben wird und vom inhaltlichen Aufbau der Ausstellung. Lingner macht gleich klar, dass „das oberste Gesetz das Interesse des Besuchers ist". Im Zweifelsfall gilt: sich am Publikum orientieren, andere Kriterien hintanstellen. Der Marketing-Star der deutschen Industrie weiß, was er sagt, und vergisst nicht, was sich bei Nähmaschinen und Mundwasser bewährt hat.
Lingner leitet die Versammlung autoritär, lässt aber über wichtige Punkte kurz abstimmen. „Also, meine Herren, ich konstatiere, dass zunächst einmal die Grundprinzipien der wissenschaftlichen Abteilung von Ihnen gutgeheißen werden, nämlich nicht persönlich und nicht individuell, sondern sachlich zu organisieren." Also keine herkömmliche Messe, wo sich einfach Institut an Institut, Firma an Firma reiht, sondern es gilt der eiserne Gestaltungswille des Lehrbuches, welcher von der Sache aus- und auf den Besucher zugeht und welchem sich anders lautende Interessen unterzuordnen haben.
Was die Finanzen angeht, kann Lingner den Wissenschaftlern zu dem Zeitpunkt mitteilen, vom Staat Sachsen kämen 200.000, von der Stadt Dresden 300.000 Mark, außerdem verzichte Dresden auf alle Einnahmen aus dem Ausstellungspalast. Das soll die übrigen Regierungen an die „heilige Pflicht" erinnern, ebenfalls Mittel bereitzustellen.
Werben auch um die Mitarbeiterschaft. An einem Sonntagabend im Januar lädt Lingner alle angestellten und ehrenamtlichen Mitarbeiter „bis zu den einfachsten Hilfskräften" zu sich ins Elbschloss ein. Jedermann soll sich „als wertvolles Glied der Organisa-

tion“ geschätzt wissen. Denn 1910 werde ein arbeitsreiches Jahr, und da wünscht sich jeder wilhelminische Chef vor allem eines: „Es ist nötig, dass sich alles in bester Harmonie abwickelt und auf allen Seiten die größte Arbeitsfreudigkeit entfaltet wird.“ Auf Wollf wirkt Lingner in dieser Zeit sehr souverän. „Mitten in einem Heer schaffender, zusammentragender Menschen verlor er keinen Augenblick die Führung im Kleinsten. Und keinen aus den Augen. Immer war er für alle und über alles zu sprechen. Und er wunderte sich, wenn einer einmal seine Sachlichkeit als Härte empfand, wie er nicht begriff, dass am Wege zum großen Ziel einer müde werden könne.“ Den engeren Kreis lädt Lingner hie und da in den „Kneist“ an der Großen Brüdergasse ein (laut Reiseführer „vorwiegend feines Herrenpublikum“).

Lingner als Beobachter in der Ausstellung

Misstöne. Der erste Misston fällt in die Monate vor der Eröffnung: die Affäre um die Heimarbeitsausstellung. Man will den Gewerkschaften Gelegenheit geben, die Heimarbeit in Sachsen zu präsentieren, wobei sie „jede tendenziöse Darstellung“ vermeiden und mit den Arbeitgebern zusammenarbeiten sollen. Letztere lehnen dies ab, da offenbar auch die Lohn- und Arbeitsverhältnisse erörtert werden. Die hysterische Reaktion, bis heute in den Akten spürbar, lässt nur einen Schluss zu: Diese Arbeitgeber haben etwas zu verbergen. Tatsächlich geht die Rede, dass sächsische Spitzenklöpplerinnen für sechs bis neun Pfennige pro Stunde arbeiten und ein Drechsler (Puppenmöbel) im Erzgebirge auf zwölf Mark in der Woche kommt, bei Mitarbeit der Familie und vierzehnstündigem Arbeitstag.

Protestbriefe, Krisensitzungen (bei einer ist ein Syndikus namens Gustav Stresemann dabei). Lingner wehrt sich eine Zeit lang gegen die Unterstellungen und „ganz unnötige Schärfen“ und gibt schließlich klein bei, nachdem er feststellt, dass auch das Ministerium zögert und die Arbeitgeber andere Arbeitgeber von der Teilnahme an der Ausstellung abhalten wollen. So teilt er den Gewerkschaften mit, er stehe zwar „der Vorführung der Heimarbeit außerordentlich sympathisch gegenüber“, doch sei Einseitigkeit nicht mit den Grundsätzen der Ausstellung vereinbar.

Durch die linke Presse geht ein Aufschrei, der sich aber nicht so sehr gegen Lingner richtet, welchem eher guter Wille bescheinigt wird und der die Gewerkschaften nach bewährter liberaler Regel ohne weitere Bedingungen arbeiten lassen wollte – Übertreibungen korrigierten sich selbst. „Ein Sieg der Scharfmacher", „Riesige Blamage", „Die Ausstellung gegen Hygiene" schreiben die empörten unter den Zeitungen, Letzteres nicht ohne Grund, sind doch Arbeitshygiene und Arbeitsschutz erklärtermaßen Themen der Ausstellung.

Der zweite Misston wird nicht von allen als solcher wahrgenommen: Die Sondergruppe „Fortpflanzung, Vererbung, Rassenhygiene" kann ihre Themen prominent präsentieren. Namen wie Max von Gruber, Münchner Hygieniker, der auch im geschäftsführenden Ausschuss der Alldeutschen und im Vorstand der Deutschen Gesellschaft für Rassenhygiene sitzt, Alfred Ploetz, Begründer der Rassenhygiene in Deutschland (nebenbei Freund der Schädelvermessung), Hermann Paul Nitsche, der später die berüchtigte Heilanstalt Pirna-Sonnenstein leiten wird, und der Münchner Psychiater Ernst Rüdin, von dem man dreiundzwanzig Jahre später hören wird: „Die Bedeutung der Rassenhygiene ist in Deutschland erst durch das politische Werk Adolf Hitlers allen aufgeweckten Deutschen offenbar geworden, und erst durch ihn wurde endlich unser mehr als dreißigjähriger Traum zur Wirklichkeit, Rassenhygiene in die Tat umsetzen zu können."

Dann wäre der Auftritt in Dresden bloß der Vorgeschmack. 200 Tafeln und Tabellen sind da, um den Leuten die „ungeheure Bedeutung der Vererbung für Gedeihen und Verfall der Völker" aufzuzeigen sowie die „vernünftige Zuchtwahl" und die „selektorische Elimination, Ausmerzung, Ausjätung, Ausschaltung der Untüchtigsten aus dem Leben der Rasse". Noch steckt der Wolf im Schafspelz, und keiner schreitet ein. Lingner, der doch in diesen Fragen eine vorsichtige Haltung einnimmt und sich wenige Jahre zuvor von den „Auslese-Theoretikern" deutlich distanziert hat, gestattet hier eine Sondergruppe wie Tuberkulose, Zahnerkrankungen, Geschlechtskrankheiten, Krebs und Alkoholismus, während er harmlose Teilnehmer wie die Naturheiler und die Heimarbeiterinnen ohne großes Bedauern ziehen lässt. So müssen sich die Leute die unsägliche „Familie Zero" zu Gemüte führen, deren Verluderung infolge von Schnaps („Keimgift") und „vagabundierender Weiber" (verantwortungslose „Zuchtwahl") am Ende alle Bürger finanziell belastet – ein Fall für die „Rassenhygiene".

Kult

Das Gruppenfoto zeigt sechs ziemlich verlegene Herren und einen todernsten Lingner: das ratlose Preisgericht.

Um das Logo für die Internationale Hygiene-Ausstellung zu finden, ist im Jahr zuvor ein Wettbewerb ausgeschrieben worden. Aber trotz 530 Einsendungen und der erkleck-

lichen Preissumme von 6.000 Mark vermag die Jury keinen ersten Rang zu erkennen. Was ist geschehen? Auf den 530 Entwürfen zählt man nicht weniger als 800 Schlangen, zumeist aufgespießte oder sonstwie getötete, Lingner muss es den Magen umgedreht haben. Er schiebt die Schuld den Künstlern zu, die doch gebildete Leute seien und dennoch nicht wüssten, was Hygiene bedeute.
Doch verwunderlich ist dieser Flop nicht: Lingner hat ihn sich selbst zuzuschreiben, denn wahrscheinlich haben sich die Einsender des riesigen Herkules erinnert, welcher 1903 in seiner Ausstellung über „Volkskrankheiten und ihre Bekämpfung" mit der Hydra rang. Die Schlange, Verkörperung der Infektionskrankheiten, lässt die Menschen erschaudern, denn der Hintergrund ist durchaus dramatisch, geht doch bis gegen Ende des 19. Jahrhunderts etwa die Hälfte aller Todesfälle auf das Konto der Infektionskrankheiten. Später wird diese Zahl auf wenige Prozent sinken. Neben dem neunköpfigen Fabelwesen mag auch sonst die griechische Götterwelt ihren Einfluss ausgeübt haben, da deren medizinische Abteilung gern mit Schlangen hantiert – Hygieia ist schließlich die Tochter des Asklepios, und Schlangen spielen in dessen Heiltempeln (und in der ärztlichen Symbolwelt bis heute) eine wichtige Rolle.

Daraufhin kommt das Auge ins Spiel. Wie genau, ist unklar. So soll Lingner in nächtlicher Vision ein wachendes Auge am Firmament erschienen sein. Nach anderer Überlieferung ist er beiläufig auf das Motiv gestoßen und hat es weitergesponnen. Ob er dabei tatsächlich träumte, weiß niemand, wahrscheinlich ist es eher wieder das „Grübeln und Sinnen, Nächte hindurch", wohl nicht ohne die schöpferische Gesellschaft feiner Havannas. Die Idee lässt ihn nicht mehr los.
Ganz unwichtig ist dies alles nicht, haben wir es doch mit dem seinerzeit berühmtesten Plakat des Deutschen Reiches zu tun: dem „Hygiene-Auge" von Franz von Stuck, das von Litfaßsäulen und Zeitungsseiten und millionenfach von Postkarten, Broschüren, Katalogen, Urkunden, Briefbögen und Merchandising-Produkten blickt – Corporate design ist keine Erfindung von heute.
Nachdem das Logo etabliert ist, äußert sich Lingner inhaltlich nicht weiter dazu. Es scheint,

Plakat zur Hygiene-Ausstellung von Franz von Stuck

dass er es als das stets wachsame, alles sehende Auge (Gottes) begreift. Andere Deutungen sind denkbar. In manchen Kulturen wird das Einzelauge als Abwehr gegen den „bösen Blick“ dargestellt, etwa an Türen, auf Amuletten oder auf der menschlichen Stirn – eine Interpretation, die Lingner bei seiner Ablehnung von Aberglauben und Kurpfuscherei kaum recht gewesen sein dürfte. Östliche Lehren kennen das „dritte Auge“ oder „Stirn-Chakra“ als Symbol für Intuition, innere Weisheit und Eingebung (ein Handbuch über Chakren empfiehlt zur Aktivierung des „dritten Auges“: „Gehen Sie regelmäßig in der Nacht spazieren. Schauen Sie in den Sternenhimmel hinauf, und spüren Sie die Ruhe, Stille und Kraft der Nacht“...).

Die quasi-religiöse Inszenierung ist kein Zufall. Der Griff nach dem Auge am Himmel ist ein Rückgriff auf eine religiöse Metapher, und zwar auf eine autoritäre und paternalistische „Gott sieht alles“-Theologie, die schon darum problematisch ist, weil sie leicht in den Dienst menschlicher Interessen und moralischer Zwecke gestellt werden kann. Wie Figura zeigt. Biblische Bilder werden dabei verkürzt wahrgenommen. Eine solche Metapher ist indessen überaus praktisch. Inzwischen haben nämlich auch hartgesottene Sozialhygieniker die Erfahrung machen müssen, dass Hygiene in hohem Maß auch eine individuelle Angelegenheit ist, ja, es muss bei leidenschaftlichen Vertretern dieser Spezies wie Lingner geradezu ein Trauma sein, dass sie nicht ständig hinter jedem stehen können. Sie haben da ein Kontrollproblem – man erinnert sich an Lingners „*Betrachtungen über die Säuglingsfrage*“(„nicht ruhen und rasten, bis man sich überzeugt hat, dass die Frau tatsächlich stillt“). Und zu Herkules und Hydra teilt Lingner mit, die Aufklärer hätten „sozusagen mit brutaler Gewalt dem Ausstellungsbesucher den Re-

Warteschlange vor der Hygieneausstellung 1911

spekt vor dem Gezeigten und dem Ernste der hygienischen Dinge beizubringen". Eine ungute Linie in der Hygienebewegung.
Sei es, dass an der Infektionsfront eine Entspannung eingetreten ist, sei es, dass die Zahl der Bazillenleugner zurückgeht, sei es, dass Lingner von den Reaktionen der Leute einiges gelernt hat, die Didaktik der Großausstellung von 1911 ist freundlicher. Doch das Wirkungsproblem bleibt. Da ist es gut, ein Auge als überirdische Kontrollinstanz in Dienst zu nehmen, „das alles sieht, selbst was in finstrer Nacht geschieht", wie man im Volk zu bösen Buben sagt. Das Auge ist jedenfalls eines der stärksten und wirksamsten Symbole überhaupt.
Ein Druckmittel. Wenn Lingner Erfolg wittert, hilft er eben gern ein bisschen nach. Immerhin hat sich der große Macher nun vom Hydra-Brutalo verabschiedet. Ein religiöser Unterton kommt ins Ganze, Gesundheit wird einem religiösen Wert gleichgesetzt. Diese Optik bestimmt in der Folge vor allem den berühmt gewordenen Pavillon „Der Mensch", wo Lingner Hygiene als Kult inszeniert.

Vielleicht hast du schon stundenlang angestanden, bis dich das Wachpersonal durch das Säulenportal und den Kuppelraum hineinlässt in den Tempel der Gesundheit. Der hohe, leuchtend weiße und völlig leere Saalbau nimmt dich auf, zwingt dich, ihn zu durchschreiten in seiner ganzen Länge, langsam und andächtig, den Blick auf jene mächtige Gestalt gerichtet, den nackten Bronzemann, welcher vor der abschließenden Wand steht, viermal, fünfmal so groß wie du und das Gesicht und die Arme erhoben zu dem, was oben ist, Licht, Schöpfer, Himmel, höchstes Gut.
Du schreitest nicht auf eine Gottheit zu, sondern auf dich selbst in deiner gesunden Idealgestalt (wenigstens wenn du ein Mann bist). Oder allgemeiner: auf das Kunstwerk Mensch, das Wunderwerk Mensch zu, und du sollst erschüttert sein ob dir, der du ein Wunderwerk bist, und ergriffen von der Pflicht, es in Ordnung zu halten.
Und du liest, was da steht:

> KEIN REICHTUM
> GLEICHT DIR
> O GESUNDHEIT

Zu wem redet der Riese mit solchem Pathos (die Leute würden doch eher sagen: Hauptsache, gesund)? Diese direkte Ansprache eines Gegenüber, „dir" und „o", verbunden mit „Gesundheit", kann man ja nicht anders verstehen, als dass diese Gesundheit irgendwie personifiziert wird, sich als ein Du, ein Gegenüber erweist, eine Göttin namens Gesundheit vielleicht, welche du hiermit lobpreist. Der Ausstellungskatalog, Seite 377, versteht es so: „Aufjauchzend zur Allmutter Sonne, der Schöpferin jedweden Lebens, hebt eine kraftvolle Männergestalt die Arme empor zum Licht, ein Symbol der höchsten

Lebensfreude und des Bewusstseins eigener körperlicher Kraft." Ein Ort der seelischen Erhebung, auch der Erhöhung von eigentlich etwas Alltäglichem, und eine Aufforderung, dem nun Folgenden würdig zu begegnen.
Man kann an der Mannesgestalt eine Gebetshaltung der Antike erkennen und sie in eine Reihe mit dem berühmten „Lichtgebet" des Malers Fidus stellen (so Henriette Väth-Hinz, Odol. Reklame-Kunst um 1900). Jedenfalls haben antike Tempel Pate gestanden. Durch diese Halle weht ein Hauch von Epidauros. Übergroße Götterbilder sind aus der Antike bekannt und werden vom Bildungsbürger der Neuzeit bewundert und kopiert, zum Beispiel beim „X. internationalen medizinischen Kongress", 1890 in Berlin: „Neben der Rednertribüne erhob sich (...) eine Riesenstatue des Aeskulap, auf einem vergoldeten Throne sitzend, und gewissermaßen als Priester zu den Füßen des alten Gottes der Heilkunst sprachen die größten, um die Medizin hochverdienten Männer" (*Die Gartenlaube*).
Hier steht der Mensch selbst auf dem Sockel. „Es sollte Ehrfurcht vor dem eigenen und fremden menschlichen Körper erreicht werden. Dass das erfolgte, konnte man aus den Reden der Besucher hören. Man konnte jedenfalls ersehen: Der menschliche Körper ist nichts Selbstverständliches, sondern ein Wunderwerk der Schöpfung" (Seiring). Lingner will an diesem Punkt nur eines: Ergriffenheit über den einen Wert, die Gesundheit. Er will hier und mit der Ausstellung überhaupt das, was er einmal „die quasi hygienische Erschütterung" nennt. Um die Besucher aufnahmefähig zu machen. Die Vernunft allein kann offenbar nicht bewirken, dass „der Ausgang eines Menschen aus seiner Unmündigkeit in Sachen, welche sein physisches Wohl betreffen", erreicht wird, wie ein von Kant befruchteter Autor des 18. Jahrhunderts noch hoffte.

Es ist ein Stück weit säkulare Religion. Lingner hebt den Körper stets als Wunder- oder Kunstwerk hervor, sagt einmal fast schon priesterhaft, dieses Wunder müsse er „allen verkünden". Und es gibt eine Verheißung, eine Glückseligkeit: Erwirb dir Wissen über deinen kostbaren Körper und eine gesunde Lebensführung, dann schützt du dich vor Krankheit und gesundheitlichen Störungen! Und dir zur Seite steht die moderne Medizin, der wissenschaftlich gebildete Arzt, den du aufsuchen sollst (und niemand anders). Der ganze Ansatz der Hygiene-Ausstellung schließt eine Art Sicherheitsversprechen mit ein, wonach sich Menschen in verwirrenden und labilen Zeiten ja besonders sehnen. Es ist eine Epoche, da das Christentum an vielen Fronten zurückweicht und säkulare Sinnstiftungen an den Leerstellen Platz nehmen, man denke an „Nation" oder Bildung". Vertraute Formen und Rituale behaupten sich noch eine Zeit lang, gerade in so sensiblen Bereichen wie Gesundheit, Krankheit und Tod. „Jedes Denksystem, das legitimen menschlichen Bedürfnissen und Sehnsüchten Rechnung trug, musste ohne Frage einen spirituellen Aspekt als wesentliches Element einbegreifen", so Peter Gay. Sonst erzeugt es Kälte, Einsamkeit und Leere.

Lingners Konzept hat dieses Spirituelle. Es schweben ihm Verhältnisse vor, in denen Menschen, eingebettet in eine kosmisch orientierte Dankbarkeit für den Körper und dessen Gesundheit, ihr Leben selbstverantwortlich gestalten. Gleichzeitig rückt er allerdings mit der Heerschau der Industrie ein Angebot in die Nähe, welches die Differenz zwischen dem verheißenen Gesundheitsglück und der kränkelnden oder krank machenden Wirklichkeit durch käufliche Mittel füllen will. Was unter Umständen die Gefahr in sich birgt, dass die Selbstverantwortung wieder unterlaufen wird.

Weitere Fragen stellen sich. Gibt es eine Welt ohne Krankheit? Ist Wissen schon Prophylaxe? Wo bleiben Leiden und Sterben? Was fangen jene Menschen mit der Lingnerschen Gesundheitsphilosophie und Wunderwerk-Euphorie an, die krank sind? Und sind die großen Erwartungen, welche diese Ausstellung weckt, überhaupt zu befriedigen und durch wen? Wer kann sich die empfohlene Medizin leisten? Nimmt man alles in allem, so sind Lingners Verdienste dennoch absolut ungewöhnlich. Die schnelle Entwicklung der Lebenswelten, die Industrialisierung mit all ihren Folgen und das enorme Städtewachstum riefen nach „Hygiene" und nach der demokratischen Teilhabe aller an den neuen medizinischen Erkenntnissen. Zwei Siege Lingners sind hervorzuheben: der Sieg des Gedankens der Allgemeinbildung und der Sieg moderner Methodik im Vermitteln von Wissen. Die Allgemeinbildung muss Lingner gegen einen Teil der akademisch gebildeten Ärzteschaft durchsetzen, welche eben erst ein Monopol errungen hat und nun ihr Gebiet plötzlich einem Laienpublikum ausgesetzt sieht, das womöglich an sich selbst herumdoktert. Doch diese Skeptiker treffen auf einen, der „erworbenes Wissen umstandslos in Gemeingut überführt" (ein Satz, den Englands Prinz Albert 1850 angesichts der Weltausstellung ausgesprochen haben soll), ja dabei sogar von Vergnügen und Lust redet und Dinge sichtbar macht, welche normal Sterbliche noch nie gesehen haben. Und indem Lingner die Masse, gerade auch die unteren Schichten sucht und sie mittels seiner Marketingtechniken auch findet, tut er viel dafür, Bildung demokratischer zu machen. Der Mann, der von unten kommt, reicht jetzt die Bildung nach unten weiter.

Lingner und die Hygiene-Ausstellung, Karikatur von Georg Oskar Erler, 1912

Sodann moderne Methodik. Dazu Marta Fraenkel, Mitarbeiterin des späteren Hygiene-Museums: „Es musste wie eine Offenbarung wirken, als Lingner 1911 Erkenntnisse und Probleme in einer allgemein verständlichen Form zur Darstellung brachte, die bis dahin nur durch das geschriebene, das gesprochene Wort oder durch wissenschaftliche Darstellungen bekannt geworden waren. Die Methoden, deren er sich bediente, sind die seitdem klassisch gewordenen Methoden moderner Ausstellungstechnik: das Bildplakat, das Modell, die Moulage, das Diorama“ (Festschrift 1930). Fraenkel zitiert sodann den Satz, Volksbildung heiße, „das Gold der Forschung umzuschmelzen in die Münze des Alltags“ – Lingners Werk.
Die Internationale Hygiene-Ausstellung 1911 ist allerdings sein Endziel nicht. Dieses zu erreichen, „ist zweierlei grundnötig: die Einführung des hygienischen Schulunterrichts und die Errichtung ständiger Bildungsstätten für Erwachsene“ (Leitgedanken). Der Erfolg von 1911 – 5.209.157 Besucher und über eine Million Mark Reingewinn – ist die Vorstufe dazu und ein unüberhörbarer Paukenschlag.
Dass zeitgleich eine zunächst literarische Bewegung sich zu Wort meldet, welche Krieg, Militarismus und Anarchie als die „einzige Hygiene der Welt“ preist, wird in der Zeit kaum wahrgenommen („Manifest des Futurismus“ von F. P. Marinetti, deutsch 1912). Doch bald schon kann jeder erleben, wie „Schönheit des Kampfes“ sich anfühlt.

Dekoration

Die Höchstleistung eines genialen Menschen nennt Wollf die Internationale Hygiene-Ausstellung. Eine Flut von Lob und Ehren wird sich über Lingner ergießen. Die frühe Gratulation Oskar von Millers und dass ihn das Deutsche Museum in München umgehend in seinen Vorstandsrat wählt, könnte ihn besonders gefreut haben.
Die „Ehrenurkunde für Förderung der Internationalen Hygiene-Ausstellung Dresden 1911“ hat Max Klinger geschaffen. Eine Radierung, deren untere zwei Drittel eine gespenstische, sumpfige Höllenwelt mit gefährlichen Quälgeistern und um Hilfe rufenden Menschen zeigen, während das obere Drittel einen heiteren Reigen nackter junger Leute in friedlicher Landschaft darstellt. Die paradiesische Szene wird von einem starken Mann getragen und gehalten, ein Sinnbild für die Wissenschaft und die hygienische Aufklärung und für alle, die daran arbeiten. Lingner muss diese Schwarzweißmalerei gebilligt (oder gewünscht) haben, ein großes Werk ist es nicht. Verstörend wirkt der Griff in die miasmische Mottenkiste, denn seit etwa dreißig Jahren hält die Wissenschaft nichts mehr vom „Miasma“, jener unterirdischen Pestluft, faulig und giftig, welche man vor der Entdeckung der Bazillen für alle möglichen Krankheiten verantwortlich machte. Wie anders sah noch ein Paracelsus dies alles: Er glaubte in den Tiefen der

Erde die Werkstätten der Natur zu erkennen, die „große Mutter", welche hervorbringt, was wir Menschen zum Leben brauchen.

Eine wahre Dekorationsmaschinerie wird in Gang gesetzt. Sie wirft um die 200 Auszeichnungen aus, 120 sächsische und 80 nichtsächsische, Lingner mischt bei der Verteilung mit, das dauert Jahre.
Lingners Leistung setzt Stadt und Hof in Zugzwang, sie sprengt die ordentlichen Beförderungsrituale. Gar sagt man, Lingner nötige durch seinen Aktivismus den Hof, ihn besonders hoch zu dekorieren, jetzt werde er wohl geadelt. „Dass Kammerherren, Hofmarschälle und sonstige Schranzen in seinem Interesse tätig seien", wie in der Presse zu lesen ist, schockt kaum, es gehört zum Ehrsystem.
Der Oberbürgermeister macht den Vorschlag, Lingner, Träger des Offizierskreuzes des Albrechtsordens, solle den Komtur II überspringen und direkt den Komtur I. Klasse bekommen, und hält diese Auszeichnung „für wünschenswert, aber auch für ausreichend". Lingner hat bessere Fürsprecher. Es scheint, dass sich ein Teil der Minister für ihn einsetzt. Oder Graf Seebach?
Graf Vitzthum von Eckstädt, Minister des Innern, lädt den Kandidaten zum Gespräch. Eine seltene Auszeichnung ist vorgesehen: Wirklicher Geheimer Rat mit dem Prädikat Exzellenz. Ein Kompromiss. Am 24. September 1911 rapportiert der Graf dem König Lingners Reaktion: „Die Verleihung des Titels Exzellenz würde ihm eine wahrhafte Freude sein, aber auch die einzige Freude, die ihm in Gestalt einer Auszeichnung bereitet werden könne. Er sei in letzter Zeit etwas gedrückter Stimmung gewesen." Seine Arbeit werde in Dresden zu wenig geschätzt, klagt er, das Ausland mache ihm hohe Angebote für seine Sammlungen aus der Hygiene-Ausstellung, er erwäge, Dresden zu verlassen. „Wenn Seine Majestät aber wirklich die Gnade haben sollte, ihm den Titel eines ‚Wirklichen Geheimen Rates' zu verleihen, so sei ihm das ein Beweis, dass er an Allerhöchster Stelle das Vertrauen finde, das er für seine fernere Tätigkeit brauche."
Diesem Votum schiebt Lingner die Bemerkung nach, er werde sich aus dem Geschäftsleben zurückziehen, habe seine Fabriken an Aktiengesellschaften verkauft und widme sich ausschließlich seinen Studien und Plänen, mit dem Kern der Hygiene-Ausstellung in Dresden ein Museum zu errichten.

Manche Gäste werden speziell begrüßt

Es mutet schon fast tragisch an, wie Lingner an dieser Stelle sein unternehmerisches Lebenswerk zu Markte trägt, die Spuren harter Arbeit wegwischt und den Odolgeruch fortjagt, all dieses Unaristokratische soll wohl ein Ende haben, Bahn frei für eine zünftige Drehung am Ehrgewinde. Bahn frei für die Adelung? Lingner, Hygieniker und Mäzen. Er hat ja stets behauptet, „in dieses ganze kaufmännische Getriebe“ wider Willen hineingeraten zu sein, er habe niemals Kaufmann werden wollen. Nur hat ihm niemand geglaubt.
Den stärkeren Eindruck macht die Drohung des vielfachen Millionärs, aus Dresden wegzuziehen. Das will Vitzthum „mit allen Mitteln“ verhindern. Der handschriftliche Brief des Innenministers ist schön, ein warmer Dank, und Seine Majestät hat beschlossen, „Sie zum ‚Wirklichen Geheimen Rat' zu ernennen“. Eine Art Ministerrang ehrenhalber, mit Vortrags- und Audienzrecht bei Hofe, die Ansprache mit Exzellenz.
Im selben Herbst macht die Universität Bern Karl August Lingner zum Ehrendoktor der Medizin, zukünftig wird er mit „Dr. Lingner“ unterzeichnen.
Ob Lingner mit dem König zufrieden ist, ob seine Bemerkungen im Gespräch mit Graf Vitzthum das Steuer noch hätten in Richtung Adelstitel herumreißen sollen, wissen wir nicht, wie denn überhaupt die ganze oft zitierte Adelshoffnung nur anhand von Indizien zu ergründen ist. Ein Jammer, dass Lingner seine persönlichen Akten vernichten ließ.
„Friedrich August III., der seine Minister und Räte großzügig mit dem erblichen Adel bedachte, hätte Lingner, der so viel zur Hebung der Volksgesundheit und zu Sachsens Ansehen beitrug, mit einem Federstrich gefällig sein können, lehnte aber engherzig ab, Macht über den reichen ‚Odol'-Fabrikanten demonstrierend“ (Walter Fellmann, Sachsens letzter König). Ob Friedrich August eventuell auch nach Berlin geschielt hat?

Aus der Reichsverwaltung wird Lingner in Berlin zur Dekoration empfohlen. Eine preußische Erste Klasse ist an sich für einen Königlich Sächsischen Wirklichen Geheimen Rat angemessen. Auch für einen frisch gebackenen? Es entwickelt sich ein preußisch-sächsisches Pingpong um diese und andere Auszeichnungen.
Hinter dem diplomatischen Schriftverkehr lugt der Kaiser persönlich hervor. Abgesehen davon, dass er in Ausstellungen „keinen Dekorationsanlass“ sieht, will er mit Lingner partout nichts zu tun haben. Sachsens Gesandter lässt wissen, dass der Kaiser nicht bereit sei, „den ihm unterbreiteten Anträgen auf Verleihung von Ordensauszeichnungen aus Anlass der vorjährigen Internationalen Hygiene-Ausstellung in Dresden stattzugeben“ und im Falle Lingners „nie geneigt sein würde, ihm ein Band zu verleihen“. Schon der Versuch, den Kaiser als Protektor der Hygiene-Ausstellung zu gewinnen, ist ja gescheitert. Als der Gnadenerweis länger ausbleibt, wird es den Beamten im Aussenministerium „selbst sehr peinlich“.
„Seine Majestät der Kaiser habe aber die Dekorationen abgelehnt, und zwar in so schroffer Weise, dass selbst der Reichskanzler hier nicht würde Wandel schaffen können.“

Milder

Auf die Stadt Dresden muss Lingner nicht lange warten. Sie überreicht ihm ohne Umstände die Ehrenbürgerurkunde. Die Presse berichtet über seine Reaktion: „Während der langen Jahre meiner Tätigkeit in Dresden habe ich mich oft gefragt, ob es mir jemals gelingen werde, mir mit meinen Bestrebungen die Zuneigung meiner Mitbürger zu erwerben. Die Herren wissen ja, wie ich stets bemüht gewesen bin, nach besten Kräften dem Gemeinwohl zu dienen. Ich habe aber stets die Empfindung gehabt, dass nur ein kleiner Teil meiner Mitbürger mit mir zufrieden war, dass dagegen vielfach gewisse Vorurteile bestanden, deren ich nicht Herr werden konnte. Teils wurden meine Ideen nicht richtig aufgefasst, teils suchte man bei mir, dem Mann des Erwerbslebens, nicht die idealen Motive, die in Wirklichkeit der Urgrund meines Handelns waren. Ich will gestehen, dass mich diese Verkennung oft recht geschmerzt hat. Heute erlebe ich nun aber die schönste Freude, die einem Menschen überhaupt zuteil werden kann: das Bewusstsein, mir die nahezu einstimmige Anerkennung und Zuneigung der Bürgerschaft, in deren Mitte ich lebe, errungen zu haben."

Was, wenn der Mensch Lingner einfach die ganze Zeit darauf gehofft hätte, geliebt zu werden? Das mag zu simpel klingen. Doch ist in solchen Dingen das Einfache oft wahr.

Er redet jetzt anders, als man es von ihm gewohnt ist, persönlicher, offener. Über sein Befinden in dieser Zeit sagt er nur, er sei abgekämpft. Natürlich ist er das und spricht es endlich aus: abgearbeitet, überanstrengt, ausgebrannt, und das Aufräumen ist ihm lästig. „Ich glaube, kein Mensch in Dresden braucht eine Erholung so dringend nötig wie ich. Ich bin ganz und gar erschöpft."

Auch glücklich, erzählt Wollf. „Die Sonne seines Glücks stand im Zenith", und mehr als einmal soll er „in einer Art Sinnestäuschung, als ob er deutlich beglückende Musik höre", erwacht sein. Sphärische Chöre, brausende Orgeln, feierliche Arien? Auch sei eine Wandlung in Lingners Charakter eingetreten, eine neue Bescheidenheit zunächst zu beobachten gewesen, und dann habe er den Eindruck bekommen, Lingners „durch vielfache schlimme Erfahrung gesteigerte Menschenverachtung" habe sich zu verringern begonnen.

13. Zwischen den Zeiten

Ein Leben nach der Ausstellung

Wie sehr Lingner für die Zukunft geplant hat, erkennt man an der neuen Ausgangslage nach Schließung der IHA. Erstens steht der Riesengewinn als Grundstock zur Verfügung, wobei man nicht ausschließen kann, dass er diesen Gewinn durch eigene Mittel bewusst gesteuert hat. „Es ist nicht nur gelungen, eine Million Mark in bar, und noch dazu ohne Inanspruchnahme des Staatszuschusses, herauszuwirtschaften, sondern es sind noch eine ganze Reihe anderer bedeutender Werte vorhanden" – die Ausstellungsgegenstände, deren Wert Lingner auf eine weitere Million beziffert! Zweitens also sind am Ende der IHA Tausende von Objekten in Dresden versammelt, deren 20.000 allein in der Historischen Abteilung. Die Hälfte gehört bereits Lingner und dem Trägerverein, aus dem übrigen Bestand kann man jetzt leicht einiges erwerben. Drittens ist ein praxiserprobter Mitarbeiterstab beisammen: Wissenschaftler, Techniker, Fotografen, Mouleure, Grafiker usw. – „durch immerwährendes Ausprobieren, Anlernen, Auslesen von unbrauchbaren Kräften großgezogen". Viertens ist das Vertrauen von Behörden, Wirtschaft und Bevölkerung gewonnen. Fünftens hat Lingner die Strukturen von Anfang an so angelegt, dass alles weitergehen kann. In der Großenhainerstraße 9 sind seit längerem Büros und Werkstätten eingerichtet, die erst der IHA und jetzt der neuen Zentralstelle für Hygiene zuarbeiten: sammeln, bewahren, zukaufen, kopieren, herstellen. Sechstens wird der Trägerverein der Ausstellung im März 1913 in den Verein für das National-Hygiene-Museum e.V. umgepolt.
Kurz, die Internationale Hygiene-Ausstellung ist Teil eines Langzeitprojektes des Mäzens Karl August Lingner: ein Hygiene-Museum zu schaffen.

Die „Denkschrift zur Errichtung eines National-Hygiene-Museums in Dresden" von 1912 ist erneut von aufklärerischem Eifer und Optimismus durchdrungen. Jedenfalls soll wiederum „eine Stätte der Belehrung für die ganze Bevölkerung" entstehen und die Menschen „zu einer vernünftigen und gesundheitsfördernden Lebensführung befähigen". Die erprobte Methodik der leichten Fasslichkeit soll auch hier Einzug halten; man könne das alles noch perfektionieren. Das Museum, dessen Herzstück die Lingnersche Sammlung „Der Mensch" bildet, soll durch ein Lehrinstitut und die hauseigenen Werkstätten ergänzt werden. Ein Finanzplan ist der Denkschrift gleich beigefügt, selbst erste Vorstellungen, wie der Bau aussehen müsste („Erdgeschoss in Höhe von 6 m"). Lingner

Großenhainer Straße 9 in Dresden: Privatbüro Lingners und früher Vorläufer des Hygiene-Museums

rechnet mit Baukosten von knapp 3,6 Millionen Mark, getragen vom Staat und vom Reingewinn der IHA, während die Stadt Dresden den Bauplatz stellen soll. Jährliche Zuschüsse erwartet er von der Stadt und, mit Seitenblick auf das Deutsche Museum in München, auch vom Reich. Ende des Vorjahres hatte er Oskar von Miller angeschrieben und ihn um Details zu Bau, Organisation, Personal, Etat und erwarteten Besucherzahlen des zukünftigen Technikmuseums gebeten.

Interessant, dass Lingner sein Wirken mit der damaligen Lebensreform-Bewegung verbunden sieht. „Wie eine Welle geht es über die ganze Erde, bei allen Kulturvölkern regt sich der Sinn für die menschliche Gesundheitspflege, für die Erhaltung und Steigerung des körperlichen und geistigen Wohlbefindens. Es ist wie ein Sehnen nach physischer Wiedergeburt, nach einer Reformation des körperlichen Lebens, das die Menschheit durchzieht, ein Sehnen, wie es zu allen Zeiten noch der Vorläufer gewaltiger Umwälzungen war." Dann sieht er diese Bewegung sich ausbreiten, „in vollem Frieden und schönstem Einvernehmen, so wie es dem Charakter unserer gewaltsamen Umwälzungen so abgeneigten Generation entspricht ...". Man fragt sich, woher er diesen Optimismus nimmt. Unbeirrt deklamiert er „die wohlorganisierte Belehrung der Volksmassen in gesundheitlichen Dingen" und sieht im künftigen National-Hygiene-Museum einen „unversiegbaren Born des Heils".

Praktisch tut man in dieser Brückenzeit das, was einem Museum ohne Haus möglich ist, wozu neben der Sammeltätigkeit vor allem Wanderausstellungen gehören. „Der

Mensch“ gastiert schon im Jahr nach der IHA, deren begeisterter Besucher der Großherzog von Hessen war, im Residenzschloss zu Darmstadt. Anlässlich der Eröffnung, am 9. August 1912, ist Lingner zum Souper ins Schloss Wolfsgarten geladen. Die Ausstellung wird auch hier zum Erfolg.
Diese Jahre sind weiter geprägt vom Ringen um die Rechte an Spalteholz' durchsichtigen Wunderpräparaten; zu Lingners Lebzeit wurde es nicht mehr entschieden. Vom späteren Architekten des Hygiene-Museums, Wilhelm Kreis, wissen wir, dass er sich mit Lingner, „in dessen Geiste die Pläne schon reiften“, öfter unterhielt. Lingner habe das künftige Haus als „Heiligtum“ angesehen, das entsprechend zu gestalten sei.

Der Erpresser kriegt fünf Monate. Im Sommer wird vor dem Dresdner Landgericht folgender Erpressungsfall behandelt: Ein junger Bankbeamter will aufgrund belauschter Gespräche über Lingner eine Broschüre veröffentlichen („Interessante Enthüllungen über die Großtaten des Geheimen Kommerzienrats Lingner“), was Lingner unter Zahlung von 15.000 Mark verhindern könne. Der Mann wird beim Abheben des Geldes auf der Post verhaftet.

An der Universität Bern zu sprechen ist Lingner, dank eben dieser Universität *Doktor* Lingner, eine besondere Freude. Es ist über ein Jahr her, dass der mit ihm wegen des Serumwerks gut bekannte Professor Wilhelm Kolle der Medizinischen Fakultät beantragte, Karl August Lingner die Ehrendoktorwürde zu verleihen, was einstimmig geschah. Nun folgt, am 14. Dezember 1912, ein akademischer Festakt, wo Lingner zum Thema „Der Mensch als Organisationsvorbild“ spricht, verbunden mit einem Festmahl zu seinen Ehren. Wenige Wochen später schenkt er der Berner Akademischen Witwen- und Waisenkasse die Summe von 30.000 Franken.
Der Redner ist ja für seine organisatorische Leistung ausgezeichnet worden, weshalb er den Begriff der Organisation ins Zentrum stellt und ihn mit seiner „Lieblingsanalogie“ (Wollf) in Verbindung setzt, dem menschlichen Körper, den er auch an dieser Stelle als Kunst- und Wunderwerk feiert. Der Körper, sein Wesen, sein Funktionieren, seine Arbeitsteilung und Selbsterneuerung also als Vorbild für die Organisation in Betrieben oder im Staat: „Die Gesamtorganisation des menschlichen Körpers stellt ein Idealvorbild dar, von dem wir für das praktische Leben noch ungeheuer viel lernen können, und man wird, davon bin ich aus eigenster Erfahrung fest überzeugt, durch ein systematisch auf die kausalen Zusammenhänge gerichtetes Studium des menschlichen Organismus den Sinn für zweckmäßiges Handeln und Schaffen, für das Organisieren erwerben und schärfen.“ Man werde so lernen, „auch in den kompliziertesten Verhältnissen die Idee der Zweckmäßigkeit zu begreifen“. Damit redet Lingner einer eigentlichen Organisationswissenschaft das Wort, ein Gebiet, auf dem die meisten nur durch Zufall und „brockenweise“ lernten.

Derlei Organisationswissen diene auch der geistigen Arbeit und der Wissenschaft, welcher er im Übrigen interdisziplinäre Zusammenarbeit empfiehlt: „Könnte man nun nicht ein Zusammenwirken der Gelehrten organisieren (...), Gremien (...), die sich aus Vertretern der verschiedenartigsten Wissenszweige (...) zusammensetzen, die unter dem Vorsitz einer durch freie Wahl zu bestimmenden, organisatorisch gut geschulten bezw. veranlagten Persönlichkeit Konferenzen abhalten (...)?" Es brauche „die Leitung einer neutralen, zielbewussten und last not least sympathischen und vertrauenswürdigen Persönlichkeit", und man werde Probleme in kürzester Zeit lösen. Eine Aufgabe für Karl August Lingner?

Zu den ängstlich gehüteten politischen Vorstellungen öffnet Lingner die Tür immerhin einen Spaltbreit. Er sieht den Staat als die höchste Organisationsform an, das Staatsvolk allerdings in geradezu naiver Weise mit der Staatsleitung einig. „Einer für alle, alle für einen". Es gibt die kluge „Zentraldirektion" mit einem überragenden Willen, aber ohne Willkür, und alle sind durch „Absendung ihrer besten Kräfte" in der Leitung vertreten.

Dieses Harmoniemodell entwickelt Lingner anhand leibmetaphorischer Thesen, die Analogie zwischen der „körperlichen Organisation" und einem „Idealstaat" ist ihm wichtig. Dass der Zellenstaat des Körpers „etwa in der Art des aufgeklärten Absolutismus oder nach dem Muster einer stark beschränkten Monarchie regiert wird", beeindruckt ihn, ebenso „die Mischung von aristokratischen und demokratischen Prinzipien." Eine „uralte Konzeption", meint Susan Sontag, und man darf mit dieser Autorin vermuten, das Bild habe sich in der Geschichte deshalb als sehr haltbar erwiesen, weil es „eine autoritäre Gesellschaftsordnung als zwangsläufig, als unabänderlich erscheinen" lässt (Aids und seine Metaphern).

Lingner, ein Leben zwischen Adel und Masse. Vielleicht denkt er an eine neue Aristokratie, die dem Volk offen steht, sich von unten erneuert, die alten Eliten allmählich ablöst. Er stünde damit dem Gedankengut nahe, das sein Freund Gustav Stresemann zu Zeiten der Monarchie vertritt: „das Fundament verbreitern, auf dem die deutsche Krone ruht". Die Kaiserwürde, so Stresemann noch 1917, müsse sich aufbauen „auf einem freien Volke, das aus freier Überzeugung mitarbeitet". Ein interessanter Zug jedenfalls, dieses Tasten nach der besseren Monarchie, auch wenn es in einer Sackgasse der Geschichte endet.

Man darf vermuten, dass Lingner sich als Vertreter eines neuen Adels fühlt – eines Adels aus eigener Kraft. Wie tief das geht, ist schwer zu sagen, politisch unreflektiert ist es jedenfalls nicht. Das Kaisertum von unten zu modernisieren, ist in einem Teil des Bürgertums gängiges Postulat.

Die Auskunftei W. Schimmelpfeng Dresden, deren Bericht über Karl August Lingner manch interessante Einzelheit verrät, hatte einen Auftraggeber: Wilhelm Ostwald, führender deutscher Chemiker seiner Zeit. Ostwald wollte Seriosität und wirtschaftliche Potenz des Fabrikanten in Erfahrung bringen und wandte sich aufgrund des günstigen Berichtes 1903 tatsächlich an ihn. Zweck: Auswertung einer Erfindung, eines neuen Reproduktionsverfahrens („Ionographie"), dessen Ausbeutung Lingner finanzieren soll. Selbst an ein Forschungsinstitut in Sachen Photo, Druck und Reproduktion wurde gedacht. Es kam zu einem Vertrag, wobei sich Ostwald offenbar Änderungen erlaubte, was das Vertrauen des empfindlichen Partners beschädigte und diesen postwendend in die Flucht schlug. „Ich will lieber auf diese Sache, so großartig sie an sich ist, und auf die zu erwartenden Millionengewinne verzichten, als sie zu übernehmen, mit der Aussicht auf eine Reihe von Misshelligkeiten und Missverständnissen, die mir das Leben vergällen werden."
Im Dezember 1909 fliegt ein Telegramm der Kaiserlich Deutschen Telegraphie von Dresden ins „Landhaus Energie" nach Großbothen bei Leipzig: „Gratuliere herzlichst zum Nobelpreis" – Ostwald hat den Nobelpreis für Chemie erhalten. 1911 möchte Lingner Ostwald die Hygiene-Ausstellung persönlich zeigen, und als es dann zur Gründung der Lingnerschen Aktiengesellschaft kommt, landet Lingner einen Coup: Ostwald lässt sich in den Aufsichtsrat wählen und kriegt zudem einen satten Beratervertrag. Später lobt Ostwald des Ehrendoktors Berner Rede („eine ganze Anzahl Gedanken, die ich nicht nur für neu, sondern auch für wichtig halte").
Zu Ostwalds 60. Geburtstag 1913 schreibt Lingner einen sehr einfühlsamen Brief. Es sei wichtig, dass der Mensch dann und wann „in seinem Rasen durch das Leben" Halt mache und „rückblickend das Erlebte und Erarbeitete kritischen Auges überschaut", um mit einem Plus „an Werten und Plänen in den nächsten Lebensabschnitt einzutreten, der in dem Nebel der Ungewissheit eingehüllt vor uns liegt". Ostwald werde an diesem Tag viel Liebe erfahren. Er, Lingner, spreche aus, „wie hohe Verehrung ich für Ihre Person und Ihre vielseitigen Bestrebungen hege"; eigentlich sei der Gefeierte nach Lebenskraft und Arbeitsfreudigkeit erst „zwischen 40 und 45 Jahre alt". Ostwald bedankt sich mit den Worten, Lingners Schreiben sei ein „Zeichen dafür, dass die moderne Wendung der Deutschen auf wirtschaftliche Besitzergreifung der Welt in ihren führenden Köpfen noch einen reichlichen Raum für ideale Empfindungen und Betätigungen übrig gelassen hat". Balsam für einen, der sich darin ständig missverstanden fühlt; insgesamt schimmert ein Lingner durch, der ruhiger, abgeklärter wirkt.

Wilhelm Ostwald (1853-1932)

Die Sonne ist die Energiequelle der Zukunft. Überhaupt ist für Ostwald alles Energie. Sie ist die eigentliche Wirklichkeit der Natur, nicht das Atom. Klar spricht er aus, dass die fossilen Energiequellen dereinst versiegen werden und die Menschen neue Wege gehen müssten, was für den begeisterten Elektrodynamiker bedeutet, Sonnenstrahlen in elektrische Energie umzuwandeln (wobei Zusammenhänge mit Albert Einsteins früher Theorie des Lichts von 1905 durchaus denkbar sind).

Ostwald zählt zu den bedeutendsten Chemikern und den Begründern der Physikalischen Chemie. Mit 56 Jahren kann er sich in die Reihe der deutschen Nobelpreisträger stellen. Den Preis bekommt er allerdings nicht für seine elektrochemischen und thermodynamischen Arbeiten, sondern als Entdecker des Verdünnungsgesetzes und der Salpetersäuredarstellung durch katalytische Verbrennung von Ammoniak („Ostwald-Verfahren").

Was seine Weltanschauung anbetrifft, so wird er meist mit dem Jenenser Zoologen Ernst Haeckel (1834-1919), dem Autor des Bestsellers „Die Welträtsel", zusammen gesehen. Ostwald gehört zu den maßgeblichen Monisten, die mittels „wissenschaftlicher Weltanschauung" das Weltganze erklären wollen und eine Art Vernunftreligion propagieren. Ferner setzt er sich für Weltfrieden und Esperanto ein. Woran einmal Thomas Mann anknüpft: als der sich gegen die Interpretation seiner Äußerungen zum Krieg durch den französischen Schriftsteller Romain Rolland wehrt. Dieser habe ihn in einem Atemzug mit Haeckel und Ostwald genannt, wogegen er sich verwahrt: „Ich bin weder Monist, noch Esperantist, noch ein Freund von Welträtsel-Lösungen" (Betrachtungen eines Unpolitischen).

Ob Lingner Ostwalds und Haeckels Gedankenwelt nahe stand, wissen wir nicht. Jemand anders kann bestimmt zu deren Gegnern gezählt werden: der Bergmann-Kreis, denn Offenbarungsspiritisten mögen Monisten und Freidenker nicht.

Lingners Gespaltenheit zwischen Idealismus und Materialismus hätte bei den Monisten immerhin einigen Trost gefunden, brachten diese doch materialistisch-naturwissenschaftliche Tendenzen und Ideen von moralischer Vervollkommnung durch die Evolution unter einen Hut – „religiöse Elemente", wie Nipperdey feststellt. Ostwald hielt gar „monistische Sonntagspredigten".

Die Aktiengesellschaft

Ende 1911 wird das „Dresdner Chemische Laboratorium Lingner“ in eine Aktiengesellschaft umgewandelt, die „Lingner-Werke A.G. Dresden“, was am 2. Januar 1912 ins Handelsregister eingetragen wird. Gegenstand des Unternehmens sind Fabrikation und Vertrieb „von Seife und von chemisch-pharmazeutischen, kosmetischen und technischen Artikeln“. Das Grundkapitel beträgt sechs Millionen Mark, das sind 6.000 auf den Inhaber lautende Aktien zu 1.000 Mark, von denen Lingner über fast alle gebietet; die weiteren Aktionäre nennen je eine Aktie ihr eigen. Klare Machtverhältnisse also. Lingner hat auch den Vorsitz im Aufsichtsrat. Weitere Mitglieder sind sein juristischer Berater Dr. Popper, die Brüder Oscar und Emil Lingner und Wilhelm Ostwald. Den Vorstand bildet das bewährte Quartett der Kaderleute.
Der erste Geschäftsbericht weist einen Reingewinn von 822.509 Mark aus, was offenbar als wenig empfunden wird; hohe Gründungskosten und steigende Löhne werden dafür verantwortlich gemacht. Das zweite Geschäftsjahr ergibt dann einen Reingewinn von 1.066.241 Mark, wobei zur Dividende von sechs Prozent eine Superdividende von neun Prozent kommt.

Der Nobelpreisträger Ostwald bekommt es mit Seife zu tun. „Unsere Kavon-Seife hat leider immer noch den Fehler, dass sie bei und nach dem Gebrauch zu weich wird ...“, schreibt ihm Lingners Bruder, und er möge doch darüber nachdenken, was zu tun sei. Bei einem Jahreshonorar von 10.000 Mark als wissenschaftlicher Beirat der Kavon-Werke tut er dies zweifelsohne. Erfolgreich ist er nicht, bald gibt man nämlich die Stückform der Seife auf und beliefert nur noch Großverbraucher. Zuvor hatte man alles versucht, die Hausfrauen von der ergiebigen und schonenden Kaliseife zu überzeugen: Die Firmenchronik berichtet von intensiver Werbung in „Hausfrauen-Zeitungen“ und von allerlei Preisausschreiben, gar „Preis-Waschen“. Im Krieg sollte Ostwald helfen, ein Volksnahrungsmittel „in butterähnlicher streichbarer Form“ zu finden. Dies wird ihm offenbar zu viel, bei einem Gang durch den Betrieb 1915 äußert er Zweifel, „ob er bei Alter und Gesundheitszustand solche Erschöpfung haben könne“.

Lotti

Das Töchterchen von Karl August Lingner und Julia Serda habe, als es heranwuchs, seinen Vater *Onkel Exzellenz* gerufen (der „Onkel“ war damals in solchen verzwickten Fällen nicht unüblich, so gut wie unverheiratete Lebensgefährtinnen heuchlerisch als „Cousinen“ ausgegeben wurden). Es habe ein Foto existiert, welches das Kind zwischen

Lingner und Seiring beim Palais Stockhausen zeigt. Das Bild ging im Bombenhagel verloren, doch man kann sich das adrette kleine Mädchen zwischen den zwei schwarzen Männern mit ihren ewig ernsten Gesichtern gut vorstellen. Vielleicht hat Julia fotografiert, es liegt ihr viel daran, dass Karl August dieses Kind nicht nur auf dem Papier als seines anerkennt. Später wird sie sagen, Lotti sei „vollständig Kind und Charakter ihres Vaters".

Vielleicht hat Papa bei dieser Gelegenheit der Kleinen seinen Tiergarten gezeigt? Da sind allerhand Vögel, darunter Kraniche, sodann Wild, Schlangen, Waschbären, ein sehr kluger Papagei und viele Affen. Und eine zutrauliche Antilope gleichen Namens wie das Kind.

Das muss ein Fest gewesen sein: *Onkel Exzellenz* wagt sich ganz allein in den Affenkäfig. Die Tiere kommen auf seinen Zuruf herbei, setzen sich auf seine Schultern und Arme, angeln sich Leckerbissen aus seinen Taschen. Und wahrscheinlich trägt *Onkel Exzellenz* dann ein besonders braves Äffchen hinaus zu Lotti, damit sie es streicheln kann mit ihren Patschhändchen, und vielleicht hat das Kind dann geklatscht vor Freude und noch mehr gewollt, mehr. Aber alles hat halt seine Zeit.

Karl August Lingner, mit dem Töchterchen an der Hand durch den Privatzoo flanierend, so kann man sich die späte Vaterrolle am ehesten ausmalen. Oder vielleicht noch an Weihnachten, wenn Julia und das Mädchen ihn besuchen kommen und man sich zum märchenhaft-luxuriösen Weihnachtsbaum setzt, mit den tollen, herrlich ausgedachten Geschenken, selbst als dann Krieg ist.

Hat er Lotti auch mal aufgehoben? In seinen Armen gehalten? Sich mit ihr im Kreise gedreht? Warum nur lässt sich dies so furchtbar schwer denken?

Otto Lingner in Berlin soll das Kind porträtieren. Der Maler ist ein Vetter von Karl August, die beiden müssen einander sehr ähnlich gesehen haben. Wie Zwillinge, sagte dem Autor seinerzeit Ottos hoch betagter Sohn; das Kind habe deswegen seinen Porträtisten ebenfalls mit *Onkel Exzellenz* angesprochen. Der alte Mann erinnerte sich, wie ihm damals das Herz stockte, als er von der Schule nach Hause kam und die prächtige offene Limousine vor dem Atelier in der Keithstraße stehen sah, bewundert von den Leuten, und etwas von dem Glanz fiel auch auf den Jungen des Kunstmalers. Und wir wissen: Lotti durfte mit Papa Auto fahren.

Lieblingsprojekt

Moritz Kränzli, Holzbildhauer aus Luzern, bekommt ein gutes Zeugnis. Er verfüge über großes Geschick, flotte Technik und *Stylkenntnis*. Erstklassige Mitarbeiter zu finden für den schwierigen Job auf Schloss Tarasp ist eine beständige Sorge des Architekten. Maurer, Steinhauer, Gipser, Mineure, Schreiner, Zimmerleute, Schnitzer, Maler, Gärtner, Schmiede, Glasmaler, Dachdecker, Installateure und viele andere werden für kürzere oder längere Zeit gebraucht. Die Vertragspartner sind entweder Firmen oder eine Art Wanderunternehmer, etwa Tiroler, die sich mit einem Trupp Zimmerleute anheuern lassen, eine dritte Gattung die selbstständigen Spezialisten. Die Unternehmen gehen recht einseitige Verträge ein und sind für fast alles verantwortlich: Unterkunft, Bewachung, Gehorsam, Sicherheit, Schäden.

Kost und Logis gibt es im nahen Gasthaus Pazeller: 2 Franken 80 pro Tag, mit Strohbett, Mahlzeiten und Wein, als Mittagessen zum Beispiel „Fleischsuppe, 1 Fleisch, 1 Gemüse". Zu Löhnen von 60 bis 80 Rappen pro Stunde arbeitet man normalerweise neun Stunden. Einzelne kommen auf 1 Franken, Tagelöhnern müssen 30 bis 40 Rappen genügen.

Das Verhältnis zwischen der Bauherrschaft und den Sub-Unternehmern ist nicht immer einfach. Man beutet Schwächen des anderen aus, auch um geringen Gewinn. Architekt Türcke fühlt sich öfter übervorteilt, die Gegenseite ausgenutzt. Das Bauunternehmen etwa wird verdächtigt, es würde bei gleich viel Lohn gute gegen schlechte Mitarbeiter austauschen, oder es wird einem Vorarbeiter plötzlich Schlamperei vorgeworfen oder der Firma „eine eventuelle Änderung in unserer Geschäftsverbindung" angedroht.

Robert Kosenbach (1878-1951), Architekt ab 1914

Die Bauleitung ist umsichtig, aber oft auch nervös. Türcke beschwert sich gar über das Tempo der Rhätischen Bahn und will diese drängen, die im Endausbau befindliche letzte Teilstrecke bis Schuls-Tarasp für ihn vorzeitig in Betrieb zu nehmen.

Im Hintergrund drängt der große Ungeduldige aus Dresden.

Tausend Einzelheiten, eine Flut von Fragen. Schaut man zum Beispiel alte Fotos an, fällt sogleich die Nacktheit des Hügels auf. Dies will man entschieden ändern. Im August 1912 bespricht sich Lingner persönlich mit dem Obersten Stahel aus Flawil, der eine große Baumschule besitzt und ihm empfohlen worden ist. Der Fachmann rät zu Esche, Vogelbeere, Ahorn, Silberpappel, Blautanne, Birke, Berberitze, Legföhre, Wildrebe, Akazie, Holunder, Efeu und

anderem mehr. Eine Fracht von rund 20 Tonnen! Ein weiterer Lieferant stellt mehrere tausend junge Lärchen und Fichten bereit.
Dazu vielleicht ein Tierpark? Die Exzellenz zögert.
Lingners Dresdner Obergärtner Frauendorfer hat die Aktion persönlich zu überwachen, wochenlang, im Herbst 1913. Beim Rapportieren zu Hause fällt ihm der Chef durch „sehr gute Laune" auf, und übrigens habe der viel Gewicht auf schöne Fußwege gelegt.
Später werden die Pflanzen über eine Ringleitung und mittels zahlloser Gießkannen mit Wasser versorgt, welches aus dem Wildsee heraufgepumpt wird. Zeitweise seien ein paar Leute ständig mit Gießen beschäftigt gewesen.

„Impulso", die elektrische Druckknopfsteuerung, „bei welcher die Fahrkabine mittels gleichzeitig als Besetztanzeiger ausgebildeten Schlüsselkontaktes an jede Haltestelle herangeholt und nach dem Betreten durch einfachen Druck auf einen der mit entsprechender Stockwerkbezeichnung versehenen Knöpfe nach jeder gewünschten Haltestelle gesteuert werden kann, wo sie überall selbsttätig zum Stillstand kommt; mit einem besonderen Halteknopf in der Fahrkabine zur sofortigen Fahrtunterbrechung an jeder beliebigen Stelle" – so weit das Angebot der Dresdner Firma Aug. Kühnscherf & Söhne, Spezialfabrik für Aufzüge, gegründet 1840, für einen Personenlift im Schloss Tarasp. Der Preis soll 4.600 Mark betragen (und allen Seilbahnhistorikern sei hiermit ins Stammbuch geschrieben: Die bisher nicht bekannte Steuerung für die hoch noble Standseilbahn am „Lingnerschloss" zu Dresden dürfte „Impulso" zumindest ähnlich gewesen sein).

Installationen. Zentralheizungsanlage, Warmwasseraufbereitung, Abwasserleitungen bringen viele technische Probleme mit sich, einmal abgesehen von den Telephonen (die verborgen anzubringen sind), der elektrischen Pumpe am See, den Blitzableitern, der Beleuchtung, der „elektrischen Zentral-Uhrenanlage" etc. Zum Zuge kommt vor allem eine deutsche Firma, die sonst für Kaiser, Könige und Großherzöge arbeitet. Die Anforderungen sind ebenso exakt wie hoch. Lange ringt die Firma um den Zuschlag und die Gegenseite um die Kosten. Die Heizungsanlage soll ihre Leistung bis minus 25 Grad Außentemperatur und bei 12 Metern pro Sekunde Windgeschwindigkeit sowie gleichzeitigem Betrieb aller Räume erbringen.
Fast alles findet seine technische Lösung. Die gigantomane Zentralheizung bleibt ein Sorgenkind, ebenso die Löschbereitschaft im Falle eines Brandes. Lingner tut alles, um die Gemeinde zu einer modernen Wasserversorgung zu bewegen, bietet ein Darlehen an, will finanziell mittun, vergeblich, man mag sich dafür nicht in Kosten stürzen.
Trinkwasser trägt man vorderhand hinauf, Gebrauchswasser liefert der Wildsee. Die Wasserfrage beschäftigt Lingner bis zuletzt, eine begründete Sorge, denn zweimal bre-

chen Brände aus, 1914 im Maschinenhaus, wegen eines defekten Kamins, 1917 im Dach des Hauptgebäudes, aus Unvorsichtigkeit mit einer Lötlampe. Der letztere Vorfall hätte sich leicht zur Katastrophe auswachsen können, der Dachstuhl war verloren.

Die Innenausstatter gehen viele Wege: Private Anbieter, Zeitungsannoncen, Antiqitätenhandel, Auktionen und eigentliche Einkaufstouren helfen, die passenden, möglichst bündnerischen oder tirolischen Objekte zu finden. Natürlich spricht sich die Sache bei den Einwohnern ebenso herum wie in der Branche, sodass mit der Zeit die engere Region und das benachbarte Tirol und Veltlin so gut wie München, Wien und Nürnberg zum Fundus werden. Aus Herrensitzen, Schlössern, Klöstern und Privathäusern kommen ganze Zimmer oder Teile davon, Schmiedearbeiten und Intarsien vom Feinsten, man kann das alles heute noch im Schloss Tarasp bewundern. Einwohner geben eine alte Truhe her oder das Himmelbett von 1632 oder den Zweihänder, der auf dem Dachboden vor sich hin rostet.
Graf Hardenberg, Otto Neustätter und der Münchner Professor Hackenmiller (*der Wapperlprofessor*) haben offenbar die Kompetenz, passende Stücke zu erwerben, mal ein Altarbild, niederländisch, um 1520, mal Zinnkannen, eine eiserne Standuhr oder ein paar Ritterrüstungen. Dann wieder benötigt die Bauleitung 2.500 Franken, denn der Professor ist „seit Montag auf Reisen, meldet größere Ankäufe in Umgegend, welche abgefahren und bezahlt werden müssen (...)."
Kostbare eidgenössische Wappen- und Standesscheiben werden in London ersteigert, bei Lord Sudeley kurz vor dem Krieg, wohl von Lingner selbst, welchem im Übrigen der riesige Lüster, den er in Chur sieht, sehr gut gefällt. 1911 bringt der Bauherr Sachen von zu Hause mit, Kunst und Antiquitäten, und es gibt ein Gerangel mit dem Zoll. Türcke fordert Fr. 905.79 an Zollgebühren zurück, denn es handle sich hier um Übersiedlungsgut zwischen zwei Wohnsitzen und nicht um Kunsthandel. Der Gobelin „David wird die Krone Sauls überbracht" (2. Buch Samuel, im 1. Kapitel) kostet 45.000 Franken.
Mittels Zeitungsanzeigen – heute wohl undenkbar – werden zu kaufen gesucht: „eine mit Schnitzereien versehene Kassettendecke.

Engadiner Idylle

Grösse ca. 10.70 x 7.40, Zeit 16. oder 17. Jahrhundert. Schweizer oder Südtiroler Convenienz", des Weiteren 12 schmale Holzbalken, Ende 15. oder 16. Jahrhundert, 5 massive unverzierte Burgtore, ein einfaches Flügelaltärchen 15./16. Jahrhundert usf.
Einige Elemente sind neu oder kopiert, vor allem die Festsaaldecke, welche einer echten Renaissancedecke in Oldenburg abgenommen wird. Exotisch wirkt die neue Decke im Frauenzimmer, wo Lingner seinem Freund Hardenberg erlaubt hat, einen „Weiblichen Tugendspiegel" anzubringen. „Seht diesen Spiegel, liebe Frauen / Erhebt den Blick, darein zu schauen / Was einem Weib zu jeder Frist / Ruhm, Ehr und höchster Zierrat ist" – es folgen einundzwanzig Tugenden ... Und neu ist die Küche, eine Sinfonie in Kupfer.
Zwischendurch wird die Anschrift eines „sehr reellen Antiquars" gehandelt oder eines Schreinermeisters, der „vorzüglich imitiert", vieles muss eben erst ergänzt, geflickt, in Stand gestellt werden.

Schloss Tarasp (Herrenschlafzimmer)

Bekommt das Bad der Exzellenz eine Brause?
Wer soll denn so was entscheiden, wenn nicht die Exzellenz persönlich? Umso mehr, als die wunderblauen Delfter Kacheln, für die extra jemand nach Holland fuhr, bereits verlegt sind (keine Brause). Ob man zwei kräftige Zugpferde kaufen dürfe und die Personalbetten zu 79 Mark bestellen soll (Türcke: „ist uns bisschen zu viel"). Exzellenz solle Stellung nehmen zu den Entwürfen für die kunstgeschmiedeten Türchen des Speisenaufzuges und zum Plan für die Pflasterung des Innenhofes. Ob man „Sidol" zum Reinigen des Küchengeschirrs in Dresden kaufen solle oder in der Schweiz? Und das transparente Pauspapier? Wo man im Festsaal Dosen für die elektrische Lichtleitung anbringen dürfe und ob der Personenlift innen eine Holztäfelung oder eine Stoffbespannung bekomme? Ob Exzellenz eine Staubsauganlage wünsche? Wird nicht gewünscht.
Das Koordinieren fällt zunehmend schwerer. So will im Sommer 1915 ein *Spezialist* in einem bereits fertig gestellten Zimmer Täfelung und

Schloss Tarasp (Festsaal)

eingebaute Möbel wieder herausreißen, „damit projektierte Träger Platz finden". Auf der Tarasper Baustelle kommt selbst ein Organisationsgenie bisweilen an seine Grenzen. Man erwartet Bescheid vom Sekretariat in Dresden. Gemeint ist das von Georg Seiring geleitete Privatbüro Lingners – es ist auch der Anlaufpunkt für das ferne Tarasper Projekt. Hierhin fliegen die ungezählten Telegramme und Briefe, hierhin schickt das Baubüro seine erklecklichen Monatsabrechnungen.

Sonst noch aus der Agenda (1913): Erst Warten auf Schnee, dann zu viel. Viele Kranke im Dorf (Lungenentzündung). Wegrechtsprobleme mit einem Nachbarn. Geliefertes Holz ist zu nass. Die Preise für Kost und Logis der Arbeiter geben zu Diskussionen mit dem Gastwirt Anlass. Schindeldachdecker werden verpflichtet. Unstimmigkeiten mit dem Gemeinderat wegen einer Granitgrube. Wappenfragen. Ein Einbruch wird verübt, ein Burgwart eingestellt.

Sie nannten ihn den Kleinen, den italienischen Pflasterbuben, der vier Maurern zudienen musste und dabei zu Tode kam. Am 22. Juli 1913 trifft ein Holzklotz, der vom Dach geworfen wird, den Burschen und zertrümmert ihm den Schädel.

Tarasper Winternacht

Einvernahme des Maurers Luigi B.: „Comi Alfonso, Taglöhner, erhielt gegen 4 1/2 Uhr den Befehl, er solle mir eiligst Zement bringen. Auf diesen Befehl hin sprang er schnell davon, um das Besagte zu holen, als ich kurz darauf den Lärm der Hinzueilenden hörte. Mehr weiß ich nicht auszusagen."

Was ist geschehen? Franz Sch., ein Zimmermann, wirft ein überzähliges Balkenstück vom Dachboden in den Hof bei der Kapelle. Man habe es immer so gemacht. „Der Holzklotz 87 ctm 22/18 und ist tannen", Fluglinie 12,20 Meter. Im selben Moment kommt der Kleine gelaufen, der dem B. eiligst hätte Zement bringen müssen, und weil er laut den Akten ein solider und fleißiger Arbeiter ist, hat er sich auch wirklich beeilt. Unklar bleiben die Vorsichtsmaßnahmen der Zimmerleute. Im Augenblick des Auswerfens habe man jeweils „Achtung!" gerufen. In dem Fall schaute offenbar der Franz Sch. erst durch das Fenster hinunter, dann reicht ihm ein anderer das Holz, darauf schaut der Franz Sch. noch einmal in den Hof , lässt das Holzstück los, ruft dann aber „Halt!" (weil er vielleicht den Comi hat kommen sehen), und dann ruft er noch „Jesus!" und rennt hinunter.

Um 5 Uhr 20 ist der Arzt da, tut das Notfallmäßige, und zwanzig Minuten später fährt man den Jungen noch ins Spital nach Schuls, „mit halb zerbrochenem Schädel".

Es folgt ein unwürdiges Hin und Her wegen der Haftung. Ungerührt schickt Türcke die Arztrechnung an die Baufirma weiter, die den Burschen beschäftigt hat. Jene will im Gegenteil von Lingner eine Abfindung von 2.000 Franken; schließlich wird das Königlich-italienische Auswanderungsbüro auf den Fall aufmerksam und droht mit Klage. Der Krösus wartet ab, fürchtet offenbar den Präzedenzfall, sind doch die Zimmerleute nicht seine unmittelbaren Arbeitnehmer etc.

Anfangs des folgenden Jahres gibt er 1.000 Franken.

Franz Sch. ist dann nicht mehr lange auf der Lohnliste, im August bleiben die Eintragungen aus. Umgehend sucht man per Anzeige neue Zimmerleute.

Erschließung der Bergwelt: Bahnbau Davos-Filisur.

Graubünden: Automobile verboten. An Bündens Grenze hält das Automobil an. Der Fahrer steigt aus, schaut sich suchend um. Jetzt taucht ein Pferdegespann auf, nähert sich dem Blechvehikel. Kutscher und Chauffeur verständigen sich, und dann werden die zwei Rösser umständlich dem Automobil vorgespannt. Gemächlich schleppen sie es an einen jener Orte, wo man damit ein wenig herumfahren darf: auf privatem Grund, am Tarasper Schlosshügel zum Beispiel. Denn der Regierungserlass von 1900

Viadukt bei Wiesen

ist unmissverständlich: „Das Fahren mit Automobilen auf sämtlichen Straßen des Kantons Graubünden ist verboten." In zehn Volksabstimmungen wird dieser Entscheid bestätigt: Graubünden sperrt das Automobil ein Vierteljahrhundert lang aus, ab 1911 als letztes Land der Welt. Erst 1925 wird der Druck zu groß.
Die Bündner mussten deswegen viel Spott über sich ergehen lassen. Heute, wo uns der Autoverkehr über den Kopf wächst, wächst vielleicht auch das Verständnis für solchen Widerstand und was ihn damals nährte: die Skepsis gegen alles, was als Übergriff empfunden wurde, und eine lange Tradition der Selbstbestimmung. Und man hatte ein paar handfeste Gründe, die neue Mode fern zu halten.
Erstens, wandte man ein, erstens seien die Naturstraßen für die Automobile ungeeignet, sie gingen unter der schweren Belastung kaputt, was den Gemeinden hohe Kosten verursacht; außerdem bildeten sich links und rechts der Fahrbahn bis weit in die Weiden hinein eklige Streifen massenhaft aufgewirbelten Staubes. Zweitens verfüge das Land bereits über eine gute Infrastruktur, habe vor allem die Eisenbahn massiv gefördert und dem viel bewunderten Trassen-, Tunnel- und Brückenbau schon wenig später die Elektrifizierung der Strecken folgen lassen. Drittens, fürchtet man, seien Lärm, Tempo und Gestank eine Gefahr für Mensch und Tier. Wieso also sollte man diesen Abenteuersport für gut Betuchte ins Land holen?
Man beklagt das „Herrentum, das die in erster Linie der Arbeit gewidmeten Straßen für sein Vergnügen in Anspruch nimmt", so die *Neue Zürcher Zeitung* (1911). Doch technikbegeisterte Vermögende werden zur Avantgarde der automobilen Zukunft. Unbeeindruckt lässt Lingner seinen Lustwagen bis Tarasp schleppen. Das Automobil wird ihm seine Gäste auf den Schlosshügel befördern. Es wird ihn vom Hügel zum Wildsee fahren. Die kurze private „Passstraße" mit den typischen Randsteinen ist teilweise erhalten geblieben.
Nachdem der Pferdezug ein paar tausend Jahre unentbehrlich war, verschwindet er innerhalb weniger Jahrzehnte von den Straßen und aus dem Bewusstsein der Menschen. In einem Engadiner Dorf soll ein alter Mann immer dann auf die Straße geeilt sein, wenn ein Automobil nahte. Tollkühn stellte er sich auf die Fahrbahn, hob seinen Stock in die Höhe und rief: „Haltet ein! Haltet ein!" Aber das ist auch in Graubünden längst nur noch eine spinnige Anekdote.

„Wie der Mensch für Geld sich zu Allem brauchen lässt, selbst zum Lastthiere", darüber wundert sich schon ein Dresdner Stadtführer von 1846 und fragt sich, „wie so Mancher in der Welt fortkommen möchte, wenn ihn nicht Andere auf ihren Schultern trügen?" Den Dresdner Chaisenträgern wird ein „Bediententalent" nachgesagt, „eine „Mischung von ehrlicher Derbheit und gewandter Verschmitztheit", und solches schreibt man wohl auch den Taraspern zu. Durch den wachsenden Fremdenverkehr in die dienende Rolle leidlich eingeübt, wären sie bei Festlichkeiten auf dem Schloss als Fanfarenbläser, Trommler und Hellebardiers und eben auch als Chaisenträger gefragt gewesen, ein willkommener Verdienst in den kargen Verhältnissen.
Nachdem die schmale Autostraße zu Ende ist, führt die letzte Strecke zum Schlossportal über Stock und Stein, und da wäre es in der Tat angebracht gewesen, vornehme Gäste per Sänfte zu befördern. So wie sich adelige Damen in Dresden immer noch von den „Hof-Chaisenträgern" über den Theaterplatz schaukeln ließen und die Chaisen selbst bei der Hygiene-Ausstellung als Transportmittel dienten. Beinahe hätte also die Dresdner Tradition einen Ableger in den Schweizer Alpen gezeitigt. Zwar trugen die Schweizer seit langem Touristen auf ihre Berge, doch die alpinen Tragsessel halten dem Vergleich mit der eleganten urbanen Spezies nicht stand. Lingner wollte seine Sänften in Paris besorgen. Es sei denn, die Seilbahn zum Schloss, von welcher der Volksmund noch weiß, wäre errichtet worden. Aber zu all dem kommt es nicht.

Dass der kleine Sekretär mit Lingner nach Genua fahren darf, verdankt er der nützlichen Tatsache, dass er Italienisch spricht. Denn in Genua ist ebenso Bedarf an Gesundheitsaufklärung wie überall, sodass sich das National-Hygiene-Museum an einer Ausstellung beteiligt. Hohe Besucher sind angesagt. Man logiert im Hotel Miramar, wird per Automobil abgeholt, Frack ist selbstverständlich. Unterwegs wird's lustig, weil die Zylinderhüte im offenen Fahrzeug ständig fortfliegen wollen.
Dem König Viktor Emanuel III. (der später einem Politiker namens Benito Mussolini den Weg ebnen wird), der Königin und dem Herzog von Abruzzen erklärt Dr. Lingner respektive sein Dolmetscher Ignazio Vaia das Bild vom menschlichen Körper. Später wird Lingner alle Mitarbeiter des Pavillons „Der Mensch" zu einem „prima Essen" einladen. Vaia: „Er war ein Kavalier!"
Dies war er gewiss, davon könnte die Baronesse K. ein hübsches Lied singen. Denn ihr ist, zu Besuch in Tarasp, kalt, und der Kavalier bemerkt es. „Herr Vaia, Sie müssen mir einen Scheck ausstellen, die Dame braucht einen Pelzmantel!" Der Gehilfe, Monatslohn 180 Franken, gehorcht und staunt. Der Scheck lautet auf 6.500 Franken.

Tonett (1878-1928)

Was kann einer um 1900 in den Schweizer Bergen werden, wenn ihm Kraft und Geschick zum Bauern abgehen oder der Hof nicht genug abwirft? Die meisten verdingen sich in der Hotellerie. Tonett aber ist seltsam verkrümmt, und wenn einer so wüst gewachsen ist, so will ihn kein Kurhaus und kein Grandhotel.
Außer man schuftet hinter den Kulissen der feudalen Bühne, auf der sich die Reichen und die Schönen tummeln. Du wuselst durch riesige unterirdische Küchen, wirst in düstere Keller geschickt und gehst zu Hintertüren ein und aus. Von der ganzen Herrlichkeit fällt nichts auf dich, und jeder Piccolo rümpft die Nase, wenn er an dir vorbeisaust. Gehorchen, dienen, schweigen, bei kargem Lohn. Aus fast jeder Familie muss dies jemand in Kauf nehmen.
Nichts für den bucklig Tonett. Er sucht sich sonst wie ein Stück vom Kuchen abzuschneiden, zieht in seiner Baracke in Vulpera einen Handel auf mit Obst, Gemüse, Blumen, Schokolade und Wurstspezialitäten. Rauchwaren und Ansichtskarten braucht der Mensch ebenso. Alpenrosen und Edelweiß verschickt er schächtelchenweise in alle Welt. Tonett ist ebenso witzig wie geschäftstüchtig, und im Nobelkurort kennt ihn jeder.
Doch von dem guten, unbeschwerten Leben auf den dicken Teppichen kann er nur träumen. Dazugehören! Manchmal, an schönen Sonntagen, hält er's im Traum nicht aus, zieht die Spendierhosen an und bestellt einen Landauer. Vierspännig, gar sechsspännig ausfahren! Er lädt freundliche Frauen dazu ein oder junge Burschen. Der Kutscher nimmt listig schmunzelnd den Lohn.

In den fröhlichen Gartenwirtschaften kann Tonett die böse Entstellung vergessen. Aber es braucht nicht viel, ein falsches Lachen, ein unverstandenes Wort, und die Seifenblase platzt. Die Dorfburschen nutzen seine Güte aus und bilden sich ein, er merke es nicht.

Als Kind vom Ofen gefallen. Mangels ärztlicher Hilfe zum Krüppel bestimmt und zum Außenseiter. Gebrandmarkt und doch jemand Besonderer im eingefleischten Kosmos der Dorfbevölkerung, den es dereinst gab, wo „Große und Kleine, Schlaumeier und Narren unlöslich untereinander verwandt und vervettert waren" (Hermann Hesse, Peter Camenzind).
Irgendwann muss der bucklig Tonett dem Odolkönig begegnet sein. Dass die beiden bald miteinander befreundet scheinen und sich mit Du anreden, kommt den Taraspern merkwürdig vor, ebenso, dass Lingner den Tonett eines Tages nach Dresden einlädt.
Die Einheimischen reden ungern darüber. Es sei der Buckel, munkelt man, der fürchtige Höcker. Manchenorts gelte: Reibe einem Buckligen den Höcker, und das Glück bleibt dir fortan treu.

14. „Es wackelt das ganze alte Haus" (Theodor Fontane)

Abgesang

Unter Wilhelm II. ist Lobhudelei gang und gäbe, immer schon, doch 1913 wird es mehr, als man aufzählen kann. Denn der Kaiser feiert das silberne Regierungsjubiläum. Da machen ihn zum Beispiel alle Technischen Hochschulen des Reiches (die ihm immerhin Förderung verdanken) zum Ehrendoktor der Ingenieurwissenschaften.
Unter der Überschrift „Der Kaiser und das Volk" veröffentlicht das *Berliner Tageblatt* Mitte Juni 1913 einen Aufsatz von Wilhelm Ostwald, Nobelpreisträger der Chemie. Er wagt eine kritische Analyse, der Tonfall ist moderat. Die Mehrheit der Deutschen sei zwar (noch) monarchisch gesinnt, doch die Zusammenarbeit zwischen Kaiser und Volk lasse zu wünschen übrig. Der Kaiser sei gespalten, stehe einerseits für einen kraftvollen modernen Realismus, andererseits sei vieles stark auf die Vergangenheit ausgerichtet. Der Riss gehe durch Volk und Elite. Kaiser und Volk sollten eins sein und gemeinsam die Zukunft gestalten und die Begünstigten der Nation nicht „über ihre Bedeutung und Leistung hinaus" Rechte an sich reißen. Damit dürfte nebst dem Adel in erster Linie das Militär gemeint sein, welches überall den Ton angibt. Ostwald stellt eine Verbindung her zur ersten Kaiserrede vor dem Reichstag 1888, wonach Wilhelm II. doch der „Ausgleichung ungesunder gesellschaftlicher Gegensätze" näher kommen wollte.
Wilhelm sei bis dato ein Friedenskaiser gewesen. Krönung dieser Politik wäre nun, einen „restlosen Schiedsgerichtsvertrag mit Frankreich zu schließen" und in Zukunft alle Auseinandersetzungen an den Ständigen Schiedshof nach Den Haag zu tragen! Die „friedliche Vereinigung der beiden führenden Kulturvölker" wäre doch der alles überstrahlende Edelstein in der Kaiserkrone (an dieser Stelle wird es der Redaktion zu bunt, sie schiebt eilig ein paar Bedenken zwischen Ostwalds Zeilen, in dem Sinn, dass der Verfasser die Chauvinisten in beiden Ländern falsch einschätze, und dass ein Schiedsgerichtsvertrag allein die französischen Chauvinisten und die „unehrlichen Hetzer" nicht zum Verstummen bringen könne). Wobei man anfügen könnte, dass die Idee von internationalem Ausgleich, Schiedsgerichten etc. den damaligen großen machtorientierten Staaten ziemlich fern liegt. Umso klüger und mutiger, aber auch umso aussichtsloser Ostwalds Aufruf. Vierzehn Monate später ist Krieg.
Wilhelm der Untertan schaut schließlich „mit erwartungsvollen, ja sehnsuchtsvollen Augen" zum Allerhöchsten Wilhelm auf, von welchem er sich wünscht, er werde die weitere Regierungszeit gereift zum Wohl des ganzen Volkes gestalten.

Ostwald erreicht kurze Zeit später ein Glückwunschschreiben Lingners, des Inhalts, jener habe „einen ausgezeichneten Artikel erscheinen lassen, mit dem ich bis auf die Friedensschlussfolgerung, in der ich etwas abweichender Ansicht bin, vollständig übereinstimme". Der Vorbehalt ist schlecht erklärlich, denn noch wenige Jahre zuvor half Lingner ein „Komitee zur Förderung der deutsch-französischen Annäherung" gründen und seit 1912 ist er Großoffizier der Ehrenlegion.
Mit dem Verhältnis zwischen „aristokratischen und demokratischen Prinzipien" hatte sich Lingner ja in der Berner Vorlesung befasst, die Ostwald gekannt hat. Doch die späte Hoffnung auf ein vernünftigeres und gerechteres politisches System und eine zukunftsfähige soziale Ordnung, welche offenbar auch Lingner teilt, wird vor der Geschichte keine Chance mehr erhalten. Der Mahner Ostwald setzt letzten Endes nur wieder auf den Kaiser, der wie die ganze Führungsschicht nicht daran denkt, Entscheidendes zu bewegen.

Tarasp: Die Mundwassermillionen und acht Jahre harter Arbeit haben die tote Burg auf dem Schieferberg zum Leben erweckt. Jetzt scheinen die Dämonen des Zerfalls gebannt. Unwirklich schön ragen die hohen Zinnen in die Dämmerung. Man feiert das Richtfest. Es kam nur zustande, weil man den vorigen Winter durcharbeitete. „Ich habe jetzt bald tägliche Konferenzen mit Excellenz, welchem alles nicht schnell genug gehen kann", hatte Türcke damals aus dem Heimaturlaub geschrieben. Die Baustelle ist extrem, räumlich, klimatisch, organisatorisch, und sorgt immer wieder für Überraschungen, und der Bauherr tut sein Übriges, perfektionistisch und detailversessen, wie er nun einmal ist.
Endlich Aufrichtfest. Etwa so wird es gewesen sein:

Die Wärme des Tages hängt noch über der Bergwiese, nur langsam vermischt sie sich mit der kühl-feuchten Abendluft. In dichten Scharen sitzen die Gäste bei den Baubaracken auf der Geländeterrasse, welche dem Schlosshügel vorgelagert ist, vollbärtige Tiroler Zimmerleute, italienische Maurer, einheimische Holzschnitzer, bleiche Pflasterbuben, stämmige Fuhrleute, der Architekt und die Altertumskundigen, die Leute aus Dorf und Tal und die Creme des Kur- und Hotelwesens.
Der Krösus lässt sich nicht lumpen. Nebst Essen, Trinken und Musik gibt es Rauchwaren in Hülle und Fülle, für dreitausend Franken, weiß einer, habe man Zigarren und Zigaretten eingekauft. Wovon hier oben eine Familie ein paar Jährchen leben könnte.
Zwei Männer bewegen sich langsam durch die Menge. Der eine, schmächtig und quirlig, trägt einen Jutesack vor sich her, puterrot vor Aufregung und Stolz, aber die Ovationen gelten dem anderen, hell gekleideten mit dem markanten Profil, der langsam und etwas steifnackig einherschreitet und immer wieder innehält, dann in den Kartoffelsack greift, eine Hand voll Münzen hervorzaubert und sie Stück um Stück den Arbeitern

zuwirft. Die fangen den Fünfliber mehr oder weniger geschickt auf und lassen ihn zufrieden im tiefen Hosensack verschwinden. Mit dem Einnachten sausen Fledermäuse tollkühn über die Szene.

Dass es dann noch eine zweite Runde gibt, hat keiner erwartet! Die Stimmung steigt, und wie alles verteilt ist, klettert Gehilfe Vaia auf den nächsten Tisch und wirbelt den Sack hoch in die Luft. „Viva! Viva l'Eccellenza!", ruft er, und die Menge erhebt sich von den Bänken und stimmt in die Hochrufe ein. Der also Geehrte bedankt sich mit einem knappen Lächeln. Die nachfolgende Ansprache ist sehr freundlich, der warme Dank gewiss aufrichtig, doch hätte man in den Zügen Lingners auch Ungeduld lesen können und die Härte dessen, der niemals ganz zufrieden ist.

Bald verzaubert ein Feuerwerk die Szenerie, und die Musikkapelle spielt zum Tanz auf. Frau Doktor und Frau Direktor setzen sich vergeblich in Pose – der Schlossherr zieht ein winziges rabenschwarz gewandetes Weiblein allen anderen vor. Es ist die Dorfälteste, und die ist ob so viel Aufmerksamkeit ganz aus dem Häuschen, verlegen und aufgekratzt zugleich.

„Sind Sie bsoffa?"

Der ruppige Einwand bringt den Tänzer nicht aus der Fassung, er weiß, wie man die Dorfleute gewinnt, und so gibt sich die *Nonna* kichernd die Ehre und tanzt mit dem Odolkönig den Walzer.

Spät lichten sich die Reihen, viele ziehen auf unsicheren Beinen von dannen. Die Wirtinnen aus dem Passeiertal können allmählich aufatmen. Eine hat sich auf das Augenspiel mit dem Krösus eingelassen,

Im Land der Dreitausender

Lippen glänzen im Dunkel. Todmüde und hellwach zugleich, legt sie die Schürze ab und strafft das Haar, entzieht sich fast unbemerkt. Der Exzellenz ist ein Schuppen nicht zu gering und nicht das Bett aus Holzspänen.
Es ist der Sommer des Jahres 14, und niemand rechnet damit, dass man auf einem Vulkan tanzt an dem schönen Richtfest und dass demnächst die Völker aufmarschieren werden, einander abzuschlachten.

Zwischen den Arbeitern soll meist Harmonie geherrscht haben. Es gibt – außer dem bedauernswerten jungen Italiener – kaum Unfälle. Die Zusammensetzung der Mannschaft wechselt häufig, immer sind mehrere Nationen vertreten.
Als 1914 der Krieg ausbricht, gerät die Baustelle in eine Krise. Viele werden in ihr Land zurückgerufen, nach Deutschland, Österreich, Italien, selbst die Schweizer sind zur *Grenzbesetzung* aufgeboten. Walter Türcke wird eingezogen, er wird den Krieg überstehen, aber nicht nach Tarasp zurückkehren. Über eine Ausschreibung findet Lingner mit Robert Kosenbach aus München einen fähigen Nachfolger und kann ihn vom Kriegsdienst freistellen lassen.
Das Bauunternehmen Baratelli bekommt es vorübergehend mit der Angst zu tun, denn das Baubüro schuldet ihm 30.000 Franken, als die Geschäftspartner plötzlich aus Tarasp verschwinden. „Wir sind uns des Misslichen Ihrer Lage wohl bewusst", tröstet nach langem Warten das Sekretariat in Dresden und verheißt, zum Lohntag wenigstens ein Drittel der Summe zu überweisen.

Das Desaster

„Jener Sommer 1914 wäre auch ohne das Verhängnis, das er über die europäische Erde brachte, uns unvergesslich geblieben. Denn selten habe ich einen erlebt, der üppiger, schöner, und fast möchte ich sagen, sommerlicher gewesen. Seidenblau der Himmel durch Tage und Tage (...) Man sitzt in Cafés und Restaurants überall im Freien, kann sich je nach Belieben unter das heitere Volk der Kurgäste mengen" (Stefan Zweig, Die Welt von gestern). In diese Urlaubswelt hinein platzt „der grässliche Schlussstrich, der blutige Brand, das flammende Abreißen" (Klaus Mann, Der fromme Tanz). Viele Menschen sind überrascht und doch wieder nicht, gingen zwar davon aus, dass irgendwann ein Krieg kommen werde, schauten aber über die Vorzeichen und Vorbereitungen hinweg. Golo Mann weiß, dass sein Vater noch Ende Juli der Ansicht war, man werde zwar bis zum Äußersten gehen, dann aber einlenken, während in anderen Aufzeichnungen der Familie sorglos „die stark erhöhte Zahl der Militärkonzerte im Bad Tölz des Sommers 1913" festgehalten ist; dahinter stecke eine Empfehlung des Kriegsministeriums, schon

1913, angesichts der Weltlage den vaterländischen Geist der Bevölkerung zu stärken (Golo Mann, Erinnerungen und Gedanken). In jenem schicksalhaften August entladen sich aufgestaute Spannungen zwischen den großen Mächten, die in zwei rivalisierende Blocksysteme – Frankreich, Russland und Großbritannien einerseits, Deutschland und Österreich-Ungarn anderseits – aufgespalten sind. Jahrelang hatte man eine Art Vor-

Berlin: Die Kriegsmobilmachung wird verkündet

kriegsstimmung erzeugt, aufgerüstet, sich gegenseitig belauert und bezichtigt, man ist verbündet oder verfeindet, die Kanonen sind geladen, die Pläne gezeichnet. Entspannungspolitik wird mehr und mehr zum Fremdwort.
Es ist im Übrigen nicht wahr, dass dieser Krieg „ausbricht". Er ist von Menschen vorbereitet, gewünscht, herbeigeführt oder aber falsch eingeschätzt, nicht so tragisch genommen, nicht verhindert worden. Das Attentat von Sarajevo, bei dem am 28. Juni 1914 der österreichische Thronfolger Franz Ferdinand und seine Ehefrau ermordet worden waren, dient vielfach als Vorwand. Jetzt geht die Saat nationalistischer Ideologie auf, schon nur darin, dass viele im Krieg etwas Positives sehen. Groteskes Geschwätz, wie dasjenige von den im Frieden verdorrten Nerven, die jetzt ein „Stahlbad" nötig hätten, wird zur baren Münze.
Europa sirrt auf einmal von Versprechen und Ultimaten, Befehl und Kalkül, Proklamationen und Geheimnissen, und dann kippt alles, was noch den relativen Frieden ausmacht, in einem diabolischen Domino auf die Todesseite um. Die Nationen laufen in das gestellte Fallenwerk, was zu dem Krieg führt, den viele schon lange für wahrscheinlich oder notwendig gehalten haben, idealerweise natürlich einen kurzen und siegreichen. Deutschland trägt fundamental zum Unheil bei. Die Entscheidungsträger, Regierung, Militärs und Kaiser, sind zu einem vernünftigen Krisenmanagement weder willens noch fähig, lassen sich im Gegenteil auf eine fatale Risikostrategie ein.
Einem wochenlangen Seilziehen hinter den Kulissen folgen in den ersten Augusttagen die Kriegserklärungen der Staaten Schlag auf Schlag. Dass dann begeisterte junge Männer mit Blumen im Gewehrlauf und patriotischen Liedern auf den Lippen zur Front eilen, darf nicht darüber hinwegtäuschen, dass Millionen Menschen besorgt und verängstigt sind und sich in einem schlechten Traum wähnen. Davon gibt es eben keine Pressefotos.
„Der Tod setzte den Helm auf. Der Krieg griff zur Fackel. Die apokalyptischen Reiter holten ihre Pferde aus dem Stall. Und das Schicksal trat mit dem Stiefel in den Ameisenhaufen Europa" (Erich Kästner, Als ich ein kleiner Junge war).

Und Lingner, der Patriot? Nichts wissen wir über seine Haltung zum Kriegsausbruch, nichts: ob er ihn begrüßt wie so viele, ob er ihn notwendig findet zur Klärung der Atmosphäre und ob er „von Deutschlands schneeweißer Unschuld, von Deutschlands berechtigtstem Anspruch auf die Vorherrschaft in Europa" überzeugt ist, wie Victor Klemperer später beschämt für sich zugibt und wie man dem deutschen Volk von Anfang an weismacht?
Setzt Lingner auf den kurzen, überschaubaren Feldzug, wie man ihn noch in seiner Jugendzeit kannte? Und wie steht er zu seinem eigenen nationalen Gehabe, trug er nicht lange manches mit, was jetzt auf Krieg hinausläuft? Und gewiss ist er, wie jeder seiner Schicht, in das dichte Geflecht aus wirtschaftlichen Interessen, Machterhaltung und pa-

triotischen Gefühlen verstrickt. Man könnte meinen, ein moderner und international tätiger Unternehmer, der sich seinen *Platz an der Sonne* längst erobert hat, müsse auf Ausgleich bedacht sein. Noch 1908 und wohl unter alldeutschem Einfluss sieht er darin etwas Negatives: Übergewicht der einen über die anderen scheint ihm die günstigere und natürlichere Situation zu sein als das aufwendige Gleichgewicht. Dass das Deutsche Reich sein Übergewicht aktiv anstreben müsse, ist die Meinung breiter Kreise. Auf Grund der Verhältnisse ist dies freilich fast nur möglich, indem es anderen Mächten etwas wegnimmt, also mit Gewalt.
An Schlagworten ist kein Mangel: Deutschland, die zu spät und zu kurz gekommene Nation! Propaganda, welche den Menschen etwas suggeriert von einer Gerechtigkeit, die nun endlich zu Gunsten des Deutschen Reiches herzustellen sei. Mit dem lügnerischen Satz: Deutschland sei angegriffen worden und nun gezwungen, sich zur Wehr zu setzen, gelingt es fürs Erste, die Menschen für den Krieg zu gewinnen. „Mitten im Frieden überfällt uns der Feind", tönt der Kaiser. „Jedes Schwanken, jedes Zögern wäre Verrat am Vaterlande."
„Wir werden uns wehren bis zum letzten Hauch von Mann und Ross!"... Was hält Lingner von diesem Horrorszenario, als Unternehmer, als Förderer des Gesundheitswesens, als reicher Mann, der den zurückliegenden Friedensjahren so viel verdankt?
Der Krösus hat offenbar grenzenloses Vertrauen ins Reich und legt hohe Summen in Staatspapieren, selbst in Kriegsanleihen an – Letztere soll dereinst der besiegte Feind zurückzahlen. Mehr als hundert Milliarden Mark spendiert das deutsche Volk auf diese Weise. Anfänglich zu fünf Prozent. Neun Kriegsanleihen werden es am Ende sein, Bonität zweifelhaft. „Krieg (ist) unmittelbar ökonomisch dasselbe, als wenn die Nation einen Teil ihres Kapitals ins Wasser würfe." Sagt Karl Marx. Doch solches will jetzt niemand wissen – auf geht's! Nach Paris!

Kann man denn von einem Lingner mehr erwarten als von Hinz und Kunz? Dass er sich der nationalen Aufbruchstimmung widersetzt? Etwas gegen die Kriegshysterie sagt oder tut, Zivilcourage entwickelt, sein Gewicht, seine Kenntnisse des Auslandes in die Waagschale wirft, wo er doch sonst auch auf alles Mögliche Einfluss nimmt? Man soll in solch schicksalhaften Stunden von einem Einzelnen nicht zu viel erhoffen.
In Deutschland hätte die staatstragende Generation der etwa Fünfzig- bis Sechzigjährigen die Kriegsgefahr früh erkennen und bannen müssen. Doch die „Wilhelminer", zu denen Lingner gehört, ihrer Mentalität nach autoritätsfixiert und anpasserisch der Monarchie ergeben, sind offensichtlich dazu nicht in der Lage. Vertraute aus jenen Tagen sagen, Lingner habe seine Beobachtungen und Gefühle für sich behalten und den sich anbahnenden Schrecken in sich hineingefressen, enttäuscht wohl auch vom Versagen jener Netzwerke, von denen er etwas hält: demjenigen des Adels, der – obwohl weit herum verschwistert und verschwägert – sich nun bis aufs Blut bekämpfen wird, und

dem der führenden Wirtschaftskreise, die doch über Außenhandel, Bankenwesen und persönliche Beziehungen längst weltweit verflochten sind.
Auch sonst steht er ziemlich heimatlos da. Denn was seine Lebenswelt prägt, Bildung, Wissenschaft und Kunst, versagt. Gerade diese Kreise sind vielfach unter den Ersten, den Krieg freudig zu begrüßen. Und die Nationalliberalen wie Gustav Stresemann, denen Lingner nahe steht, haben das aggressive Weltmachtstreben lange geschürt und halten sich nun an der Seite der Reaktion.
Als Unternehmer nimmt er die gesteigerte Verantwortung für seine Firmen und Hunderte von Arbeitsplätzen wahr, erfinderisch und schlau. Bleibt die Rolle des Hygienikers und Fachmannes für Volksgesundheit, und da wird er, nachdem er das Furchtbare in Frankreich mit eigenen Augen gesehen hat, dieses und jenes auch öffentlich machen, vorsichtig, denn rasch wird man damals mit einer allwirksamen Keule gehauen: Wer Unpassendes ausspricht, „untergräbt die Kriegsmoral".

Erster Weltkrieg: Ein 70-jähriger Freiwilliger vor dem Zug „nach Paris"

Seit drei Tagen keine Meldungen mehr. Victor Klemperer stutzt: Von der Westfront statt Siegesmeldungen „bloß Fülldepeschen und Ablenkungen". Vorausgegangen ist eine diffuse Nachricht, in der das Wort Zurücknahme eine Rolle spielt, Zurücknahme der deutschen Truppen vor überlegenen Kräften. Klemperer findet dies seltsam, während man im Volk bereits weiß, dass in Frankreich nach dem rasanten deutschen Aufmarsch etwas schief läuft (Victor Klemperer, Curriculum vitae). Andere bemerken offenbar nichts, so die Familie Mann in München: „Dass der Kriegsplan nach wenigen Wochen zerrissen, die Marne-Schlacht verloren war, davon ahnten wir nichts; hatten die Eltern es besser verstanden – was ich nicht glaubte –, so sprachen sie nicht davon" (Golo Mann). Die amtliche Information lässt auf sich warten.
Nachdem das deutsche Heer erst in Belgien, dann in Frankreich eingefallen ist, kommt der Großangriff in der so genannten Marneschlacht anfangs September zum Stehen. Mit der raschen Entscheidung im Westen ist es aus. Eigentlich sah der deutsche Operationsplan vor, die französischen Armeen in gewaltiger Umfassung von Norden her in die Enge und zur Entscheidungsschlacht zu treiben. Aber man hatte auf Pläne gesetzt, die schon im Kern fragwürdig waren. Die Entscheidungsträger wussten sogar (die neuere Forschung zeigt dies), dass dieser angeblich kurze Feldzug kein kurzer sein würde, und zogen dennoch los.
Jetzt schätzen nicht wenige Militärs den Krieg praktisch als verloren ein. Nachdem sich anfänglich die Erfolgsmeldungen jagten, erwacht nun manch einer aus dem sommerlichen Taumel und schaut bestürzt auf die ersten Kriegswochen. Die Bilanz des Frankreichfeldzuges ist Besorgnis erregend, der Preis viel zu hoch: Das neutrale Belgien ist gedemütigt und England auf den Plan gerufen, denn es ist Belgiens Neutralität verpflichtet. Zudem mobilisiert Russland schneller als erwartet – die zweite Front. Die deutschen Truppen sehen sich in Frankreich in eine aussichtslose Lage manövriert, einmal abgesehen vom schier unglaublichen Blutzoll. Und seit dem Überfall auf Belgien gelten die Deutschen in der gegnerischen Propaganda als Vandalen und Bestien.

„Unerwartet und zu einer ihm gänzlich fremden Stunde" taucht Lingner bei Wollf auf, angesichts der Marne-Ereignisse völlig durcheinander. Was Wollf schildert, ist ein böses Erwachen, die völlige Desillusionierung, der Zusammenbruch seines Freundes.
„Er war so bleich und sah so zerfallen aus, dass ich erschrak. Ich fragte ihn, ob er krank sei. Da winkte er ab und blieb eine ganze Weile stumm. Dann aber stürzten die Worte nur so aus ihm heraus, und ich werde nie vergessen, wie er mir sagte: ‚Ich fühle, was geschehen ist. Wenn wir nicht in den nächsten Tagen die deutlichen Zeichen einer Wendung erkennen, dann ist nicht nur dieser Krieg, dann ist das Deutschland von heute mit allen seinen Thronen und seinen Dynastien, mit seinen Regierungen und seiner Exportwirtschaft zertrümmert!' Lingner war totenblass, als er das aussprach. Er saß unbeweglich und blieb jedem Versuch, seinen für mich damals unbegreiflichen Pessi-

mismus auch nur ein wenig einzudämmen, unzugänglich." Ein Sturz, dessen Fallhöhe angesichts des aufklärerischen Optimismus der Hygiene-Ausstellung oder der Begeisterung des Museumskonzepts erst deutlich wird. Zwei, drei Jahre sind es her, da er vom „unversiegbaren Born des Heils" sprach, den die Volkserziehung zur Gesundheitspflege darstelle, vom „brennenden Interesse, das die Bevölkerung allen derartigen Bestrebungen entgegenbringt", von jenem friedlichen Sehnen nach einer „Reformation des körperlichen Lebens, das die Menschheit durchzieht", vom Wunderwerk Körper, den man „mit Liebe behandeln" soll, und jetzt hängen menschliche Gedärme in den Bäumen.
Wollf wendet ein, dass das Schlachtenglück halt wankelmütig sei, dass Misserfolge überwunden werden könnten etc. „Auf diese Erfahrungshintergründe ließ er sich gar nicht ein. Wie immer bewies er an Hand seiner Lieblingsanalogie – Gesundheit und Krankheit – seine Meinung. ‚Hier handelt es sich weder um einen Rückfall, noch um ein Fieber, eine Krisis, auf die Gesundung folgt. Wenn nicht ein wahres Wunder der Tat geschieht, dann werden wir in Deutschland viel Furchtbareres erleben, als der schlimmste Pessimismus es je auszudenken gewagt hat.' In jenen Tagen war ich besonders häufig und lange mit ihm zusammen. Seine Prophetie wurde leiser, aber seine Hoffnung auf einen erträglichen Ausgang des Krieges war schon damals gebrochen. Nur, dass er seine Erkenntnis vor andern verschloss."
Der Prophet wird wie manch einer in jenen Tagen die Kräfteverhältnisse überschlagen haben. Er kann offenbar, was viele nicht mehr können: zwei und zwei zusammenzählen. Die gegnerischen Großmächte Frankreich, Großbritannien und Russland verfügen über mehr Menschen, mehr wichtige Rohstoffe, mehr landwirtschaftliche Nutzfläche, mehr industrielle Kapazität. Und wenn Millionenheere sich gegenseitig in Schach halten, dann wird es eben auf den längeren Atem ankommen. „Lingners Unwille wuchs, als er sah, wie wenig man diplomatisch der Weltlage gewachsen war", berichtet Neustätter. „Er kannte die Länder, mit denen wir zu kämpfen hatten, kannte insbesondere die unbeugsame Zähigkeit Englands und war entsetzt, dass man dessen Eintritt in den Krieg auf die leichte Schulter nahm." Denn ihm muss klar gewesen sein, was ein Seekrieg mit Großbritannien für den Handel, die Industrie, die Versorgung und damit die Existenz Deutschlands bedeutete.

Trübe Mienen

„Einspritzstelle: Haut oberhalb linker Brustwarze.
Zu notieren sind:
a) Name des Geimpften,
b) Tag der Impfung,

c) Impfverlauf (Lokal- und Allgemeinerscheinungen, Temperaturerhöhung),
d) Herkunft des Impfstoffes."

Der Instruktion für die Typhus- und Cholera-Schutzimpfung vom 4.8.1914 haftet noch der Büroduft der Vorkriegszeit an.

Impfen wird zum Zauberwort, zum Amulett, es wird viel geimpft, und Lingner kann liefern.

Ab Kriegsbeginn haben die Truppen mit ihren riesigen Menschenansammlungen einen hinterlistigen Feind: die Krankheiten und Seuchen in den eigenen Reihen, begünstigt oder hervorgerufen durch mangelhafte Hygiene, verschmutztes Wasser, Läuse und Ratten, durch kurze Ansteckungswege und die wachsende Unmöglichkeit, sich in immer weiteren brutalen Drucksituationen noch vernünftig zu verhalten.

In Erwartung eines kurzen Krieges hatte man dem Sanitätsdienst keine besondere Priorität eingeräumt. „Das Sanitätswesen war am meisten in Rückstand", erinnert sich Seiring. Zwar standen aufs Ganze gesehen so viele Ärzte wie noch nie im Felde. Für Sachsen wird die Ansicht vertreten, man habe in Einklang mit Berlin seit längerem an der Rüstungsschraube gedreht, die Zahl der Bataillone und Batterien kräftig erhöht, den Bestand an Militärpferden auf über 10.000 getrieben, doch bei den Militärärzten gespart (Walter Fellmann, Sachsens letzter König). Eine bittere Sache, wenn man bedenkt, dass die sächsische (3.) Armee dann in den ersten paar Kriegswochen über 12.000 Mann verliert, rund 10.000 davon allein an der Marne.

Seiring weiter: „So fehlte unter anderem Tetanus-Serum fast vollständig. Ich übernahm die betriebliche Leitung des Sächsischen Serumwerkes und ließ sofort 200 Pferde impfen, die wir von der Heeresleitung zur Verfügung gestellt bekamen, um tunlichst schnell das wichtige Serum zu beschaffen. Im Oktober 1914 konnten die ersten Lieferungen erfolgen. Das war schon sehr spät, die Marneschlacht hatte viele Verwundete gebracht."

Ebenfalls im Oktober ergeht an die Kriegsministerien im Deutschen Reich ein telegrafischer Notruf aus dem Großen Hauptquartier: „Zunahme von Typhuserkrankungen erfordert Vornahme der Schutzimpfung in größerem Umfang wie bisher" – möglicherweise mit ein Anstoß dafür, dass Lingner wenige Wochen später mit einer Ladung Impfstoffe nach Frankreich fährt.

In der Uniform eines Zivilarztes und mit drei Kraftwagen begibt sich Lingner im November 14 ins westliche *Operationsgebiet*, zusammen mit Seiring, der als Leiter des Roten Kreuzes erkennbar ist. Vom stellvertretenden Generalkommando des XII. Armeekorps sind Militärpässe ausgestellt worden, kurz vor der Abreise verpflichtet man den Ehrendoktor der Medizin als hygienischen Beirat. Grad noch rechtzeitig hatte sich die Militärbürokratie um die Ausstattung solcher Funktionsträger gekümmert: „Der durch Erlass vom 14.9.1914 Nr. 6161/8.14.MA. für vertraglich verpflichtete, nicht gediente

Zivilärzte sowie für landsturmpflichtige Ärzte vorgeschriebenen Uniform tritt als Waffe das Offiziersseitengewehr mit Portepee hinzu." Sollte Lingner unter diesen Passus fallen, dann darf man sich ihn nun mit Stichwaffe und Quaste offiziersähnlich geschmückt vorstellen – ob er auch „die einmalige Einkleidungsbeihilfe von 200 M" in Anspruch genommen hat, kann offen bleiben.

Die Expedition an die Front ist dringend. Seiring: „Wir wurden bereits erwartet und sofort nach dem Ausladen begann das Impfen der Soldaten."

Weshalb Lingner die Ladung persönlich begleitet, leuchtet nicht recht ein. Der patriotische Beitrag eines nicht Gedienten? Sorge um die Sicherheit der teuren und heiklen Ware? Eine Frontreise, so wie die Schriftstellerin Marie von Bunsen sich allen Ernstes wünschte, das „Blutbad eines Großkampftages" zu erleben? Eher wird ihm wichtig gewesen sein, sich mit eigenen Augen ein Bild der tatsächlichen Lage zu machen, insbesondere im Lazarettwesen, worüber nun viel gemunkelt wird. Sein Argwohn in Sachen Führung und Kriegsorganisation ist ja längst geweckt, und das offizielle Verdrängen und Leugnen nimmt weiter zu, sodass ungeschminkte Information schwer zu bekommen ist.

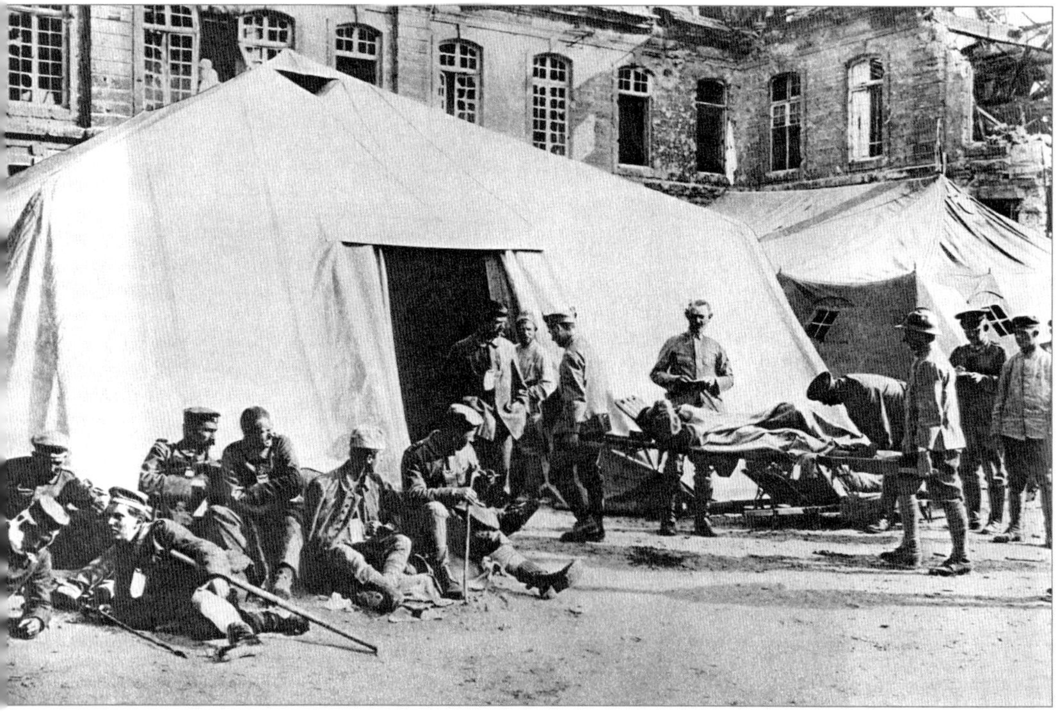

Lazarett an der Marne im 1. Weltkrieg

„Der Weltkrieg 1914-1916. Prachtausgabe für das Schweizervolk“ – wer dem Jungen, der ich war, jene Bücher mit Goldschnitt schenkte, welche den Krieg schon mitten im Krieg vermarkteten, weiß ich nicht mehr. Der ausgiebigen Schilderung längst vergessener Kriegsoperationen vermag man nicht lange zu folgen. Dafür schaut man verdutzt auf die beigefügten Fotos: Sie wirken merkwürdig steril und unterschlagen glatt die beispiellosen Schrecken dieses Krieges. Auch die „Abteilung für Schwerverwundete in einem deutschen Sanitätszuge“: Das Innere des Waggons ist hell und blitzblank, ein Arzt steht da, und zwei Gehilfen führen die praktischen Etagenbetten vor. Spätestens hier wird klar, was diese Bilder alles nicht zeigen.
Stefan Zweig entlarvt in seinen Erinnerungen die properen Staffagen radikal, denn er fuhr ein paar Mal auf solchen Zügen mit: „Ach, wie wenig glichen sie jenen gut erhellten, weißen, wohlgewaschenen Sanitätszügen, in denen sich die Erzherzoginnen und die vornehmen Damen der Wiener Gesellschaft zu Anfang des Krieges als Krankenpflegerinnen abbilden ließen!“ Zweig erlebt schaurige Transportwagen ohne Licht, die Tragbahren belegt „mit stöhnenden, schwitzenden, todfahlen Menschen, die nach Luft röchelten in dem dicken Geruch von Exkrementen und Jodoform. Die Sanitätssoldaten schwankten mehr als sie gingen, so sehr waren sie übermüdet; nichts war zu sehen von dem weiß leuchtenden Bettzeug der Photographien“. Verwundete und Tote liegen durcheinander, es gibt Sprachprobleme und keinen Verbandsstoff, den Pflegern fehlt sauberes Wasser, dem Arzt das Morphium, gar dem Geistlichen das Öl, die Sterbenden zu salben (Stefan Zweig, Die Welt von gestern).

Nach dem Rekordjahr 1913 lässt sich für die Lingner-Werke zunächst auch 1914 gut an. Greimer: „Die ersten Monate zeigten schöne Umsätze, doch entstanden schwere Sorgen infolge der allgemeinen Geschäftsstockung, als am 1. August der Krieg ausbrach, der sich nur zu bald als Weltkrieg gestaltete. Im feindlichen Auslande war das Geschäft vollkommen lahm gelegt. Doch hatten wir hier reichliche Vorräte an fertiger Ware, waren auch mit Rohstoffen reichlich versehen, besonders mit ätherischen Ölen für die Odol-Herstellung. Wir hatten kurz vorher große Posten Pfefferminzöl in London und New York gekauft, die aber noch draußen lagen und erst später mit großen Schwierigkeiten über Holland hereingebracht werden konnten. Ein Teil blieb in Amerika und wurde dort beschlagnahmt und versteigert.“ Probleme verursacht die stark eingeschränkte Zuteilung von Spiritus; die Menge wird mit Franz- und Obstbranntwein aus der Schweiz gestreckt.
Ähnliche Sorgen plagen abertausende von Firmen, viele werden schließen müssen. Das Deutsche Reich ist auf die wirtschaftliche Versorgung im Krieg zu wenig vorbereitet. Der Außenhandel sackt zusammen, Deutschland, die zweitgrösste Weltwirtschaftsmacht, verliert 90 Prozent der Importe.

Die Lingner-Werke A.G. zahlen für 1914 die reguläre Dividende von sechs Prozent, dazu eine Super-Dividende in derselben Höhe und können 200.000 Mark für mögliche Kriegsverluste zurückstellen.

Kriegsbedingt ändert sich die Produktepalette. Sehr begehrt sind die auf Blut-Albumin basierenden Futtermittel, denn ein heute unvorstellbares Heer von Pferden ist mit im Krieg. Deren Ernährung wird zum Problem – Lingner hat die Antwort: Roborin als „Eiweißträger und Futtersparer". Versuche damit gab es schon 1911, „bei 2 Batterien während der Schieß- und Herbst-Übungen", und siehe da: 50 Gramm konzentriertes Roborin ersetzen 2 Kilogramm (zu beschaffenden und zu transportierenden) Hafer! „Tatsächlich setzte denn auch bei Kriegsbeginn eine lebhafte Nachfrage (...) nach konzentriertem Roborin-Kraftfutter ein." Im In- und Ausland musste die Blutverarbeitung großflächig organisiert werden. Die Firmenchronik widmet dem Thema nicht weniger als 16 Seiten.
Als bedeutend erweisen sich ferner ein Armee-Feldkocher, dessen praktische Konstruktion den Militärbehörden gefällt, und der Hartspiritus, „den wir in Blechdosen und in cylindrischen Ersatz-Stücken von 8 cm Durchmesser und 25 cm Höhe, mit einer Schutzhülle von Paraffin versehen und in Öl-Papier verpackt, ins Feld lieferten". Beides wird im Schützengraben unentbehrlich.
Auch sonst werden die Soldaten nicht vergessen: „Auf vielfache Anregung aus dem Felde liefern wir zum Versand als Liebesgabe 1/2 Flasche Odol in einer hübschen Metall-Feld-Dose, die, fix und fertig als Feldpostbrief (10 Pfg. Porto) verpackt, in allen Apotheken, Drogen-Geschäften, Parfümerien usw. zum Original-Preis von 85 Pfg. zu haben ist. Die Metall-Feld-Dose wird während des Feldzuges kostenfrei geliefert. Der leichteren Mitführung wegen haben wir die halbe Flasche Odol für diesen Zweck gewählt."
Trotz seines zivilen pharmazeutischen Images schafft es Lingner, die Produktion in die industrielle Kriegsmobilisierung des Reiches einzugliedern – was in vielerlei Hinsicht, etwa für die Rohstoffzuteilung, wichtig ist. Mit dem Serumwerk ist man ohnehin mehr als gefragt. Dass die Auslandsfabriken ausfallen, wiegt sehr schwer. Dennoch sind die Kriegsjahre zunächst keine schlechten Geschäftsjahre. Das Mundwasser erreicht mit über einer Million Flaschen 1916 seinen Höhepunkt; das sind – die Feld-Version eingeschlossen – doppelt so viele Einheiten wie 1910. Die wachsenden Heereslieferungen machen den Rückgang der *Friedensartikel* wett. Wollf berichtet, dass die Aufrechterhaltung seiner Fabriken Lingner allerdings über die Maßen in Anspruch nahm.

Obwohl ohne Arme geboren, kann Carl Herrmann Unthan alles – mit den Füßen: sich selbstständig an- und ausziehen, Krawatte binden, schreiben, schießen, Geige spielen usw. Lingner lässt die Wunderfüße in Gips abformen und einen Film drehen, in welchem Unthan seine Geschicklichkeit vorführt. Für die Wissenschaft, so der Fußkünstler, tue er alles. Der Film hat sieben Minuten Laufzeit und ist erhalten, während die

Gipsfüße verschollen sind. Unthan ist seit langem als Zirkusartist bekannt und sogar in die Literatur eingegangen: In Gerhart Hauptmanns Roman „Atlantis“ findet er sich als Schiffpassagier Artur Stoss. Lingner führt Unthan dem sächsischen König vor, das heißt, Unthan hält, wie er in seiner Autobiografie „Das Pediscript“ notiert, „in des Königs Lazarett in Dresden“ einen Vortrag, welcher in einer Schieß-Vorführung gipfelt: „Nach meinem ersten Schuss, der einen Bleistift teilte, stand der König mit ‚Dunnerwetter noch mol!‘ auf, nahm den halben Bleistift vom Boden auf und suchte nach der anderen Hälfte, nach der im Nu so viele Leute auf dem Boden herumkrochen, als Platz hatten. ‚Därf ich den behalten?‘, fragte Seine Majestät, mit beiden Hälften in der Hand. ‚Bitte, Majestät, er kostet nur zehn Pfennig.‘“
Unthan muss als Tröster der Kriegsopfer herhalten, die jetzt zu Tausenden in den Lazaretten liegen, oftmals gebrochen und traumatisiert, arbeitsunfähig, ohne Zukunft. Sogar empfiehlt das Stellvertretende Generalkommando den Unthan-Streifen in einem Tagesbefehl „als geeignet, den Kriegsverletzten durch ein Beispiel, was der Wille vermag, günstige Eindrücke zu geben“.
„Die trüben Mienen der Verwundeten aufzuhellen bis zu lautem Jubel, gelang mir ausnahmslos“, schreibt Unthan. „An den Anblick der Wunden, die mir anfangs das Herz im Leibe umzudrehen drohten, hatte ich mich allmählich gewöhnt.“

Aufhellen trüber Mienen bei Freund und Feind. In Wien soll es ein „Krüppelorchester“ gegeben haben, vierzig Musiker, alle einarmig und ihr Instrument dank Prothese spielend, und aus Paris wird von einem außerordentlichen Blindenlazarett berichtet, wohin sich Künstler der Oper bemühen, „um von Lenz und Liebe zu singen und die armen, verstümmelten Menschen für ein paar Augenblicke an der Schönheit der Welt teilnehmen zu lassen (...) Und der Blinde, dem das Herz überquillt von so viel Sehnsucht und Weh, er lernt mit toten Augen weinen. An seinem zuckenden Munde, seiner am Stocke zitternden Hand, an seiner schluchzenden Brust nur kann man es erkennen“ (Max Müller, Frankreich im Kriege 1914-1916). So ist das.
Makaber, fürsorglich, zynisch? Die absurde Automatik der Kampfhandlungen sorgt dafür, dass die Zahl der Opfer täglich um Tausende vermehrt wird. Noch lange nach dem Krieg werden diese Menschen die Städte bevölkern, die mit den Krücken und die im Rollstuhl und die auf dem fahrbaren Brett, die Blinden, die Sprachlosen und die Zitterer, die vom Gas Verätzten und die mit einem Gesichtsteil aus Gummi. Manche tragen ein Antlitz aus Löchern und Narben und sind so verunstaltet, dass sie sich fortan der Betrachtung durch die Mitmenschen gänzlich entziehen.
Immerhin richtet sich die öffentliche Aufmerksamkeit allmählich auf die riesige Aufgabe der Kriegsbeschädigtenfürsorge. Das National-Hygiene-Museum macht sich dafür noch während des Krieges stark und versucht an die hygienischen Bestrebungen der Vorkriegszeit anzuknüpfen.

Die „Ausstellung für Verwundeten- und Krankenfürsorge im Kriege" wird am 15. Februar 1915, 12 Uhr in der Kunstakademie Dresden eröffnet. Prinz Johann Georg figuriert als Schutzherr, Lingner ist Mitglied des Ehrenpräsidiums. Sein National-Hygiene-Museum bildet zusammen mit dem preußischen Kriegsministerium und dem Reichsmarineamt die Stütze des Unternehmens.
In der Kuppelhalle sind die Sanitätsräume eines Schlachtschiffes in Originalgrösse aufgebaut, die Hauptattraktion. Breit dargestellt werden das Sanitätswesen des Feldheeres, Krankenpflege, Chirurgie und das Wirken des Roten Kreuzes. Vom „Wundtäfelchen" (bezeichnet die Transportfähigkeit eines Verletzten) bis zur Lazarettbibliothek sind einige hundert Objekte zu bestaunen. Nebst den einschlägigen Wundstarrkrampf-, Cholera-, Typhus- und anderen Bakterien zeigt Lingner allem Anschein nach auch drastische Kriegsverletzungen und bricht damit ein gewisses Tabu, denn solche Ansichten wurden im Allgemeinen erst nach dem Krieg veröffentlicht.
Das „Gesicht mit schwerer Verletzung am Kinn. Klaffende Wunde mit offenem Unterkieferbruch", eine Abformung, die Fritz Kolbow von einem Verwundeten des Ersten Weltkriegs nahm, hütet das Deutsche Hygiene-Museum in seiner Moulagensammlung unter der Inventarnummer 1991/257 bis zum heutigen Tag. Nichts Erbauliches. Falls Lingner solche Zeugnisse der Weltkriegsbrutalität trotz militärischer Zensur und patriotischer Selbstzensur zulässt, darf man von Mut reden, kann man an ihnen doch ungeschminkt ablesen, wie gemein und schmutzig dieser „moderne" Krieg ist. Und im Gegensatz zu den Ausstellungen in Friedenszeiten stellt sich hier kaum ein Gruseleffekt ein, eher Trauer und Schrecken. Denn es könnte dein Sohn, dein Vater, dein Ehemann dargestellt sein.
Die Ausstellung gastiert in mehreren Städten. Lingner spricht bei der Eröffnung in Dresden und schreibt das Geleitwort zum Katalog. Er wagt es nun, die besonders schweren sächsischen Verluste zu erwähnen, räumt „mancherlei Missstände" und „mangelnde Pflege in den Lazaretten" ein, was er aus eigener Anschauung kenne und was die Stimmung anfänglich verdüstert habe. Doch sei dies stark übertrieben und das Sanitätswesen zwischenzeitlich verbessert worden. Die Ausstellung zeige, was alles getan werde, „um das Los der Tapferen zu erleichtern", und habe den Zweck, „Trost und Beruhigung" in die Bevölkerung zu tragen. Es werden auch eigens gedrehte Filme über Arbeitsmöglichkeiten für Kriegsbeschädigte gezeigt. So fühlt sich Lingner verpflichtet, die Leute zu trösten, obwohl stark zu vermuten ist, dass er in Frankreich wenig Tröstliches gesehen hat.

Entwurf zu einem fiktiven Interview. Im Februar 1915 erhält Lingner die Erlaubnis, „im militärischen Interesse zu Studienzwecken nach Metz und in das Operationsgebiet" zu reisen. Sollte Lingner darüber einen Bericht verfasst haben, man läse ihn allzu gern. Doch die Akten schweigen. Und wenn es dieses Interview überhaupt gegeben hätte, der Frontbesucher hätte äusserst zurückhaltend geantwortet (Dienstgeheimnis), auch eine Veröffentlichung wäre kaum in Frage gekommen (Pressezensur). Dennoch: Entwurf zu einem Interview mit Lingner nach dessen Rückkehr von der Westfront.

Exzellenz, gestatten Sie zuerst ein Thema, das die Bevölkerung Sachsens umtreibt: Wie steht es um die Moral der sächsischen Truppen nach den enormen Verlusten dieser Verbände zu Kriegsbeginn?
...

Sie haben vor allem das Sanitätswesen studiert. Nun sagt man ja, in den Lazaretten sehe man erst, was Krieg sei. Haben Sie welche besucht? Ihr Eindruck?
...

Hinter vorgehaltener Hand wird erzählt, dass die Ärzte in den Feldlazaretten bei dem großen Andrang schnell zu Amputationen bereit sind. Haben Sie dies beobachten können?
...

Es soll einsame Lazarette geben, wo Männer mit schrecklich zerstörten Gesichtern, ohne Nase, Stirn, Unterkiefer leben. Spiegel seien dort verboten. Waren Sie an einem solchen Ort?
...

Haben Sie Kriegshandlungen an der Front unmittelbar erlebt? Wenn ja: Wie vermochten Sie dem Grauen standzuhalten? Gewöhnt man sich an schreiende Schwerverletzte? Zerfetzte Körper? Im Dreck herumliegende Tote?
...

Seit langem haben Sie die Bürger aufgerufen, sich gesund zu erhalten, gerade auch aus Verantwortung für das Vaterland. Wie denken Sie heute darüber?
...

Betreffs Hygiene: Ein ranghoher Sanitätsoffizier hat kürzlich von den ungenügenden hygienischen Verhältnissen im Felde berichtet: Straßen voller Schmutz und Mist, faules Stroh, nicht desinfizierte Latrinen, *Defäkationshaufen*, wo man hinschaut, selbst in Wohnräumen, offene Massengräber. Es werde gegen alle Gebote der Desinfektion verstoßen. Entspricht dies Ihren eigenen Beobachtungen? Was kann man tun?
...

Exzellenz, wir danken Ihnen, etc.

Zerfall

„Bilder drängen mir aus den schweren Tagen zu“, schreibt Kronprinz Wilhelm, seines Zeichens auch Weltkriegsgeneral, in seinen Erinnerungen (1922). „Es ist Besichtigung eines Rekrutendepots. Der jüngere Jahrgang hat seine Ausbildung beendet, jetzt soll er an die Front. Da stehen nun sechshundert kaum der Knabenzeit entwachsene frische, liebe deutsche Jungen – eigentlich sind sie ja noch viel zu jung für das schwere Handwerk! Erwartend, fiebrig sind ihre hellen Augen auf mich gerichtet: Was wird der Kronprinz ihnen sagen? – Und da steigt es einem in der Kehle hoch, und die Augen wollen trübe werden – ich sah schon zu viele gehen und zu wenige wiederkehren, und dies sind ja beinahe noch Kinder! Dürfen diese Jungen sehen, was in mir vorgeht? Nein! Man reißt sich zusammen – und lächelt – und spricht zu ihnen: ‚Kameraden, denkt an die Heimat, es muss sein, es wird mir schwer, euch ziehen zu lassen, aber ihr werdet eure Sache schon gut schaffen. Erweist euch würdig der Kameraden an der Front. Gott schütze euch!' Und nun jubeln sie mir zu und gehen gläubig ihren schweren Weg.“
Kanonenfutter. Am Ende von allem wird Deutschland etwa zwei Millionen Kriegstote zählen. So lange erträgt das deutsche Volk die Menschenverachtung und die Lügen seiner Führung.
Der Kronprinz gilt als scharfer Militärkopf, auf dessen Autogrammkarten zu lesen ist: „Nur wenn wir uns auf unser Schwert verlassen, können wir den Platz an der Sonne gewinnen, der uns gebührt, den man uns aber freiwillig nicht zugesteht.“ Trotz ungenügender Ausbildung und Erfahrung führt er im Weltkrieg eine Armee.

Deutsche Soldaten im Stellungskrieg

Während die Männer im Stellungskrieg verbluten, halten die führenden Kreise an geradezu bizarren Kriegszielen fest. Beseelt von einem „größeren Deutschland der Zukunft“, hält man feurige Reden für ein umfangreiches Annexionsprogramm, so auch Gustav Stresemann im Dezember 1914 im „Kriegsausschuss der Sächsischen Industrie“, der sich mit der Beschaffung von Aufträgen sowie mit möglichen Friedensverhandlungen befasst. Die Vorstellungen von Frieden, die auf dieser Versammlung geäußert werden, strotzen von hochfahrenden Ansprüchen. Frankreich: schwächen. Belgien:

kein selbstständiger Staat mehr. Russische Ostseeprovinzen: zu Deutschland. Die Seehäfen im Westen: besetzen, vor allem Calais. Als Kriegsentschädigung habe Frankreich Eisenerzlager ans Deutsche Reich abzutreten etc.
Im Reich tobt eine verbissene Diskussion über mögliche Kriegsziele, ein Gezerre zwischen denen, die sich nur einen *Siegfrieden* vorstellen wollen (das alldeutsche Gedankengut), und denen, die zu einem *Verständigungsfrieden* die Hand reichen würden. Von Lingner hören wir nichts. Das Unrealistische und Unqualifizierte am *Siegfrieden* muss ihm zuwider gewesen sein und seine Kenntnis der Feindesländer ihm zu Zurückhaltung geraten haben. Die Propagandabehauptung, dass außerhalb Deutschlands nur Unkultur und Barbarei herrschten, dürfte einem, der die wichtigen Länder aus eigener Erfahrung kennt und sie mit seinen Erzeugnissen längst friedlich erobert hat, ziemlich lächerlich vorgekommen sein.
Otto Neustätter, der Lingner in dieser Zeit zur Seite steht, berichtet von dessen Verärgerung „über eine Reihe von Missgriffen“ und den Mangel an Voraussicht, welche Deutschland in die schwierige Lage gebracht hätten. Und er registriert eine weitere, viel tiefer sitzende Empörung Lingners: diejenige über „die unfassliche gesamte Menschheitsstimmung, die seinen Bestrebungen nach Mehrung der Volksgesundheit so diametral entgegenstand“. Wie ist es denn möglich, dass dieselben Menschen, die eben noch alles daransetzten, Krankheit und Tod zu bekämpfen, von einem Tag auf den andern zum Töten bereit sind? Selbst etliche Berühmtheiten der deutschen Medizin haben den Krieg freudig begrüßt. Das Humanum, das Arzt-Ethos, die Bildung, alles ausgelöscht?
Nach einem halben Jahr haben die Kämpfe bereits Hunderttausende von Opfern gefordert, Menschen in der Blüte des Lebens. Es sind die Besucher von Lingners Ausstellungen, die nun als Tote auf den Schlachtfeldern liegen. Gesunde Tote, müsste man sagen, wäre es nicht so widersinnig. Eigentlich muss sich Lingner mit all dem, was er für die Volksgesundheit getan hat, als gescheitert betrachten.

„Der Hunger geht um in Deutschland, Professoren beweisen, dass Kleie denselben Nährwert habe wie Mehl, sacharingesüßte Marmelade bekömmlicher sei als Butter, Kartoffelkraut den Nerven zuträglicher und so gut schmecke wie Tabak. Die Lehren der Professoren dringen nicht bis zum Magen, der antwortet dem Unsinn auf seine Weise, die Menschen verfallen, erkranken, verzweifeln“ (Ernst Toller, Eine Jugend in Deutschland). Im Lauf der Kriegsjahre werden Tausende von Ersatzprodukten notwendig.
Schon im Januar 1915 ist den vom sächsischen Innenministerium im Land eingeholten Stimmungsberichten zu entnehmen, dass die Ernährungsprobleme groß seien. Kartoffeln würden von den Bauern gehortet und den Schweinen verfüttert, denn über den Fleischpreis sei ein großer Erlös möglich. Im Februar 1916 wird eine „tiefgehende Verstimmung und Erbitterung“ über die Teuerung und die Kriegsgewinnler gemeldet, ein Vierteljahr später bricht in Leipzig eine Hungerrevolte aus, nachdem man die Kartof-

Erster Weltkrieg - Hunger

felrationen weiter kürzen musste. Im Herbst werden in Dresden Tausende für gerechtere Verteilung demonstrieren. Die Kalorienzahlen sinken und sinken, im Steckrübenwinter 1916/17 sind es durchschnittlich noch 1.000 Kalorien pro Person und Tag. In Deutschland sterben jetzt Hunderttausende an den direkten und indirekten Folgen von Unterernährung. Mangel und Siechtum, Verwahrlosung und Dahinsterben, so sieht jetzt der Alltag in der ausgemergelten Heimat aus.
Apropos Unterernährung: „Der Krieg machte deutsche Kinder kleiner. Untersuchungen zeigen, dass Schulkinder nach dem Krieg im Schnitt mehrere Zentimeter kürzer und mehrere Kilo leichter waren als ihre Artgenossen vor dem Krieg. Kinder litten außerdem häufiger an Krankheiten, die durch Unterernährung, unzureichenden Wohnraum und einen Mangel an Hygiene verursacht wurden" (Roger Chickering, Das Deutsche Reich und der Erste Weltkrieg).
Es könnte sich leicht um Kinder gehandelt haben, die Lingner seinerzeit vor dem Säuglingstod bewahren half.

Gesteigerte Desinfektion. An den Fronten wird der Gegner zunehmend zum lästigen Ungeziefer, das so rationell wie möglich auszurotten ist. Das militärische Denken steigert sich in einen höllischen Fortschritt hinein, welcher die Gestalt von Panzern, Maschinengewehren, Unterseebooten, Bomben aus der Luft und Gasangriffen hat. Dass der Gegner als schmutzig, verkommen, parasitär etc. verhöhnt wird, schafft das passende mentale Umfeld für derlei Desinfektionsmaßnahmen.
„Die Tanks sind vom Gespött zu einer schweren Waffe geworden. Sie kommen, gepanzert, in langer Reihe gerollt und verkörpern uns mehr als anderes das Grauen des Krieges. Die Geschütze, die uns das Trommelfeuer herüberschicken, sehen wir nicht, die angreifenden Linien der Gegner sind Menschen wie wir – aber diese Tanks sind Maschinen, ihre Kettenbänder laufen endlos wie der Krieg, sie sind die Vernichtung, wenn sie fühllos in Trichter hineinrollen und wieder hochklettern, unaufhaltsam, eine Flotte brüllender, rauchspeiender Panzer, unverwundbare, Tote und Verwundete zerquetschende Stahltiere – wir schrumpfen zusammen vor ihnen in unserer dünnen Haut, vor ihrer kolossalen Wucht werden unsere Arme zu Strohhalmen und unsere Handgranaten zu Streichhölzern“ (Erich Maria Remarque, Im Westen nichts Neues).
Schritt um Schritt geht es hinaus aus dem Krieg des 19. und hinein in den totalen Krieg des 20. Jahrhunderts. Im August 1914 griffen bei Longwy französische Truppen die deutschen Linien noch mit Hornsignal, Trommelwirbel und fliegenden Fahnen an. Aber aus ihrer Mitte böllerten bereits die 75-Millimeter-Feldkanonen, die sich als unheimliche Präzisionswaffe entpuppen sollten.

Tarasp: „Excellenz eintrifft Dienstag Abend wird Vulpera logieren vorsorget dass Schlossräume eingerichtet wie abgemacht Seiring“, das Telegramm geht am 14. August 1915 nach Tarasp ab.
Ein festliches Dinner im „Waldhaus“ bringt die wichtigsten paar Leute an einen Tisch, eine Gelegenheit, die anstehenden Probleme zu besprechen und das Team auf Vordermann zu bringen. Den Bauherrn treibt um, wie man die Sache nochmals beschleunigen könnte, und vermutlich läutet er nun jenes Stadium ein, welches die Beteiligten später als „die Zeit des Hopphopp“ schildern. Eigentlich ist der Abschluss in greifbarer Nähe, am Hügel wachsen die Bäume heran und in der Dresdner Meisterwerkstatt die Prachtorgel. Aber immer noch wird an allen Ecken und Enden gearbeitet.
Die Wasserfrage ist nach wie vor ungelöst. Es fehlen gute Maurer, kriegsbedingt. Es gibt Devisenprobleme.
Übrigens kann an dieser Stelle die lange kolportierte Legende mit hoher Wahrscheinlichkeit widerlegt werden, Lingner habe nie in Schloss Tarasp genächtigt. Die bereits eingerichteten Räume, der Bausekretär als unverdächtiger Zeuge („Er hat nur einmal im Schloss übernachtet“) und der Blick in die Arbeitsvorgänge jener Tage zeigen: Lingner hat mindestens eine Nacht im Schloss zugebracht, fast sicher bei diesem Besuch.

8 Herrschafts- und 16 Personalbetten sowie 3 *Schlummerrollen, prima Rosshaar*, sind bereits geliefert worden. Es fehlen im Übrigen auch nicht Schweizer Fahnen, Hessen- und Sachsenflaggen zu je fünf Metern Länge: Damit kann die Anwesenheit der Exzellenz inklusive allfälliger adliger Begleiter ausreichend signalisiert werden.
Architekt Kosenbach macht bei dem Essen eine Beobachtung: Eigenartigerweise habe Lingner für sich verkochte Forellen bestellt und nur Selterswasser getrunken. Wie wenn ihm das Essen Mühe bereitete. Und entgegen aller Gewohnheit habe er auch nicht zur Zigarre gegriffen, was bei diesem enormen Raucher natürlich aufgefallen sei, keine „Romeo y Julieta" also, keine „Partagas", nichts. Dies ist der erste Hinweis auf Lingners überraschende Erkrankung, schon Mitte August also, während selbst enge Vertraute später angeben, sie hätten erst um das Jahresende 1915 ein Kränkeln wahrgenommen.
Lingner hat Probleme mit der Zunge. Vielleicht war es so: Erst ist es ein weißlicher Fleck. Mit der Zeit verfestigt er sich. Fühlt sich zunehmend härter und warziger an. Lingner betrachtet seine Mundhöhle öfter im Spiegel, ertastet die Verdickung mit dem Finger. Manchmal scheint ihm, seine Zunge habe eine gewisse Schwere, die sich beim Reden, Kauen und Schlucken leise auswirke, wobei dies anfänglich lediglich etwas unangenehm ist, störend oder lästig wäre schon zu viel gesagt. Aber jetzt? Störend, lästig und mehr und mehr unheimlich. In der Runde lässt sich keiner etwas anmerken, und noch lange darf niemand darum wissen.

Tarasp: Lingner allein. Noch gibt sich die Natur sommerlich, die Luft ist fein parfümiert vom Harz der Föhren und Lärchen, man sollte sich ins Gras legen. Nichts müssen, nichts wollen, die Augen schließen, hie und da zum Himmel blinzeln oder zum Schloss hinauf, bald wird es wunderbar dastehen.
Ist seine Geduld erschöpft? Er weiß, dass die Sache schwer beeinflussbar ist, das Monument entzieht sich immer wieder der menschlichen Planung. Doch muss man jetzt endlich ans Ziel kommen.
Diese Stille, das gute Licht, die titanischen Dreitausender, schroff und wild und zugleich Sicherheit vermittelnd durch ihr würdevolles Dastehen. Hier ist Weite und Geborgenheit zugleich, eine Urlandschaft, wie er sie liebt.
Laut Visum liegen zwischen Ein- und Ausreise zehn Tage. Andere würden es Urlaub nennen. Und er? Legt er sich in Tarasp je ins Gras?
Später, im Teehaus, denkt er über Deutschland nach. Bis in die tiefe Nacht sitzt er da, ohne Licht, die Gedanken jagen hin und her. Längst wollte er im Hotel zurück sein. Da treten, zwischen Wachzustand, Schlaf und Traum, die vier grauen Weiber auf.

Erste. Ich heiße der Mangel.
Zweite. Ich heiße die Schuld.
Dritte. Ich heiße die Sorge.

Vierte. Ich heiße die Not.
Zu Drei. Die Tür ist verschlossen, wir können nicht ein; drin wohnet ein Reicher, wir mögen nicht 'nein.
Mangel. Da werd ich zum Schatten.
Schuld. Da werd ich zunicht.
Not. Man wendet von mir das verwöhnte Gesicht.
Sorge. Ihr Schwestern, ihr könnt nicht und dürft nicht hinein;
Die Sorge, sie schleicht sich durchs Schlüsselloch ein.
(Goethe, Faust II)

Die Zigarre glüht vor sich hin.
So oder ähnlich. Der Macher entschließt sich, etwas Vernünftiges zu tun, bevor alles vollends Irrsinn wird.
In den Schweizer Bergen ist der Krieg weit weg. Doch nichts weist darauf hin, dass Lingner sich hierhin hätte absetzen wollen. Er reist nach Deutschland zurück.

Aufraffen

Dresden, Café König. Lingner trifft Stresemann. „Dass man immer mehr in Berlin sich von der militärischen Auffassung leiten ließ, brachte ihn auf", notiert Otto Neustätter über Lingners Stimmung. „Sein Spürsinn fand aber alsbald heraus, dass man sogar die Informationen über die Vorgänge im Ausland sich nicht in der Weise zu verschaffen wusste, wie dies von Seiten der militärischen Leitung sofort organisiert worden war. Mit dem Aufhören der Tätigkeit der Gesandtschaften hatte man sich die Verbindung mit dem Ausland entgleiten lassen und im Auswärtigen Amt wusste man über das, was in den feindlichen Staaten vorging, fast nur durch die Berichte, die man von der militärischen Seite erhielt."
Lingner vertraut seine Idee zunächst Gustav Stresemann an, dem damals 37-jährigen Reichstagsabgeordneten und Freund. Stresemann im Rückblick: „Es beunruhigte ihn und machte ihm schlaflose Nächte, dass man in einen Weltfriedenskongress hineintreten könnte, ohne auch für die Möglichkeit eines Friedens, wo über Deutschlands Geschick vielleicht über Jahrhunderte entschieden werden sollte, vorgesorgt zu haben. Im Zusammenarbeiten mit den Reichsämtern wollte er das Werk einer großzügigen Friedensvorbereitung schaffen (...). ‚Dieser Frieden muss ein Kunstwerk sein', so sagte er mir wiederholt eindringlich, als er mir diesen Plan, ich glaube als dem Ersten, in den alten trauten Räumen des Dresdner Café König vortrug."
Eine konkrete Friedensoffensive, gar ein Friedenskongress, die Lingner unmittelbar zu seiner Initiative angeregt hätten, sind in dieser Zeit nicht auszumachen. Diskrete Ver-

suche gibt es und viel Geflüster, manche Kreise bemühen sich um einen Sonderfrieden mit Russland. Lingner setzt offenbar darauf, dass es über kurz oder lang zu Friedensverhandlungen kommt, kommen muss. Denn trotz gewonnener Schlachten im Osten ist die militärische Lage verfahren.

Und eine neuartige Front ist eröffnet: der Propagandakrieg. Öffentliche und private Organisationen entstehen, welche die jeweiligen Völker für die eigenen Ziele gewinnen und gegen die feindlichen einnehmen wollen. Irreführung, Beschönigung und Verteufelung überall, keiner weiß mehr, was stimmt. Lingner hält dies für gefährlich. Gibt es noch so etwas wie Nüchternheit, Sachlichkeit, Überprüfbarkeit? Wie der Desinformation entgegentreten? Also wieder „grübeln und sinnen, Nächte hindurch". Vielleicht sind „alte traute Räume" gut dafür? Geben dir Halt, helfen die Gedanken ordnen, führen dich zu jenem stillen Punkt, wo die kreativen Einfälle herkommen? Und dann eine Organisation schaffen.

Berlin, Wilhelmstraße. Lingner beim Reichskanzler. Er legt Theobald von Bethmann Hollweg dar, wie er wahrheitsgetreue Informationen über die Feindesländer zu sammeln gedenkt. Er sieht einerseits ein Auslands-Informationsbüro vor, das jedwedes erlangbare Nachrichtenmaterial sammelt, auswertet und allen Interessierten laufend zur Verfügung stellt. Andererseits soll sich das Material offenbar mit der Zeit zu einer Art Enzyklopädie dessen verdichten, was bei Friedensverhandlungen an Wissen gebraucht wird. Lingner: „Die Männer, die hinter den Stühlen unserer Wortführer als Assistenten stehen müssen, müssen zu jeder Zeit alles das bereithaben, was die Unterhändler brauchen, wenn sie keine Fehler machen sollen." Hier spricht der erfahrene Geschäftsmann, geeicht in Hunderten von Verhandlungen.

Ein Stab ausgesuchter Spezialisten soll sich, finanziert und geleitet von Lingner selbst, ans Werk machen – im Schoße der Reichsämter und in aller Stille. Nichts weniger als ein privater Nachrichtendienst im Herzen der Reichsführung also. Der Reichskanzler interessiert sich für die Sache, doch sein Umfeld mag keinen so autonomen Mitarbeiter, und einer, der weder aus dem adeligen Milieu noch aus der bürgerlichen Amtsaristokratie stammt, weder Jurist ist noch gedient, gilt im damaligen Auswärtigen Amt von vornherein als ein Fremdkörper, und nenne er sich auch Exzellenz. Lingner findet den Reichskanzler dünkelhaft und dessen Ablehnung ist ihm ein weiterer Beweis für das Unvermögen der Verantwortlichen.

Doch er gibt nicht auf. Seine Analyse setzt am richtigen Punkt an: bei der Information. Schweigen, Zensur, Propaganda und nationalistische Presse tragen, um ja die *Kriegsmoral* nicht zu schwächen, allesamt zu einer gefährlichen Entwicklung im Innern bei: Es entsteht „eine fast unwirkliche Atmosphäre der Siegesgewissheit, die den tatsächlichen Verhältnissen überhaupt nicht entsprach" (Wolfgang J. Mommsen, Der Erste Weltkrieg). Einmal gibt Lingner dieser irren Schönfärberei einen Namen: „verhängnisvoller

Optimismus". Auch Stresemanns Haltung wird ja von dieser fatalen Siegessicherheit bestimmt, und bis die Führung zugibt, man habe sich in puncto Ausland verschätzt, wird es noch lange dauern.

Dann halt auf eigene Faust. Lingner gründet selber ein Institut, wirft alles in die Waagschale: seine lange Erfahrung mit Medien und Propaganda, seine Kenntnisse der Völker, seine internationalen Kontakte als Geschäftsmann und sehr viel Geld – Deutschland soll in seiner Selbstbezogenheit und Unkenntnis des Auslandes nicht über den Tisch gezogen werden. Der Ahnungslosigkeit will er mit objektiven Informationen und harten Fakten entgegentreten. Dafür errichtet er in kurzer Zeit das „Politisch-wissenschaftliche Archiv" in der Voßstraße 11 in Berlin. Sein Traum ist, dass sich die Idee bald im Rahmen von Friedensverhandlungen bewähren darf.
Sebastian Haffner schätzt den Herbst 1915 als den „für Deutschland wohl günstigsten Augenblick des ganzen Krieges ein" (in: Die sieben Todsünden des Deutschen Reiches im Ersten Weltkrieg). Einen Sieg können die Militärs nicht mehr garantieren, alle Kräfte sind eingesetzt, ihr weiteres Auswinden müsste zur Ermattung führen, die Waagschale würde sich unweigerlich zu Ungunsten Deutschlands senken. Doch die Politik versagt, verwirft jeden Gedanken an einen Kompromissfrieden ohne Sieger und Besiegte, erkennt nicht das Ruinöse an der Lage. Haffner: „Es ist jammervoll zu sehen, wie die rettenden Möglichkeiten, zu denen es damals entwicklungsfähige Ansätze gab, nicht etwa bewusst nach sachlicher Prüfung verworfen, sondern einfach blind ignoriert wurden." Von der Regierung, von einer breiten Öffentlichkeit.
Gegen diese Blindheit rennt Lingner an und gegen den dramatischen Realitätsverlust, der dem Reich den Rücken brechen wird. „Hätten die Politiker Kraft und Einsicht gehabt, so hätten sie für Friedenssondierungen und einen allgemeinen Kongress arbeiten müssen", meint Haffner. „Aber ein solches Beginnen hätte Schwäche signalisiert (...)."
Lingner scheut offenbar diesen Ruf nicht. Hartnäckig verfolgt er seine Idee, glaubt „im Herbst 1915 bestimmt an die Möglichkeit einer Partie remise in dem furchtbaren Schachspiel" (Wollf). Diese Hoffnung überlagert die düstere Prophetie vom Vorjahr, stachelt seinen Handlungsmut an, neue Energie fließt ihm zu. Jetzt durch diplomatisches Geschick und souveränes Wissen einiges vom Gegner erreichen! Doch ist es nicht zwecklos, gegen eine breite Stimmung anzukämpfen, die eben nicht „einiges" will, sondern alles, „Siegfrieden"?
Lingner wirkt trotzig und ungeduldig, und beides wurzelt nicht nur in den widerlichen Zeitläuften, sondern auch in der eigenen Erfahrung von Schwäche und Krankheit. Das Geschwür auf der Zunge lässt sich nicht mehr übersehen, ist nicht mehr nur dann gegenwärtig, wenn er daran denkt. Es gibt Schmerzsignale, Entzündungen, und mit dem Speichelfluss stimmt etwas nicht.
Irgendwann geht er zum Arzt.

Später von den Nazis belegt: Lingners Friedensinstitut an der Voßstraße 11 in Berlin

Otto Neustätter sträubt sich erst, das Institut zu leiten. Doch Lingner will den unabhängig denkenden und sprachgewandten Mann in dieser heiklen Aufgabe, zusammen mit dem Juristen Georg Maas, Oberarchivrat am Reichsmilitärgericht Berlin. Neustätter sieht sich nicht als politischen Menschen, Lingner findet dies auch gar nicht nötig. Es brauche nur drei Dinge: Systematik, Organisation und die rechten Leute am rechten Platz. Dahinter stecken über zwei Jahrzehnte Erfahrung mit der Odol-Reklame und jener *Zeitungs-Inspektion*, welche täglich „alle hauptsächlichsten Zeitungen und Zeitschriften der Welt" durchackert und auf wichtige Informationen abklopft.
Neustätter im Rückblick auf jenen Herbst: „Es galt zunächst, die nötigen Archivalien zu verschaffen: Zeitungen, Zeitschriften, Broschüren, Bücher, Korrespondenzen aus dem Ausland. Dann handelte es sich darum, die Persönlichkeiten zu finden, die sprachkundig, politisch und nationalökonomisch geschult das Material bearbeiten sollten. Bis Ende des Jahres war die Organisation in vollem Gange. Es waren schließlich 17 Referenten für die verschiedenen Gebiete tätig. Es wurden fast alle großen Zeitungen des Auslandes gelesen und jeden Morgen in knappem Telegrammstil ausgezogen Lingner zur Verfügung gestellt, der wiederum auf Grund dieser Information mit den führenden Persönlichkeiten in Parlament und Regierung in Fühlung trat. Wie sehr die Einrichtung einem Bedürfnis entsprach, ergab sich daraus, dass bald von diesem, bald von jenem Parlamentarier, bald von dieser, bald von jener Regierungsstelle Anfragen einliefen, ob im Archiv über diese und jene Frage Material vorläge, ob man diesen oder jenen ausländischen Artikel im Original haben könnte, ob über diesen und jenen Vorgang, von dem man nur Unbestimmtes erfahre, etwas Näheres bekannt sei."
Dabei hält Lingner auf strikte Neutralität seines Instituts. Es sollte allen gesellschaftlichen Gruppierungen offen stehen – in dieser Zeit der krassen sozialen und politischen Gegensätze eine besondere Leistung. Die Bezeichnung als „Politisch-wissenschaftliches Archiv" ist unverfänglich, erst nach dem Krieg wird man den wahren Namen vernehmen: „Archiv zur Erforschung der Friedensziele".
Eine geplante Insider-Zeitschrift mit dem Titel *„Was wird, wenn ...?"* kommt offenbar nicht zustande. Sie hätte wohl die Vorstellungskraft der Verantwortlichen fördern sollen – der erfahrene Didaktiker lässt grüßen. Damit ist das kurze Leben des Unternehmens Voßstraße fast schon beschrieben.
„Lingner selbst äußerte sich, wie das seine Gewohnheit war, sehr wenig über all die Vorgänge, die er durchlebte" (Neustätter). In der Firma stellt man nur trocken fest, dass er immer öfter und immer länger in Berlin weilt.
Mitten im Berliner Machtzentrum von einem Frieden als Kunstwerk zu reden, dafür ein Vermögen einzusetzen und auch noch persönlich in der Wilhelmstraße zu antichambrieren, das muss ihm erst einer nachmachen.

Adressbücher aus längst vergangener Zeit sind etwas vom Faszinierendsten, was Archive horten. Tausende Namen, festgehalten für ein bestimmtes Jahr im Leben einer Stadt. Verrückt, wie alle diese Menschen augenblicks lebendig werden, sobald du den Band aufschlägst. Ein Adressbuch hält eben nicht nur Namen fest, sondern Dasein, Alltag, Liebe, Geschäft, Beziehung, Schicksal – Leben. Man müsste über Adressbücher schreiben.
In Berlins Adressbüchern erscheint die Voßstraße 11 als Geschäfts- und Wohnhaus. Lingner wird es wohl für seine Zwecke angemietet haben, es ist groß genug, dass darin etwa zwanzig Personen arbeiten können. Die Lage ist ideal, es ist ja keineswegs gleichgültig, wo das Friedensinstitut liegt. Lingner hat gute Gründe und die Mittel, es just ins Regierungsviertel einzupflanzen. Er will eine erstklassige Anschrift, und ungerührt von der Ablehnung durch die Reichskanzlei sucht er deren räumliche Nähe, was eine diskrete, organische und rasche Kommunikation erlaubt.
Die Voßstraße entstand erst 1872 als Seitenarm zur Wilhelmstraße, welche dereinst mit ihren Regierungsämtern weltberühmt war wie Downing Street in London und Quai d'Orsay in Paris. Die Ecke zur Wilhelmstraße war vom Palais Borsig markant besetzt, und in der Voßstraße selbst residierten etwa die Gesandten Sachsens, Württembergs, Bayerns, der Niederlande.

Häuser haben Schicksale, und sie sind geduldig im Einstecken. So auch das Haus Voßstraße 11. Dass es dem Frieden dienen sollte, blieb eine kurze Episode. Im Herbst 1932 wurde es von der Gauleitung Groß-Berlin der NSDAP mit Joseph Goebbels an der Spitze in Besitz genommen, zu einer Zeit, da auch dessen Anführer bereits in der Nähe, im Hotel Kaiserhof, seiner Chance entgegenlauerte. 1935 zog Hitler die Grundstücke an der Voßstraße an sich, um sie abreißen zu lassen. An der Nordseite der Straße wurde die riesenhafte Hitlersche Reichskanzlei hochgezogen, der Ungeist schaffte sich den passenden Auftritt, und dabei wurde die Nummer 11, wo dereinst ein paar Menschen ein paar Monate lang für eine vernünftige Zukunftshoffnung gearbeitet hatten, spurlos verschluckt.

Tarasp: Acht Tonnen Einzelteile einer Orgel ins Ausland zu verfrachten ist einem Lingner auch mitten im Weltkrieg noch möglich.
Wegen der allgemeinen Verzögerung wird es Ende 1915, bis in Tarasp alles zum Einbau des Instrumentes bereit ist. Kurz vor Weihnachten lädt man in Dresden die ungewöhnliche Fracht auf Güterwagen, darunter „Orgelpfeifen von Zink und fertigem Mischzinn mit einem Zinngehalt von 45 % im Nettogewicht von 848 Kilo", ferner über eine Tonne Weichbleirohre für die Windleitung. Beides bedarf einer Ausfuhrerlaubnis. Für gewöhnliche Sterbliche gilt zur selben Zeit die Devise: „Aluminium, Kupfer, Messing, Nickel, Zinn ist genug im Lande! Gebt es heraus – das Heer braucht es!" Besonders Zinn – für die lebenswichtigen Konservendosen.

„Orgel wird heute von Schuls nach Schloss gebracht. Überwache Verladen und Transport selbst“, telegrafiert Kosenbach am 23. Dezember nach Dresden. Und dann schleppt man die Kisten hinauf nach Tarasp und auf den Hügel.
Nicht stürzen, nicht werfen, trocken lagern.
Gemäß dem mit der Firma Gebrüder Jehmlich, Königlich-Sächsische Hoforgelbauer, geschlossenen Vertrag (Kostenanschlag: 20.333 Mark) hat das Instrument hinsichtlich Intonation und Klangfülle den besonderen Raumverhältnissen des Festsaales sowie der anliegenden Räume auf Schloss Tarasp Rechnung zu tragen.
Die Orgel wird der Burg regelrecht implantiert, wie ein menschliches Organ eingepflanzt. Die tragenden Teile sind auf Fels und Mauerwerk errichtet, die Konstruktion wird geschickt hinter der Wand des Festsaales, welche mit Schallöffnungen bestückt ist, verborgen, selbst der Spieltisch mitsamt Organist bleibt, wenn man will, hinter einer Tapetentür versteckt.

Spieltisch der Tarasper Orgel

Sechs Windladen und 2.500 Pfeifen (zwischen Bleistiftlänge und fünf Metern Höhe) sowie die pneumatischen Einrichtungen werden in dem drei Stockwerke hohen, aber ziemlich engen Orgelraum untergebracht. 43 Register sind auf drei Manuale und ein Pedal verteilt. Ein großer Balg mit elektrischem Ventilator versorgt das Orgelwerk mit Wind. Der Spieltisch gleicht einem modernen Tonmischpult. Vierhundert Knöpfe und Tritte, Handregistrierung, vier freie Kombinationen und zahlreiche Spielhilfen wie Ober- und Unteroktavkoppeln, Absteller für jede Registerreihe und die Generalcrescendowalze fordern den Musiker heraus.
Der Klangkörper ist in unverfälscht romantischem Stil gehalten. Die klanglichen Vorlieben jener Zeit sind spürbar, viele farbenreiche Register disponiert: Äoline, Gambe, Fugara, Viola, Violon, Dolce, Flûte d'amour ... Die diversen Flöten und romantischen Zungen tönen ausgezeichnet. Vox humana und Vox angelica mit eingebautem Tremulanten hausen in einem separaten Raum als Fernwerk, und selbst ein Glockenspiel wartet auf seinen Einsatz. Doch es ist nicht die Zeit für *Flûtes d'amour*.

„Eines nachts hören wir Schreie, so, als wenn ein Mensch furchtbare Schmerzen leidet, dann ist es still. Wird einer zu Tode getroffen sein, denken wir. Nach einer Stunde kommen die Schreie wieder. Nun hört es nicht mehr auf. Diese Nacht nicht. Die nächste Nacht nicht. Nackt und wortlos wimmert der Schrei, wir wissen nicht, dringt er aus der Kehle eines Deutschen oder eines Franzosen. Der Schrei lebt für sich, er klagt die Erde an und den Himmel. Wir pressen die Fäuste an unsere Ohren, um das Gewimmer nicht zu hören, es hilft nichts, der Schrei dreht sich wie ein Kreisel in unsern Köpfen, er zerdehnt die Minuten zu Stunden, die Stunden zu Jahren. Wir vertrocknen und vergreisen zwischen Ton und Ton.

Wir haben erfahren, wer schreit, einer der Unsern, er hängt im Drahtverhau, niemand kann ihn retten, zwei haben's versucht, sie wurden erschossen, irgendeiner Mutter Sohn wehrt sich verzweifelt gegen seinen Tod, zum Teufel, er macht so viel Aufhebens davon, wir werden verrückt, wenn er noch lange schreit.

Der Tod stopft ihm den Mund am dritten Tag."

(...)

„Dreizehn Monate bleibe ich an der Front, die großen Empfindungen werden stumpf, die großen Worte klein, Krieg wird zum Alltag, Frontdienst zum Tagwerk, Helden werden Opfer, Freiwillige Gekettete, das Leben ist eine Hölle, der Tod eine Bagatelle, wir alle sind Schrauben einer Maschine, die vorwärts sich wälzt, keiner weiss, wohin, die zurück sich wälzt, keiner weiß, warum, wir werden gelockert, gefeilt, angezogen, ausgewechselt, verworfen – der Sinn ist abhanden gekommen, was brannte, ist verschlackt, der Schmerz ausgelaugt, der Boden, aus dem Tat und Einsatz wuchsen, eine öde Wüste."

So erinnert sich der Unteroffizier Ernst Toller, Schriftsteller, Kriegsfreiwilliger und später Pazifist (Eine Jugend in Deutschland).

Auf der Festung Königstein inhaftierte Russen baden in der Elbe

15. Lautloses Zurücksinken

Pein

Quälende Ungewissheit im Winter 1915/16. Die unheimliche Veränderung an der Zunge. Der wachsende Argwohn dem eigenen Körper gegenüber. Die Pein nimmt zu, nimmt ab, nimmt zu. Zur Pein kommt die Peinlichkeit: der Mund des Mundwasserkönigs krank, ausgerechnet. Wie rasch ist so etwas geschäftsschädigend. Noch Jahre später ergötzen sich Schadenfreudige daran und erfinden Zusammenhänge.

„Es handelte sich um eine Erkrankung der Zunge und des Mundes, die den Ärzten bekannt ist, die zweifelsfrei diagnostiziert war und die an sich durchaus und ohne erhebliche Schwierigkeiten zu behandeln und heilbar ist", weiß Wollf. „Bedeutende Ärzte, Freunde Lingners, machten ihn frühzeitig darauf aufmerksam, dass diese Erkrankung durch eine kleine ungefährliche Operation fast mit Sicherheit beseitigt, dass die Krankheit aber ebenso bösartig werden könne, wenn sie nicht sachgemäß behandelt würde, und wenn er fortfahre zu rauchen."

Ein ernstes Wort, Exzellenz. Das Rauchen müssen Sie aufgeben. Die Havannas ...

Raucherleukoplakie? Eine Schleimhautveränderung, die sich in ihrer warzenartigen Form nicht mehr spontan zurückbilden wird. Sollte sich Lingners Schicksal an den paar Quadratzentimetern Zungenoberfläche erfüllen, wo die Havannas immer aufliegen?

Mutmaßlich *Raucherleukoplakie*.

Oder eine andere Leukoplakie? Der Mediziner Otto Neustätter, bis zuletzt in Lingners Nähe, schweigt sich aus. Wollfs Bericht ist der genaueste, aber alles kann er sich auch nicht erklären: Lingner „zögerte die ungefährliche Operation aus nicht recht erforschlichen Gründen hinaus". Und Georg Seiring sieht es im Rückblick so: „Die Tragik in Lingners Leben hat es bedingt, dass dieser Mensch, dem vor allem daran lag, die Entdeckung des Krebserregers fördernd zu erleben, dass dieser Mensch, einer der besten Gesundheitserzieher seiner Zeit, eine leicht zu heilende Krankheit am eigenen Körper vernachlässigte, die, wie er wusste, krebsartig sich entwickeln konnte."

Gefangen in seiner medizinischen Ideenwelt sieht sich Lingner offenbar als Opfer des „Krebsbazillus"–„allen Erfahrungen und seinen eigenen zum Trotz", wie Wollf anmerkt. Den Infektionskrankheiten galt seit jeher „seine ganze Leidenschaft".Dass sie jetzt rückläufig sind, darf er auch seinem eigenen Wirken zuschreiben. Doch anderes nimmt zu, Herz-Kreislauf-Probleme, Krebs. Man nennt sie Zivilisationskrankheiten. Endlich wird ein Termin gemacht. Der Patient erscheint nicht. Lingner setzt auf Radiumbestrahlung.

Radiumhoffnungen. 1903 wird Pierre Curie und Marie Curie, geb. Sklodowska, der Nobelpreis für Physik zugesprochen. Dem Ehepaar war es 1898 gelungen, Radium aus dem Uranpecherz zu isolieren. Das zweiwertige metallische Element der Ordnungszahl 88, Zerfallsprodukt des Urans, wird milligrammweise aus riesigen Mengen Pechblende herausgeholt. Das radioaktive Mineral ist pechschwarz, pechschwarze Warnung vor sich selbst. Und teuer: Curies Laboratorium besitzt gerade mal ein Gramm davon, Wert 100.000 Dollar.
Man ahnt seinen Nutzen für die Menschheit. In wenigen Jahren setzen Ärzte aus den USA, Frankreich, Schweden und Deutschland die vom Radium ausgehenden Gammastrahlen in der Medizin ein, vorab im Kampf gegen Krebszellen. Es gibt damals eine gewisse Euphorie, die Hoffnung, man könne mittels Bestrahlen, Bädern, Trinken, Inhalieren oder Einspritzen radioaktiver Salzlösungen die Menschheit von mancherlei Entzündlichem befreien.
Fortschrittliche Behörden werden auf das Thema aufmerksam. Es gibt Vorkommen im Erzgebirge. Die sächsische Regierung, bestrebt, die Ausbeutung solcher Schätze dem Bergregal zu unterstellen, schlägt den Ständen 1908 eine entsprechende „Verordnung, die Gewinnung und Verwertung des Radiums betreffend“ vor. Ihre Einschätzung: „Die radioaktiven Körper bergen Energiequellen, von denen zwar noch nicht abzusehen ist, in welchem Maße sie der Wissenschaft und dem Wohle der Menschheit schließlich werden dienstbar gemacht werden können, an deren weiterem Studium und an deren Verwertung aber die Allgemeinheit ein lebhaftes Interesse nimmt.“
Die medizinischen Erwartungen spitzen sich in der Frage zu, ob Radium bei einem Teil der Eingriffe das gefürchtete Messer ersetzen könne. So schreibt der Radiumspezialist Dr. Anton Sticker in der Presse von der ersehnten „milden Richtung“ der Chirurgie. Wie von einem Alb solle die Menschheit von den „schrecklich verstümmelnden Operationen“ befreit werden, die oft aus Angst vor dem Rückfall praktiziert würden. Die klassische Chirurgie bringe gerade mal ein Viertel Dauerheilungen zu Stande. „Verfolgt man augenblicklich die Kongresse“, fasst Sticker die Stimmung um 1913 zusammen, „so geht ein Optimismus durch die Reihen der Ärzte, der zurzeit unaufhaltsam erscheint.“

„Dann möchte ich Sie anfragen, ob Sie sich auch für Marterinstrumente interessieren“, schreibt im Februar 1916 ein Antiquitätenhändler nach Tarasp. Er habe dieser Tage ein hochinteressantes Stück erhalten: einen Zungenabschneider aus dem 17. Jahrhundert. Das Instrument sei einzig in seiner Arbeit und selten, der Preis betrage 250 Schweizer Franken. Die Zunge abschneiden, öffentlich, um die gehörige Breitenwirkung zu erzielen. Von all den Leibstrafen, die über Jahrhunderte Brauch waren, galt dies als mittlere Härte, zwischen der bloßen Züchtigung (Schläge, Peitschenhiebe usf.) einerseits und der Todesstrafe (hängen, rädern, vierteilen, lebendig begraben, ertränken, pfählen, verbrennen, köpfen etc.) andererseits.

Leibstrafen sind viele denkbar, und sie wurden nicht bloß gedacht: Abschneiden der Ohren, Ausstechen der Augen, Abhauen von Fingern oder der ganzen Hand, je nach Art des Verbrechens, je nach Größe der Schuld, das ließ sich fein differenzieren. Immerhin ging es gegen den Teufel, der das jeweilige Organ verführt hatte, im Falle der Zunge verführt zu Lüge oder Lästerung. Die Auffassung, dass man das Böse so bekämpfen müsse, ist manchenorts bis heute verbreitet und damit auch derlei Strafen.
Als der Anbieter nachlegt: „mit schöner Gravierung und geschnittener Arbeit, was Sie mit der Lupe gut sehen können", bekommt er zur Antwort, in Tarasp reflektiere man nicht auf diesen Gegenstand, wohl aber würden noch Türzieher und Leuchteraufhänger benötigt.

„**Die Zunge** ist eines der vielseitigsten Organe des Körpers. Sie ist aus sechs Muskeln aufgebaut und spielt eine wichtige Rolle beim Sprechen und Essen – nicht nur durch ihre Beweglichkeit, sondern auch als ein Sitz des Geschmacks- und des Tastsinns. Sie lässt uns das Essen genießen, warnt aber auch vor möglichen Verletzungen und Schäden, denn sie reagiert bei allzu heißen Speisen mit Schmerz und bei verdorbenem Essen, indem sie Ekel hervorruft.
Als muskulöses Werkzeug zieht die Zunge die Speisen in den Mund, schiebt sie zwischen die Zähne und formt danach den Speisebrei zu einem Klumpen, der hinuntergeschluckt werden kann. Indem sich die Zunge nach oben und nach hinten bewegt und gegen den harten Daumen drückt, transportiert sie den Klumpen zum Schlund und in die Speiseröhre.
Zum größten Teil besteht die Zunge aus Muskelgewebe. Auf der Oberseite ist sie mit einer dicken Schleimhaut überzogen, auf der Tausende von winzigen Warzen, so genannten Papillen, sitzen. Im Innern dieser Papillen befinden sich die Sinnesorgane und Nerven für den Geschmackssinn und das Tastgefühl" (Geheimnisse und Wunder des menschlichen Körpers, Fragen und Antworten für die ganze Familie, Das Beste aus Reader's Digest, 1988).

Nochmals Radium. Die Sache mit den Strahlenschäden dämpft die Hoffnungen. Strahl statt Stahl gegen böse Geschwülste – nur, wie viel Strahl soll es sein, damit eine Wirkung möglich, gesundes Gewebe aber nicht beschädigt wird? Alles steht am Anfang, die Methoden, die Geräte, die Erfahrungen der Ärzte, und es mangelt an Fachkräften.
Um die Wirkung der geheimnisvollen Strahlen den Laien zu erklären, greifen Fachleute zum Bild des Geschosses: Alphastrahlen entsprächen in etwa dem Schrot, Gammastrahlen einem Blei-Vollmantelgeschoss. Hauptproblem sei, die obere Grenze der Dosierung zu finden. „Nicht immer wurde diese Klippe vermieden, und Fälle von Überdosierung und ihren schweren Folgen sind in letzter Zeit mehrfach mitgeteilt worden", kann man in der Presse lesen. Von millimetergenauer Bestrahlung ist man weit entfernt.

Dass das mitbestrahlte gesunde Gewebe ebenfalls betroffen wird, sah man rasch; wie dies zu vermeiden wäre, blieb ein Dauerthema. Später wird man wissen, dass auch Unterdosierung das Zellwachstum beschleunigen kann und dass die Wirkung von der zeitlichen und räumlichen Strahlenverteilung abhängt.
Der schreibende Arzt Dr. Sticker bringt den sozialen Gesichtspunkt zur Sprache und stößt sich daran, dass die ärmeren Schichten kaum Zugang zu dieser Spitzenmedizin haben. „Es ist nicht genug, dass die Reichsten sich bei dem schrecklichen Leiden den Luxus der Radiumbehandlung leisten können, indem sie die wenigen Radiuminstitute der Welt aufsuchen."
Karl August Lingner kann.

„Einen furchtbaren Irrtum" nennen es Lingners Freunde. Doch ist der Entscheid zur Radiumbehandlung so abwegig? Die neue Therapie gilt damals als besonders geeignet zur Einführung in Körperhöhlen wie Mund, Kehlkopf, Magen etc. und zur Zerstörung von Krebszellen in Haut und Schleimhaut.
Dass er ein hohes Risiko einging, wird Lingner gewusst haben, doch niedrig wäre es auch bei der herkömmlichen chirurgischen Methode nicht gewesen. Oder nicht mehr: Das lange Warten hatte wohl das Geschwür anwachsen lassen, und da schien die „saubere" Radiummethode die bessere Lösung zu sein als ein Schnitt unbestimmbaren Ausmaßes. Schmerzen, Angst und Depression tun ein Übriges, den kranken Mann zu diesem Strohhalm greifen zu lassen.
Doch die Gammastrahlen lassen sich nicht einfach an die Kette legen. Die Folgen im Falle Lingners sind schwerwiegend: maligne Entartung, bösartiges Zellwachstum. So wenigstens sehen es die meisten Beobachter. Das Crescendo der Zellen entzieht sich offenbar jeder Einflussnahme. Nach heutigem Wissensstand denkbar ist freilich auch eine schwere Entzündung oder Verbrennung als direkte Folge der übermäßigen Bestrahlung.
Lingner stellt sich auf einen schweren Eingriff an der Zunge ein und ist auf das Äußerste gefasst. Die Havannas wird er aufgegeben haben. Dass er bei dem versagt, was er stets lehrte: dass man den Körper kennen und die Verrichtungen des täglichen Lebens mit dem Willen kontrollieren müsse, um gesund zu bleiben, auch in Sachen „Genuss- und Reizmittel", mag man ihm nicht vorhalten. Aber niemand versteht, warum er so spät zum Arzt geht, gar einen Operationstermin platzen lässt, er, der auf die wissenschaftliche Medizin eingeschworen ist und immer schon den Arztbesuch empfohlen hat. Möglicherweise war schon durch den zu späten Zeitpunkt sein Schicksal besiegelt.

Es folgt ein geordneter Rückzug. Neustätter staunt: „Was Lingner in dieser Situation gelitten, in welch männlicher Fassung und mit welch unbeirrtem Festhalten an seiner Arbeit er diesem Schicksal entgegengesehen hat, das war bewundernswert."

Am 20. April 1916 schreibt er an Ostwald: „Ich habe das Gefühl, dass Sie sich als Aufsichtsratsmitglied eines geschäftlichen Unternehmens nicht so recht wohl fühlen." Ostwald antwortet: „Sie haben vollkommen Recht." Der Nobelpreisträger wird aus dem Aufsichtsrat zurücktreten.

Im Mai nimmt Lingner bewusst Abschied. Er besucht die Hoftheater, unternimmt Streifzüge durch den blühenden, duftenden, zwitschernden Albrechtsberg. Besonders erfreut ihn der Abhang zur Elbe, wo in scheinbar natürlicher Wildheit und Vielfalt Blumen blühen, Obst heranwächst, Tauben gurren, Sitzbänke locken, die Elbe nahe ist. Da will er begraben sein. Seinem Diener soll er den Ort der künftigen Grabstätte gezeigt haben, der Pfarrer erzählt es später. Dass er seine geliebten Tiere, die ihn wahrscheinlich überleben werden, nochmals alle besucht, insbesondere der Affenfamilie adieu sagt, unterliegt kaum einem Zweifel.

In Tarasp wundert man sich, dass der Osterbesuch ausbleibt, doch habe die Exzellenz gut daran getan, denn das Wetter war schlecht. Architekt Kosenbach unterschreibt nun das Nötigste „in Vollmacht für Seine Exzellenz". Was ihm ziemlich ungewohnt vorkommt.

Karl August Lingner in späteren Jahren

Das Testament, ein telefonbuchdickes Schriftstück, erhält seine endgültige Fassung und wird am 22. Mai 1916 vom Königlichen Amtsgericht Dresden beglaubigt. Das ist ein Montag. Selben Tages oder am nächsten Morgen muss Lingner dann nach Berlin gefahren sein.

Die zwei Herren auf dem Bahnsteig stehen einander erschüttert gegenüber, denn beide nehmen an, dass ihr Abschied ein Abschied für immer sei. Der eine hat aufgehört, den Ernst der Lage zu verheimlichen, der andere nimmt in diesen paar Minuten einen Auftrag entgegen, welcher den Rest seines Lebens schicksalhaft prägen wird. Georg Seiring notiert später: „Als ich Lingner, der nach Berlin zur Operation fuhr, zur Bahn begleitete und von ihm Abschied nahm, da habe ich ihm in die Hand gelobt, sein Lebenswerk in seinem Sinne weiterzuführen. Da habe ich das erste Mal den starken Mann mit Tränen in den Augen gesehen." Lingner vertraut nach einem Jahrzehnt der Zusammenarbeit

dem erst Dreiunddreißigjährigen voll und ganz, er kennt ihn als tatkräftig, zuverlässig, diskret und geeignet, die hygienischen Bemühungen an seiner Statt weiterzuführen. Ins Testament geschrieben hat er einen solchen Auftrag zwar nicht ausdrücklich, Seiring jedoch eine Schlüsselrolle bei der Nachlassverwaltung zugewiesen.
Das Drama nimmt seinen Lauf. Eigentlich fährt der Patient vorerst nur zum „Probeschnitt", einer kleinen Entnahme von Gewebe, nach Berlin, wahrscheinlich in die Chirurgische Universitätsklinik.
Es ist die Zeit, da das deutsche Volk den Krieg immer stärker als sinnlos empfindet und Leid und Trauer sich über alles legen. Andererseits wächst die Wut an den blutenden Fronten, wo man sich zwar knapp behauptet, die Gegenkräfte aber ständig wachsen sieht. Es ist die Zeit des U-Boot-Krieges und die Zeit der deutsch-französischen Hölle von Verdun, wo Hunderttausende Menschenleben vernichtet werden. Der Patient wird diese Geschehnisse, die seinen Pessimismus von damals grausig bestätigen, noch ein Stück weit verfolgt haben.

Am 25. Mai 1916 schreibt Lingner seiner früheren Lebenspartnerin Julia Serda, Mutter des gemeinsamen Kindes Charlotte, aus der Berliner Klinik: „Herzlichen Dank für die schönen Blumen und die lieben Worte. Ein Besuch hätte mir tatsächlich zu große Aufregung gebracht, die ich so weit wie möglich vor der sehr gefährlichen Operation vermeiden soll. Du hast keine Vorstellung von dem, was ich in den wenigen Tagen seit Dienstag seelisch und psychisch durchgemacht und erlebt habe. Die Ärzte sprachen von einem kleinen Probeschnitt, eine Sache, die in ein paar Secunden abgemacht sei, dazu auch noch durch Cocain schmerzlos gemacht – also nichts. Ich könnte gleich nach Hause gehen. Anstatt dessen: Als der Chirurg das Messer ansetzt, überlegt er sich, will´s lieber nicht spritzen, es könnte unnöthig Schwellungen geben, also keine Schmerzstillung. Dann sagt ihm der Anatom, der das Stückchen untersuchen soll, er möge um sicher zu gehen, ein möglichst großes Stück ausschneiden. Nun setzt er das Messer an, ich höre es förmlich sich versenken, noch einen Querschnitt – eine klaffende Wunde. Die Wunde ist zu groß gerathen, um sie sich zur Heilung selbst zu überlassen. Sie muss genäht werden. Er setzt zwei Mal die schwere Nähzange an. Beide Male reißt der Faden. Er lässt die Wunde nun doch offen. Ich muss in der Klinik bleiben. Die Wunde blutet in einem fort, trotz aller Tamponierungen. Abends kommt der Professor. Wollen doch lieber nähen. Und nun kommt bei hellem Bewusstsein, ohne jede Narkose oder Schmerzstillung, eine fürchterliche Operation (...) Drei Mal wird eingeschnitten. Ich fiel einmal beinahe in Ohnmacht. Und alles Folge der ‚kleinen' Probe ... Es war furchtbar. Habe so etwas noch nie erlebt.
Im Übrigen werde ich gut verpflegt. Katholische Schwestern. Prächtige Menschen.
Ich leide natürlich furchtbar innerlich, dass mir, der der Arztwelt u. der Menschheit so viel geschenkt hat, gerade im gesundheitlichen, so ein blitzartiger Sturz beschieden

werden sollte. So eine einfache Sache. Wäre ich ein armer Mann, wäre ich gesund (...) Herzl. Gruß noch an Lotti."
Am Rand: „Da ich sehr wenig schreiben soll, bitte ich Dich, mir entweder eine Abschrift dieses Briefes zu senden oder den Brief selbst."
Das ist nach dem Weltkriegsdebakel Lingners zweite große Desillusionierung: die Demontage des hohen Bildes von Medizin und Arztberuf. Zu Recht? Zu Unrecht? Die chirurgischen Maßnahmen seien an sich verständlich, bezeugen heutige Fachärzte, allerdings von einigem Missgeschick begleitet. „So eine einfache Sache" ist dieser Eingriff jedenfalls mit Sicherheit nicht (mehr).

Eines der letzten Bilder von Karl August Lingner

Das Franziskus-Sanatorium in Berlin, Burggrafenstraße 1, wird zum letzten Aufenthaltsort, eine noch junge Privatklinik, welche rasch zur Institution der besseren Kreise aufrückte. Die schätzen das Belegarztsystem, die standesgemäße Versorgung, die moderne technische Ausstattung und die ausgezeichnete Krankenpflege durch die Franziskanerinnen vom hl. Märtyrer Georg zu Thuine. Zu Zeiten von Lingners Aufenthalt hat das Haus rund 120 Betten; gleichzeitig ist ein Kriegslazarett untergebracht.
Eine Woche nach dem Probeschnitt-Debakel. Die Gewebeuntersuchung hat die Bösartigkeit des Geschwürs bestätigt. Es folgen Tage voller Spannung, Lingner kann kaum mehr sprechen, verständigt sich mit Hilfe von Notizzetteln. Entsetzliche Schmerzen machen die Nächte zur Hölle. „Ich bin am meisten erschüttert darüber, dass der Mensch solche Schmerzen aushalten kann, ohne an dem Schmerz zu sterben. Ich habe nur den einzigen Wunsch, unter allen Umständen von dieser Qual erlöst zu werden", hatte er früher schon gegenüber Wollf bemerkt. „Ja, und dass es gelingt, diese furchtbare Krankheit auszurotten." Krebsbazillus, Lingner bleibt dabei.
Es folgen der Abschied von den engsten Freunden, Notizen mit letztwilligen Verfügungen, ein paar Briefe, an die Geschwister, an den Oberhofprediger, und bereits hat auch die Reichskanzlei ein Schreiben bekommen, des Inhalts, es könnte mit dem Unternehmen Voßstraße bald zu Ende sein.

Franziskus-Krankenhaus in Berlin

Dann der letzte Versuch: Totalentfernung der Zunge und der Speicheldrüsen. Allgemein nimmt man an, dass es August Bier war, einer der besten Chirurgen Deutschlands, der diesen Eingriff vornahm, am Dienstag, dem 30. Mai 1916.
Wollf: „Dass dies geschehen müsse, wusste er. Keinen Augenblick hatte er sich verhehlt, wie winzig klein die Möglichkeit einer Rettung geblieben war."

„Mein sehr verehrter lieber Herr Oberhofprediger" – einer der letzten Briefe Lingners aus der Klinik geht an den Dresdner Pfarrer Friedrich.
„Ich habe mich morgen einer gefährlichen Operation zu unterziehen und hatte den Wunsch mich vorher Ihnen zu eröffnen; meine Ärzte würden das aber der Aufregung wegen nicht zugelassen haben. Meine Zuneigung und mein Vertrauen zu Ihnen persönlich werden Sie bemerkt haben (...).

Ich habe in meinem Testament bestimmt, Sie zu bitten, an meinem Grab zu sprechen. Ich würde Ihnen dankbar sein, wenn Sie dieser Bitte entsprechen würden.
Meine Laufbahn ist ja bekannt. Über mein Verhältnis zu den Menschen können am besten diejenigen Auskunft geben, die mit und unter mir gearbeitet haben und die in meinen Diensten gestanden haben.
Aber über mein Verhältnis zu Gott muss ich Ihnen einiges sagen. Ich habe mich wenig um die äußeren kirchlichen Angelegenheiten bekümmert, bin auch wenig in der Kirche gewesen. Ein Hauptgrund lag in der Personenfrage. Verschiedene Predigten erzielten in mir ganz andere Wirkungen als beabsichtigt. Trotzdem glaube ich aber als guter, gläubiger, gottesfürchtiger Mensch gelebt zu haben. Auch in meiner jetzigen, wahrhaft tragischen Schicksals-Wendung (ich, der den Ärzten so viel gegeben, gehe an der Ungeschicklichkeit und der Nachlässigkeit der behandelnden Ärzte zu Grunde. Mein Diener Frahm u. Herr Dr. Neustätter können darüber Auskunft geben) finde ich Zuflucht u. Trost in dem Gedanken, Gott hat es so bestimmt, und ruhig und ergeben ertrage ich mein Geschick.
Ich habe versucht, Gutes zu tun, wo ich nur konnte. Auch in meinem letzten Willen habe ich mich bestrebt, das Beste zu finden.
Wo ich gefehlt habe, wird mir Strafe werden. Ich glaube aber aufrichtig, dass ich wissentlich nicht böse gehandelt habe. Ich verzeihe Allen, die mir Übles angethan haben, und bitte meinerseits Alle, die ich gekränkt haben sollte, um Vergebung.

Vieles zu schaffen hatte ich mir noch vorgenommen. Dein Wille geschehe!

29.5.1916
Dr. Lingner"

Der Gewünschte ist, weil für vier Wochen „nach dem östlichen Kriegsschauplatze" abgereist, nicht erreichbar. So sind jetzt die Zeiten.
Wollfs Biografie zitiert übrigens aus diesem Brief, aber lässt den Klammersatz mit dem Vorwurf an die Ärzte weg. Der Autor wird seine Gründe gehabt haben. Ob Lingners Empörung berechtigt ist, ist nicht zu ermitteln; immerhin nennt er zwei lebende Zeugen beim Namen.

„Als er sich nun so furchtbar verstümmelt und der Sprache beraubt wiederfand, erinnerte er sich alsbald eines Falles, den er aus der medizinischen Literatur kannte, einer vielleicht nicht ganz zuverlässigen Darstellung, nach der ein Mann nach einer Exzision der Zunge sich durch eine eigenartige Prothese die Möglichkeit sprachlicher Verständigung geschaffen habe" (Neustätter). Lingner will ihn an sein Krankenbett einladen.
Es ist die Zeit der künstlichen Gliedmaßen. Ferdinand Sauerbruch forscht an der „will-

kürlich bewegbaren künstlichen Hand", welche an verbliebene Muskeln und Sehnen anzuschließen wäre. Der Weltkrieg hat den Bedarf nach solchen Greifmechanismen gewaltig anschwellen lassen, weil die natürlichen Hände, Arme, Füße etc. hunderttausendfach von den zugehörigen Leibern weggeschossen, weggesprengt oder weggehackt werden. Am Ende des Krieges werden in Europa Millionen Menschen verwundet und verstümmelt weiter leben. Es blüht die Prothesenkunst – aber eine Zungenprothese?
An Erfolgsmeldungen mangelt es nicht. So wird etwa ein Soldat beschrieben, der von sechs Kugeln durchbohrt war und die rechte Gesichtshälfte samt Zähnen, Gaumen und Auge eingebüßt habe. Er trage nun mit Geschick sein Glasauge und warte nur noch „auf den künstlichen Gaumeneinsatz, der ihm das richtige Sprechen ermöglicht, um nach der Front zurückzukehren" – gewiss ein anderer Fall. Aber er wirft ein Licht auf eine Medizin, die infolge des Krieges mit völlig neuen und extremen Problemstellungen konfrontiert ist und die, dem damaligen Stand des medizinischen Könnens entsprechend, auch vielfach Lösungen findet. Was weitere Hoffnungen nährt. Selbst die auf eine künstliche Zunge.
2004. Triumph der Mikrochirurgie: Von einer Schweizer Patientin wird berichtet, einer Raucherin, die ein Zungenkarzinom hatte, welches radikal operiert werden musste, mit Abtragung der halben Zunge und des Mundbodens. Der Defekt wurde sodann mit einem Transplantat vom Vorderarm gedeckt, einem Hautpräparat mit versorgender Arterie und Vene. Dieses wuchs sehr schön ein und gab der Patientin eine fast normale Zungenfunktion zurück, sodass sie heute weitgehend problemlos sprechen, essen und schlucken kann. Aber eine vollständige Zungenprothese, wie sie Lingner sich erhoffte, ist nach Aussage der beteiligten Ärzte bis zum heutigen Tag nicht möglich.

Zu Ende

Der Patient schöpft Hoffnung, bäumt sich in den ersten Junitagen nochmals auf. Umfang und Art der Operation sollen in Dresden nicht bekannt werden. In den Betrieben ja nichts ändern! Zur Lenkung der täglichen Geschäfte vom Spitalbett aus ist rasch eine Kurzschrift erfunden. So wäre unter Umständen weiterzuleben. Zurückgezogen, abgeschottet vor der Neugier der Menschen, aber einflussreich aus den Kulissen agierend. Vielleicht in der Tarasper Gebirgsfestung?
Am Montag, 5. Juni 1916, hätten Aufsichtsratssitzung und Generalversammlung der Aktiengesellschaft stattfinden sollen.
Doch an diesem Tag, um 10.30 Uhr, stirbt Karl August Lingner, während des Besuches des Arztes und des Verbandwechsels. Als Todesursache wird plötzlicher Herztod angegeben.

Nicht wenige Gesprächspartner des Biografen, die in irgendeiner verwandt- oder bekanntschaftlichen Verbindung zu Lingner stehen, haben sich angesichts der schrecklichen Schmerzen, der Enttäuschung mit den Ärzten und der Aussichtslosigkeit einer Heilung, verstärkt noch durch die kriegsbedingte Depression, nur einen Suizid vorstellen können oder haben solches sagen hören.
Belege dafür hat keiner nennen können. Natürlich ist vorstellbar, dass die Mentalität eines Gustav Stresemann, wie dessen Sohn sie schildert, auch auf Lingner zutrifft: „Er liebte das Leben, aber er hing nicht an ihm, wenn es ihm das nicht mehr geben konnte, was er von ihm erwartete. Mehrfach hatte er überlegt, ob er nicht einen ‚Giftring' tragen sollte, der genügend Gift enthielt, um das Leben zu beenden, falls er in eine für ihn unerträgliche Lage geraten sollte."
Nun, wir wissen nichts. Und falls es solcherlei Sterbehilfe gegeben hat, Lingner hätte sie perfekt organisiert.

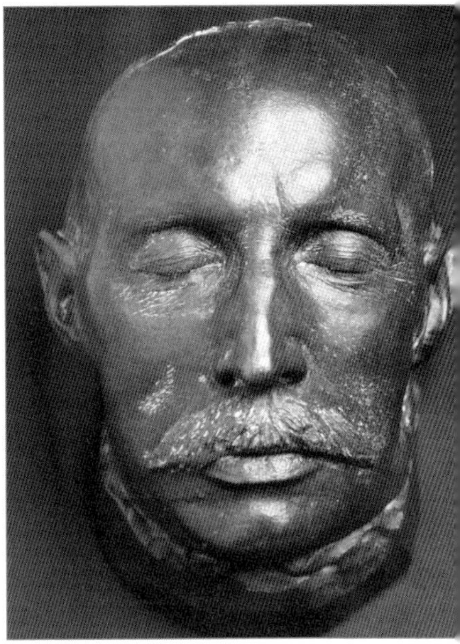
Bronzeguss nach der Totenmaske, 1916

Die Totenmaske zeigt ein friedliches, entspanntes Antlitz. Ein Lächeln ist nicht auszumachen, aber auch keine Schmerzfurchen. Etwas ist in diesem Gesicht, was mir schon einmal begegnet sein muss. Sind es die offenen, frohgemuten Züge des jungen Mannes auf dem Foto von 1893, am Beginn der großen Karriere, ein erwartungsvoller, lebendiger Mensch ohne Maske?
Und vielleicht lässt sich an dieser Stelle das Gleiche sagen, was am Ende des berühmtesten deutschen Weltkriegsromans über dessen Protagonisten, den einfachen Soldaten Paul Bäumer, gesagt wird: „Sein Gesicht hatte einen so gefassten Ausdruck, als wäre er beinahe zufrieden damit, dass es so gekommen war."

Trauer

Tarasp: Der Empfang für den Schlossherrn sollte alles Bisherige in den Schatten stellen. Der engere Mitarbeiterkreis hatte über dem Programm gebrütet: Es spielt die Dorfmusik von Schuls. Es singt der Männerchor Tarasp. Es zieht die Dorfbevölkerung im Fackelzug rund um den nächtlichen Wildsee. Und dann das Feuerwerk, das Schloss

im bengalischen Licht! Schon sind die Wachtposten bestimmt: Sie werden das Zeichen zum Auftakt geben, wenn Seine Exzellenz im Eisenbahnzug auf der gegenüberliegenden Talseite aus dem Tunnel ins Freie einbiegt, dort wo man plötzlich das Schloss erblickt. Just dann muss die erste Rakete in den Himmel steigen, das magische Licht die Mauern erleuchten.
Kosenbach überlässt das Lampenfieber seinen Leuten, der gelassene Mann ist bereit. Freilich hat ihn die „wilde Jagd und Bauhetze" reichlich Nerven gekostet. Mit einzelnen selbstherrlichen Fachleuten versteht er sich immer noch nicht, und wegen des Kriegs hat er ständig mit dem Mangel an Handwerkern und Material zu kämpfen.
Manchmal erinnert er sich Lingners Versprechen: Falls er dann und dann fertig sei mit dem Ganzen, kriege er eine Gratifikation, an die er lebenslang denken werde.
Bausekretär Vaia denkt jetzt öfter an seine Zukunft. Wie lange soll noch Krieg sein? Aus dem österreichischen Lazarett ist er geflohen, hat sich nach Tarasp durchgeschlagen. Die ersten Erfahrungen an der Ostfront reichten ihm vollauf: 48 Mann im Viehwagen, dann zu Fuß an den Feind, der Granatsplitter. Allzu gern bliebe er hier. Denn was würde für ihn nach Tarasp kommen in diesen unmöglichen Zeiten?

Aufbahrung im Orgelsaal des Lingner-Schlosses

Als der Posthalter am 5. Juni ein Telegramm auf den Hügel bringt, schaut kaum einer hin; über Jahre hat man ja hin und her telegrafiert, dass die Drähte glühten. Kosenbach überfliegt den Text und erbleicht. Mit zitternder Stimme wendet er sich an seine Mannschaft. „Es ist alles vergebens ... Lingner ist heute Morgen gestorben."
Die Männer sind wie gelähmt. Vaia schaut auf den Papierfetzen: „Exzellenz verschieden, bitte Trauerfahne hissen."
Trauerfahnen gibt's hier oben nicht.
Schier augenblicks erstirbt die Arbeit auf dem Hügel, keiner weiß, was geschehen wird. Die Baustelle droht sich aufzulösen, alles hing an dem einen. Vaia wird in Schuls schwarzen Stoff kaufen, seine Frau die Flagge auf der häuslichen Nähmaschine zurechtschneidern.
Kosenbach bleibt. Er hat die verrückten Termine eingehalten. Seine kleine Tochter Sophia geht im Dorf zur Schule. Als betagte Frau wird sie sich noch an Lingners Versprechen erinnern, an die Gratifikation – die ihr Vater nie bekommen hat.
Der Architekt schreibt erst einmal einen Brief an Lingners Bruder: „Sr. Hochwohlgeboren Herrn Oscar Lingner Dresden Kaitzer Straße. Zu dem unersetzlichen Verluste Sr. Excellenz Herrn Wirklichen Geheimen Rates Dr. K.A. Lingner erlaube ich mir mein tiefstes Beileid auszusprechen. Meinem unvergesslichen Bauherrn werde ich immer ehrend gedenken. In Hochachtung und Ergebenheit Robert Kosenbach Architekt Schloss Tarasp."

Vielleicht steht in Dresden ein Kind am Straßenrand wie jene Olga im Roman, der ein großes Begräbnis über den Weg lief. „'Wer es nur is?', dachte Olga, in deren Herzen etwas wie Neid aufkeimte, so schön begraben zu werden (...)" (Theodor Fontane, Stine).
Von der Überführung des Leichnams existieren etliche Fotografien. Sie bilden viel Schwarz ab, die Herren, die Pferde, die Wagen, die Bediensteten, alles schwarz und sehr vornehm. Auf einer der Szenen wird vor dem „Lingnerschloss" eben der Prunksarg auf den Prunkwagen gehievt.

Georg Seiring hat in gewohntem Gehorsam umgehend alle Geschäfts- und Privaträume des Verstorbenen versiegeln lassen. Damit soll zunächst Lingners Bruder Emil die *Ehrenaufgabe* ermöglicht werden, „sämtliche Privatbriefe und Privat-Photographien an sich zu nehmen (...) und sofort zu verbrennen", auf dass „jedwede Kompromittierung" ausgeschlossen sei. Die Brüder hatten dies zuvor auf Gegenseitigkeit ausgemacht, im Testament wird es nochmals eindringlich festgehalten („Das ganze Bureau Nossenerstr. muss durchstöbert werden").
„Er wusste seit Monaten, wie es um ihn stand, und er trug sein Leiden, sein unheilbares Leiden still und stark, ergeben in den Willen Gottes, der gerade in den letzten Lebens-

Der Sarg mit Karl August Lingner wird von der Villa Stockhausen zum Johannisfriedhof geleitet

monaten eures Bruders an seiner Seele gearbeitet und sie zu sich gezogen aus lauter Güte", sagt Pfarrer Kurt Warmuth zum engsten Kreis der Trauernden, die sich im blumengeschmückten Musiksaal des Palais Stockhausen zur Einsegnung versammelten. „Und er, der Herr dieses herrlichen Schlosses, liegt hier vor uns still und stumm ..." An der Orgel sitzt ein anderer Interpret als der gewohnte, es gruppiert sich der Kreuzchor. Die Stimmung ist gedrückt, und jeder ist voller heimlicher Fragen.
Auch die Dresdner Stadtverordneten würdigen ihren Ehrenbürger. Nachdem der Vorsitzende gesprochen hat, erheben sich alle von den Sitzen und gedenken still des Heimgegangenen.

Am Freitag, 9. Juni 1916, um 12 Uhr mittags folgen die Bestattungsfeierlichkeiten auf dem Johannisfriedhof, und der „merkwürdige Mensch" Karl August Lingner wird zu Grabe getragen. Die Flut der Kondolenzschreiben zeigt nochmals schlaglichtartig das weit gespannte Beziehungsnetz Lingners auf.

Mit dem ***Pour le Mérite*** schmückte der Kaiser einen der Nächsten, die auf dem Friedhof einziehen, den Studenten Max Immelmann. Siebzehn Abschüsse machen den „Adler von Lille" zum Idol der Massen. Doch der 150-PS-Doppeldecker stürzt ab (man sagt: von der eigenen Artillerie irrtümlich abgeschossen), der Leutnant kommt zu Tode. Ein triumphales Begräbnis ist ihm sicher, durch Dresdens Straßen wälzt sich ein langer Trauerzug.

Das Friedensinstitut in Berlin erlischt. Lingner hat nichts vorgekehrt, damit es nach seinem Tod weiterlebe. Jetzt bedanken sich einige Stellen von Reichskanzlei und Auswärtigem Amt in höflichen Schreiben, auch der Reichskanzler und der Außenminister persönlich.

Ist Lingners letztes mäzenatisches Unternehmen gescheitert? Er erreichte eine gewisse Zusammenarbeit mit Reichsämtern und Abgeordneten. Es war ein Zeichen in Richtung eines Verständigungsfriedens, eine bürgerliche Stimme für Vernunft und Nüchternheit, ohne dass gleich jemand Verrat rufen konnte. Solche Zeichen gab es viel zu wenige, man überließ das Feld dem rechten Radikalismus, und der war mit persönlicher Verunglimpfung rasch zur Hand. Noch 1918 schimpfte General Ludendorff selbst den sächsischen Kronprinzen einen Defätisten und verließ wortlos den Raum, als der zu einem Verständigungsfrieden raten wollte.

Am 8. Juni 1916 setzt das Institut Beileidsanzeigen für Lingner in die Presse, unterzeichnet von Professor Maas und Dr. Neustätter „für die Mitarbeiter an seinem Archiv" – eine genauere Bezeichnung wird vermieden. „Der Sicherung von Deutschlands Zukunft und Größe galt sein letztes Wirken. Das Begonnene auszubauen, hat ihm ein herbes Geschick versagt. Des zielsicheren, mit scharfem Blick die Notwendigkeiten der Zeit durchschauenden Leiters beraubt, trauern seine Mitarbeiter – um ihn und die Sache." Und die Mitarbeiter selbst senden Blumen und ein Telegramm nach Dresden, worin sie Lingner als geniale Persönlichkeit und vorbildlichen Schaffer rühmen. „Unvergesslicher Dank und wehmütige Erinnerung aller folgen ihm – die wissenschaftlichen Beamten – das Büropersonal des Instituts Voßstraße 11." Das Archiv wird schon im Juli an die Deutsche Nachrichten-Verkehrsgesellschaft mbH verkauft. Zu Unruhe kommt es, weil diese das Institut umgehend dem „Deutschen Nationalausschuss" zur Verfügung stellt, welcher im Dienst der Siegfrieden-Propaganda steht. In der Presse ist zu lesen, Lingner habe sein Archiv sämtlichen Gruppen und Parteien zur Verfügung stellen wollen, und wissenschaftliche Objektivität sei sein Leitstern gewesen. Eine Versündigung am Geiste Lingners sei es, wenn nun dieses Institut nur noch einer einzigen Auffassung diene.

Darauf verliert sich die Spur. Lingners Chance wäre vielleicht noch gekommen, denn seine Besorgnis wegen mangelnder Friedensvorbereitung war mehr als begründet. Knall auf Fall wird die Oberste Heeresleitung Ende September 1918 die Regierung zum Waffenstillstand drängen. Dass dieser dann ohne sinnvolle politische, psychologische und publizistische Vorbereitung in die Wege geleitet wird, verschlimmerte die deutsche Katastrophe. Und angesichts der tatsächlich folgenden Verträge wirkt Lingners Satz vom Frieden als Kunstwerk nur noch als ferne Utopie.

„Die Nachricht von dem Tode Ihres hochverehrten Herrn Bruders, dem ich gerade in den letzten Monaten näher treten konnte, hat mich umso mehr erschüttert, als ich wusste, welche weitgehenden Pläne ihn beschäftigten, und hoffte, ihm den Weg zum deutschen Botschafter, den er mit Recht erstrebte, mit ebnen zu können", schreibt Gustav Stresemann im Kondolenzbrief an die Hinterbliebenen.
Lingner als Quereinsteiger in die deutsche Diplomatie?
1910, in einer seiner ersten außenpolitischen Reden, hatte der junge nationalliberale Reichstagsabgeordnete Stresemann die deutsche Diplomatie heftig angegriffen. Seine Ausführungen erregten Aufsehen: Er wandte sich scharf gegen die Bevorzugung des Adels bei der Besetzung der wichtigsten diplomatischen Posten und wies darauf hin, dass im Ausland 138 adlige und nur 9 bürgerliche Diplomaten amten. Der Jungpolitiker, damals Industrie-Lobbyist in Sachsen, „verlangt grundsätzlich von den Diplomaten mehr kaufmännisches Verständnis, Sinn für die deutschen Exportinteressen, Hilfen für den starken Konkurrenzkampf deutscher Firmen gegenüber den Ausländern" (Wolfgang Stresemann, Mein Vater Gustav Stresemann). Im Sommer desselben Jahres haut er in einem Leitartikel der *Dresdner Neuesten Nachrichten* in dieselbe Kerbe. Lingner dürfte derlei Forderungen geteilt haben, und dass es darüber Café König-Gespräche gab, ist nicht unwahrscheinlich, wohnte doch Stresemann bis 1910 in Dresden.
In einem Nachruf schreibt Stresemann über Lingner: „So wie ihm das Herz voll von Plänen und Entwürfen war, so wie er davon Abschied nehmen musste, so haben auch andere von den Plänen Abschied genommen, die sie mit ihm hatten. Bei seiner Sprachgewandtheit, bei seiner Möglichkeit, sich in die Psyche der Völker zu versetzen, bei seiner Kenntnis der Massenwirkung auf die Volksseele wäre er einer der besten deutschen Diplomaten gewesen, um Deutschland in den Hauptstädten der Welt zu vertreten. Wenn das Wort von der Neuorientierung innerer Politik nicht Schall und Rauch ist, dann hätte ein solcher Mann einmal an einer solchen Stelle zeigen können, was er imstande wäre zu leisten, um die Völkerverbindung wieder herzustellen, die der Weltkrieg niedergebrochen hat."

Seine Exzellenz Dr. Karl August Ferdinand (von) Lingner, Wirklicher Geheimer Rat, Botschafter des Deutschen Reiches in Paris? Ein weiter entfernter Punkt zum elenden Mansardenbewohner in der Rue de la Tour d'Auvergne ist nicht mehr denkbar.
Dass Gustav Stresemann, der einflussreiche Abgeordnete, spätere Reichskanzler und Außenminister der Weimarer Republik, seinem bewunderten Freund eine solche Mission anvertraut hätte, darf man füglich annehmen.

16. Coda

Das Testament

Lingners letzter Wille ist auf nahezu einhundert Seiten festgehalten. Zentral sind die Lingner-Stiftung und die privaten Vermächtnisse; mit einer Million Mark wird ferner die Lingner-Familien-Stiftung gegründet, welche einem umschriebenen Kreis von Trägern des Lingner-Namens mittels Geldbeihilfen zu einer „besseren Lebenslage" verhelfen soll. In erster Linie geht es um Stipendien und rückzahlbare Ausbildungsdarlehen, in zweiter um die Linderung von Not: Lingner nennt gleich sechs Verwandte, vorab in Magdeburg lebend, die er schon bisher unterstützt hat.

Rund siebzig Seiten Vermächtnisse ... Das Schloss in der Schweiz an den König, das Elbschloss an die Stadt (wobei „ein Restaurant oder Café mit billigen Preisen" einzurichten wäre, denn der Erblasser wünscht „kein Etablissement für nur reiche Leute"). Die Geschwister macht er nach heutigem Geldwert zu Millionären, auch Nichte und Neffen werden sehr reich bedacht. Zu den stark Bevorzugten gehören Charlotte und Julia Serda, Nina Morton Humbert, Frida Hess und andere, während einige Freunde und enge Mitarbeiter eine mittlere Kategorie bilden. Auffällig die hohe Summe für Maria Rikkers in Holland, Tochter des Pariser Freundes Willem, ebenfalls für Freund Richard Seifert, der das Odol erfand. Eine Gewichtung ist insgesamt schwierig, weil auch viele Renten darunter sind, teils befristete und an Bedingungen gebundene, und weil die mit Aktien der Lingner-Werke Bedachten letzten Endes besser fahren als die Empfänger von Kriegsanleihen oder Staatspapieren (bei Lingners Tod soll die Hälfte des Aktienkapitals in bar und Papieren vorhanden gewesen sein). Krieg und Inflation werden vielen das Vermächtnis vermiesen und manche noch in den dreißiger Jahren um ein paar Tausend Mark kämpfen lassen.

Zahlreiche kleinere Summen werden verteilt, an bewährte Mitarbeiter, gute Bekannte, selbst Detektive befinden sich vermutlich darunter. Sämtliche „Beamte, Arbeiterinnen und Arbeiter" bekommen eine ansehnliche Gratifikation. Unter den Institutionen fallen die Universität Bern und die Hoftheater durch hohe Summen auf, ansehnlich auch der Schulschiffverein, mehrere Gewerbeverbände und Pressevereine, eindrucksvoll die Liste der bereits laufenden Stipendien, nicht zu vergessen die Königliche Gemäldegalerie, welche elf Werke bekommt, vorrangig von Stuck. Das Testament umfasst auch die Bücher, das Weinlager, die Garderobe, die Wohnungseinrichtungen, das Grab der Mutter und „mein eigenes Grab".

Den millionenschweren „Rest" kriegt die Lingner-Stiftung. Sie soll, aus den Zinsen, „in erster Linie die Mittel bieten, um meine Bestrebungen zur Hebung der Volksgesundheit und der Volksbildung durchzuführen": 1. die Säuglingsfürsorge im Königreich Sachsen nach Lingners hessischem Modell einrichten (1/4 der Einkünfte, falls der Staat die Hälfte der Summe dazulegt!); 2. die Dresdner Lesehalle stützen und für das Publikum gänzlich kostenfrei machen; 3. Einrichten einer Schulzahnklinik durch die Stadt; 4. Förderung der Desinfektorenschule; 5. Förderung der Volksgesundheit (1/3 der Einkünfte) durch Lehrmaterialien für den hygienischen Unterricht, Preisausschreiben („bestentwickelter Säugling", „hygienisch bestgehaltene Wohnung", „rationellste Familienernährung" usw.), alles an die breite Masse gerichtet: „Ich wünsche, dass die Leute zu der Ansicht gebracht werden, dass man auch mit ganz geringen Mitteln sehr gesund und gut leben kann" – Lingner bleibt dabei.
Die übrigen Mittel sind für das Hygiene-Museum bestimmt, vorausgesetzt, dass Staat und Stadt ihre Zusagen einhalten und „dass das Reich wie dem Deutschen Museum in München auch uns mindestens 50.000 Mk jährlichen Beitrag gewährt". Abschließend ernennt Lingner den Verwaltungsrat – mit dem sächsischen Innenminister an der Spitze.

Was die Firmen angeht, so empfiehlt der Erblasser, den Aktienbesitz möglichst bald zu veräußern, ebenso die Firmen, die in seinem Privatbesitz sind: die Odol Chemical Works London, das Sächsische Serumwerk und die Desinfektions-Zentrale in Berlin.

Krieg

„Zu laut, zu lustig, zu frech" findet Stefan Zweig das Treiben der Highsociety in St. Moritz im Kriegswinter 1916/17. Es treffe sich im Nobelkurort der Restbestand an Sorglosen aus aller Welt und tue so, als ob nichts wäre. Doch draußen ist das größte Morden aller Zeiten. St. Moritz als letzte Trutzburg einer schwindenden Spezies, „seit Jahrzehnten trainiert auf den vornehmen Müßiggang".
Abends ist Maskenball. „Europa stürzt in Trümmer. Die Zigeunerkapelle fiedelt. Zehntausend Menschen sterben jeden Tag. Das Diner ist zu Ende, der Maskenball beginnt. Witwen sitzen frierend in allen Gemächern der Welt. Mit nackten Schultern tritt eine Marquise vor, ein maskierter Chinese ihr gegenüber. Masken und Masken strömen herein. Und wirklich, sie sind wahr. Nirgends ein menschliches Gesicht unter ihnen. Die Spiegelleuchter brennen, der Tanz hebt an. Süße weiche Takte, indes irgendwo jetzt Schiffe in die Tiefe fahren und Gräben gestürmt werden. Die Sorglosen tanzen den Mummenschanz der Nationen" (Stefan Zweig, Die schlaflose Welt).
Zur Gattung der vornehmen Nichtstuer hatte Lingner trotz allem Luxus nicht gehört.

Die Jacht

Die „Tarasp" erregt ein letztes Mal Aufsehen, im Jahr nach Lingners Tod – indem sie sinkt. Das kam so: Das Schiff wurde wie viele private Motorboote im Weltkrieg von der Marine *in Anspruch genommen* (das heißt: requiriert). Sie war der III. Suchhalbflottille zugeteilt, die in der Bucht von Riga mit dem Aufspüren von Minen beauftragt war. Die gefundenen minenfreien Durchfahrten sollten verbreitert, vertieft und mit Bojen markiert werden.

Im Zusammenhang der östlichen Kriegsoperationen figurieren diese Anstrengungen als „Sicherung der baltischen Inseln". Eigentlich sind sie Teil jener Eroberungspolitik der letzten Stunde, in welcher das Deutsche Reich dem geschwächten Russland noch abnimmt, was an Beute zu erraffen ist. Im September war Riga erobert worden, im Oktober einige Inseln, darunter Moon, die Frontlinie zog sich dann durch die Bucht von Riga.

Am 29. Oktober 1917 läuft das Mutterschiff der Halbflottille, die „Primula", welche die Fahrwasserbojen an Bord hat, aus Arensburg (Kuressare) aus, im Schlepp die „Tarasp" und die „Grete", wohl um Treibstoff zu sparen und die Motoren zu schonen. Da geschieht schon das Unglück, welches Korvettenkapitän Goethe im Geheimen Kriegstagebuch wie folgt schildert: „Primula versuchte mit Motorboot Grete und Tarasp nach Moonsund nachzukommen. Hierbei kenterte Tarasp außerhalb der Netzsperre Arensburg und ging später unter in 58 Grad 6 Minuten N und 22 Grad 24,9 Minuten O. 2 seem. Unteroffiziere und 1 Matrose von Tarasp fanden hierbei ihren Tod."

Die Untersuchung ergibt einen Steuerfehler auf der „Tarasp". „Nach Aussage der Besatzung des Bootes ‚Grete' schoor ‚Tarasp' ganz plötzlich hart aus und kenterte auch sofort." Da die Besatzung tot war, konnte man den Hergang nicht rekonstruieren. Vermutlich wurde die „Tarasp" durch die Leine unter Wasser gezogen („untergeschnitten").

So verschwand Lingners Luxusjacht in den Fluten und verweigerte ihrem Obersten Kriegsherrn jede weitere Zusammenarbeit.

In jenen Tagen fegt bereits der Sturm der Revolution über St. Petersburg. Krieg und Revolution sind eben Zwillinge. Was Lingner im Herbst 1914 schaute, tritt ein: dass es erstens mit diesem Krieg für Deutschland schief laufen und zweitens mit den Thronen aus sein wird. Das schöne Schiff wurde nicht geborgen und liegt noch auf dem Meeresgrund.

Die Orgel

Bitte sich auf die Schlossräume verteilen! Die fertige Tarasper Orgel muss eine Prüfung bestehen. Nach den Abklärungen, „ob die Ausführung in allen Teilen eine mustergültige" ist, schickt der zugezogene Gutachter mehrere Personen aus dem Festsaal

hinaus in die weiteren Räume und in den Hof, um die musikalische Wirkung auch dort zu testen. Damit tut er jener Klausel im Vertrag mit Orgelbauer Jehmlich Genüge, die auf den ersten Blick unverständlich erscheint: Der Meister habe in puncto Intonation und Klangfülle auch die anliegenden Räume mit zu bedenken. Offensichtlich soll die „Salonorgel" den Salon sprengen? Tatsächlich: Schallöffnungen, Türchen und verborgene Schächte sorgen dafür, dass die Klänge sich ins Gebäude hinaus entfalten können.
Betrachtet man den Charakter, die Kraft und die Anlage dieses Instruments, außerdem Lingners Freude am gehobenen Feiern, dann zeichnet sich eine Konzeption ab: Ein „klingendes Schloss" sollte es werden, Lingner muss ein Gesamtkunstwerk vor Augen gehabt haben, wo Raum und Klang immer neu ein harmonisches Ganzes erwirken.
„Jede einzelne Stimme erhielt in schönster Weise ihren ihr zugedachten vornehmen Charakter und möchte ich nicht unterlassen, der Intonation im Ganzen überhaupt das höchste Lob auszusprechen", schreibt der Gutachter. Es handle sich „um eine Arbeit allerersten Ranges, die der betreffenden Firma zu hoher Ehre gereicht".
Eine Meisterleistung, und vielleicht haben die Beteiligten trotz der traurigen Umstände eine der fünfhundert Wein- oder der tausend Champagnerflaschen aus dem Felsenkeller geholt und auf das Prachtinstrument angestoßen.

Unmerkliches sommerliches Einnachten, fast neunzig Jahre später. Die Gäste sind zahlreich zum Orgelabend auf Schloss Tarasp erschienen. Der Organist hat sich darauf eingelassen, Lingnersches Repertoire, soweit bekannt, zu spielen. So hörst du Beethoven, Händel, Wagner, Emporwogendes und Hingebungsvolles, Besänftigendes und Kämpferisches, und du versinkst in diesen Klängen, staunst über dieses Instrument, und dann wendest du einmal den Kopf zu den Bergen vor dem Fenster, wo die Natur ihre blaue Stunde abhält, zu den zeitlosen Bergen, die du gar nicht erwartet hast vor den Fenstern, denn sonst haben ja Konzertsäle kaum Fenster oder es gibt draußen keine Berge.
Es muss Lingners große Sehnsucht gewesen sein, in dieser Urlandschaft an dieser Orgel zu sitzen, umgeben von Kunst, Schönheit, Freunden ... „Mich drängts, dass ich dort hinkomm schnell. / Ist doch der einzige Ort in der Welt, / Wo nichts mir meine Lust vergällt" ...? (Hugo von Hofmannsthal, Jedermann). Trotz allen Drängens, es reichte nicht.
Die Orgel sitzt im Zentrum des weitläufigen Gebäudes, sodass man unweigerlich ans Herz denken muss – die Orgel ist als das Herz gedacht, und nachdem dieses eingepflanzt war, konnte die Rückeroberung der Burg als vollzogen gelten. Die Kunst hat ihren Platz wieder eingenommen, die Wildheit ist in die Schranken gewiesen.
Wärst du Lingners Gast, würden dich die Orgelklänge noch beim Zubettgehen begleiten, und bestimmt würdest du am Morgen in deiner Kemenate damit geweckt.

Das Elbschloss stand lange leer, Lingners Wunsch wurde nicht umgesetzt. Die Orgel wurde aus Mitteln der Günz-Stiftung restauriert; ab 1931 fanden zahlreiche Chor-, Orgel- und Instrumentalkonzerte statt. Eine Zeit lang war eine Kinderheilstätte eingerichtet, dann ein Studentenwohnheim. Einquartierte Soldaten der Roten Armee zerstörten Inventar und Orgel. Später ließ sich die Sowjetische Militäradministration in den Schlössern nieder. Ab 1956 wurde das Innere der Lingner-Villa für Klubzwecke umgestaltet (ab 1966: Dresdner Klub der Intelligenz im Kulturbund der DDR). Neue Restaurierungsbemühungen geben neuen Anlass zu Hoffnung für dieses einmalig gelegene Bauwerk.

Schloss Tarasp ging, nachdem König Friedrich August von Sachsen das Erbe abgelehnt hatte, an den Großherzog von Hessen, den Lingner persönlich kannte. Dazwischen lagen Monate der Ungewissheit über das Schicksal der herrenlosen Burg. Auf den 1. Januar 1917 bestätigt der Hof in Darmstadt die Annahme des Erbes. „Ein höchst wunderlicher Erbfall, in sich eine Novelle", hält Golo Mann dazu fest. Lingner hatte sich im nüchternen Testament sogar eine persönliche Bemerkung erlaubt: „Es ist ein köstlicher Besitz." Infolge Krieg, Revolution und Visumproblemen kann die großherzogliche Familie Tarasp erst im Sommer 1919 besuchen. Seither hat sie das Schloss als Touristenattraktion und Urlaubsdomizil gehalten, welches fast ebenso lang von der einheimischen Familie Fanzun betreut wird. Unvergessen ist in Tarasp vor allem Prinzessin Margaret von Hessen und bei Rhein (1913-1997). 2005 gab es Hinweise, dass der Erbe Schloss Tarasp verkaufen möchte. Es gilt als eine der schönsten Burgen der Schweiz und als Kulturdenkmal von nationaler Bedeutung.

Die großherzogliche Familie von Hessen als Erben von Schloss Tarasp

Die Villa Leubnitzer Straße 30 erlebte Leerstand und Umnutzung, diente zeitweise einer Studentenverbindung, in den fünfziger Jahren als Kfz-Werkstatt, dann dem Dresdner Flughafen als Stadtbüro, schließlich als Sitz der Bank für Land- und Nahrungsgüterwirtschaft. In neuester Zeit fand eine umfassende Restaurierung statt; in der Villa sind heute mehrere Wohnungen und Gewerberäume untergebracht.

Das Nationale-Hygiene-Museum ließ lange auf sich warten. Der Krieg, die wirtschaftliche Notzeit und die Inflation machten den hochfliegenden Plänen Lingners fast den Garaus. Der Überschuss der IHA ging verloren, die Lingner-Stiftung konnte nur einen kleinen Teil ihres Vermögens retten und die öffentliche Hand war leer. Mit der Produktion von hochwertigen Lehrmitteln wie Bildtafeln, Moulagen, Präparaten, Lichtbildern und Filmen, Wanderausstellungen im In- und Ausland und enormem Einsatz der Mitarbeiterschaft und Georg Seirings konnte man das Unternehmen einigermaßen konsolidieren. Ab 1924 gibt es wieder feste Zuschüsse, am 8. Oktober 1927 kann der Grundstein gelegt werden und am 17. Mai 1930 das Deutsche Hygiene-Museum in den Neubau ziehen, welcher von Wilhelm Kreis gestaltet wurde. Die Jahre der Unsicherheit und der Provisorien haben ein Ende. Unbestrittener Star des neuen Hauses ist der erste „Gläserne Mensch". Im selben Jahr findet die II. Internationale Hygiene-Ausstellung statt.

Lingner-Werke oder Trümmertraum. Es ist die Zeit der Trümmer, ein Wintertag. Ich haste durch die unerträgliche Stille, haste an den Resten einer Brücke vorbei, finde mich ohne weiteres zurecht, Imperativ des Traums. Vor der gespenstischen Szenerie zerbombter Fabrikmauern stoße ich auf eine Hand voll älterer Leute, die Steine klopfen. Sie tragen Berufsschürzen von zartem Blau. Hier, weiß ich, war der Mittelpunkt des Mundwasserimperiums.

Das Deutsche Hygiene-Museum im 21. Jahrhundert –
Ort des Diskurses zwischen Individuum, Wissenschaft und Gesellschaft

S. empfängt mich in Lingners Büro. Er trägt den gehobenen Arbeitsanzug der frühen Jahre, weißes Hemd, Stehkragen, Binder. Er ist etwas beleibt, kurzgeschoren, schmaler Schnurrbart. S. war Lingners rechte Hand, Vertrauensmann, Testamentsvollstrecker. Gebannt stehe ich vor dem Hüter so vieler Geheimnisse. Ich spüre die Selbstgewissheit und Distanziertheit dieses Mannes. Den schwarzen Niederschlag, der auf allem liegt, scheint S. nicht wahrzunehmen oder er tut so, und der schier unerträgliche Kontrast zur klinisch-sauberen Firmenfarbe fällt nur mir auf.
S. fixiert mich durch zwei kreisrunde Brillengläser. Ohne den Blick von mir zu wenden zieht er die oberste Schublade von Lingners pompösem Schreibtisch. Die Schreibwerkzeuge der Exzellenz blitzen auf, Füllfedern der elegantesten Sorte, daneben ein goldener Brieföffner und – Aktenstücke. Freudige Erregung. So nah warst du deinem Ziel noch nie, Lingners Papiere!
Ich muss den Augenblick festhalten, ringe um einen klaren Kopf. Sollte die elende Sucherei nach Dokumenten tatsächlich ein Ende nehmen? Schon kehrt Hoffnung zurück. Doch da taucht S. blitzartig weg, ein Paternoster-Aufzug trägt ihn fort, im Wegsinken hat er die Papiere aus der Schublade an sich gerissen, den winzigen Zeitraum ausgenutzt, da ich von meinen Gedanken in Beschlag genommen war. Bald taucht er wieder aus dem Schacht auf. Mit leeren Händen. Er schaut mich herausfordernd an. Ich möchte im Traum bleiben. Doch – aus.
PS. Odol erstand neu aus den Ruinen. Zwar nicht in Dresden, sondern 1950 in Düsseldorf. Doch es kam auch die DDR nicht darum herum, ein Odol ähnliches Mundwasser herzustellen. Mit der deutschen Einheit kehrte auch die Einheitlichkeit des Odol zurück.

Namen

Georg Seiring: Die dreißig Jahre nach Lingners Tod sind eng mit seinem Namen verknüpft. Seiring oblag als Geschäftsführer der Testamentsvollstrecker die praktische Umsetzung der letztwilligen Verfügungen, und ebenso übernahm er die Geschäftsleitung des Hygiene-Museums. Seinem eisernen Durchhaltewillen, seiner Findigkeit und Diplomatie ist sehr viel zu verdanken, letztlich die Rettung von Lingners Museumsidee. In der Weimarer Zeit wird er vielfach geehrt. Dass sich die Dankbarkeit der Späteren in Grenzen hält, hat mit Seirings Verhalten in den NS-Jahren zu tun. Möglicherweise treibt er ein Doppelspiel, um die ihm von Lingner persönlich anvertraute Sache, die ihn schon so lange in Atem hält und inzwischen als sein Lebenswerk gelten kann, zu retten. Viel Anpassung ist dabei, aber auch einige List. Doch das Deutsche Hygiene-Museum wird zu einem Zentrum faschistischer Rassenideologie.

In vorauseilendem Gehorsam entlässt Seiring dem Regime unliebsame Mitarbeiterinnen und Mitarbeiter. Selbst Eugen Galewsky, Vater der berühmten Dresdner Moulagenwerkstatt, erhält Hausverbot. Schon der Jahresbericht für 1933 meldet den Vollzug der „Gleichschaltung". Im Oktober 1935 erkundigt sich Seiring ausdrücklich beim Ministerium, ob die restlichen 600 Exemplare der Lingner-Biografie von Julius Ferdinand Wollf („bekanntlich jüdischer Abstammung") noch verwendet werden dürften oder zu vernichten seien. Eine unterwürfige Avance, die ihm nichts bringt: Kurz darauf wird ihm ein Aufpasser vor die Nase gesetzt. Andererseits weiß seine Tochter, dass er nicht in der Partei war, das Personal ihn bat zu bleiben und jüdische Mitarbeiter ihn nach dem Krieg in Dankbarkeit aufsuchten. Ein internes Papier der Lingner-Werke bezeichnet ihn als „unseren Schutzengel gegenüber der sächsischen NS-Regierung". Seiring baute nach dem Zweiten Weltkrieg das zerstörte Museum wieder auf, machte später auch Karriere in Westdeutschland und starb 1972.

Julius Ferdinand Wollfs Lingner-Biografie darf ab 1935 höchstens noch für wissenschaftliche Zwecke eingesehen werden. Victor Klemperer vermerkt den Namen Wollfs in seinen Tagebüchern 1933-1945, so im März 1933, als Wollf die Chefredaktion der *Dresdner Neuesten Nachrichten* niederlegen muss, und im März 1942: „Der Professor Wollf (...), mein Freund, hat nach mehreren Haussuchungen mit seiner Frau Selbstmord begangen." Dies ist eine Woche nach der Selbsttötung Stefan Zweigs.

Seebach übersteht als einziger höfischer Intendant Deutschlands die Revolution von 1918. In der Weimarer Zeit genießt er ein geruhsames Alter. Das Interesse am Theater bleibt wach, mit den demokratischen Neuerungen findet er sich ab. Er stirbt im Januar 1930.

Julia Serda sieht man nach der Dresdner Zeit in Hamburg, Berlin und Hollywood. Im deutschen Spielfilm der dreißiger Jahre ist sie recht bekannt. Sie tritt, wenn auch die großen Rollen fehlen, in jenen frühen Streifen auf, welche „Liebeswalzer" heißen, „Inge und die Millionen" und „Wenn Männer verreisen", auch „Mordprozess Mary Dugan" ist dabei und „La Habanera" mit Zarah Leander, Serdas Filmografie wird dereinst über hundert Titel aufweisen. Gemeinsam mit ihrer Tochter kämpft sie mit Appellen und juristischen Mitteln um das von Lingner Vermachte, das den beiden Frauen doch „ein sorgenfreies Leben" ermöglichen wolle. Dabei bauen die Klägerinnen auch auf den politischen Umbruch, welcher gerechtere Gesetze für uneheliche Kinder bringen werde, bisweilen unterzeichnet man „mit deutschem Gruss!". Nach dem Tod ihres Gatten, des Schauspielers Hans Junkermann, und dem Kriegsende 1945 zieht Julia Serda als Siebzigjährige nochmals nach Dresden und gründet ein Schauspielstudio. Ehemalige Schülerinnen berichten, die alte Dame habe ihnen ein tragendes Motto nahe gebracht: Gefühl ist alles. Serda starb hochbetagt im Jahr 1965.

Charlotte Serda versucht sich, erwachsen geworden, als Schauspielerin, Autorin und Fotografin. Von ihrer Mutter wird sie allerdings als körperlich und seelisch krank und arbeitslos dargestellt. 1941 erscheint im Verlag Breitkopf & Härtel Leipzig ihr Buch „Das Farbfoto-Buch vom Film", mit welchem sie der „Zukunft des Farbenfilms" eine Lanze bricht und das sie zum Teil mit eigenen Standbildern der Stars von Hans Albers bis Paula Wessely illustriert. Ein Theaterprojekt in Berlin Anfang der dreißiger Jahre lässt ihr ohnehin geschmälertes Erbe schmelzen wie Schnee an der Sonne, Seiring hatte gewarnt.
Solange Seiring das Sagen hat, gibt es bei der Lingner-Stiftung und in der Firma eine gewisse Aufmerksamkeit für Lottis Schicksal, man versucht ihr dann und wann aus der Patsche zu helfen. Sie in den Lingner-Werken zu beschäftigen, schlägt fehl. Aus den späteren Akten spricht das Bedenken, diese Frau könnte den guten Namen Lingner *miserabel* machen, weshalb man sie mindestens vor der öffentlichen Fürsorge bewahren müsse. Lottes Spur verliert sich. Allem Anschein nach starb sie wenige Jahre nach ihrer Mutter, welche sie nach Aussage einer Bekannten sehr verehrte; vom Vater habe die melancholische Frau nie gesprochen.

Charlotte und Julia Serda mit Hans Junkermann in einer Filmszene

Richard Seifert, der Erfinder der Odolformel, tritt in den vielfältigen Lingnerschen Zusammenhängen kaum mehr sichtbar auf. Bei Lingners Tod bittet er die Angehörigen um die Gelegenheit, für sich allein von seinem Freund Abschied nehmen zu dürfen. Er selbst stirbt drei Jahre später, vereinsamt und von den Strapazen der Weltkriegsjahre erschöpft.

Das Grab

Am 18. April 1921 ist es so weit, dass Lingners Leichnam vom Johannis-Friedhof nach dem eigens errichteten Grabmal am Elbfluss überführt werden kann. Das helle Tempelchen liegt unterhalb des Palais Stockhausen, am Fuß des Elbhanges und ist vom gegenüberliegenden Ufer oder vom Schiff aus leicht zu erkennen.
Der Widerspruch zur geltenden Friedhofsordnung hatte noch Verhandlungen nötig gemacht, wobei der Verblichene sich, selbstverständlich, durchsetzt. Die Nachbarin, Anna Wunderlich vom Schloss Eckberg, die mit Lingner so ihre Probleme hatte (kreischende Papageien und Affen, knatternde Automobile!), ist mit einem Bauabstand von vier Metern einverstanden.

Das Grabmal Karl August Lingners unterhalb seines Elbschlösschens (1936)

Ein Kran hievt den Sarg vom Körnerweg in das dreieinhalb Meter hohe Bauwerk. Die Pläne dafür stammen vom Dresdner Stadtbaumeister und bekannten Architekten Hans Poelzig, die künstlerische Gestaltung übertrug man auf besonderen Wunsch des Verstorbenen dem Bildhauer Georg Kolbe („mein Freund").
Zwölf Frauengestalten, große Relieffiguren, umkreisen versonnen das ovale Grab, geschickt in Bewegung gehalten durch rhythmisch veränderte Vorder- und Rückensichten. Schon früher war Kolbe mit ähnlichen plastischen Bildwerken bekannt geworden, so der nackten Tänzerin von 1912, der Mädchenfigur im „Frühlingslied" von 1913, alle sind sie vom Tanz angeregt.
Vormals befand sich hier die Grabstätte der Besitzerfamilie von Stockhausen.
Die Grabstelle liegt nunmehr in Dresden, denn Loschwitz wurde eingemeindet. Die Stadt übernimmt den Unterhalt für dauernd. Dass die Stätte „auf ewige Zeiten völlig unberührt erhalten bleiben" soll, ist gut gemeint. Vielmehr bleibt sie auf lange ein ungastlicher Ort. Zum zwanzigsten Todestag 1936, als eine Kranzniederlegung geplant ist, beklagt sich Georg Seiring beim Oberbürgermeister, die Umgebung des Mausoleums lasse zu wünschen übrig. 1969 ist die Anlage von Gestrüpp überwuchert, Grab und Sarg werden im selben Sommer zweimal aufgebrochen. Kinder finden Knochen. Einige beherzte ehrenamtliche Denkmalpfleger nehmen sich der Sache an und mühen sich, das Grabmal des großen Kapitalisten seiner Bestimmung zurückzugeben. Man sammelt die verbliebenen Teile in das, was man im Bestattungsgewerbe einen Gebeinbeutel nennt, und bettet sie respektvoll wieder ins Innere des Tempelchens. Der Sarkophag ist zu der Zeit schon unreparierbar beschädigt.
1986 liegt alles wieder offen da, das Dach ist abgedeckt, der Sarg verschwunden. Wieder tragen die Denkmalpfleger die verstreuten Knochenteile zusammen, viele sind es nicht mehr. Nun schafft der Rat der Stadt Abhilfe: Die letzten Lingnerschen Überreste werden in eine eigens angefertigte Zinkkassette gelegt und diese sicher eingemauert.
Lingner hatte sich die Zukunft wahrhaft anders vorgestellt und nicht mit dem leidigen Mammoneffekt gerechnet, der Menschen zu Grabschändern macht. Dass dies so kam, hat auch damit zu tun, dass er in dem schönen Park völlig alleine blieb. Er hätte ja gern Menschen um sich gehabt und vermachte der Stadt Dresden alles „zum Besten der Bevölkerung". Er träumte von fröhlichen Sonntagen und Kahnpartien auf der Elbe und im vertraulichen Gespräch mit Wolff davon, dass „rings um sein Grab gesunde, junge und glückliche Menschen an Sommerabenden beisammen sitzen und das Glück dieser Landschaft gemeinschaftlich erleben sollten".

„Nur das nehmen die Reichen mit ins Grab, was sie den Armen gegeben haben."
Diese Spruchweisheit notierte der junge Lingner in seiner Pariser Armut, 1885.

Anhang

Zu den Quellen und Archiven

Angesichts der schwierigen Quellenlage zur Person Karl August Lingners und des Verlustes vieler Materialien sind zwei darstellende Werke unverzichtbar. Julius Ferdinand Wollfs Biografie „Lingner und sein Vermächtnis“ (1930 bei Jakob Hegner in Hellerau gedruckt) und Karl Greimers Firmenchronik „Zur Geschichte der Lingner-Werke“ (Manuskript 1935). Beide Texte sind kenntnisreich und genährt aus enger Zusammenarbeit mit Lingner, aber auch rechtfertigend und idealisierend. So war Wollff viel daran gelegen, ein günstiges Lingner-Bild zu zeichnen oder ein ungünstiges Image zu korrigieren. Sein Buch erschien gleichzeitig mit der Eröffnung des Deutschen Hygiene-Museums. Beide Texte haben spürbare Lücken: Greimer berichtet nur wenig über das Finanzgebaren der Firma, die Auslandsbetriebe und die Reklame, während die Kritik am Odol, die ihn selbst sehr beanspruchte, viel Raum einnimmt. Wollff interessiert die Firma insgesamt weniger, und beide Autoren enthalten sich weitgehend der politischen Dimension.

Interessant sind ferner Georg Seirings Memoiren „Mein Weg zu Lingner“, ein viel später verfasstes privates Manuskript. Als Chef der Privatverwaltung war Seiring einer der bestinformierten Menschen um Lingner – und einer der diskretesten. Weitere Bekannte und Vertraute äusserten sich zehn Jahre nach Lingners Tod auf den sogenannten Gedenktafeln, Sudhoff, Neustätter, Schlossmann, Hueppe u.a. Dies alles, wie auch das graphologische Gutachten, liegt in der Stiftung Deutsches Hygiene-Museum.

Ebenfalls dort vereinigt sind Lingners eigene Texte, von der Zeitschrift „L' Ami“ über die Beschreibungen seiner Initiativen wie Desinfektionsanstalt, Lesehalle und Säuglingspflege bis hin zu den wichtigen Grundsatzpapieren: „Einige Leitgedanken zu der Sonderausstellung: Volkskrankheiten und ihre Bekämpfung“ oder die „Denkschrift zur Errichtung eines National-Hygiene-Museums in Dresden“, ferner die Berner Vorlesung „Der Mensch als Organisationsvorbild“ und das Papier „Widerlegung“ betreffend die frühesten Angriffe auf das Mundwasser.

Die Stiftung Deutsches Hygiene-Museum betreut den Nachlass Lingners in einem umfassenden Sinne, wozu neben den wichtigen Urkunden und Dokumenten auch Fotoalben gehören, Materialien zur Hygiene-Ausstellung und zur Geschichte des Museums – man denke an die Moulagen – und eine umfangreiche Sammlung von Zeitungsausschnitten wie auch die zitierten Kurzfilme über Unthan und die Regatta. Dazu zählt auch der Odol-Bereich („Odol-Archiv im Deutschen Hygiene-Museum"). Den Mitarbeiterinnen, vorab Susanne Rößiger, Leiterin Sammlung und Marion Schneider, Archivarin gehört mein herzlichster Dank für die Jahre aufmerksamer Zusammenarbeit, ebenso Verena Zühlke von der Bibliothek.

Soweit der öffentliche Raum beschlagen wird, finden sich wesentliche Quellen im Hauptstaatsarchiv Dresden. Verwendet wurden insbesondere die Akten des damaligen Innenministeriums. Im Stadtarchiv Dresden werden die Bürger- und Gewerbeakte Lingners sowie die Unterlagen zu den Alldeutschen bewahrt. Hilfreich waren ebenso das Stadtarchiv Magdeburg (Jugendzeit), das Stadtarchiv Halle (Lingners Vater), das Conservatoire de Paris (Musikstudium), das Staatsarchiv Bamberg (Glashütte), das Archiv der Berlin-Brandenburgischen Akademie der Wissenschaften (Nachlass Ostwald), das Archiv des Deutschen Museums in München (von Miller), das Hessische Staatsarchiv (Gutachten zur Säuglingsfrage; Haus Hessen), die Historischen Archive des Schauspielhauses und der Staatsoper Dresden, das Lingner-Archiv Dr. Funke und die Hüter der Tarasper Akten und Fakten. Ihnen allen sei herzlich gedankt.

Die Liste derjenigen, welche mich mit Informationen, Rat und Ermutigung unterstützt haben, kann niemals vollständig sein, dennoch will ich einige von ihnen (in alphabetischer Reihenfolge) erwähnen:
Johann Fanzun, Jon Fanzun, Dr. Manuel Frey, Dr. Ulf-Norbert Funke, Robert Fürer, Dr. D. C. Geddes, Horst Jehmlich, Dr. Dieter Jung, Jutta Lätsch, Prof. Dr. Helmut Obst, Dr. Markus Oettli, Günther Reith, Prof. Dr. Martin Roth, Dr. Andreas Schuhmann, Claudia Seiring, Wolfgang Sieber, Gabriele Trassl-Sieber und Klaus Vogel. Danken will ich ferner den bereits verstorbenen Ratgebern Erich K. Wenzel, Friedrich Lingner und Wolfgang Stresemann, ausserdem dem Kanton Thurgau für einen finanziellen Beitrag an die aufwendige Recherche.

Für die gute und loyale Zusammenarbeit danke ich den „Buch-Machern" herzlich: Cornelia Michaelis (Geschäftsführerin), Klaus Gertoberens (Lektorat) und Anja Hauswald (Gestaltung).

Abschliessend gebührt meiner Frau Anja Büchi-Richner und meinen Kindern Laura, Daria und Marius ein ganz grosser Dank für ihr Verständnis und ihre Unterstützung.

Literaturauswahl

Karl August Lingner

Funke, Ulf-Norbert:	*Karl August Lingner, Leben und Werk eines gemeinnützigen Grossindustriellen.* Dresden 1996
Lingner-Werke (Hrsg.):	*Odol – Porträt einer Marke 1888-1963.* Düsseldorf 1963
Neubert, Hanns-Georg:	*Karl August Lingner (1861-1916). Ein Wegbereiter hygienischer Volksaufklärung.* Köln 1971
Obst, Helmut:	*Karl August Lingner. Ein Volkswohltäter? Kulturhistorische Studie anhand der Lingner-Bombastus-Prozesse 1906-1911.* Göttingen 2005 (zugleich Quellenedition; Basis für Kapitel 11)
Roth, Martin (Hrsg.):	*In aller Munde. Einhundert Jahre Odol.* Dresden 1993

Allgemeine Geschichte

Gay, Peter:	*Das Zeitalter des Doktor Arthur Schnitzler. Innenansichten des 19. Jahrhunderts.* Frankfurt a.M. 2002
Nipperdey, Thomas:	*Deutsche Geschichte 1866-1918, 2 Bde.* München 1990/1992
Zweig, Stefan:	*Die Welt von gestern. Erinnerungen eines Europäers.* Stockholm 1944

Dresden

Fellmann, Walter:	*Sachsens letzter König Friedrich August III.* Berlin/Leipzig 1992
Köhne, Rolf:	*Die Albrechtsschlösser zu Dresden-Loschwitz.* Hellerau 1992
Kummer, Friedrich:	*Dresden und seine Theaterwelt.* Dresden 1938
Löffler, Fritz:	*Dresden – so wie es war.* Düsseldorf 1979
Renn, Ludwig:	*Adel im Untergang.* Berlin/Weimar 1973
Schatz, Mario:	*Seilbahnen der DDR. Geschichte, Technik, Betrieb.* Heidelberg 1987

Generell empfehlenswert ist die Reihe „*Dresdner Hefte – Beiträge zur Kulturgeschichte*“, herausgegeben vom Dresdner Geschichtsverein e.V. (Redaktion: Hans-Peter Lühr)

Reklame

Ullstein, Hermann: *Wirb und werde. Ein Lehrbuch der Reklame.* Bern 1935
Väth-Hinz, Henriette: *Odol. Reklame-Kunst um 1900.* Giessen 1985

Hygiene-Museum

Schubert, Ulrich: *Vorgeschichte und Geschichte des Deutschen Hygiene-Museums in Dresden (1871-1931).* Dresden 1986.
Schulte, Sabine: *Das Deutsche Hygiene-Museum in Dresden von Wilhelm Kreis.* Bonn 2001
Stephan, Ludwig: *Das Dresdner Hygiene-Museum in der Zeit des deutschen Faschismus (1933-1945).* Dresden 1986
Vogel, Klaus (Hrsg.): *Das Deutsche Hygiene-Museum Dresden 1911-1990.* Dresden 2003
Vogel, Klaus: *Das Deutsche Hygiene-Museum als Diskussionsort eines modernen Menschenbildes.* In: Dresdner Hefte 17 (1999)
Walther, Elfriede u.a.: *Moulagen, Krankheitsbilder in Wachs.* Dresden 1993

Wirtschaft

Ruhland, Volker / Schneeweiss, Ulrich: *Zur Geschichte des Sächsischen Serumwerkes Dresden.* Dresden 2001
Schuhmann, Andreas / Sorms, Bernhard: *Geschichte des Arzneimittelwerkes Dresden.* Dresden 2002

Kaiserreich

Doerry, Martin: *Übergangsmenschen. Die Mentalität der Wilhelminer und die Krise des Kaiserreiches.* Weinheim / München 1986
Hartau, Friedrich: *Wilhelm II.* Reinbek bei Hamburg 1988
Ludwig, Emil: *Wilhelm der Zweite.* Berlin 1926
Röhl, John C.G.: *Kaiser, Hof und Staat. Wilhelm II. und die deutsche Politik.* München 1987

Rassismus

Graichen, Gisela / Gründer, Horst:
Deutsche Kolonien. Berlin 2005
Peiffer, Jürgen (Hrsg.): *Menschenverachtung und Opportunismus. Zur Medizin im Dritten Reich.* Tübingen 1992

Weltkrieg

Chickering, Roger: *Das Deutsche Reich und der Erste Weltkrieg.* München 2002
Haffner, Sebastian: *Die sieben Todsünden des Deutschen Reiches im Ersten Weltkrieg.* Bergisch Gladbach 2001
Michalka, Wolfgang (Hrsg.):
Der Erste Weltkrieg. Wirkung, Wahrnehmung, Analyse. München 1994
Mommsen, Wolfgang J.: *Der Erste Weltkrieg. Anfang vom Ende des bürgerlichen Zeitalters.* Frankfurt a.M. 2004

Tarasp

Rahn, Johann Rudolf: *Schloss Tarasp.* In: Mitteilungen der Antiquarischen Gesellschaft 73 (Zürich 1909)
Müller, Iso: *Die Herren von Tarasp*. Disentis 1986

Verschiedenes

Hopfer-Lescher, Ute: *Carl Röse (1864-1947)*, Freiburg i.Br. 1994
Kolb, Eberhard: *Gustav Stresemann.* München 2003
Koop, Gerhard: *Die deutschen Segelschulschiffe.* Koblenz 1989
Sontag, Susan: *Aids und seine Metaphern.* München / Wien 1989
Stresemann, Wolfgang: *Mein Vater Gustav Stresemann.* Frankfurt a. M. / Berlin 1992
Vigarello, Georges: *Wasser und Seife, Puder und Parfüm.* Geschichte der Körperhygiene seit dem Mittelalter. Frankfurt a.M.1988

Namensregister

Bildnachweis

DHMD Hugo Erfurth	Titel
DHMD Robert Sterl	2
DHMD	17
DHMD Repro Werner Lieberknecht	18
DHMD	20
DHMD	22
DHMD	24
oben DHMD	23
unten Sächsische Zeitung Archiv	23
DHMD Repro Werner Lieberknecht aus Nr. 3 der Zeitschrift „L' Ami"	27
DHMD	30
Sächsische Zeitung Archiv	33
akg-images	35
DHMD Repro C. Kortenkamp	36
DHMD	37
DHMD	39
DHMD	44
AWD Pharma GmbH & Co. KG/Öffentlichkeitsarbeit	46
DHMD Repro Werner Lieberknecht	48
DHMD	52
DHMD	53
DHMD	54
DHMD	59
Universitätskinderklinik Dresden Archiv	63
DHMD	65
DHMD	66
DHMD	71
DHMD	72
DHMD	73
DHMD	74
DHMD	76
DHMD	77
DHMD	78
DHMD	80
DHMD	81
DHMD Repro Werner Lieberknecht	86
DHMD Repro Werner Lieberknecht	87

89 DHMD
91 Zentralbibliothek Zürich
92 Zentralbibliothek Zürich
95 Sächsische Zeitung Archiv
96 DHMD
97 DHMD
99 DHMD
100 DHMD
102 Archiv Büchi
103 DHMD
104 oben DHMD Klaus Götz
104 unten DHMD David Brandt
108 DHMD David Brandt
111 Archiv Büchi/Hugo Erfurth
114 DHMD Repro Werner Lieberknecht
115 Staatliche Kunstsammlungen Dresden/Gemäldegalerie Neue Meister
117 Lingner-Archiv Dr. Funke
119 DHMD Repro Werner Lieberknecht
121 Archiv Büchi
122 Sächsische Zeitung Archiv
123 DHMD Repro Werner Lieberknecht
125 DHMD Repro Werner Lieberknecht
127 DHMD
128 DHMD
131 DHMD
135 DHMD Hugo Erfurth
137 Archiv Büchi
138 Archiv Büchi
141 Fotostudio Jon Feuerstein, Scuol
143 DHMD Repro Werner Lieberknecht
146 Archiv Büchi
151 DHMD
153 Sächsische Zeitung Archiv
155 Sächsische Zeitung Archiv
157 Archiv Büchi
159 Hessisches Staatsarchiv
161 Sächsische Zeitung Archiv
162 Sächsische Zeitung Archiv
165 DHMD

DHMD	166
DHMD	167
DHMD	169
Lingner-Archiv Dr. Funke	171
DHMD	174
DHMD	175
DHMD	177
Archiv Büchi	178
Lingner-Archiv Dr. Funke	189
DHMD	195
Archiv Büchi	199
Archiv Büchi	202
DHMD	205
DHMD	210
DHMD	211
DHMD	212
DHMD	213
DHMD	215
DHMD	217
DHMD	218
DHMD Repro Werner Lieberknecht	221
DHMD	223
DHMD	227
Sächsische Zeitung/Jürgen Lösel	231
Leihgabe von Privat	234
Archiv Büchi	236
Archiv Büchi	237
Fotostudio Jon Feuerstein, Scuol	238
Archiv Büchi	239
Archiv Büchi	240
Archiv Büchi	242
Archiv Büchi	245
Sächsische Zeitung Archiv	247
Sächsische Zeitung Archiv	250
akg-images	254
akg-images	260
Sächsische Zeitung Archiv	262
Landesarchiv Berlin	268
Archiv Büchi	271

272 Sächsische Zeitung Repro Ronald Bonss
277 DHMD Hugo Erfurth
279 DHMD Repro Werner Lieberknecht
280 Archiv Büchi
283 DHMD David Brandt
284 DHMD David Brandt
286 DHMD
293 Hessisches Staatsarchiv
294 Sächsische Zeitung / Jürgen Lösel
297 film. virtual-history
298 DHMD

DHMD = Deutsches Hygiene-Museum Dresden

Zeittafel

1861	Karl August Lingner wird am 21. Dezember 1861 in einfachen Verhältnissen in Magdeburg geboren.
ab 1877	Ausbildung und Tätigkeit in einem Warenladen.
ab 1883	Versuch, in Paris Musik zu studieren,
1885	Anstellung als Korrespondent in der Dresdner Nähmaschinenfabrik Seidel & Naumann.
1888	Gründung der Firma Lingner & Kraft; praktische Artikel für den Haushalt
1892	Gründung des „Dresdner Chemischen Laboratoriums Lingner“.
ab 1893	Herstellung und Vermarktung des Mundwassers Odol. Beispiellose Werbekampagnen verhelfen einem der frühesten Markenartikel im modernen Sinn zum Durchbruch.
ab 1897	Der Millionär Lingner betätigt sich vielfach als Mäzen (Kinderpoliklinik, Zentralstelle für Desinfektion, Lesehalle usw.)
1900	Ernennung zum Kommerzienrat. Kauf von Schloss Tarasp in der Schweiz und Wiederherstellung 1907-1916
1903	Einrichtung der „Bakteriologischen Abteilung“, Vorstufe zum Sächsischen Serumwerk (1910). Lingner konzipiert und finanziert die Ausstellung „Volkskrankheiten und ihre Bekämpfung“, welche in Dresden und anderen Städten Aufsehen erregt.
1904	Ernennung zum Geheimen Kommerzienrat
1906	Kauf des Palais Stockhausen in Loschwitz
ab 1906	Odol-Bombastus-Affäre; Konflikte und Kämpfe um Mundwasser
1908	„Betrachtungen über die Säuglingsfrage“
1911	Lingner organisiert die I. Internationale Hygiene-Ausstellung in Dresden, die fünf Millionen Besucher verzeichnet. Viele Ehrungen: Wirklicher Geheimer Rat mit dem Titel Exzellenz, Ehrendoktorwürde der Universität Bern, Ehrenbürgerrecht der Stadt Dresden u. a.
1912	Denkschrift für ein National-Hygiene-Museum
1915	Gründung des Politisch-wissenschaftlichen Archivs in Berlin zur Stützung von Friedensverhandlungen
1916	Tod am 5. Juni. Gründung der Lingner-Stiftung.

Walter A. Büchi

M.A., Historiker, Jahrgang 1945, Studium der Geschichte, Publizistik und Pädagogik. Lebt und arbeitet in der Schweiz. Ab 1975 im Schweizer Fernsehen als Redakteur, Redaktionsleiter und Autor tätig. Seit 1990 Leiter eines Zentrums für Erwachsenenbildung.
Ausgehend von einem Besuch auf Schloss Tarasp im Engadin und ersten Recherchen in Dresden setzte sich Büchi vor etlichen Jahren auf die damals sehr geheimnisvolle Spur Lingners und beschäftigte sich fortan publizistisch immer wieder mit dessen Person, Wirken und Wirkung.